Eugen Biser

Gotteskindschaft

Eugen Biser

Gotteskindschaft

Die Erhebung zu Gott

Den Kronzeugen der Gotteskindschaft
Gregor von Nyssa
Nikolaus von Kues
Therese von Lisieux

Die Deutsche Nationalbibliothek verzeichnet diese Publikation
in der Deutschen Nationalbibliografie;
detaillierte bibliografische Daten sind im Internet über
http://dnb.d-nb.de abrufbar.

Die Herausgabe dieses Werkes wurde durch
die Vereinsmitglieder der WBG ermöglicht.
Einbandgestaltung: Peter Lohse, Büttelborn
Einbandabbildung: Christus-Johannes-Gruppe, Oberschwaben um 1320, © Staatliche Museen zu Berlin
Satz: Fotosatz Janß, Pfungstadt
Gedruckt auf säurefreiem und alterungsbeständigem Papier
Printed in Germany

Besuchen Sie uns im Internet: www.wbg-darmstadt.de

ISBN-13: 978-3-534-19689-0
ISBN-10: 3-534-19689-9

Inhalt

Fünftes Kapitel
Die Spiegelung

Sechstes Kapitel
Die Bewährung

Siebtes Kapitel
Der Rückblick

Register

Vorwort

Der rapide Glaubensverlust, der zum hervorstechenden Kennzeichen der Gegenwart zu werden droht, hat zwei bisher kaum beachtete Gründe. Erstens die Selbstvergessenheit einer an ihrer Identität irre gewordenen Christenheit, die die religionsgeschichtliche Großtat ihres Stifters aus dem Auge verlor und Gefahr läuft, sich in der Gemengelage der religiösen Angebote zu verlieren. Und zweitens die Selbstvergessenheit des heutigen Menschen, dem die unaufhaltsam heraufkommende Klonierung drastisch vor Augen führt, wie sehr er sich abhanden kam und mit dem Wissen um seine Identität auch das um seine Aufgabe einbüßte.

Wer es unternimmt, ihm diese Aufgabe bewußt zu machen, übernimmt damit auch die Pflicht, sich der Selbstvergessenheit der Christen zu stellen, da beide Aufgaben unlösbar miteinander verbunden sind, so daß sich die Lösungsversuche gegenseitig stützen. Wer sich somit der anthropologischen Aufgabe unterzieht, geht damit auch die Verpflichtung ein, sich auf die christologische einzulassen. In dieser Hinsicht aber bieten die beiden Kirchen in ihrer theologischen Erscheinungsform ein bestürzendes Bild. Denn beide sind vom Rücksturz in „vorchristliche", zumindest aber „vorpaulinische" Denkweisen bedroht. Beide zusammen, weil sie sich in ihrer Reaktion auf die Aufklärung von *Immanuel Kant* einreden ließen, daß das Christentum nur in einer auf die „Grenzen der bloßen" und das besagte für ihn, der „praktischen Vernunft" zurückgenommenen Form überleben könne, da es, wie *Wolfgang Trillhaas* diese Meinung zuspitzte, definitiv in sein moralisches Stadium eingetreten sei und deshalb dem modernen Menschen nur noch „als Ethik" vermittelt werden könne. Unbeachtet blieb dabei aber sowohl die Prognose *Karl Rahners*, daß die Zukunft des Christentums im Zeichen der Mystik stehe, als auch die Drohung *Nietzsches*, daß ein zur Moral gewordenes Christentum in einem Schauspiel von „hundert Akten" an seinen Hervorbringungen scheitern und zugrundegehen werde.

Als wäre es mit dieser – von der kirchlichen Praxis nur zu begierig aufgenommenen – Irreführung noch nicht genug, griff die katholische Theologie, die immer schon das verursachte, worüber sie sich bei ihren Klagen über das kirchliche Lehramt erregte, auf das „vorjesuanische" Modell des Zornes und der „Dunkelseite" Gottes zurück, ganz so, als wolle sie der moralischen Kopflastigkeit, der das Christentum verfallen war, noch das Gewicht eines opaken, die Menschheit mit seinem Gericht bedrohenden Gottes hinzufügen. Nicht besser ist es um die protestantische Theologie bestellt. Unbeeindruckt von der Denunzierung der Rechtfertigungslehre als ausgesprochene „Kampflehre" (*Wrede*), stürzte sie sich nahezu einmütig und mit wachsender Vehemenz in diesen „Nebenkrater" (*Schweitzer*), obwohl sie in der Stunde der sich zusehends auflösenden „Schuldkultur"

(*Dodds*) damit beim Kirchenvolk nur Skepsis und Unverständnis auslöste. Doch in dieser Selbstvergessenheit der Theologie und des in ihr gespiegelten Christentums bekundet sich unübersehbar die Situation des heutigen Menschen, der wie kaum einmal in seiner Geschichte vergessen hat, wer er ist und wo es mit ihm hinaus will.

Dieser „Mann ohne Eigenschaften" (*Musil*) hat Gott getötet (*Nietzsche*), um sich in den Besitz seiner Attribute zu bringen. Dieses „Mängelwesen" (*Gehlen*) hat zur Kompensation seiner Defekte die moderne Hochtechnik geschaffen, um seinen Mängeln abzuhelfen, wenn nicht gar, wie durch die Errungenschaften der Evolutionstechnik, sich neu hervorzubringen, und bleibt sich dabei dennoch „das unbekannte Wesen" (*Carrel*), das sich ein Stichwort borgen möchte: „allein bei wem?" (*Benn*)

Das ist die Frage, der sich die folgende Abhandlung in der Absicht stellt, sich die darauf längst schon gegebene, in ihrer Triftigkeit und Bedeutungstiefe aber immer noch nicht begriffene Antwort zu vergegenwärtigen. Das kommt auch schon einem Hinweis auf die einzuschlagende Methode gleich. Sie ist prinzipiell anamnetischer Art, sofern sie davon ausgeht, daß die Antwort bereits gegeben ist, jedoch erneut in Erinnerung gerufen und aus ihrer Verschollenheit aufgerufen werden muß. Und sie ist gleichzeitig analytischer Art, da sie die Gründe klären muß, die zu dieser Vergessenheit führten. Vom Zusammenspiel dieser beiden ist schließlich ein repräsentativer Effekt zu erwarten. Was gesucht wird, soll weniger bewiesen als vielmehr aufgerufen werden, und dies in der Hoffnung, daß es in Form eines Selbsterweises selbst für seine Bedeutung und Aktualität einsteht.

In alledem hat das hier zur „Gotteskindschaft" Gesagte den Charakter eines Vorgriffs, der sich in eine „Christomathie" fortsetzen und, nicht zuletzt im Zug der skizzierten Methode, in einer Darstellung der „Geistesgegenwart" vollenden muß. Während es im ersten Teil des als Trilogie angelegten Ganzen um den Inbegriff der menschlichen Selbstfindung geht, stellt sich der zweite Teil die Aufgabe, die Instanz aufzurufen, die ihm das dafür erforderliche Stichwort zuspricht. Im Unterschied zu deren dogmatischer Entfaltung als Christologie, geht es dabei um ihre Selbstaussage, die sie im Sinn einer urchristlichen Bezeichnung als „Christomathie" ausweist. Demgegenüber stellt sich die im dritten Teil verhandelte „Geistesgegenwart" die Aufgabe, im Rückgriff auf die Ankündigung eines dritten Reiches des Geistes durch *Joachim von Fiore* – und in Abgrenzung von der satanischen Pervertierung dieser Idee – die Gegenwart als die Zeit der sich ansatzweise abzeichnenden Erfüllung dieser Prophetie glaubhaft zu machen, und dies in betontem Disput mit der ins Unabsehbare eskalierenden Medienszene, die auf ihre Weise die joachitische Verheißung ebenso aufgreift wie pervertiert.

Nicht zufällig erinnert diese Trilogie an ein durch den Längsbalken der Christomathie und die beiden Querbalken der Gotteskindschaft und Geistesgegenwart gebildetes Kreuz. In dieser Erinnerung verbirgt sich eine Absicht. Wie Paulus den vom Abfall bedrohten Galatern „Christus am Kreuz" mit geradezu apotropäischer Gebärde vor Augen hielt (Gal 3,1), ist auch die kreuzförmig angelegte Trilogie als Versuch gemeint, dem um sich greifenden Glaubensschwund Einhalt zu gebieten und den sich vom Christentum Abwendenden dieses als die große Liebeserklärung Gottes an die Welt glaubhaft zu machen. Sie werden sich dann fragen müssen, ob sie mit ihrer Abkehr nicht die größte Chance ihres Lebens aufgaben. Die aber, die wie der ältere Bruder im Gleichnis vom verlorenen Sohn im Vaterhaus blieben, werden sich mit diesem fragen müssen, ob sie das Glück, diesen bedingungslos Liebenden zum Vater zu haben und seine Söhne zu sein, zu würdigen wußten, oder ob für sie nicht die Zeit gekommen ist, in sich zu gehen und sich dieser einzigartigen Vergünstigung bewußt zu werden. Auch ihnen möchte diese theologische *vexilla crucis* Anstöße zu einer neuen und tieferen Würdigung ihres religiösen „Besitzstandes" geben.

In inhaltlicher Hinsicht baut die Trilogie auf den beiden Hauptwerken „Einweisung ins Christentum" (1977) und „Glaubenserweckung" (2000) sowie auf meinen Jesusbüchern „Der Helfer" (1973), „Der Freund" (1993) und „Das Antlitz" (1999) auf, in methodischer Hinsicht auf meiner „Theologischen Sprachtheorie und Hermeneutik" (1970), den „Religiösen Sprachbarrieren" (1980) und einschlägigen Ausführungen in meiner „Entdeckung des Christentums" (2000). Flankiert wird diese Zusammenfassung meiner theologischen Konzeption von meinem Gespräch mit *Richard Heinzmann* über „Die Theologie der Zukunft" (2004), der Abhandlung „Die Neuentdeckung des Glaubens" (2004) und der Programmschrift für das im Geist des von *Kardinal Franz König* geleiteten Sekretariats Pro non credentibus entstandene „Forum für Glaubende und Nichtglaubende" (2004). Absicht dieser Schriften ist es, das Christentum als den allem menschlichen Suchen zuvorkommenden Selbsterweis Christi glaubhaft zu machen und es damit in seiner Einzigartigkeit herauszustellen. Kognitiver Bezugspunkt des Ganzen ist demgemäß nicht so sehr das zu reflektierende Subjekt als vielmehr der „inwendige Lehrer", dem „die Gedanken gehören" (*Villers*), und der im Zusammenspiel mit dem reflektierenden Ich zur Klärung der Probleme verhilft.

Gedacht ist das Gesamtkonzept als theoretische Rechtfertigung der Stiftung, die sich die Erschließung und Präsentation meiner Theologie zum Ziel gesetzt hat und dabei nicht nur auf das bereits in über einhundert Büchern und einer großen Zahl von kleineren Veröffentlichungen vorliegende Schrifttum angewiesen sein sollte. Ihr möchte die hiermit begonnene Trilogie die Zukunftsperspektive meines theologischen Konzepts erschließen und damit ihren Bemühungen entgegenkommen.

In tief empfundener Dankbarkeit seien hier die Initiatoren, Gestalter und Förderer der Stiftung genannt:

> *Heinrich und Marianne Köster, Martin Balle, Reinhold Baumstark, Alois Glück, Richard Heinzmann, Peter Jentzmik, Paul Kirchhof, Helmut Kohl, Veronika Krenn, Helmut Linnenbrink, Alfred Pfeiffer, Joachim Reger, Katharina Reiß, Klaus Schultz, Erwin Teufel, Theo Waigel und Gunther Wenz.*

Indem ich mein Lebenswerk in ihre Hände lege, wünsche ich ihrem nicht hoch genug zu veranschlagenden Einsatz den Segen und Beistand dessen, dem meine Versuche gelten und den sie in den in sechs Jahrzehnten entwickelten Ansätzen umkreisen. Ihm zu dienen, ist die Ehre aller theologischen Bemühung. Deshalb kann sie sich nur das Anliegen Jesu zu eigen machen, den Namen des von ihm entdeckten, gelebten und erlittenen Gottes weltweit zur Geltung zu bringen und seinem Reich zum Durchbruch zu verhelfen. Wenn die Neue Theologie ihrem Namen gerecht werden will, muß sie dieses Anliegen übernehmen und den ihr möglichen Beitrag zu deren Verwirklichung leisten.

Mein besonderer Dank gebührt dem Lektor Dr. Bernd Villhauer für die ebenso verständnisvolle wie hilfreiche Betreuung des Bandes, nicht weniger aber auch meinem Mitarbeiter Dr. Franz Fuchs für die sorgfältige Überprüfung und Gestaltung des Textes.

Eugen Biser

Einstimmung

1. Der Horizont

Wenn der Glaube (nach Röm 10,17) aus dem Hören kommt, ist es angebracht, nicht nur auf den Sinn einer Aussage, sondern auch auf den Klang zu achten, mit dem sie vorgetragen wird. Wenn Paulus sein alternativeloses Evangelium den vom Abfall bedrohten Galatern mit dem zustoßenden Ruf „Kein anderes Evangelium!“ in den Ohren dröhnen läßt und diesen mit einem Menschen wie Engel bedrohenden Fluch unterstreicht (Gal 1,6ff), setzt er damit einen den ganzen Brief bestimmenden Akzent. Wenn Jesus in seinem Abschiedsgebet mit dem fordernden „Ich will“ die Rolle des Fürbitters mit der des gleichrangigen Sohnes vertauscht (Joh 17,24), läßt dieses Machtwort das ganze Johannesevangelium erbeben[1]. Und wenn der Erste Johannesbrief seine Leser geradezu jubelnd auffordert:

> *Seht doch, welch große Liebe der Vater zu uns hat; denn wir heißen nicht nur Kinder Gottes, wir sind es! (1Joh 3,1),*

erhebt er das Motiv der Gotteskindschaft zu einer Spitzenaussage seiner Instruktion. Dabei hat der Brief, gleichgültig ob er, wie früher angenommen wurde, das Begleitschreiben des Evangeliums ist oder nicht, dessen Rückendeckung in dem das Thema der Neugeburt umkreisenden Nikodemusgespräch, dessen Fragesteller unverzüglich auch den die gesamte Interpretationsgeschichte verschattenden Einwand formuliert:

> *Wie kann ein Mensch, wenn er schon alt ist, geboren werden? Kann er denn in den Schoß seiner Mutter zurückkehren, um ein zweites Mal geboren zu werden? (Joh 3,4)*[2]

[1] Auf der Suche nach dem ursprünglichen Fundort des offensichtlich an den Rand geratenen Gebets wird man, besser noch als an der von *Rudolf Bultmann* vorgeschlagenen Stelle (Joh 13,33ff), bei der „johanneischen Getsemaniszene“ (12,27) fündig, weil dann das Abschiedsgebet als Antwort auf die an Jesus ergangene Himmelsstimme erscheint. Dazu die Ausführungen meines Jesusbuchs „Das Antlitz. Eine Christologie von innen“, Düsseldorf 1999, 374.

[2] *D. Rusam*, Die Gemeinschaft der Kinder Gottes. Das Motiv des Gotteskindschaft und die Gemeinden der johanneischen Briefe, Stuttgart 1993, 118; *I. Kügler*, „Denen aber die ihn aufnehmen …“ (Joh 1,12) . Die Würde der Gotteskinder in der johanneischen Theologie, in: Jahrbuch für

Es handelt sich um den nur mit Mühe auszuräumenden Einwand, als werde mit dem Motiv einem regressiven Menschsein, wenn nicht gar einer Infantilisierung des Menschen das Wort geredet, wie es schon die Herrenworte von der Modellhaftigkeit des Kindseins, erst recht aber die pädagogischen und asketischen Auswertungen des Motivs nahelegen[3]. So gebietet Jesus dem Rangstreit der Jünger mit dem Hinweis auf das ihrem Ungeist widersprechende Verhalten der Kinder Einhalt:

> *Amen, ich sage euch: Wenn ihr nicht umkehrt und werdet wie die Kinder, könnt ihr nicht in das Himmelreich eingehen (Mt 18,3)*[4].

In vertiefter Form wiederholt das die szenische Entfaltung dieses Drohworts:

> *Jesus wußte, was in ihren Herzen vorging. Deshalb nahm er ein Kind, stellte es neben sich und sagte zu ihnen: Wer dieses Kind um meinetwillen aufnimmt, der nimmt mich auf; wer aber mich aufnimmt, der nimmt den auf, der mich gesandt hat (Lk 9,47f)*[5].

Das kommt deshalb einer Vertiefung gleich, weil Jesus damit das an seine Seite gestellte Kind als Interpretament heranzieht, um in dessen Licht gesehen und angenommen zu werden. Abgesehen davon, daß er sich dadurch selbst in eine kindliche Perspektive rückt, fällt nun auch ein starker Akzent auf seine – im Grunde nur von *Therese von Lisieux* ausgelotete und nachgelebte – Kindheit[6]. Sofern er sich damit aber auch mit Nachdruck auf

Biblische Theologie XVII, Neukirchen-Vluyn 2002, 163–179; *J. Hessen*, Gotteskindschaft, München 1924; *O. Karrer*, Die Gotteskindschaft, München 1934; *M. Müller*, Gotteskinder vor dem Vater. Ihr Werden, Sein und Leben, Freiburg 1938; *W. Twisselmann*, Die Gotteskindschaft der Christen nach dem Neuen Testament, Gütersloh 1939; *H. Kuhaupt*, Die Formalursache der Gotteskindschaft, Münster 1940; *M. Gerster*, Gotteskindschaft, Stuttgart 1948; Artikel „Gotteskindschaft“, in: Reallexikon für Antike und Christentum XI, Stuttgart 1981, 1159–1185; Artikel „Kind“, in: *J. B. Bauer, J. Marböck, K. M. Woschitz* (Hrsg.), Bibel-Theologisches Wörterbuch, Graz 1994, 355–358; ferner: *R. Schnackenburg*, Das Johannesevangelium I, Freiburg 1965, 239; *J. Gnilka*, Johannesevangelium, Würzburg 1983, 15; *U. Wilckens*, Das Evangelium nach Johannes, Göttingen 2000, 3 C.

[3] Paradigmatisch dafür *H. Lutterbach*, Gotteskindschaft. Kultur- und Sozialgeschichte eines christlichen Ideals, Freiburg 2003.

[4] *R. Schnackenburg*, Matthäusevangelium, Würzburg 1987, 168.

[5] *J. Ernst*, Das Evangelium nach Lukas, Regensburg 1993, 240 f.

[6] *Therese vom Kinde Jesus.* Selbstbiographische Schriften, Einsiedeln 1958; *J.-F. Six*, Licht in der Nacht. Die letzten Monate im Leben der Therese von Lisieux (Originaltitel: Lumière de la nuit), Würzburg 1997.

die Seite der von der antiken Gesellschaft weithin vernachlässigten Kinder stellte, gewinnt sein revolutionäres Sozialverhalten einen zusätzlichen und für die vom Christentum praktizierte Aufwertung und Betreuung der Kinder grundlegenden Aspekt. Doch so bedeutungsvoll dieser Gesichtspunkt in „kultur- und sozialgeschichtlicher" Hinsicht auch ist (*Lutterbach*), hat er doch mit dem als Spitzenbegriff der christlichen Anthropologie einzuschätzenden Motiv der Gotteskindschaft nichts zu tun.

Worin diese besteht, verdeutlicht dagegen, wenngleich aus atheistischer Sicht, dafür jedoch mit größtem Nachdruck, *Nietzsche* in seiner zu Beginn von „Also sprach Zarathustra" vorgetragenen Lehre von den drei Verwandlungen: „Wie der Geist zum Kamele ward, und zum Löwen das Kamel, und der Löwe zuletzt zum Kinde"[7]. *Karl Löwith*, der darin den „einheitsstiftenden Grundgedanken in Nietzsches Philosophie" entdeckte, erblickt diesen zunächst in der Befreiung vom „Du sollst" zum „Ich will", sodann – und entscheidend – in der Befreiung vom „Ich will" zum „Ich bin" des Weltenkindes[8]. Um dieses Ziel zu verdeutlichen, beschwor Nietzsche in dem auf den Schluß von *Hölderlins* „Hyperion" zurückblickenden Kapitel „Mittags" den zeitlosen Augenblick der geglückten Übereinkunft von Welt und Selbst; sodann, um es von allen niedrigeren Zielsetzungen abzugrenzen, die Figur des „Übermenschen", die er dann aber, kaum daß er sie „vom Wege aufgelesen" hatte, wieder fallen ließ[9]. Im Grunde hatte er das in seiner Verwandlungslehre bereits vorweggenommen. Wenn er dort fragt, „was das Kind vermag, das auch der Löwe nicht vermochte", und darauf antwortet:

> *Unschuld ist das Kind und Vergessen, ein Neubeginn, ein aus sich rollendes Rad, eine erste Bewegung, ein heiliges Ja-sagen,*

nähert er sich unwillkürlich dem Motiv an, dem sein Konzept des Weltenkindes ursprünglich entstammt und das er damit in atheistischer Brechung – und Aufwertung – wiederherstellte. Das aber ist, wie Nietzsche in seiner Deutung der Worte Jesu „zum *Schächer* am Kreuz" zu verstehen gibt, das Motiv der Gotteskindschaft. Denn auf dessen Bekenntnis: „Das ist wahrlich ein *göttlicher* Mensch gewesen, ein Kind Gottes!" antwortet der Erlöser:

> *Wenn du dies fühlst ..., so bist du im Paradiese, so bist du ein Kind Gottes*[10].

[7] *F. Nietzsche*, Also sprach Zarathustra. Ein Buch für alle und keinen. Die Reden Zarathustras: Von den drei Verwandlungen; *H. M. Wolf*, Friedrich Nietzsche. Der Weg zum Nichts, Bern 1956, 184; 202 f.; 206.

[8] *K. Löwith*, Nietzsches Philosophie der ewigen Wiederkehr des Gleichen, Stuttgart 1956, 31–60.

[9] *Nietzsche*, Zarathustra IV: Mittags; dazu *Löwith*, A. a. O., 189 ff.

[10] *Nietzsche*, Der Antichrist, § 35. Zu der in der Erstausgabe unterdrückten Stelle vgl. *J. Hofmiller*, Nietzsche, in: Süddeutsche Monatshefte 29 (1931) 94 f.; dazu die kritische Studienausgabe: Sämtliche Werke, XIV Bde., München 1980, 442.

Doch wie gestaltet sich die Motivgeschichte aus christlicher Sicht, also von ihren neutestamentlichen Anfängen her bis zu dieser extremen Wiederholung?

2. Die Motivgeschichte

Die großen Leitmotive der Theologie erleiden im Lauf ihrer Geschichte ein dramatisches Schicksal. Wie Kometen tauchen sie aus dem Geflecht der übrigen auf, verschwinden dann wieder, gehen Verbindungen mit andern ein, verlieren an Leuchtkraft und Profil, um dann erneut und oft in verwandelter Form in den Vordergrund zu treten und alles zu überstrahlen.

Machtvoll intonierte das Motiv der dabei auf das Erlebnis seiner Neuschöpfung durch den Auferstandenen gestützte Paulus (2Kor 5,17), der im Galaterbrief das Ziel der Sendung des Gottessohns darin erblickt, „daß wir die Sohnschaft erlangten" (Gal 4,5) und der uns im Römerbrief durch den „Geist der Sohnschaft" zusprechen läßt, „daß wir Kinder Gottes sind" (Röm 8,15). Wenn er dem hinzufügt: „wenn aber Kinder, dann auch Erben: Erben Gottes und Miterben Christi" (8,17), läßt er keinen Zweifel daran, daß mit der Gotteskindschaft der Zenit des Menschseins bezeichnet und erreicht ist[11].

Nur scheinbar widerspricht Paulus dem in der Korrespondenz mit Korinth, wenn er seinen Adressaten nach dem Blick in das, „was kein Auge geschaut, kein Ohr vernommen und keines Menschen Herz jemals empfunden hat" (1Kor 2,9), vorwirft, daß er zu ihnen nicht wie zu Geistesmenschen, sondern nur wie zu Kindern reden könne, denen er anstelle der harten Kost seiner Weisheitslehre die Milch des Allgemeinverständlichen verabreichen müsse (3,1)[12]. Dasselbe gilt von der Klage des Hebräerbriefs über seine „schwerhörigen" Adressaten, die immer noch mit der Milch der „Anfangsgründe" abgespeist werden müssen, obwohl sie aufgrund ihres Alters längst Lehrer sein könnten (Hebr 5,11–14). Denn in beiden Fällen geht es nicht um den Fortschritt von einem Anfangsstadium zum Reifezustand, sondern um die Beanstandung eines Fehlverhaltens – Streitsucht und Schwerhörigkeit –, das den Aufstieg zum Werdeziel – hier der Schau, dort der Meisterschaft – verhindert.

Eine tatsächliche Gegenperspektive eröffnet dagegen der Epheserbrief, wenn er den Zweck der unterschiedlichen Dienstleistungen darin erblickt,

> *daß wir alle zur Einheit des Glaubens und zur Erkenntnis des Gottessohns gelangen, zur vollen Mannesreife und zum Vollalter Christi (Eph 4,13),*

[11] *U. Wilckens*, Der Brief an die Römer II, Zürich 1993, 117–145.

[12] *H. Lietzmann*, An die Korinther I/II, 12 f.; *A. Strobel*, Der erste Brief an die Korinther, Zürich 1989, 68 f.

und wenn er das mit der Mahnung unterbaut:

> *Wir sollen dann nicht mehr unmündige Kinder sein, die sich durch windige Lehrmeinungen, durch menschliches Trugspiel und irreführende Verführungskünste umtreiben lassen; vielmehr sollen wir uns in jeder Hinsicht an die Wahrheit halten und in Liebe in den hineinwachsen, der das Haupt ist: Christus (Eph 4,14f)*[13].

Das erweckt tatsächlich den Eindruck eines allmählichen, von kindlicher Unmündigkeit zu vollem Selbstbesitz fortschreitenden Reifungsprozesses, der, wie es Paulus in seinem frühen Liebeshymnus für sich selbst in Anspruch nimmt, das Stadium des Kindseins mit seinen kindlichen Denk- und Verhaltensweisen zugunsten eines anzustrebenden Reifestadiums hinter sich läßt (1Kor 13,10)[14]. Wenn aber *Nietzsche* mit seinem Wort von dem „in sich rollenden Rad" die Grundform des Kindseins zutreffend bestimmt, täuscht doch der Eindruck des über das Anfangsstadium hinausführenden progressiven Reifungsprozesses. Dann beschreibt dieser Prozeß vielmehr eine Kreisbewegung: die Rück- und Einkehr in den Anfang, der bereits alles enthält, in dieser Fülle jedoch erst im Rückbezug begriffen werden kann.

Wenn *William Wrede* mit seiner Sinnbestimmung des Lebenswerkes Jesu recht behält, wonach er seine Gottessohnschaft aufgab und Mensch wurde, „damit wir, die Menschen, Söhne Gottes werden", ging aber der erste Anstoß zur Konzeption der Gotteskindschaft noch vor Paulus von Jesus selber aus[15]. Dadurch fällt auf seine Zuwendung zu den von der antiken Gesellschaft vernachlässigten Kindern neues Licht[16]. Auch ist in diesem Zusammenhang mit *Rudolf Schnackenburg* an die Rede der Synoptiker von den „Söhnen des Reiches" zu erinnern[17]. Vor allem aber tritt nun die johanneische Lehre von der Gotteskindschaft in den Vordergrund. Während das Evangelium, seltener als der Brief, den Ausdruck „Kinder Gottes" nur zweimal verwendet (Joh 1,12; 11,52), hebt es doch im Nikodemusgespräch auf die Sache mit allem Nachdruck ab. Auf den bereits erwähnten Einwand des Fragestellers antwortet Jesus:

[13] *R. Schnackenburg*, Der Brief an die Epheser, Zürich 1982, 171–189.

[14] Zur Problematik dieses Liebeshymnus siehe die Ausführungen meiner Studien „Der unbekannte Paulus", Düsseldorf 2003, 21f und „Paulus. Zeugnis – Begegnung – Wirkung", Darmstadt 2003, 19–23.

[15] *W. Wrede*, Paulus, in: *K. H. Rengstorf* (Hrsg.), Das Paulusbild in der neueren deutschen Forschung, Darmstadt 1964.

[16] Dazu nochmals der in Anm. 3 gegebene Literaturhinweis; ferner *R. Schnackenburg*, Die sittliche Botschaft des Neuen Testaments II, Freiburg 1988, 120; 132.

[17] A. a. O., 127–130.

Amen, amen, ich sage dir: Wenn jemand nicht aus dem Wasser und dem Geist geboren wird, kann er nicht in das Reich Gottes eingehen (Joh 3,5).

Angefangen mit dieser Aussage und dem Gespräch mit der Samariterin (Joh 4,13f), dem Auftritt Jesu beim Laubhüttenfest (7,37f) und der Fußwaschung (13,3ff) durchzieht das Motivwort „Wasser" das ganze Evangelium bis zur Durchbohrung der „Blut und Wasser" verströmenden Seite Jesu (19,33f)[18]. Wenn man davon ausgeht, daß die Fußwaschung als das johanneische Äquivalent zum synoptischen Abendmahlsbericht zu verstehen ist, gilt von ihr Gleiches wie von dem Deutewort über das gebrochene Brot, mit dem Jesus seinem nahen Tod die authentische Deutung gibt. Dann aber hat das Wort von der Neugeburt aus dem Wasser und dem Geist nur vordergründig mit der Taufe zu tun, grundsätzlich aber mit dem (nach Röm 6,3ff) darin symbolisierten Ereignis von Tod und Auferstehung Jesu, so daß die Gotteskindschaft als deren vorzüglichste Frucht erscheint. Nur scheinbar verschwindet das Motiv dann im weiteren Gedankengang des Johannesevangeliums. Wenn Jesus den Jüngern in den Abschiedsreden erklärt:

Nicht mehr Knechte nenne ich euch; denn der Knecht weiß nicht, was sein Herr tut. Freunde habe ich euch genannt, weil ich euch alles gesagt habe, was mir von meinem Vater mitgeteilt worden ist (Joh 15,15),

charakterisiert er die ihnen zugesprochene Freundschaft vielmehr in derselben Weise, wie dies nach Paulus auf den der kreatürlichen Heteronomie und Angst entrückten Status der Gotteskindschaft zutrifft (Röm 8,15). Die vor allem in der mittelalterlichen Spiritualität hochgeschätzte Gottes- und Jesusfreundschaft erscheint dann geradezu als das Ziel einer Beziehung, die mit der Gotteskindschaft ihren Anfang nahm. Wiederholt sich dann aber nicht das Problem, das sich bereits vor dem Hintergrund der glaubenstheoretischen Schlüsselaussage des Epheserbriefs (Eph 4,13) abgezeichnet hatte? Ist die Freundschaft dann nicht das Endstadium, auf das die Kindschaft als Anfangs- und Ausgangsstadium hinführt?

Anders als im ersten Fall bedarf es hier nicht der Argumentationshilfe *Nietzsches.* Denn bei der Freundschaft ist ohnehin klar, daß sich in ihr lediglich das lebens- und bewußtseinsgeschichtlich entfaltet, was in der Kindschaft seinshaft vorgegeben und angelegt ist. In der Gottesfreundschaft wird man zu dem, was man als Gotteskind bereits besitzt und ist. In ihr schreitet man nicht über sich hinaus, sondern kehrt im Sinn einer Spiralbewegung auf höherer Stufe zu dem zurück, was man schon ist. Nicht umsonst imaginieren die spätmittelalterlichen Darstellungen der „Johannesminne" eine Bezie-

[18] *K. M. Woschitz,* Fons Vitae – Lebensquell. Sinn- und Symbolgeschichte des Wassers, Freiburg 2003, 421–526.

hung, die weit mehr der von Kind und Mutter als der von Freund zu Freund entspricht[19].

Daß das Motiv der Kindschaft auch im gnostischen Umfeld des Christentums eine Rolle spielt, bestätigt das gnostische Thomasevangelium, wenn es in einem auch von *Hippolyt* überlieferten Logion berichtet:

> *Jesus sprach: der Greis wird in seinen Tagen nicht zögern, ein kleines Kind von sieben Tagen nach dem Ort des Lebens zu fragen, und er wird leben (7),*

und wenn es Maria zu Jesus in Erwartung seiner Auskunft sagen läßt:

> *Wem sind deine Jünger gleich? Jesus sprach: Sie sind Kindern gleich, die sich auf einem Feld aufhalten, das ihnen nicht gehört. Wenn die Herren des Feldes kommen, werden sie sagen: Laßt uns das Feld! Sie sind nackt vor ihnen, daß sie es ihnen lassen und ihnen ihr Feld geben (21)*[20].

Unter den in der Folgezeit der Christenverfolgung hervortretenden Apologeten stellt *Theophil von Antiochien* die Frage, die für den Aufbau dieser mit der Besinnung auf die Gotteskindschaft einsetzenden Trilogie entscheidend war:

> *Wenn du aber sagst: „Zeige mir deinen Gott!" so erwidere ich: „Zeige mir zuerst deinen Menschen, dann werde ich dir meinen Gott zeigen!"*[21]

Diese Abfolge legt sich besonders nah, wenn man sich von dem Hermeneutiker *Ernst Fuchs* davon überzeugen läßt, daß „das Innerste Gottes das Menschliche ist"[22]. Wenn das zutrifft, steht das Menschsein grundsätzlich im Licht der göttlichen Selbstverständigung, so daß es von dorther, und das heißt, von seiner Bestimmung zur Gotteskindschaft her erschlossen werden muß. Nichts Schlimmeres, so *Irenäus von Lyon*, kann dem Menschen daher widerfahren, als wenn er sich dem Geschenk der Kindschaft verweigert und so sich selbst um seine „Erhebung zu Gott betrügt". Wie in einem Vorgriff auf *Wredes* Sinndeutung der Lebensleistung Jesu begründet er das mit der Feststellung:

[19] *R. Egenter*, Gottesfreundschaft. Die Lehre von der Gottesfreundschaft in der Scholastik und Mystik des 12. und 13. Jahrhunderts, Augsburg 1928, 272–280; dazu die Ausführungen meines Jesusbuchs „Das Antlitz. Selbstfindung in Jesus Christus, Düsseldorf 2006, 140 f.

[20] Nach *Robert M. Grant* und *David N. Freedman*, Geheime Worte Jesu. Das Thomasevangelium, Frankfurt 1960, 80; 119; 155.

[21] *Theophil von Antiochien*, Erste Schrift an Autolycos, c.2.

[22] So der Marburger Gelehrte in einem exegetischen Seminar vom Sommer 1966.

> *Dazu ist nämlich das Wort Gottes Mensch geworden und der Sohn Gottes zum Menschensohn, damit der Mensch das Wort Gottes in sich aufnehme und, an Kindesstatt angenommen, zum Sohn Gottes werde*[23].

Dabei nimmt er auch schon das Motiv der Einwohnung in den Blick, wenn er fortfährt:

> *So machte das Wort Gottes, das im Menschen wohnte, den Menschen fähig, den Vater zu begreifen, und wurde zum Menschensohn, damit der Mensch sich dazu bereit finde, Gott aufzunehmen, und Gott sich dazu herablasse, im Menschen zu wohnen*[24].

Das unterbaute Irenäus durch seine weitgreifende Rekapitulationstheorie[25]. Danach erreichte der Erlöser das Ziel seines Rettungswirkens dadurch, daß er alle Seinsbereiche und insbesondere alle menschlichen Lebensalter einholte, indem er für die Kinder zum Kind, für die Jugendlichen zum Jüngling, für die Erwachsenen zum Gereiften und so zum vollkommenen Meister (perfectus magister) für alle wurde. Zu diesem Ziel starb er auch, um durch seinen Tod zum Erstgeborenen von den Toten (primogenitus ex mortuis) zu werden[26]. So glich er sich in seiner Erniedrigung den Menschen an, damit der ihm dadurch gleichgewordene Mensch in den Augen Gottes kostbar (pretiosus) dastehe[27].

So sehr die Gotteskindschaft dem Erlösten nach *Origenes*, dem größten Denker der antiken Christenheit, nur auf abkünftige Weise zukommt, empfangen für ihn doch alle, die den Sohn im Glauben annehmen, auch den Geist der Sohnschaft und die Vollmacht, Gottes Kinder zu werden. Durch die Einwohnung des Logos dem „Bild des Bildes" gleichgestaltet, ahmen sie seine Sohnschaft nach. So erlangen sie die den (nach Mt 6,9) Friedensstiftern verheißene Gotteskindschaft, die sich in Tugend, Glaube und Erkenntnis bewährt.

Auch für *Athanasius*, den Vorkämpfer gegen den Arianismus, besteht die erste und wichtigste Großtat Christi an den Menschen darin, daß er durch seinen Geist in ihnen wohnt und sie dadurch zu Kindern Gottes und Teilhabern des göttlichen Lebens macht. Wer den Geist empfängt, wird zum Sohn Gottes, wenn auch nicht wie der Logos unmittelbar, sondern durch die Vermittlung seines Geistes[28].

23 *Irenäus*, Adversus haereses III, c.19,1.

24 A. a. O., III, c.20,2; ferner c.16,6 f.

25 A. a. O., V, c.20,20; dazu *N. Brox*, Offenbarung, Gnosis und gnostischer Mythos bei Irenäus von Lyon, Salzburg und München 1966, 186–189.

26 A. a. O., II, c.22,4.

27 A. a. O., V, c.16,2.

28 *Athanasius*, Contra Arianos III, c.25.

Nach *Cyrill von Jerusalem* gestaltet sich die Gotteskindschaft zu einem Dialog zwischen Gott und dem von ihm der Sklaverei entrissenen Menschen. Während Gott zu ihm in der Taufe sagt: „Dieser ist jetzt mein Sohn geworden“ (Catech. 3.14), bejahen das die Erlösten mit dem Bekenntnis: „Aus Glauben wurden wir gewürdigt, aus freien Stücken Gottes Kinder zu werden“. Daraus ergibt sich für Cyrill die Verpflichtung: „In dieser Erkenntnis laßt uns geistlich wandeln, damit wir uns der Sohnschaft würdig erweisen“ (7,14).

Ihren ersten und kaum je wieder überbotenen Höhepunkt erreicht die Motivgeschichte sodann in *Gregor von Nyssa*, dem Mystiker unter den Kappadokiern, der die Gotteskindschaft ebenso auf ihren Ursprung zurückführt wie er sie auf ihre Praxis anwendet. Das betont er in seiner Auslegung des Hohelieds, wenn er erklärt:

> *Das uns eingeborene Kind ist Jesus, der in denen, die ihn aufnehmen, auf unterschiedliche Weise an Weisheit, Alter und Gnade heranwächst. Doch ist er nicht in einem jeden der Gleiche. Vielmehr erscheint er je nach dem Gnadenmaß dessen, der ihn aufnimmt und nach seiner Aufnahmefähigkeit einmal als Kind, dann als Heranwachsender und schließlich als Vollendeter*[29].

Stärker noch als bei Irenäus ist hier das Motiv mit dem der Einwohnung verknüpft und zugleich stadienhaft entfaltet. Vor allem aber ist der johanneische Gedanke von der Neugeburt (Joh 3,3) zu dem der Gottesgeburt fortgebildet und dadurch erst in seiner evolutiven Entfaltung vom Kind zum Heranreifenden und Vollendeten glaubhaft gemacht. Damit stellt sich dann aber auch spontan die Frage nach der Praxis, die der Nyssener in seiner Betrachtung über die Seligpreisungen auf geradezu ekstatische Weise bei seiner Würdigung der „mit der Gnadenkrone der Gotteskindschaft gekrönten“ Friedensstifter beantwortet. „Was gäbe es, um Gott für diesen Hulderweis zu danken“, fragt er, „da aus einem Sterblichen ein Unsterblicher, aus einem Vergänglichen ein Unvergänglicher, aus einem Menschen ein Gott wird?“ Dabei genügt es, den Menschen an die ihm als Gotteskind zukommende Würde zu erinnern, weil sich die damit verbundene Aufgabe dann von selbst ergibt[30]. Denn damit versetzt Gott den Empfänger dieser Gaben in den Quellgrund und Ursprung des Friedens, der ihn drängt, das, was er ist, an die Welt weiterzugeben und die Friedlosen zu „liebevoller Übereinstimmung“ zu bewegen. Wie die Finster-

[29] *Gregor von Nyssa*, Hohelied-Kommentar, c.3; nach *H. Rahner*, Die Gottesgeburt. Die Lehre der Kirchenväter von der Geburt Christi im Herzen der Gläubigen, in: Zeitschrift für katholische Theologie 59 (1935) 338–418.

[30] *Gregor von Nyssa*, De beatitudinibus VII, c.1; dazu nochmals der Beitrag von *Hugo Rahner*, besonders sein Gedanke von der sich fortsetzenden Geburt Christi aus Maria: A. a. O., 371–383.

nis vor dem Licht schwindet, müssen in seinem Umkreis dann auch die dem Frieden entgegenstehenden Widerstände weichen[31].

Die stadienhafte Entfaltung des Motivs durch den Nyssener erinnert an die Rekapitulationslehre des *Irenäus*, nach der Jesus jedes Lebensalter durchschritt, um für die Kinder ein Kind, für die Jugendlichen ein Jüngling und für die Erwachsenen ein Vollendeter zu sein und um sich im Durchschreiten dieser Altersstufen als Lehrmeister und Vorbild aller zu erweisen.[32] Gleiches gilt für *Athanasius*, der diese Sicht mit der Begründung unterbaute, daß Christus dadurch auf die Menschen einwirkte, daß er ihnen durch seinen Geist einwohnt, um sie, zu Gotteskindern geworden, am göttlichen Leben teilnehmen zu lassen.[33]

An diese perspektivenreiche Schau der Gotteskindschaft knüpft auch der ins mörderische Getriebe der christologischen Kämpfe geratene *Maximus Confessor* an, wenn er im Anschluß an das Wachstumsmodell *Gregors* Jesus alle Himmel durchschreiten und übersteigen und so „jenen Gipfel, den kein Wort und kein Verstand jemals aussprechen und begreifen kann", erreichen sieht. Dabei durchmißt er die vom Nyssener beschriebenen Stadien der Gotteskindschaft, doch so, daß er sie zugleich als deren Ursprung und Inbegriff erweist:

> *Vom Nahen zum Fernen ausgreifend und vom Geringeren zum Höheren aufsteigend vereinigte er in sich alle Extreme, um sie in die gemeinsame Einigung in Gott ausmünden zu lassen. Als letzter ist der Mensch in die Schöpfung eingetreten, um als Bindeglied zwischen den Extremen zu vermitteln und sich schließlich mit dem ungeschaffenen Sein zu vereinigen und Gott ganz in sein Wesen aufzunehmen, ja ihn an die Stelle seines eigenen Selbst zu setzen, so daß er als Siegespreis für seinen Aufstieg zu Gott nichts anderes als Gott selbst erhält, ihn als den unerschütterlichen Standort alles sich zu ihm Bewegenden und als das Ende und die Grenze alles durch ihn Begrenzten (Or. 39, c.13).*[34]

In der lateinischen Patristik bezieht sich *Cyprian von Karthago* mit Nachdruck auf das von der Christenheit mißachtete Herrenwort, daß der zum Gotteskind Gewordene niemand außer seinem väterlichen Gott „auf Erden Vater nennen" dürfe (Mt 23,9)[35]. Auch für *Hilarius von Poitiers* bekundet sich die Wiedergeburt zum Gotteskind primär in der

[31] A. a. O., VII, c.3; dazu meine Schrift „Der Sinn des Friedens. Ein theologischer Entwurf", München 1970, 227 ff.

[32] *Irenäus*, Adv. haer. II, 22,4; V, 16,2.

[33] *Athanasius*, Contra Arianos II, 59.

[34] *Maximus der Bekenner*, All-Eins in Christus (Ausgabe *Ivánka*), Einsiedeln 1961, 46 f.; 49; 63.

[35] *Cyprian von Karthago*, Liber de Oratione Dominica, c.9.

Anrufung „Abba – Vater“: Deswegen sind seine Taten letztlich gottgewirkt und als solche „opera secundum spiritum dei gesta“ (De trinitate 6,44). Ebenso greift *Augustin* in seiner für das Theorem des „inwendigen Lehrers“ grundlegenden Frühschrift „De magistro“ auf diese Aussage des von ihm vielfach gerühmten, bisweilen aber auch berichtigten Märtyrers Cyprian zurück, während er sich in seinem Johanneskommentar als Traditionszeuge der Gotteskindschaft profiliert[36]. So schon bei seiner Erklärung des Prologs, die in dem Satz gipfelt:

> *Wundere dich also nicht, o Mensch, daß du durch die Gnade zum Gotteskind wirst, daß du aus Gott geboren wirst nach seinem Worte. Zuerst wollte das Wort selbst von Menschen geboren werden, damit du gewiß aus Gott geboren würdest und zu dir sagen könntest: Nicht grundlos wollte Gott von Menschen geboren werden, und zwar aus keinem anderen Grund, weil er mich für wert hielt, für mich sterblich geboren zu werden, um mich unsterblich zu machen*[37].

Sodann, und jetzt aus thematischem Anlaß bei seiner Deutung des Nikodemusgesprächs, bei der er zu bedenken gibt:

> *Wohlan, Bruder, also wollte Gott Sohn des Menschen sein, und die Menschen sollten nach seinem Willen Söhne Gottes sein. Er stieg unsretwegen herab; wir sollten seinetwegen hinaufsteigen.*

Auch die an Jesus Glaubenden sind in seinen Aufstieg hineingenommen, weil sie „in und mit ihm“ eins sind[38]. Darauf stimmt sich der aus der nach ihm benannten erzbischöflichen Kapelle in Ravenna bekannte *Petrus Chrysologus* mit dem Bekenntnis ein: „Kaum hast du dich zu Gott, dem wahren Vater des Sohnes bekannt, so bist du selbst als Sohn Gottes des Vaters angenommen“ (Sermo 68). All das klingt schließlich bei *Johannes von Damaskus*, dem letzten östlichen Kirchenvater nach. Gestützt auf Gedanken des *Pseudo-Dionysius*, des *Gregor von Nazianz* und des *Maximus Confessor*, betont er ebenso die in der Gotteskindschaft erlangte Überwindung der Heteronomie wie den durch sie stimulierten Fortschritt, wobei er nicht nur Jesus an Alter, Weisheit und Gnade fortschreiten sieht, sondern ihn zugleich als Prinzip des menschlichen Heranreifens be-

[36] Wichtig ist für *Augustins* Beurteilung *Cyprians* vor allem sein Brief an *Vincentius* (von 408), in dem er sich im Bruch mit seiner anfänglichen Haltung für die repressive Behandlung der Donatisten ausspricht. Auf „De magistro“ bezieht sich meine Studie „Der inwendige Lehrer. Der Weg zu Selbstfindung und Heilung“, München 1994, 17–26.

[37] *Augustinus*, In Joannem, tractatus 2, 13.

[38] A. a. O., tr. 12, 8.

greift[39]. Das krönt er mit einer Danksagung an den, dem diese nach seiner Überzeugung auch im Gebet vollzogene Erhebung zu verdanken ist:

> *Wohlan, Christus, Wort Gottes, Weisheit, Macht und allherrschender Gott. Wie sollen wir Arme dir dies vergelten? Denn dein ist alles, und du verlangst von uns nichts, als daß wir uns retten lassen, und auch dies gibst du selbst und weißt in deiner unsäglichen Güte den Empfängern sogar Dank. Dank sei dir, der du das Sein gegeben und das Wohlsein geschenkt hast und die, die dies verloren, in deiner unaussprechlichen Herablassung wieder hierzu zurückgeführt hast*[40].

Über die Jahrhunderte hinweg bestätigt dies *Meister Eckhart*, wenn er im Gottessohn auch uns zu „Gottes Söhnen" geworden sieht und dies mit den Worten begründet:

> *Er allein ist im eigentlichen Sinn das Bild des Vaters, wir aber sind die Söhne nach seinem Bild … Er ist der Sohn von Geburt und deshalb von Natur, wir sind es durch Adoption und Wiedergeburt, die sich auf die Ähnlichkeit mit der Natur bezieht. Er ist der Erbe, wir sind die Miterben, sofern wir Söhne und Glieder in ihm sind … Davon spricht Augustinus oft, wenn er das Wort behandelt: „Für sie heilige ich mich" und dazu als Grund hinzufügt: „weil sie Ich sind": alle Menschen ein Mensch, und dieser Mensch ist Christus*[41].

Einen neuen und bisher letzten Höhepunkt erreichte die Motivgeschichte in *Nikolaus von Kues*, der dem Thema erstmals eine eigene Schrift „De filiatione Dei" widmete[42]. Seinen Grundgedanken faßte der Kusaner in die Worte:

> *Meiner Ansicht nach werden wir nicht in dem Sinn Kinder Gottes, daß wir etwas anderes würden als das, was wir jetzt sind; wohl aber werden wir dann in einem anderen Maß und Verhältnis das sein, was wir jetzt in der unserem heutigen Zustand angemessenen Seinsweise sind*[43].

[39] *Johannes von Damaskus*, Darlegung des orthodoxen Glaubens III, 19; 22.

[40] A. a. O., III, 24; IV, 4.

[41] *O. Karrer*, Meister Eckhart. Das System seiner religiösen Lehre und Lebensweisheit, München 1926, 124.

[42] *Cusanus*, Vom verborgenen Gott. De Deo abscondito – De quaerendo Deum – De filiatione Dei (Ausgabe *Bohnenstaedt*), Leipzig 1942, 77–103; 141–157. Siehe ferner die Neuübersetzung von De filiatione Dei durch *H. Schwaetzer*, Über Gotteskindschaft, Trier 2002.

[43] A. a. O., 80.

Das wirkt wie ein Nachklang der Umschreibung der Gotteskindschaft durch *Augustin*:

> *Wir werden nicht in dem Sinne Gottes teilhaftig, daß wir das vollständig würden, was er ist, sondern so, daß wir ihn auf die innigste, wunderbare und intelligible Weise berühren und von seiner Wohltat und Liebe zutiefst erleuchtet und ergriffen werden*[44].

Daraus leitet der Kusaner schließlich seine definitionsartige Bestimmung der Gotteskindschaft ab:

> *Die Kindheit ist somit die Aufhebung aller Andersheit und Verschiedenheit und das Aufgehen von allem in eins, was zugleich den Aufgang des Einen in alles besagt*[45].

Unüberhörbar klingt in dieser Definition das Pauluswort von der vom „Geist der Kindschaft" bewirkten Aufhebung der Heteronomie und Angstanfälligkeit nach (Röm 8,15), das damit seine wirkungsgeschichtliche Effizienz beweist. Denn der Kusaner steht an der Schwelle jener Epoche, die in *Descartes* mit der philosophischen und kirchlichen Tradition brach, um die Sache des Denkens konsequent auf dieses selbst zu begründen, und die in *Kants* Definition der Aufklärung ihre Identität im „Ausgang des Menschen aus seiner selbstverschuldeten Unmündigkeit" erblickte. Als Inbegriff des emanzipierten Geistes, der, paulinisch ausgedrückt (1Kor 2,15), für sich in Anspruch nimmt, alles zu beurteilen, während er sich von niemand beurteilen läßt, ist die Aufklärung allerdings ohne den von *Joachim von Fiore* her nachwirkenden Impuls nicht zu erklären. Denn Joachim hatte in seiner Drei-Stadien-Lehre bereits ein Zeitalter des Gesetzes, dann des Glaubens und schließlich der Freiheit unterschieden und für dieses das in der Apokalypse angesagte „ewige Evangelium" (Apk 14,6) postuliert. In seiner „Erziehung des Menschengeschlechts" (§ 87) bezieht sich *Lessing* darauf, und noch in *Heines* „Geschichte der Religion und Philosophie in Deutschland" findet sich eine gleichsinnige Anspielung, wenn er prophezeit:

> *Ja, kommen wird auch der dritte Mann, der das vollbringt, was Luther begonnen, was Lessing fortgesetzt. Der dritte Befreier – Ich sehe schon seine goldne Rüstung, die aus dem purpurnen Kaisermantel hervorstrahlt, wie die Sonne aus dem Morgenrot*[46].

[44] *Augustinus*, De moribus ecclesiae, c.18.

[45] *Cusanus*, A. a. O., 90.

[46] *H. Heine*, Zur Geschichte der Religion und Philosophie in Deutschland (Ausgabe *Feiner*), Stuttgart 1997, 84.

Als diesen dritten Mann hätte sich *Hegel* fühlen können, sofern er den Sinn der Geschichte als Fortschritt im Bewußtsein der Freiheit erblickte und das mit dem Christentum angebrochene „Greisenalter des Geistes“ als Höhepunkt dieses „Stufengangs“ bezeichnete und sofern er zugleich als Denker dieses Endstadiums die Aufhebung der Theologie in Philosophie betrieb[47]. Nach einer flüchtigen Annäherung bei *Kant*, der mit seiner Forderung einer „Revolution der Gesinnung“ und Denkungsart den Begriff der Wiedergeburt einzuholen sucht und mit der Bezeichnung Gottes als „Herzenskündiger“ dem Motiv des inwendigen Lehrers nahekommt, verschwindet der Gedanke der Gotteskindschaft im Zug dieser Aufhebung dann jedoch bis auf wenige philosophische und theologische Ausnahmen aus dem spekulativen Disput[48]. Zu jenem gehört in erster Linie *Johann Gottlieb Fichte*, der in seiner „Bestimmung des Menschen“ (1800) die Aristie des Menschseins mit einem All-Einheitserlebnis gleichsetzt, in dem sich das Ich mit allem verwandt, von allem erblickt und „wie die Morgensonne in tausend Tautropfen“ gespiegelt fühlt. Das konkretisiert er in seiner „Anweisung zum seligen Leben“ (1806) im Sinn seiner spekulativen Christologie. Darin sieht er seine Gegenwart vom Christentum als „mächtigem Prinzip“ durchwirkt, und dies mit der Folge, daß alle, „die seit Jesus zu Gott gekommen, nur durch ihn und vermittelst seiner dazugekommen“ sind. Dabei ist „Jesus von Nazareth auf eine ganz vorzügliche, durchaus keinem Individuum außer ihm zukommende Weise“ seinerseits dazu gekommen, der „eingeborene und erstgeborene Sohn Gottes“ zu sein, dessen Großtat darin bestand, alle anderen „in ihm, und durch die Verwandlung in sein Wesen, mittelbar, Kinder Gottes werden“ zu lassen[49].

An theologischen Ausnahmen ragen, repräsentativ für andere, vor allem *Albert Schweitzer* und *Matthias Joseph Scheeben* hervor[50]. Schweitzer, für den Paulus mit der sich von der ozeanischen Gottesmystik unterscheidenden Lehre von der Gotteskindschaft „wie ein Leuchtturm“ die einzig richtige Wegweisung gibt, und der sich damit dann doch im Sog der alles überflutenden Rechtfertigungsdiskussion nicht behaupten konnte. Und

[47] *G. W. F. Hegel*, Die Vernunft in der Geschichte (Ausgabe *Hoffmeister*), Hamburg 1955, 155–767; *K. Löwith*, Hegels Aufhebung der christlichen Religion, in: Vorträge und Abhandlungen. Zur Kritik der christlichen Überlieferung, Stuttgart 1966, 54–96, ferner *D. Henrich*, Das Selbstbewußtsein und seine Selbstdeutungen, in: Fluchtlinien, Frankfurt 1982, 99–181.

[48] *I. Kant*, Die Religion innerhalb der Grenzen der bloßen Vernunft (Ausgabe *Vorländer*), Hamburg 1956, 61 f.; 78; 197; dazu *A. Habichler*, Reich Gottes als Thema des Denkens bei Kant. Entwicklungsgeschichtliche und systematische Studie zur Kantischen Reich-Gottes-Idee 1991, 203–257.

[49] *J. G. Fichte*, Die Bestimmung des Menschen. Mit einem Geleitwort von *Eduard Spranger*, Hamburg 1954, 151 f.; *Ders.*, Die Anweisung zum seligen Leben (Ausgabe *Medicus*), Hamburg 1954, 95 f.

[50] *A. Schweitzer*, Die Mystik des Apostels Paulus, Tübingen 1930, 4 f.; 121; 368 ff.; *M. J. Scheeben*, Die Herrlichkeit der göttlichen Gnade (Ausgabe *Grosche*), Freiburg 1941, 86.

Scheeben, der die innere Antithetik der Gotteskindschaft mit den einfühlsamen Worten herausstellt:

> *Schon sind wir aus Gott gezeugt; dennoch erwarten wir noch die vollendende Wiedergeburt. Schon lebt Christus, der Sohn Gottes in uns; dennoch ist er als „unser Leben" noch nicht erschienen. Schon tragen wir das Bild des Sohnes in uns; doch ist es noch nicht zur vollen Mannesreife ausgebildet. Schon erfreuen wir uns der Freiheit der Gotteskinder und doch seufzen wir noch nach ihrer Vollendung.*

Dennoch blieb ihm trotz dieser eindrucksvollen Profilierung des Motivs eine nachhaltige Wirkung versagt. Dasselbe Schicksal erlitt dann aber auch das in beständigem Gespräch mit ihm gestaltete Werk von *Hermann Kuhaupt,* der seine Energie im Versuch, bei der Bestimmung der „Formalursache der Gotteskindschaft" den Anteil der ungeschaffenen Gnade von dem der geschaffenen abzuheben, verzehrte[51].

Bei allem Engagement scheitern Scheeben und Kuhaupt auf ungemein aufschlußreiche Weise bei ihrem Versuch, das sie persönlich zutiefst bewegende Motiv unter den Bedingungen der zu einer ideologischen Verhärtung tendierenden neuscholastischen Denkweise zur Geltung zu bringen. Ihnen standen geistige Barrieren im Weg, wie sie Paulus (nach 2Kor 10,4f) niederzuringen sucht. Denn die Gotteskindschaft ist, auf den Problemkern zurückgeführt, ein Zentralmotiv der Wahrheit Christi und damit der aus dem hermeneutischen Umgang mit Jesus gewonnenen Wahrheit, nicht jedoch ein Derivat der christlichen Wahrheit, die aus der Auslegung des Evangeliums mit Hilfe platonisch-aristotelischer Kategorien hervorging. Hier gilt die Antithese, die *Franz Rosenzweig* aus vergleichbarem Anlaß in seinem „Stern der Erlösung" in die Worte faßte:

> *Wahrheit thront über der Wirklichkeit. Und so wäre denn die Wahrheit – Gott? Nein. Die Wahrheit ist nicht Gott. Gott ist die Wahrheit.*[52]

Die sich daraus aufbauenden Denkbarrieren brachten es mit sich, daß die unaussagbar gewordene Gotteskindschaft aus dem Interessen- und Themenfeld der Theologie, der von ihr geprägten Verkündigung und, schlimmer noch, der von ihr reglementierten Spiritualität verschwand, sofern sie nicht auf die schiefe Ebene eines regressiven Infantilismus geriet, wie ihn *Lutterbach* im Sog dieser Entwicklung ebenso eingehend wie kenntnisreich untersuchte.

[51] *H. Kuhaupt*, Die Formalursache der Gotteskindschaft, Münster 1940.

[52] *F. Rosenzweig*, Der Stern der Erlösung. Mit einer Einführung von *Reinhold Mayer* und einer Gedenkrede von *Gershom Scholem*, Frankfurt 1990, 429.

3. Der Nachklang

Im Rückblick zeigte sich, wie sehr das mit dem Kindsein beginnende und im Greisenalter ausmündende joachitische Modell in der neuzeitlichen Literatur- und Geistesgeschichte nachwirkte. Das bestätigte *Hans Urs von Balthasar* in seinem Frühwerk „Prometheus", das thematisch dem Reich des Kindes, des Jünglings und des Mannes nachgeht[53]. Dabei hatte schon *Lessing* in seiner „Erziehung des Menschengeschlechts" die Erinnerung an jene „Schwärmer des dreizehnten und vierzehnten Jahrhunderts" wachgerufen, die einen Strahl des von Joachim beschworenen „neuen ewigen Evangeliums" aufgefangen hatten (§ 87). Nach Balthasar wird im großen Konzert der neueren Geistesgeschichte dieselbe Musik vom Kind, vom Jüngling und vom Mann „getanzt", wobei er das Kind Novalis, den Jüngling Hölderlin und den Mann Schiller zuordnet.

Für Novalis erfaßt der „frische Blick des Kindes" – wie der des von Genien begrüßten Kindes in *Runges* „Morgen" – mehr als das System; denn ihm erscheint alles als Geist[54]. Im Sammelpunkt des Ich konvergiert das von diesem Kindesblick Aufgefangene zur alles in sich einbegreifenden Einheit. Das „Ich und Du" wird zum „Ich im Du" und dieses zum „Ich als Du" (*Schreier*)[55]. Diese Koinzidenz ereignet sich im Traum; denn „ein Gott ist der Mensch, wenn er träumt, ein Bettler, wenn er nachdenkt" (*Hölderlin*). Im Traum ereignet sich die Aufhebung der alles auseinanderlegenden Zeit und damit die Vorwegnahme des alles umfangenden Ganzen. Doch gibt es nicht nur den Traum, sondern auch ein Wissen von alledem in Gestalt der als Kind vor Gott spielenden Weisheit (Spr 8,30), die sich nach jüdischer Überlieferung zu den von ihr Erwählten herabläßt, um sie zu „Gottesfreunden und Propheten" heranzubilden (Wsh 7,36)[56].

Eine Schicksalsfügung gab *Friedrich von Hardenbergs* frühvollendeter Braut den Namen Sophie, die er aufgrund eines visionären Erlebnisses an ihrem Grab zu einem Christussymbol – „Christus und Sophie" – stilisierte[57]. Das führt ihn zur Abkehr von der Tagwelt der Rationalität und zur „Wende" nach abwärts in die geheimnisvolle Traumwelt der Nacht, die er in seinem Romanfragment „Heinrich von Ofterdingen" durchmißt und in seinen „Hymnen an die Nacht" ekstatisch besingt[58]. Im Roman findet Heinrich im Sym-

[53] *H. U. von Balthasar*, Prometheus. Studien zur Geschichte des deutschen Idealismus, Heidelberg 1947.

[54] A. a. O., 257 f.; Näheres dazu auf Seite 24 f.

[55] *J. Schreier*, „Ich bin Du". Der „dialogische" Gedanke des Novalis, Köln 1977.

[56] *B. Lang*, Frau Weisheit. Deutung einer biblischen Gestalt, Düsseldorf 1975, 100–111; *A. Schmitt*, Das Buch der Weisheit. Ein Kommentar, Würzburg 1986, 81 ff.

[57] *Balthasar*, A. a. O., 272 f.; 291.

[58] Dazu mein früher Versuch „Abstieg und Auferstehung. Die geistige Welt in Novalis Hymnen an die Nacht", Heidelberg 1954.

bol der blauen Blume den gesuchten Inbegriff der, wie die fragmentarische Fortführung versichert, „wahren Weltgeschichte" und damit jenes Ziel jenseits der „Zahlen und Figuren", von dem es heißt:

Dann fliegt vor einem *geheimen Wort*
das ganze verkehrte Wesen fort.

In dem von *Hölderlin* verkörperten Reich des Jünglings wiederholt sich zunächst das von Novalis erlittene Lebensdrama. Wie Sophie stirbt im „Hyperion" auch Diotima. Und auch für sie gibt es, wenngleich keine Auferstehung, so doch eine Wiederkehr am „schönsten Mittag", den der bis zu *Nietzsche* fortstrahlende Schluß des Romans beschreibt[59]. Auf die verzweifelte Frage des Titelhelden „wo bist du, o wo bist du?" antwortet eine geheimnisvolle Stimme: „Bei den Deinen, bei den Meinen, die der irre Menschengeist mißkennt". Und diese Antwort schlägt sich dann im Schlußwort des Ganzen nieder:

Es scheiden und kehren im Herzen die Adern
und einiges, ewiges, glühendes Leben ist alles[60].

Die Welt ist in dieser Sicht ein einziger Triumphzug, auf dem die Natur ihren ewigen Sieg über alle Verderbnis feiert und auf dem das Leben den Tod in goldenen Ketten mit sich führt[61]. Gleichzeitig sträubt sich der Jüngling gegen die Kette, die das Schicksal mit dem unerbittlichen Gesetz, nie ganz der Andere sein zu können, auferlegt, und auch dies mit einer Ausstrahlung bis auf *Joseph Bernhart*, der diese Frage in langer Nacht bedachte und sich schließlich sagen mußte: „nein!"[62]. Nach der durch Diotimas Tod symbolisierten Entzweiung kehrt die Frage nach der Vereinbarkeit auf höchster und jetzt christologischer Ebene wieder. In der um die Unvergleichlichkeit Christi ringenden Hymne „Der Einzige" hindert den Dichter zwar eine Scham, Jesus den „weltlichen Männern" nach Art der antiken Heilbringer wie Herakles oder Dionysos zu vergleichen; und dennoch hält er noch immer wie in seiner naturmystischen Frühzeit an deren göttlicher Herkunft fest[63]. Schließlich dringt er im Blick auf den Tod Jesu aber doch zur Einsicht in dessen unvergleichliche Lebensleistung durch. Obwohl er in der Patmos-Hymne gesteht, „des Him-

[59] Das Zarathustrakapitel „Mittags" ist unverkennbar unter dem Eindruck des Romanschlusses konzipiert.

[60] *F. Hölderlin,* Hyperion oder Der Eremit von Griechenland (Ausgabe *Grolmann*), Hamburg 1947, 166.

[61] *Balthasar,* A. a. O., 297.

[62] *J. Bernhart,* De profundis (Ausgabe *Biser*), Weißenhorn 1985, 142.

[63] *E. Lachmann,* Hölderlins Christus-Hymnen, Wien, 1951. – Vgl. ferner *U. Beyer,* Christus und Dionysos. Ihre widerstreitende Bedeutung im Denken Hölderlins und Nietzsches, Münster 1992.

mels Herrn" einmal „im Zorne sichtbar" gesehen zu haben, weiß er, daß in jener Stunde des Gastmahls

ruhig ahnend in der großen Seele den Tod
Aussprach der Herr, und die letzte Liebe, denn nie genug
Hatt' er von der Güte zu sagen[64].

Wenn er dem hinzufügt: „Sein Licht war Tod", gibt er damit zu verstehen, daß das „Feuer", das Jesus (nach Lk 12,49) in seiner Verkündigung und Wundertätigkeit auf die Erde geworfen hatte, seine äußerste Helligkeit in seinem Tod erlangte, mit dem er seine Proklamation des bedingungslos liebenden Gottes und seiner Hingabe an ihn den „äußersten" Ausdruck verlieh (Joh 13,1). Deshalb hätte auch die Umkehrung des Hölderlinwortes gegolten: Sein Tod war Licht.

Ans Ziel gelangt das joachitische Drei-Reiche-Modell in *Schiller*, dem Repräsentanten des „Reiches des Mannes". War der vom Chaos bedrohte und zuletzt in ihm versinkende Hölderlin der Dichter einer vorweggenommenen Romantik, so Schiller der Dichter der auf klare Abgrenzungen und Proportionen achtenden Klassik. Das eine bekundet sich in dem von *Dorothee Sölle* aufgenommenen Vers des Reiterlieds aus „Wallensteins Lager": „Da tritt kein andrer für ihn ein. Auf sich selber steht er da ganz allein"[65]. Das andere besagt das Begriffspaar „Anmut und Würde". Wenn beides in einer Person geeint ist, hat die Menschheit darin ihren vollendeten Ausdruck gefunden[66]. Dasselbe gilt von dem Vers aus seinem Gedicht „Die Freundschaft", den *Hegel* am Schluß seiner „Phänomenologie des Geistes" in die von ihm umgeformte Fassung brachte:

Aus dem Kelche dieses Geisterreiches
schäumt ihm seine Unendlichkeit[67].

Daß sich auch darin ein für den Klassiker bezeichnender Vorbehalt verbirgt, zeigt das Gedicht „Das Bildnis von Sais", das zwar nicht die Suche nach Wahrheit verwirft, wohl aber den Versuch, ihrer ansichtig zu werden[68]. Auf derselben Linie liegt die dem Gedicht „Der Taucher" zugrundeliegende Warnung, das Schicksal herauszufordern, die, zum Vorsehungsmotiv überhöht, auch aus dem „Gang zum Eisenhammer" spricht. Eine ungleich bedeutsamere Überhöhung erfuhr Schillers ursprünglich der Freiheit gewidmete

[64] *F. Hölderlin*, Sämtliche Gedichte (Ausgabe *Rasch*), Berlin 1942, 335.

[65] *Balthasar*, A. a. O., 358; *D. Sölle*, Stellvertretung. Ein Kapitel Theologie nach dem „Tode Gottes", Stuttgart, 1965.

[66] A. a. O., 368.

[67] *G. W. F. Hegel*, Die Phänomenologie des Geistes (Ausgabe *Hoffmeister*), Hamburg 1952, 564.

[68] *Balthasar*, A. a. O., 403.

Ode „An die Freude", als sie *Beethoven* dem Schlußsatz seiner Neunten Sinfonie zugrundelegte[69]. Was immer Schiller unter dem „Vater überm Sternenzelt" verstand, wurde in Beethovens Vertonung zu einem Bekenntnis zu dem „Gott Jesu Christi" (*Pascal*), der durch das gewaltige „und der Cherub steht vor Gott" und das komplementäre „ihr stürzt nieder, Millionen" von allen gängigen Gottesvorstellungen abgehoben und in seiner Unvergleichlichkeit herausgestellt wird. Hier trat für den, der im Reiterlied aus „Wallensteins Lager" noch auf seiner Unvertretbarkeit bestanden hatte, ein anderer ein, um die Sache mit Gott mit ihm zusammen auszutragen. Auf dieser Höhe der Mannesreife verblaßte dann allerdings das Motiv der Kindschaft, von dem die Drei-Reiche-Lehre ausgegangen war. Im Bann der alles verzehrenden Hegelschen Dialektik blieb für sie auch denkerisch kein Raum.

Inzwischen verfiel der von der idealistisch-ideologischen Engführung ausgehende Denkzwang, und dies zuletzt wohl infolge der – freilich ohne Wissen um eine überzeugende Alternative geführten – Enthellenisierungsdebatte. Sie zielt, mit ihrem Wortführer *Claude Tresmontant* gesprochen, auf den Bruch mit der hellenistischen Wahrheitssuche im Horizont der alles in sich versammelnden Idee im Wesen (*eidos*) der Dinge und im Menschen als „Exemplar" (*Heinzmann*) und auf den Versuch der Wiedergewinnung der biblischen Wahrheitsfindung im Lebenswerk und der Person des Offenbarers[70]. Sofern der zuvor bestehende Denkzwang, vor allem auch im Gefolge des Zusammenbruchs seiner letzten Bastion in Gestalt der marxistischen Ideologie, vom heutigen Menschen wich und nicht in postmoderner Beliebigkeit und „schwachem Denken" (*Vattimo*) endete, entstand die in dieser Form seit langem nicht mehr gegebene Chance einer Wieder- und Neuentdeckung des Motivs. Ihr stehen jedoch zwei gravierende Hindernisse im Weg. Zunächst das Fehlen eines innovatorischen Impulses, der zur Neuentdeckung gedrängt hätte. Sodann, und nicht minder gravierend, die kritisch-depressive Selbsteinschätzung des heutigen Menschen, der sich am wenigsten eine Erhebung über die Eindimensionalität seiner Daseinsverfassung zutraut. Sie muß im Blick auf die Gegebenheiten und Erfordernisse der gegenwärtigen Stunde überwunden werden, wenn das Motiv im Bewußtsein der Zeit wieder Wurzeln schlagen und Früchte – insbesondere die Frucht einer Neuentdeckung – tragen soll.

Zu den Gegebenheiten gehören in erster Linie die diese Hoffnung bedrohenden desintegrativen Faktoren der heutigen Lebenswelt, und unter ihnen in erster Linie der alles zur Eindimensionalität verflachende Reduktionismus, der signifikante Verfall der Solidarität, der die tradierten Wertvorstellungen untergrabende Hedonismus und die alles über-

[69] *M. Solomon*, Beethoven. Biographie, München 1879, 351–355; *J. und B. Massin*, Beethoven. Materialbiographie, München 1970, 547–558.

[70] *Cl. Tresmontant*, Biblisches Denken und hellenistische Überlieferung (Originaltitel: Essai sur la pensée ébraique), Düsseldorf 1956, 76 f.; *R. Heinzmann*, Vom System zur Lebenswirklichkeit, in: Christlicher Glaube und der Anspruch des Denkens, Stuttgart 1998, 132–141.

schattende Lebensangst. Dem steht jedoch die vielfach bestätigte Signatur der Gegenwart entgegen, die diese als die Zeit der sich Zug um Zug realisierenden Utopien erweist. Grundimpuls dieser Entwicklung ist, wie *Karl Löwith* schon aufgrund ihrer ersten Anzeichen nachwies, der von ihm als säkularisierte Hoffnung begriffene Fortschritt, der als solcher dazu tendiert, zum Selbstzweck erhoben und deshalb um seiner selbst willen angestrebt zu werden, so daß er Gefahr läuft, zusammen mit seinen Hervorbringungen außer Kontrolle zu geraten. Wenn das vermieden werden soll, muß der Mensch der Gegenwart lernen, sich im Gegenzug zu seiner depressiven Selbsteinschätzung mit *Ortega y Gasset* als das utopische Wesen zu entdecken, um so den Erfordernissen dieser überaus dynamischen Stunde gerecht zu werden[71]. Dazu kann ihm schon seine atheistische, erst recht aber seine christliche Sinndeutung verhelfen.

Die atheistische, die *Sigmund Freud* in seinem Essay „Das Unbehagen in der Kultur" entwarf, geht von dem von *Nietzsche* proklamierten „Tod Gottes" aus, durch den die ursprünglich vom Menschen in einem Exzeß von Selbstverschwendung an Gott abgetretenen Attribute frei geworden sind und jetzt wieder an den Menschen zurückfallen. Das aber geschieht nach Freud durch die Errungenschaften der modernen Hochtechnik[72]. In aktualisierter Form ausgedrückt gewann der Mensch durch die Raumfahrt einen Anteil an göttlicher Allgegenwart, durch die Medientechnik einen Anteil an göttlicher Allwissenheit und durch die Evolutionstechnik sogar an göttlichem Schöpfertum. Mehr noch: seitdem er lernte, in seine eigene Evolution einzugreifen, wurde er geradezu zum Schöpfer seiner selbst. Gestützt auf diese technischen Prothesen, wuchs er, mit der ironischen Bezeichnung Freuds gesprochen, zur skurrilen Figur eines „Prothesengottes" empor. Das aber hatte *Nietzsche* in seiner Lehre von den drei Verwandlungen vorweggenommen, als deren Ziel er das Weltenkind bezeichnete[73].

Als Ziel des beim Aufstieg vom Kamel zum Löwen und von diesem zum Kind zu bewältigenden Reifungsprozesses spiegelt sich im Weltenkind die Figur des Gotteskindes, das gleichfalls als Aufstiegsziel begriffen werden muß[74]. Damit kommt auch schon die christliche Sinndeutung in Sicht. Die entscheidende Differenz besteht im Modus des Zustandekommens. Während der Aufstieg bei Nietzsche das Ergebnis eines anonymen Willens ist, hat die Gotteskindschaft als reine Gewährung der sich des Menschen „von oben" annehmenden Liebe (*Goethe*) zu gelten[75]. Sie ist, theologisch gesehen, die Frucht der

[71] *J. Ortega y Gasset*, Vom Menschen als utopischem Wesen, Stuttgart 1951, 35–92.

[72] *S. Freud*, Das Unbehagen in der Kultur, in: Kulturtheoretische Schriften, Frankfurt 1974, 191–270; dazu meine Untersuchung „Der Mensch – das uneingelöste Versprechen. Entwurf einer Modalanthropologie", Düsseldorf 1995 (2004), 251 ff.; 257–262.

[73] *K. Löwith*, Nietzsches Philosophie der ewigen Wiederkehr des Gleichen, Stuttgart 1956, 40–51.

[74] *H. Kuhaupt*, Die Formalursache der Gotteskindschaft, 70.

[75] Anspielung auf den Faust-Schluß: „Und hat an ihm die Liebe gar von oben teilgenommen, / Begegnet ihm die selige Schar mit herzlichem Willkommen".

Selbstübereignung Jesu, von dem *Johannes Chrysostomus*, lange vor *Wrede*, erklärte, das Wunderbarste bestehe darin, daß der Sohn des ewigen Gottes Menschensohn wurde, „um dich zum Gottessohn zu machen“[76]. Deshalb ist alles daran gelegen, dieses höchste Werdeziel dem sich zur Eindimensionalität verflachenden Menschen der Gegenwart auf ebenso überzeugende wie suggestive Weise vor Augen zu stellen. Denn in einer von einem weltweiten Terrorismus und nach der Prognose *Samuel Huntingtons*[77] vom „Clash“ der Kulturen und Religionen bedrohten Zeit ist es mit bloßen Ordnungsmodellen nach Art des *Küngschen* „Weltethos“, so sinnvoll sie sind, nicht getan.

Noch alarmierender ist das auffällige Nachlassen der kulturellen Gestaltungskräfte und Energien. Während der utopische Gang des Zeitgeschehens buchstäblich die Sterne der größten Traumziele vom Himmel holte, entgleiten immer größere Bereiche dem beherrschenden, gestaltenden und ordnenden Zugriff. Das tradierte und unablässig eingeschärfte Ethos verlor seine regulierende Kraft. Staat und Kirchen sind längst nicht mehr die alles bestimmenden „Ordnungsmächte“. Politische Pressionen und zerstrittene Regulierungskräfte hemmen den wissenschaftlichen und kulturellen Fortschritt. Der zunehmend in Medienabhängigkeit geratene Mensch läuft Gefahr, einer wachsenden Selbstentfremdung zu verfallen. Gleichzeitig gewinnen die dem gestalterischen Zugriff entgleitenden und von diesem zudem als Abraum abgestoßenen Bereiche an Eigengewicht. Was die Enthellenisierungsdebatte im Feld der theologischen Vernunft betrieb, wiederholt sich somit im menschlichen und zivilisatorischen.

Was es mit dem vom Zivilisationsprozeß[78] übergangenen und als „Abraum“ abgestoßenen Bereich auf sich hat, gab schon *Heinrich von Kleist* mit der auf dem Höhepunkt seiner Lebenskrise verfaßten Studie „Über das Marionettentheater“ zu verstehen, in der er die Wiedergewinnung der durch die Reflexion verlorenen Naivität nach einer – als Durchgang „durch ein Unendliches“ verstandenen – „Reise um die Welt“ in Aussicht stellte[79]. Plastisch verdeutlichte das *Hans Erich Nossack* in seinem Hauptwerk „Nach dem letzten Aufstand“ am Fall des wie Kleist im Selbstmord endenden Dichters *Cesare Pavese*, den er, das Todesurteil in der Tasche, die Reise um die Welt durchmessen sieht, um der Dinge so, wie sie vor ihrer begrifflichen Bestimmung waren, ansichtig zu werden[80].

Was sich dann zeigt, vergegenwärtigt das Gedicht „Schuttablage“ von *Günter Eich*, das von der „Trauer der Welt“ ergriffen, einen Blick auf den Abraum wirft und dort einer unerwarteten Inschrift ansichtig wird:

76 *Johannes Chrysostomus*, Oratio 2 gegen die Arianer (Anhomoier); nach *Kuhaupt*, A. a. O., 84.

77 *S. Huntington*, The Clash of Civilizations and the Remaking of World Order, New York 1996.

78 Vgl. dazu das Standartwerk von *N. Elias*, Über den Prozeß der Zivilisation, Frankfurt 1992 (1939).

79 *H. Mayer*, Heinrich von Kleist. Der geschichtliche Augenblick, Pfullingen 1962, 73 ff.

80 *H. E. Nossack*, Nach dem letzten Aufstand. Ein Bericht – Mit einem Nachwort von *Eugen Biser*, Frankfurt 1981, 369–512. Zu der bis auf *Maximus Confessor* zurückreichenden Vorgeschichte des Motivs siehe meine „Einweisung ins Christentum“, Düsseldorf 1997 (2004), 176 ff.

Wo sich verwischt die goldene Tassenschrift
im Schnörkel von Blume und Trauben,
wird mir lesbar, – o wie es mich trifft:
Liebe, Hoffnung und Glauben.

Ach, wer fügte zu bitterem Scherz
so die Scherben zusammen?
Durch die Emaille wie durch ein Herz
wachsen die Brennesselflammen[81].

Mitten in der von Unkraut überwachsenen Schuttablage und damit an der Kehrseite der ideell und technisch verwalteten Welt kommt hier, ebenso unvermutet wie stigmatisierend, das Dreigestirn der göttlichen Tugenden und damit die Signatur der Gotteskindschaft zum Vorschein. Der sich dem kategorialen und operationalen Zugriff entziehende Rest der Welt wird zum Fundort von Spuren, die auf ihre höchsten Möglichkeiten verweisen.

Diese Möglichkeiten dürfen nicht ungenützt bleiben. Das ist der Ruf einer Zeit, die im Blick auf die bestehende conditio humana ebenso durch ein Maximum an Können wie an Selbstvergessenheit und Identitätsnot gekennzeichnet ist. Wenn der heutige Mensch nicht auf die ihm von der Verfallszivilisation suggerierten aktivistischen und hedonistischen Scheinziele hereinfallen und nicht im Gefolge seiner Medienabhängigkeit zu einer Metapher seiner selbst herabsinken soll, bedarf er eines Leitbilds, in dem ihm gleicherweise das Optimum seines Seinkönnens wie das seines Seinsollens vor Augen tritt. Doch während er danach Ausschau hält und in dem ihm entgegenhallenden Stimmengewirr nach dem gültigen Stichwort sucht, wird ihm ebenso vom Rand seiner Welt wie in der Tiefe seines Herzens die Antwort zugesprochen. Im ersten Fall durch das ihm in der Kehrseite seiner Welt entgegentretende Dreigestirn, im zweiten Fall durch den Aufruf zur Selbstaneignung, der nach *Nikolaus von Kues* in seiner Herzenstiefe an ihn ergeht. Es ist die Antwort, zu der er von sich aus niemals finden könnte und die doch seiner tiefsten Sehnsucht entspricht. Sie lautet: Gotteskindschaft.

[81] Dazu die Ausführungen meiner Modalanthropologie „Der Mensch – das uneingelösteVersprechen", 272.

Erstes Kapitel

Die Zugänge

1. Der erkenntnistheoretische Weg

Das Wort Gotteskindschaft bedarf zunächst einer semantischen Klärung[1]. Wenn Jesus den ihn nach dem Größten im Himmelreich befragenden Jüngern entgegenhält: „Wenn ihr nicht werdet wie die Kinder, könnt ihr nicht in das Himmelreich eingehen" (Mt 18,3), entsteht der Eindruck, als erhebe er das Kindsein zum Maß und Zielbegriff seiner Ethik. Unter dieser Einschätzung leidet der Begriff trotz aller Berichtigungsversuche, wie gerade die neueste Rezeptionsgeschichte (*Lutterbach*) beweist, noch immer. Wenn er aber dem Vater in seinem Jubelruf dafür dankt, daß er seine Offenbarung „den Weisen und Klugen verborgen, Unmündigen dagegen erschlossen" habe (Mt 11,25), wird nicht nur deutlich, daß mit den Unmündigen seine Jünger gemeint sind, sondern daß sich das im ersten Logion als Modell aufgerichtete Kindsein nicht auf den infantilen Status der „Kinder", sondern auf das kindliche Proprium bezieht, das der von ihm abgelehnten „Klugheit" entgegensteht: der noch von keiner Voreingenommenheit und Verbildung, am wenigsten der, die er an den Schriftgelehrten kritisierte, verstellten Offenheit und „Gläubigkeit" des Kindes. Kindsein, wie es Jesus im Auge hat und fordert, ist somit an keine Altersstufe gebunden: vielmehr bezeichnet es eine noch von keinerlei Vorurteilen, Indoktrinationen und Verbildungen bestimmte Grundeinstellung zu Welt und Menschen. Weithin entspricht das dem von *Schiller* in die Diskussion eingeführten, aber erst von *Kleist* voll ausgeleuchteten Begriff der Naivität, den *Peter Wust* in seiner Opposition zu Reflexion und seiner Verknüpfung mit Weisheit und Liebe herausstellte[2]. So verstanden ist Kindsein mehr noch ein Zielbegriff als ein Ausgangsdatum. Nicht umsonst setzt sich der emphatische Ausruf des johanneischen Briefs:

> *Seht doch, welch große Liebe der Vater zu uns hegt: daß wir Gottes Kinder nicht nur heißen, sondern sind. (1Joh 3,1)*

in die vorbehaltliche Aussage fort:

> *Jetzt sind wir Kinder Gottes; doch ist noch nicht offenbar geworden, was wir sein werden (1Joh 3,2).*

[1] Dazu der Artikel *pais* und *teknon* in: Reallexikon für Antike und Christentum (*Kittel*).

[2] *P. Wust*, Naivität und Pietät, Tübingen 1925, 104 f.; 117.

Dann aber ist damit ein erkenntnistheoretisches Problem erster Ordnung aufgeworfen. Darum weiß schon der Entdecker der Gotteskindschaft, Paulus, wenn er fragt: „Wer von den Menschen weiß, was im Inneren des Menschen ist als nur der Geist des Menschen, der in ihm ist?" (1Kor 2,11) und wenn er darauf antwortet:

> *Der geisterfüllte Mensch beurteilt alles; er selbst aber wird von niemand beurteilt (1Kor 2,15)*[3].

Das setzt eine pneumatische Begabung des Beurteilenden voraus, konkreter bestimmt, die Charismen der Unterscheidung der Geister und der Hermeneutik, die Paulus zu den in seinen Gemeinden wirkenden Geistesgaben zählt (1Kor 12,10)[4]. Diese aber stehen in einem geradezu diametralen Gegensatz zu den rückwärts gewandten Kategorien der dem antiken Wesensdenken entstammenden Denkwelt, die im Gang der Geistesgeschichte immer wieder hinterfragt wurden. So auf der Höhe der Patristik durch *Maximus Confessor*, der in weitem Vorgriff auf *Kleist* den Menschen dazu verurteilt sah, den von ihm verlassenen Ursprung auf dem Weg zu dem ihm weit vorausliegenden Ziel anzustreben, da er das ihm gesetzte Ziel „nicht aus dem Ursprung zu erkennen vermochte"[5]. Im erkenntnistheoretischen Sinn hatte das schon *Augustin* mit seiner Unterscheidung einer auf das Licht des Schöpfungsmorgens gerichteten cognitio matutina von der abendlichen Wesenserkenntnis der metaphysischen Reflexion, der cognitio vespertina, vorweggenommen; denn es bestehe, so versichert er in seinem Genesiskommentar, ein großer Unterschied zwischen einer Suche im Wort Gottes und der Erkenntnis in ihrer Natur:

> *Mit vollem Recht kann man das eine mit dem Tag, das andere mit dem Abend vergleichen. Denn jenem Licht gegenüber, das im Worte Gottes erblickt wird, ist jede Erkenntnis, durch die wir einer Kreatur in ihrem Wesen ansichtig werden, geradezu Nacht zu nennen*[6].

Diese Einsicht des „ersten modernen Menschen" (*Harnack*) bestätigt *Hegel* gegen Ende der Neuzeit mit seiner geradezu selbstkritischen Beobachtung:

> *Wenn die Philosophie ihr Grau in Grau malt, dann ist eine Gestalt des Lebens alt geworden. Und mit Grau in Grau läßt sie sich nicht verjüngen,*

[3] *H. Lietzmann*, An die Korinther I/II, Tübingen 1949, 12–15. *A. Strobel*, Der erste Brief an die Korinther, Zürich 1989, 72 f.

[4] *H.-Chr. Meier*, Mystik bei Paulus. Zur Phänomenologie religiöser Erfahrung im Neuen Testament, Tübingen 1958, 215–221; *G. Theissen*, Psychologische Aspekte paulinischer Theologie, Göttingen 1983, 20–38; 102–112; 146–161.

[5] *Maximus Confessor*, Quaestiones ad Thalassium 59 (PG 90, 631D).

[6] *Augustinus*, De genesi ad litteram IV, c.23,40.

> *sondern nur erkennen; die Eule der Minerva beginnt erst mit der einbrechenden Dämmerung ihren Flug*[7].

Das hatte *Kleist* in seiner profunden Studie „Über das Marionettentheater" im Wissen um die verlorene Naivität mit der Einsicht vorweggenommen:

> *Doch das Paradies ist verriegelt und der Cherub hinter uns; wir müssen die Reise um die Welt machen, und sehen, ob es vielleicht von hinten irgendwo wieder offen ist*[8].

Weit reichen aber auch die Spuren zurück, die auf eine Alternative hinführen. So diagnostiziert schon die „Trösterin Philosophie" bei ihrem im Kerker von Pavia leidenden Schüler *Boethius* die bei irregeleiteten Geistern übliche Lethargie als die pathologische Folge eines Denkens, wie es die sein „Krankenbett" umstehenden Musen verkörpern[9]. Denn diese repräsentieren, wie ihre Mutter Mnemosyne erkennen läßt, eine unterschwellige, aus der Erinnerung geschöpfte Welt, die dem vorempirischen Zusammenhang und Zusammenklang des Seienden entstammt. Mit ihrem therapeutischen Zuspruch versucht die himmlische Besucherin ihren Adepten von der Verfallenheit an diese Vorwelt abzubringen. Wie weit ihr das gelingt, muß allerdings schon angesichts der offensichtlich aufgrund der bevorstehenden Hinrichtung des Verfassers zu früh abgeschlossenen „Consolatio Philosophiae" offenbleiben[10].

Was sich hier nur ankündigt, wurde erst nach dem sich in der Romantik, am krassesten in den „Nachtwachen des Bonaventura" ankündigenden Verfall der idealistischen Denkform und jetzt am entschiedensten durch *Franz Rosenzweig* aufgenommen. In seinem als nachgereichte Prolegomena zum „Stern der Erlösung" gedachten, aber erst posthum veröffentlichten „Büchlein vom gesunden und kranken Menschenverstand" übt er Kritik am klassischen Wesensdenken, indem er in seinem Ursprung, dem philosophischen Staunen, das in der Redewendung „starr vor Staunen" angesprochene Moment der „Erstarrung"

[7] *G. W. F. Hegel*, Grundlinien der Philosophie des Rechts (Ausgabe *Hoffmeister*), Hamburg 1955, 17.

[8] *H. von Kleist*, Über das Marionettentheater und andere Schriften (Ausgabe *Flemmer*), München o. J., 124; dazu *H. Mayer*, Heinrich von Kleist. Der geschichtliche Augenblick, Pfullingen 1962, 73 ff.; ferner mein Nachwort zu *Hans Erich Nossacks* Bericht „Nach dem letzten Aufstand", Frankfurt 1981, 369–412.

[9] *K. Weiss*, Die Gedichte aus der Tröstung der Philosophie des Boethius, Berlin und Frankfurt 1956, 118 ff.

[10] Näheres dazu in meiner Studie „Theologie als Therapie. Zur Wiedergewinnung einer verlorenen Dimension", Schwerin 2000, 34–44; ferner *R. Heinzmann*, Philosophie des Mittelalters. Grundkurs Philosophie 7, Stuttgart 1992, 95 ff.

entdeckt[11]. Damit komme zwar der Strom des Geschehens zum Stehen, so daß ihm begrifflich definierbare Gegenstände entnommen werden können; doch käme es darauf an, die Dinge aus seinem ungehinderten Fortgang zu erheben. In Erinnerung an den alttestamentlichen Schöpfungsbericht, nach dem der Mensch beauftragt ist, die ihm zuerschaffenen Tiere zu benennen und dadurch in ihre Bestimmung einzusetzen (Gen 2,19), plädiert Rosenzweig für ein benennendes Denken, das die Dinge aus dem Strom des Geschehens erhebt und dadurch in den Blickpunkt des erkennenden Interesses rückt, ohne sie diesem jedoch wie das Begriffsdenken zu entreißen und zu vergegenständlichen. Nicht minder entspricht es der hintergründigen Weisheit des biblischen Schöpfungsberichts, wenn er die Forderung erhebt, die Was-Frage, die ein jeder, als sei sie selbstverständlich, an die Menschen und Dinge zu richten pflegt, zu „verlernen“[12]. Denn der Schöpfer ruft den sündig gewordenen Menschen aus seinem Versteck mit der Frage: „Wo bist du?“ (3,9) heraus, mit der er ihn, tiefer besehen, nach dem Ort seiner primordialen Geborgenheit und damit nach seinem Lebenssinn befragt. In dieser Vehemenz wurde die Paradiesesfrage wiederum erst nach dem Verfall der idealistischen Denkweise begriffen, am klarsten von *Kierkegaard*, der auf einem Höhepunkt der „Wiederholung“ seinem „stummen Mitwisser“ gesteht:

> *Mein Leben ist zum Äußersten gebracht, ich ekle mich am Dasein, es ist geschmacklos, ohne Salz und Sinn … Man steckt den Finger in die Erde, um zu riechen, in welchem Land man ist. Ich stecke den Finger ins Dasein. Es riecht nach – Nichts. Wo bin ich?*[13]

Zwar bezieht sich diese Orientierungsfrage zunächst auf das Land, in dem sich der Fragesteller „vorkommt“ und damit, wie im Fortgang der Stelle deutlich wird, auf die „Welt“, in die er sich „hineingelockt und stehen gelassen“ sieht[14]. Beim Versuch, sich dort zu verorten, wird ihm aber klar, daß er dabei nach jener Selbst-Vergegenwärtigung strebt, die er nur im nennenden Umgang mit den Dingen erlebt und die Rosenzweig als „Geistesgegenwart“ bezeichnet. Dabei geht es um den Akt der Konzentration, in dem die „Annahme seiner selbst“ (*Guardini*) erstrebt und erreicht wird. In frühem Vorgriff darauf hatte der große Interpret der Gotteskindschaft, *Gregor von Nyssa*, erklärt:

[11] A. a. O., 44–51. Es liegt auch der „Lethargie“ des unter seinem Schicksalsschlag „erkrankten“ Boethius zugrunde.

[12] *F. Rosenzweig*, Das Büchlein vom gesunden und kranken Menschenverstand (Ausgabe *Glatzer*), Düsseldorf 1964, 86.

[13] *S. Kierkegaard*, Die Wiederholung (Ausgabe *Richter*), Hamburg 1961; dazu *K. Löwith*, Wissen, Glaube und Skepsis, Göttingen 1956, 60 f.

[14] *Kierkegaard*, ebd.

In gewisser Hinsicht sind wir unsere eigenen Väter, indem wir uns zu dem zeugen, was wir sein wollen und durch den freien Willen zu dem gestalten, was wir zum Guten wie zum Bösen erwählen[15].

So aber hätte er nicht sprechen können, wenn er den Menschen nicht als Ort jener Zeugung empfunden hätte, die er in seinem Hoheliedkommentar als den Ort des „uns eingeborenen Kindes“ Jesus und damit der mystischen Gottesgeburt beschrieb[16]. Damit ist aber auch schon gesagt, daß dem Akt der Selbst-Vergegenwärtigung und Selbst-Annahme ein ermöglichendes Angenommensein durch Gott zuvorkommt. Das spricht schon aus der – im Licht des alttestamentlichen Sprachgebrauchs verstandenen – mystischen Stelle des Ersten Korintherbriefs, in der Paulus versichert:

Wenn jemand zu wissen meint, hat er noch nicht begriffen, wie man erkennen muß. Wer aber Gott liebt, ist von ihm erkannt (1Kor 8,2f)[17].

Vor allem aber spricht es aus dem Widmungsschreiben der „Docta ignorantia“, in dem *Nikolaus von Kues* erklärt:

Wer in Jesus eingeht, dem gelingt alles, so daß ihm weder die Schriften noch die Welt irgendwelche Schwierigkeiten bereiten, weil er kraft des in ihm wohnenden Geistes Christi in Jesus umgewandelt wird, der das Ziel alles geistigen Verlangens ist[18].

Der Kusaner ließ auch keinen Zweifel daran, daß er damit ein Ziel anvisierte, das er wenig später in seiner Abhandlung über die Gotteskindschaft thematisierte. Dort erhebt er sich zu dem Gedanken, daß deren Ziel darin besteht, in die mit dem Sohn Gottes gleichgesetzte „schöpferische Seins- und Wissensfülle“ einzugehen:

Dann nämlich ist man zur Gotteskindschaft gelangt, wenn man jene wissende Seinsumfassung erreicht, in der und durch die alles ist, ja wenn man im Maß dieser Meisterschaft selbst zu Gott geworden ist[19].

[15] *Gregor von Nyssa* (PG 44, 828 D).

[16] *Ders.*, Hoheliedkommentar 4 (PG 44, 828 D).

[17] *H. Lietzmann*, An die Korinther I/II, 37; *A. Strobel*, Der erste Brief an die Korinther, 135; dazu meine Monographie „Der unbekannte Paulus“, Düsseldorf 2003, 79; 120; 136.

[18] *Cusanus*, De docta ignorantia III, Widmung an Kardinal Julianus Cesarini.

[19] *Cusanus*, De filiatione Dei, in: Vom verborgenen Gott (Ausgabe *Bohnenstaedt*), Leipzig 1942, 82.

Mit dieser überaus steilen Zielsetzung ist die für den Kusaner selbstverständliche Forderung der Selbstaufgabe verbunden, weil der Denkende nur so „in Jesus eingehen" und dieser in ihm überhand nehmen kann. Darauf hatte in der Frühpatristik schon *Cassiodor* im Schlußgebet seiner Schrift „De anima" bestanden, als er an Christus die Bitte richtete:

> *Entreiße mich mir selbst und bewahre mich in dir. Bekämpfe, was mein eigenes Werk ist, und hole dein eigenes Werk zurück. Denn mein bin ich nur, wenn ich Dir gehöre … Laß mich einsehen, wie nichtig ich bin ohne dich, und laß mich begreifen, was ich mit dir sein kann. Wissen will ich, was ich bin, um zu erreichen, was ich nicht bin*[20].

Auf der Höhe des Mittelalters unterstreicht das *Meister Eckhart* mit der Mahnung:

> *Darum mußt du entsinken deiner Deinheit und zerfließen in seine Seinheit, und sollen dein Du und sein Ich so gänzlich ein Ich werden, daß du nur mehr sein ungewordenes Sein, sein unsagbares Überwesen vor Augen habest*[21].

Und dem stimmt gegen Ende des Mittelalters die „Theologia Deutsch „mit den Sätzen zu:

> *Der Mensch soll an ihm selber sterben, das ist, des Menschen Selbstheit und Ichheit soll sterben. Davon spricht Paulus: Legt ab den alten Menschen mit seinen Werken, und zieht den neuen Menschen an, der nach Gott geschaffen und gebildet ist. Wer in seiner Selbstheit nach dem alten Menschen lebt, der heißt und ist Adams Kind, er mag noch so sehr und wesentlich darin leben, und er ist auch des Teufels Kind und Bruder. Wer aber im Gehorsam und im neuen Menschen lebt, der ist Christi Bruder und ein Kind Gottes*[22].

Vor dem Hintergrund dieser Zeugnisse läuft der erkenntnistheoretische Zugang auf das Postulat einer Denkwende, mit *Theodor Steinbüchel* gesprochen, eines „Umbruchs des Denkens" hinaus, auch wenn dieses, wie *Cassiodors* Gebet zu verstehen gibt, zunächst nur in deprekativer Form zur Sprache gebracht werden kann[23]. Um kompetent davon

[20] Dazu mein Jesusbuch „Das Antlitz. Selbstfinden in Jesus Christus", Düsseldorf 2006, 317 f.

[21] *O. Karrer*, Meister Eckhart. Das System seiner religiösen Lehre und Lebensweisheit, München 1926, 143.

[22] Nach *P. Kroedel*, Theologia Deutsch, 14. Kapitel, Leipzig 1940, 26.

[23] *Th. Steinbüchel*, Der Umbruch des Denkens. Die Frage nach der christlichen Existenz erläutert an Ferdinand Ebners Menschdeutung, Regensburg 1936.

sprechen zu können, bedürfte es eines Wissens um jene Inversion, um die sich die gegenwärtige Glaubenswende wie um eine Achse dreht. Nach der zuvor schon in Gang gekommenen Wende vom Gehorsams- zum Verstehensglauben betrifft diese die Kehre vom Gegenstands- zum Identitätsglauben[24]. Die aber besteht, in ihrem Kern begriffen, darin, daß der durch das Osterereignis vom Glaubensstifter zum Glaubensinhalt, vom Botschafter zur Botschaft und vom Lehrer zur Lehre Gewordene aus dem Schrein seiner dogmatischen, kerygmatischen und kultischen Vergegenständlichung hervortritt, um sich als Glaubensgrund in den Glauben, als Mitgestalter in die Botschaft und als inwendiger Lehrer in die Lehre einzumischen und so das religiöse Leben an sich zu ziehen[25]. Im Maß, wie dies geschieht, wird der Glaube, wenngleich nur in seinem mystischen Hintergrund, zu seiner Selbsterkenntnis, die Schrift, vor allem in ihren johanneischen Teilen, zu seiner Selbstaussage und das spirituelle Leben zu seinem Selbstzeugnis. Doch davon kann so lange nur in Form einer Spurensuche (*Berger*) die Rede sein, als das Subjekt noch nicht voll zum Vorschein kam, auf das sich dieser erkenntnistheoretische Anlauf zubewegt: die Gotteskindschaft[26].

2. Der ikonographische Weg

Die Sprache der Bibel neigt dazu, die bildhafte Komponente ihrer Aussagen hervorzuheben, sofern diese nicht sogar bildhaft konzipiert sind. In höchster Steigerung gilt das von der Sprache Jesu, der seine in den Bildbegriff vom Gottesreich gefaßte Botschaft vorzugsweise in Bildworten und Gleichnissen vortrug. Es gilt aber kaum weniger – trotz des von ihm verhängten Bilderverbots (Dt 5,8f) – vom Alten Testament. Eindrucksvolles und zugleich einschlägiges Beispiel dessen ist die erotisch-dramatische Darstellung der Geschichte Israels im Buch Ezechiel (Ez 16,1–43). Danach erblickte Jahwe das nackt und blutüberströmt in der Wüste liegende Kind und sagte zu ihm: „Bleibe am Leben und wachse heran wie die Blume des Feldes!" (16,6f). Als für das heranwachsende Mädchen die Zeit der Liebe gekommen war, kleidete es sein göttlicher Bräutigam in bunte Gewänder, umhüllte es mit Seide und schmückte es mit Spangen, Ringen und einer herrlichen Krone, so daß der Ruhm seiner Schönheit zu allen Völkern drang. Doch die undankbare Braut vergalt die ihr erwiesene Liebe mit Untreue, indem sie sich den Vorübergehenden preisgab, ja sogar ihre Kinder den Götzen opferte und nicht mehr an die Tage ihrer Jugend dachte, als sie noch nackt in ihrem Blut lag (16,7–22).

[24] Dazu meine „Einweisung ins Christentum", Düsseldort 1996 (2004), 191 f.

[25] Dazu meine Schrift „Der inwendige Lehrer. Der Weg zu Selbstfindung und Heilung", Schwerin 2000.

[26] *P. L. Berger*, Auf den Spuren der Engel. Die moderne Gesellschaft und die Wiederentdeckung der Transzendenz, Freiburg 2001.

Unübersehbar kündet sich aus neutestamentlicher Sicht am Beginn dieser Bildgeschichte die Lebensgeschichte dessen an, von dem das Lukasevangelium berichtet, daß er im Verlauf seiner Kindheit heranwuchs, zur Weisheit gelangte und Gefallen bei Gott und den Menschen fand (Lk 2,52)[27]. Darauf bezieht sich die Schlüsselstelle aus dem Hoheliedkommentar des *Gregor von Nyssa*, die von dem Heranwachsen des „uns eingeborenen" Kindes an Alter, Weisheit und Gnade spricht und damit die Brücke zum Motiv der Gotteskindschaft schlägt. Davon ging ein besonderer Reiz auf die darstellende Kunst aus, die sich, zusammen mit der Passionsgeschichte, insbesondere der lukanischen Kindheitsberichte, angefangen von der Verkündigung und Geburt bis zum Tempelbesuch des Zwölfjährigen, annahm[28]. In schroffem Gegensatz zur Überfülle dieser Darstellungen wurde die Gotteskindschaft zunächst aber nicht zum Thema der Kunst, obwohl das Wort von seiner Symbolik her geradezu darauf drängte.

Dafür schlug erst die Stunde, als sich die Aufklärung und in ihrem Gefolge die durch Hegel in Philosophie aufgehobene Theologie als Einlösung des von *Joachim von Fiore* angekündigten dritten Zeitalters des Geistes begriff und dieses Bewußtsein auf die darstellende Kunst durchschlug. Überragendes Dokument dieses Durch- und Aufbruchs ist der von *Philipp Otto Runge* Ende 1802 in Angriff genommene, vielfach umgestaltete, zuletzt sogar als architektonisches Gesamtkunstwerk konzipierte und wegen seines frühen Todes schließlich doch unvollendet gebliebene Tagzeiten-Zyklus[29]. Daß Runge dem Drei-Reiche-Konzept Joachims als vierte „Zeit" die Nacht hinzufügt, erklärt sich fraglos aus der Wende, die *Hölderlin* tendenziell und die *Novalis* definitiv in seinen „Hymnen an die Nacht", stellvertretend für die ganze Romantik, vollzogen. Dort erklärte dieser mit großer Betonung:

[27] *Ph. Vielhauer*, Geschichte der urchristlichen Literatur, Berlin 1975, 673 f.; *H. Schürmann*, Das Lukasevangelium 1, Freiburg 1969, 136; *J. Duquesne*, Was für ein Mensch, Düsseldorf 1997, 21.

[28] Nach *Jan Assmann* wandte sich das christliche Interesse im selben Maß, wie die Parusieerwartung zurücktrat, der Erinnerung an die Kindheit und Lebensgeschichte Jesu zu; nach *H. Lutterbach*, Gotteskindschaft, 96. Nach *Assmanns* Schrift „Die Mosaische Unterscheidung" (2003) verfällt das Christentum dann allerdings wie jede monotheistische Religion dem Verdikt, „soviel Unheil wie Gewalt in die Welt gebracht" zu haben, daß die es begründende Unterscheidung „endlich wieder rückgängig gemacht werden müsse, weil der von der Menschheitsgeschichte dafür erlegte Preis „einfach zu hoch" sei (212).

[29] *J. Chr. Jensen*, Philipp Otto Runge. Leben und Werk 1977, 114; 146; 184 ff.; *J. Traeger*, Philipp Otto Runge oder die Geburt einer neuen Kunst, München 1977, 23–41; *H. Hohl*, Das Universum der „Zeiten" – Die Epiphanie des „Morgen", in: *W. Hofmann* (Hrsg.), Runge in seiner Zeit, München 1977, 188–192; 204 ff.; *ders.*, Die Moderne im Rückspiegel. Hauptwerke der Kunstgeschichte, München 1998, 151 f.

Abwärts wend ich mich
zu der heiligen, unaussprechlichen
geheimnisvollen Nacht[30].

Seinen Gipfel erreicht der Zyklus in dem in zwei Fassungen nahezu vollendeten „Morgen", mit dem von drei, vom Künstler auf die Trinität bezogenen Genien umschwebten Morgenstern, der wohl als der (nach 2Petr 1,19) beim Anbruch des großen Gottestages in den Herzen aufgehende „Morgenstern" zu verstehen ist. Er setzt sich fort in die den Tagesanbruch symbolisierende Lichtlilie und in die aus der Tiefe des Universums hervortretende – offensichtlich auf *Botticellis* „Geburt der Venus" anspielende – Aurora, die Runge selbst als Venus bezeichnete, während sein Bruder Daniel in ihr die „Gnadenmutter Maria" erkennen wollte. Im Vordergrund erblickt das nackt auf einer taufrischen Wiese liegende und von rosenstreuenden Genien umhegte Kind in dem von Runge hervorgehobenen Sinn „das Licht der Welt", während es mit ausgebreiteten Armen den aufgehenden Tag begrüßt. Von dem von der Aurora entfachten Licht beglänzt, zieht es alle Blicke auf sich, damit aber auch die Frage, was es zu bedeuten und in seiner Sprachlosigkeit zu sagen hat.

Darauf antwortet Runge selbst mit der Absicht, „die Kunst auf den Punkt zurückzuführen, oder von da aus eine Kunst zu begründen, worauf der Grund der ganzen Welt steht" und den er in der Schwebe zwischen der Kälte des Objektiven und der Hitze des Subjektiven zu erreichen hoffe. Wie er *Clemens Brentano* schreibt, geht es ihm dabei um den an *Kleist* erinnernden Versuch, „das verlorne Paradies aus seiner Notwendigkeit zu konstruieren". Das aber ist nach Kleist gleichbedeutend mit der Suche nach der verlorenen und nur auf dem Umweg der Reise um die Welt wiederzugewinnenden Naivität. Sie stellt sich ein in der Figur des Kindes, das in seiner Anfänglichkeit die auf es einströmende Licht-Welt umarmt. Denn das Paradies, das Runge in ihm beschwört, liegt nach seiner Überzeugung „inwendig in uns". In ihm spiegelt sich die menschliche Sehnsucht nach der Einheit von „Ruhe und Bewegung", von Ursprünglichkeit und Vollendung oder, kürzer ausgedrückt, nach dem Sinn des Daseins[31].

Nietzsche hätte zweifellos in diesem das Licht der Welt erblickenden Kind die Figur seines aus der Aufhebung des Kamels in den Löwen und aus dessen Aufhebung hervorgegangenen Weltkindes erkannt. Doch der von der Denkweise *Jakob Böhmes* und dessen „Aurora oder die Morgenröte" inspirierte Runge wird darin nach *Jörg Traeger*, ungleich authentischer, eine Konfiguration des „Erwachens Christi in der Seele" gesehen haben[32].

[30] Nach *H. Ritter*, Hymnen an die Nacht, Heidelberg 1920, in: *Novalis*, Briefe und Werke II: Die Dichtungen, Heidelberg 1943, 207.

[31] Nach einem apokryphen Herrenwort ist die Einheit von Ruhe und Bewegung das Zeichen der Auserwählten: Thomasevangelium Log 50.

[32] *A. Hohl*, Die Epiphanie des ‚Morgen'; A. a. O., 205.

Beglaubigt wird diese Deutung durch Runges Geständnis, daß ihm seine Zeit „wie ein Berg auf dem Herzen“ liege, da sie dem Zweifel an Gott und zugleich der Furcht vor ihm verfallen sei und deshalb die „durch Jesus Christus in die Welt gekommene Liebe“, die die Menschenherzen zu „hellen Flammen entzünden“ würde, nicht zu erkennen und für ihr Leben fruchtbar zu machen wisse[33].

Mit dieser an Aktualität kaum zu überbietenden Zeitkritik erschließt Runge zugleich die mit der Figur des Kindes gemeinte Sinnmitte seines „Morgen“. Wenn dieses Werk nicht nur sein Welt- und Zeitverständnis, sondern mehr noch sein religiöses Sinnziel zum Ausdruck bringt, spricht es von der Frucht der durch Jesus erschlossenen und der Welt zugewandten Liebe. Von ihr versichert die emphatische Stelle des Ersten Johannesbriefs, daß wir durch sie nicht nur Kinder Gottes heißen, sondern sind (1 Joh 3,1). Wenn diese Deutung, auf die sämtliche Hinweise hinführen, angenommen werden darf, ist das Kind auf Runges „Morgen“ die gesuchte Ikone der Gotteskindschaft. Dann müßten im Zug des Enthellenisierungsprozesses und seiner Begleittendenzen zuerst die ihr entgegenstehenden Hemmnisse abgebaut und im Anschluß an den von *Theodor Steinbüchel* thematisierten „Umbruch des Denkens“ die erkenntnistheoretischen Voraussetzungen geschaffen werden, damit dem Motiv die ihm zukommende Gewichtung entgegengebracht und ihm die Möglichkeit geboten wird, für sich selbst, wie es seinem Rang entspricht, einzustehen. Das aber konnte nicht überzeugender als dadurch geschehen, daß es so zum Vorschein gebracht wurde, wie es sich in Runges Werk darstellt, um nicht zu sagen, ereignet.

3. Der glaubensgeschichtliche Weg

Wenn sich der Johannesbrief mit seinem emphatischen Ausruf an die Gemeinschaft seiner Adressaten, mit *Oskar Cullmann* gesprochen an den „johanneischen Kreis“ wendet, gibt er einen bedeutsamen Fingerzeig für die Beantwortung der noch offenen Fragen nach dem Subjekt des Motivs[34]. Obwohl diese vollgültig erst nach dessen definitiver Klärung gegeben werden kann, ergibt sich aus der an die Gemeinschaft der Adressaten gerichteten Anrede doch schon, daß dieses Subjekt nicht im individuellen Subjekt des neuzeitlichen Selbstbewußtseins, dessen „Herkunft“ *Gerhard Krüger* nachzeichnete, bestehen kann[35]. Wie der herausragende Vertreter der romantischen Theologie *Johann Adam Möhler* in seiner Kirchenschrift, vermutlich im Anschluß an ein an *Goethe* gerichtetes

[33] *Ph. O. Runge*, Brief an Emilie Petersen vom 1. September 1810, in: *P. Belthausen* (Hrsg.), Philipp Otto Runge. Briefe und Schriften, München 1982, 233 f.

[34] *O. Cullmann*, Der johanneische Kreis. Sein Platz im Spätjudentum, in der Jüngerschaft und im Urchristentum. Zum Ursprung des Johannesevangeliums, Tübingen 1975. Näheres dazu in dem Abschnitt „Das Zentralsubjekt“, Seite 131–155.

[35] *G. Krüger*, Die Herkunft des philosophischen Selbstbewußtseins, in: Freiheit und Weltverwal-

Briefwort *Schillers* betonte, ist die Erfassung der Gotteswahrheit vielmehr allein dem kollektiven Erkenntnissubjekt der Gemeinschaft möglich; denn nur vom Ganzen könne der, „der sich nur im Ganzen ganz offenbarte", erkannt werden[36].

Der Brückenschlag zur Gotteskindschaft führt, wie *Dietrich Rusam* betonte, über das Alte Testament, das, am ausdrücklichsten in dem Hoseawort: „Aus Ägypten rief ich meinen Sohn" (Hos 11,1), das ganze Volk als Sohn Gottes bezeichnet[37]. Hier ist das Motiv bereits ganz, mit dem Titel seiner Untersuchung gesprochen, in die „Gemeinschaft der Kinder Gottes" eingebunden. Wenn der Matthäusevangelist das Prophetenwort im Kontext seiner Erzählung von der Flucht nach Ägypten als Erfüllungszitat anführt (Mt 2,15), bezieht er die Gottessohnschaft jedoch individuell auf Jesus, wenngleich ohne die Tendenz, die kollektive Bedeutung aufzugeben oder auch nur in Frage zu stellen.

Das Zitat gibt freilich auch zu verstehen, daß sich ein jeder, der wie *Rusam* die Gotteskindschaft linear aus dem Alten Testament herzuleiten sucht, ein Problem aufbürdet, wie es lebensgeschichtlich von *Franz Rosenzweig* durchgearbeitet, zuletzt aber, nach christlichem Verständnis, negativ beschieden worden ist. Denn dieser suchte sich, vor dem beabsichtigten Übertritt zum Christentum, intensiver als zuvor seines Judentums zu vergewissern, und dies mit dem überraschenden Ergebnis, daß er als Jude all das bereits unmittelbar besaß, was er als Christ nur auf dem Weg einer vielschichtigen Vermittlung hätte gewinnen können[38]. Wenn die Gotteskindschaft, wie es das Johannesevangelium (Joh 1,12; 3,3–7) behauptet, einen genuin christlichen Sinn beanspruchen soll, muß der Aufweis einer Aufarbeitung dieses zentralen Einwands gleichkommen.

Daß die Gotteskindschaft auch aus neutestamentlicher Sicht ein kollektives Erkenntnissubjekt voraussetzt, belegt vor allem die Epheserstelle, die den Zweck der kirchlichen Dienstleistungen dahin bestimmt,

> *daß wir alle zur Einheit des Glaubens und zur Erkenntnis des Gottessohns gelangen, zur vollen Mannesreife und zum Vollmaß der Fülle Christi (Eph 4,13)*[39].

tung. Aufsätze zur Philosophie der Geschichte, Freiburg und München, 1958; Näheres im vierten Abschnitt des folgenden Kapitels.

36 *J. A. Möhler*, Die Einheit in der Kirche oder Das Prinzip des Katholizismus, Tübingen 1843, 100; dazu auch *K. Rahner*, Über die kollektive Findung der Wahrheit, in: Schriften zur Theologie VI, Einsiedeln 1965, 104–110.

37 *D. Rusam*, Die Gemeinschaft der Kinder Gottes, 30–41.

38 *F. Rosenzweig*, Briefe. Unter Mitwirkung von *Ernst Simon* ausgewählt und hrsg. von *Edith Rosenzweig*, Berlin 1935, 311 f.; 569; 637–720.

39 *R. Schnackenburg*, Der Brief an die Epheser, Zürich 1982, 187 ff.; dazu meine Studie „Der unbekannte Paulus", Düsseldorf 2003, 58.

Da in die „Fülle Christi" auch die vom Christentum Erfüllten einbegriffen sind, ist in diesem Wort die Gotteskindschaft mitausgesagt. Wie das Subjekt muß dann aber auch der Kreis der Rezipienten kollektiv gedacht werden. Gotteskindschaft ist dann tatsächlich, wie *Rusam* betont, ein Privileg der „Gemeinschaft der Kinder Gottes". Das läßt sich – mit Rusam – an Paulus und nach ihm am ganzen Neuen Testament nachweisen. Dabei ist die Gotteskindschaft für Paulus „nicht mehr an die Zugehörigkeit zum jüdischen Volk gebunden", sondern die Folge der „Einsetzung", der *hypothesia* in sie, durch die Heilstat Christi[40]. Im Stil einer Sendungsaussage, die Gott als Urheber dieser „Tat" erscheinen läßt, verdeutlicht dies der Galaterbrief mit dem chiastisch gestalteten und dadurch besonders hervorgehobenen Wort:

> *Als die Zeit erfüllt war, sandte Gott seinen Sohn, geboren aus einer Frau und dem Gesetz unterstellt, damit er die dem Gesetz Unterworfenen befreite, und damit wir die Annahme zur Sohnschaft erlangten (Gal 4,4ff)*[41].

Daß diese Befreiung vor allem im Abwurf des den Menschen lebenslang aufgebürdeten Jochs der Todesfurcht (Hebr 2,15) und in der Ermächtigung zur kindlich-liebenden Gottesanrede besteht, sagt die Wiederaufnahme dieser Stelle im Römerbrief:

> *Ihr habt doch nicht den Geist der Knechtschaft empfangen, so daß ihr euch aufs neue fürchten müßtet, sondern den Geist der Sohnschaft, in dem wir rufen: „Abba – Vater" (Röm 8,15)*[42].

Während die Synoptiker und die katholischen Briefe das Motiv nur gelegentlich anklingen lassen – im Matthäusevangelium werden die Friedensstifter „Söhne Gottes" genannt (Mt 5,9), im Lukasevangelium sind die zur Feindesliebe Bereiten „Söhne des Höchsten", weil auch Gott gütig ist, und dies sogar „gegenüber den Undankbaren und Bösen" (Lk 6,35), und im Jakobusbrief hat Gott die Glaubenden „aus freiem Willen durch das Wort der Wahrheit geboren" (Jak 1,18) –, erreicht es in den johanneischen Schriften einen neuen Höhepunkt, und dies auch in der Form, daß der in den erwähnten Belegstellen nur vorausgesetzte Gemeinschaftsbezug jetzt voll thematisiert wird.

Intoniert wird das Motiv schon im Johannesprolog, wenn es von den den Logos Aufnehmenden heißt, daß ihnen die Vollmacht gegeben wurde, „Kinder Gottes zu sein", und wenn das mit dem Satz erläutert wird, daß diese Aufnahme im Glauben an den besteht, „der nicht aus dem Geblüt, nicht aus dem Willen des Fleisches, nicht aus dem Willen des Mannes, sondern aus Gott geboren ist" (Joh 1,12f), und der ihnen im Glauben seine Got-

[40] *Rusam*, Die Gemeinschaft der Kinder Gottes, 77 ff.

[41] *F. Mußner*, Der Galaterbrief, 268–274; dazu „Der unbekannte Paulus", 84.

[42] A. a. O., 56; *U. Wilckens*, Der Brief an die Römer II, Zürich 1993, 136 ff.

tessohnschaft übereignet[43]. Wiederaufgenommen wird es sodann im Nikodemus-Gespräch, wo es gegen die regressive Vorstellung des Fragestellers als Zeugung und Geburt „von oben“ (Joh 3,3) verdeutlicht wird. Und schließlich liegt es der Zuweisung des Lieblingsjüngers durch den Gekreuzigten zugrunde, durch die die Mutter diesen als ihren „Sohn“ empfängt (Joh 19,25ff). Die letzte Steigerung bringt der johanneische Brief, der sich an seine Adressaten mit den Worten wendet:

> *Ich schreibe euch, ihr Kinder; denn ihr habt den Vater erkannt. Ich schreibe euch, ihr Väter; denn ihr habt den erkannt, der von Anfang an ist. Ich schreibe euch, ihr Jungmänner; denn ihr seid stark. Das Wort Gottes bleibt in euch, und ihr habt den Bösen besiegt (1Joh 2,14)*[44].

Unschwer kann man aus diesem Wort einen Vorklang der These des *Gregor von Nyssa* heraushören, nach der „wir unsre eigenen Väter“ sind, sofern wir uns zu dem „zeugen, was wir sein wollen“, und ebenso eine Bestätigung des progressiven Charakters der vom kindlichen Anfang zum Reifungs- und Vollendungszustand fortschreitenden Gotteskindschaft. Doch das Mahnwort des Verfassers ist angesichts des Abfalls einiger Gemeindemitglieder (1Joh 2,19) und ihrer Leugnung der Gottessohnschaft Jesu (2,22f) gesprochen. Deshalb treten zwei für die Festigung der Gemeinschaft konstitutive Leitworte in den Vordergrund: das Wort von der Lebensgemeinschaft (*koinonia*) und die von *Jürgen Heise* herausgestellte Mahnung, in ihr zu bleiben (*menein*)[45]. Für die Adressaten gilt daher:

> *Was ihr von Anfang an gehört habt, soll in euch bleiben; denn wenn das, was ihr von Anfang an gehört habt, in euch bleibt, bleibt ihr im Sohn und im Vater. Und seine an uns ergangene Verheißung ist das ewige Leben (1Joh 2,24f)*[46].

Doch diese die Gemeinschaft konstituierende und konsolidierende Lebenswirklichkeit ist an eine Bedingung gebunden: die gegenseitige Liebe. Alles kommt darauf an, sich ihr anzuvertrauen und dies auch angesichts der evidenten Liebesunfähigkeit des Menschen (*Ratzinger*); denn:

[43] So die von Vätern wie Justin, Irenäus, Hippolyt und Tertullian bevorzugte Lesart; nach *A. Wikenhauser*, Das Evangelium nach Johannes, Regensburg 1948, 41; *R. Schnackenburg*, Das Johannesevangelium I, Freiburg 1965, 238–241; *U. Wilckens*, Das Evangelium nach Johannes, Göttingen 2000, 32.

[44] *H.-J. Klauck*, Der erste Johannesbrief, Zürich 1991, 130–136.

[45] Dazu *Rusam*, Die Gemeinschaft der Kinder Gottes, 105 ff.; *J. Heise*, Bleiben. Menein in den johanneischen Schriften, Tübingen 1967, 84 ff.

[46] *Klauck*, Der erste Johannesbrief,164 ff.

Nicht darin besteht die Liebe, daß wir Gott geliebt haben, sondern darin, daß er uns geliebt und seinen Sohn für unsre Sünden gesandt hat (1Joh 4,10)[47].

Dieser Liebe, „die Gott zu uns hegt", gilt es sich anzuvertrauen (1Joh 4,16). Das begründet der Brief, indem er sich zu einer der neutestamentlichen Spitzenaussagen erhebt, mit der er gleichzeitig allen Behauptungen, die das Christentum in die weltläufige Vorstellung von einem ambivalenten, zwischen Güte und Zorn oszillierenden Gott einebnen, die Spitze abbricht:

Gott ist die Liebe, und wer in der Liebe bleibt, bleibt in Gott, und Gott bleibt in ihm (1Joh 4,16)[48].

Den Anschluß an die Thematik des Glaubens vollzieht schließlich die wiederum auf eine Spitzenaussage – die von der weltüberwindenden Sieghaftigkeit des Glaubens (1Joh 5,4f) – hinführende These:

Jeder, der glaubt, daß Jesus der Christus ist, ist von Gott gezeugt, und jeder, der den Vater liebt, liebt auch den von ihm Erzeugten (1Joh 5,1)[49].

Doch der Glaube, der hier nochmals in seiner Hinordnung auf den vom Vater erzeugten Gottessohn und damit mittelbar auf die Gotteskindschaft zutage tritt, hat nicht nur die vom Brief so nachdrücklich hervorgehobene horizontal-kommunikative Dimension, sondern ebensosehr eine vertikal-dynamische, die seit Mitte des zwanzigsten Jahrhunderts zunehmend in Erscheinung trat und zur Entdeckung der „glaubensgeschichtlichen Wende" führte. Wenn das von *Rosenzweig* aufgerissene Dilemma von Unmittelbarkeit und scheinbar hypertropher Vermittlung behoben werden soll, muß der Glaubenswende nun nochmals genauer als bei ihrer ersten Erwähnung nachgegangen werden[50].

Protagonist ihrer Entdeckung war *Martin Buber*, der dem Christentum in seiner irenischen Streitschrift „Zwei Glaubensweisen" vorwarf, von dem auch von Jesus geteilten Prophetenglauben der Selbstverankerung in der Gotteswirklichkeit (*emuna*) auf einen

[47] *J. Ratzinger*, Das Salz der Erde. Christentum und katholische Kirche an der Jahrtausendwende, München 1996, 301.

[48] Dazu meine Schrift „Gott im Horizont des Menschen", Limburg 2001, 25–79.

[49] *Klauck*, A. a. O., 283–286.

[50] Dazu das auf Seite 26 Gesagte; ferner meine Abhandlungen „Die glaubensgeschichtliche Wende. Eine theologische Positionsbestimmung", Graz 1986; „Glaubensprognose. Orientierung in postsäkularistischer Zeit", Graz 1991 und „Glaubenserweckung. Das Christentum an der Jahrtausendwende", Düsseldorf 2000.

Satz- und Bekenntnisglauben abgesunken zu sein[51]. Doch wirkte nicht weniger der sozialkritische Umbruch und die alle Bereiche erfassende Autoritätskrise des vorigen Jahrhunderts darauf hin. Sie entzog dem sich in Sätzen artikulierenden Autoritäts- und Gehorsamsglauben, den das Erste Vatikanum definiert und den Buber im Auge hatte, den Boden. Denn die Krise machte auch vor der kirchlichen, ja sogar, wie *Peter Wust* vorahnend herausstellte, vor der göttlichen Autorität nicht halt[52]. Der tragende Pfeiler der göttlichen Dekrete, die Autorität des allwissenden und irrtumslosen Gottes, geriet ins Wanken. Die rettende Klärung kam, ganz unerwartet, von der zur Magd der Theologie zurückgestuften Philosophie, die in der von *Hans-Georg Gadamer* entwickelten Hermeneutik zwei grundlegend verschiedene Formen von Autorität unterschied, von denen sich nur die der Autorität des Machthabers entgegengesetzte Autorität des Lehrers auf den Gott der offenbarenden Selbstmitteilung beziehen ließ[53]. Wenn aber Gott der Lehrer ist (*Kierkegaard*) und seine „Lehre", wie das Zweite Vatikanum diesen Ansatz vertiefte, primär in seiner personalen Selbstmitteilung besteht, geht es in dem diese Mitteilung rezipierenden Glauben nicht um Unterwerfung und Gehorsam, sondern um das Verstehen des Zugesprochenen. So zeichnet sich in der in Gang gekommenen Glaubenswende eine erste Drehung ab: die vom Gehorsams- zum Verstehensglauben.

Inzwischen hatte *Karl Rahner* die von *Buber* am kirchlichen Satz- und Dogmenglauben geübte Kritik mit seiner These bekräftigt, daß der Christ der Zukunft, wenn überhaupt, dann ein Mystiker sein werde und diesen Begriff dahin erläutert, daß es dem Mystiker darauf ankomme, Gott zu erfahren[54]. Darin kündet sich eine zweite Drehung der Glaubenswende an: die Kehre vom Satz- und Bekenntnisglauben zum Erfahrungsglauben. Bei aller Bedeutung der kirchlichen Dogmen für die Abgrenzung der Glaubenswahrheit gegenüber Irrtümern und Fehldeutungen kam es fortan mehr auf den von ihnen umschlossenen Inhalt an, zumal der emotional ausgehungerte Mensch der Gegenwart nach Erfahrungs- und Erlebniswerten verlangte. Alarmierendes Symptom dessen ist die Beobachtung, daß sich eine wachsende Anzahl von Christen pseudoreligiösen und esoterischen Angeboten unter dem Eindruck zuwendet, daß die Kirchen in der Sorge um ihren Besitzstand und Machterhalt noch immer nicht bereit sind, den in Jahrhunderten aufgehäuften Schatz an mystischen Erfahrungen, spiritueller Strategien und Gebetsformen an das Kirchenvolk weiterzugeben. Insofern liegt die Hinkehr zur Glau-

[51] *M. Buber*, Zwei Glaubensweisen, Zürich 1950; dazu meine Schrift „Buber für Christen. Eine Herausforderung", Freiburg 1988, 105–129.

[52] *P. Wust*, Ungewißheit und Wagnis, München und Kempten 1950, 172.

[53] *H.-G. Gadamer*, Wahrheit und Methode. Grundzüge einer philosophischen Hermeneutik, Tübingen 1960, 261–269; *S. Kierkegaard*, Philosophische Brocken (Ausgabe *Richter*), Hamburg 1964, 16 ff.; dazu meine „Glaubensprognose", 245.

[54] *W. Böhme* und *J. Sudbrack* (Hrsg.), Der Christ von morgen – ein Mystiker? Grundformen mystischer Existenz, Würzburg 1989, 99–136.

benserfahrung, abgesehen von ihrem inneren Recht, auch ganz im Zug der Zeit. Ihr Recht aber besteht darin, daß nur so der wachsenden Resignation gewehrt und ein Anstoß zu neuer Glaubenserweckung gegeben werden kann.

Der Mystiker steht im Verdacht, nur auf sein eigenes Heil bedacht zu sein. Auf die Korrektur dieses Eindrucks arbeitet die dritte Drehung, die Kehre vom Leistungs- zum Verantwortungsglauben, hin. Denn Glaubenssubjekt ist, wie *Möhler* im Sinn des Epheserworts vom Heranreifen aller zum Vollalter Christi (Eph 4,13) in Erinnerung rief, nicht so sehr der einzelne als vielmehr die Gemeinschaft aller in Glaube, Hoffnung und Liebe Verbundenen. In diesem mystischen Verbund gilt das Gegenteil von *Schillers* Reiterlied: hier steht keiner für sich allein; vielmehr steht jeder für jeden ein; denn:

> *Wenn ein Glied leidet, leiden alle Glieder mit; wenn ein Glied geehrt wird, freuen sich alle Glieder mit (1Kor 12,26).*

Diese Osmose gilt auch für den Glauben; denn nach *Guardini* weiß keiner, wieweit sein Glaube von andern mitgetragen wird, so wenig, wie er wissen kann, wieweit er mit seinem Glauben den anderer ermöglicht und trägt[55]. Das spricht dafür, daß die glaubensgeschichtliche Entwicklung der Konstituierung eines kollektiven Glaubenssubjekts entgegenstrebt, wie es dem Vollbegriff der Gotteskindschaft entspricht.

Diese dreifache Kehre mündet, wie bereits vermerkt, in eine letzte, sie umfassende und integrierende ein: in die Wende vom Gegenstands- zum Innerlichkeits- und Identitätsglauben. Denn die bisherige Glaubensgeschichte stand insgesamt im Zeichen des Umbruchs, den die Auferstehung Jesu herbeiführte und den *Anton Vögtle,* zumindest tendenziell, als die Verwandlung des Glaubensstifters in den Geglaubten, des Botschafters in die Botschaft und des Lehrers in die Lehre beschrieb[56]. So wichtig diese Metamorphose für die Konstituierung der christlichen Glaubens- und Lebenswelt war, zog sie doch eine Vergegenständlichung dessen nach sich, der „alle Schemen sprengt“ (*Schweizer,*) und sich in kein Koordinatensystem einbringen läßt[57]. Wie die mystischen Aufbrüche im Verlauf der Glaubensgeschichte verdeutlichen, gingen von ihm vielmehr immer wieder Impulse zu seiner Vergegenwärtigung aus. So auch heute, wo sich nach unübersehbaren Anzeichen der Schrein seiner doktrinalen, kultischen und kerygmatischen Vergegenständlichung öffnet, um ihn zu neuer Präsenz freizugeben.

Selbstvergegenwärtigung aber ist die reinste, denkbar unmittelbarste Form, wie sich der Heilbringer dem Glaubenden übereignen und diesen in seinen Heilsbesitz aufneh-

[55] *R. Guardini*, Die Existenz des Christen (Ausgabe *Spörl*), Paderborn 1976, 409.

[56] *A. Vögtle*, Der verkündigende und verkündigte Jesus „Christus“, in: *J. Sauer* (Hrsg.) „Wer ist Jesus Christus?“ Freiburg 1977.

[57] *E. Schweizer*, Jesus Christus im vielfältigen Zeugnis des Neuen Testaments, München und Hamburg 1968, 18–54.

men kann. Das richtet sich ebenso gegen *Rosenzweigs* Vermittlungsvorwurf wie es sich auf seinen erkenntnistheoretischen Spitzenbegriff der „Geistesgegenwart" bezieht. Der jüdischen Unmittelbarkeit des Blutes steht im Christentum die der geistigen Vergegenwärtigung entgegen, die allein allen glaubhaft gemacht und weltweit verkündet werden kann.

Doch dazu bedarf es des hierfür ansprechbaren und aufnahmefähigen Rezipienten, der keinesfalls schon in dem auf seine Eindimensionalität reduzierten Menschen der gegenwärtigen conditio humana gegeben ist[58]. Der mystischen Parusie ist vielmehr nur der zu seinen größeren Möglichkeiten erweckte, von Gott angenommene und in die Gemeinschaft der Mitglaubenden integrierte Mensch gewachsen, der zum Bewußtsein und Vollzug der Gotteskindschaft gelangte. Er ist die leibhaftige Einlösung dessen, was *Nietzsche* mit der Figur des Weltenkindes vor Augen stand, er ist aber auch „der dritte Mann", den *Heine* pathetisch ankündigte und „wie die Sonne aus dem Morgenrot" hervorgehen sah, und das Hochziel menschlicher Werdemöglichkeit, auf das der Johannesbrief mit der Versicherung, „daß wir Kinder Gottes nicht nur heißen, sondern sind" (1Joh 3,1) hinweist[59]. Doch damit stellt sich die Frage nach seiner Signatur, zusammen mit der nach der Differenz, durch die er sich vom konkret existierenden Menschen unterscheidet.

4. Der anthropologische Weg

Mit der Gotteskindschaft ist einem utopischen Begriff vom Menschen das Wort geredet, der ihn nicht in seiner faktischen Verfassung begreift, sondern ihn auf seine höchsten, nur noch religiös zu begründenden Möglichkeiten hin anvisiert. Nicht umsonst setzt sich der johanneische Ausruf, wonach wir dank der uns umhegenden Liebe des Vaters Gottes Kinder nicht nur heißen, sondern sind, in den Vorbehalt fort:

> *Geliebte, jetzt sind wir Kinder Gottes; doch ist noch nicht offenbar geworden, was wir sein werden (1Joh 3,2).*

Das setzt ein Verständnis des Menschen voraus, das zu dem der klassischen Anthropologie quersteht. Denn diese fragt seit ihrer mythischen Vorzeit mit der Sphinx des Ödipus-Mythos „Was ist das?" und damit nach dem durch Definitionen zu fassenden „Wesen" des Menschen. Doch das Wesen ist nach *Hegel* stets das „Gewesene" und damit die „alt und grau" gewordene Gestalt des Erfragten, die von dessen gegenwärtigem

[58] *H. Marcuse*, Der eindimensionale Mensch (Originaltitel: The One-Dimensional Man), Neuwied 1970, 21–158; 165–200.

[59] *H. Heine*, Zur Geschichte der Religion und Philosophie in Deutschland (Ausgabe *Ferner*), Stuttgart 1997, 84.

Seins- und Besitzstand bereits überholt ist[60]. Um diesen einzuholen, muß anders, und zwar so wie im biblischen Bericht vom Sündenfall nach ihm gefragt werden. Denn dort ergeht an den sündig gewordenen Menschen, der sich nach *Buber* nicht nur vor seinesgleichen, sondern vor Gott schämte und sich deshalb „unter den Bäumen des Gartens" versteckte, die – nach Buber auch von *Rosenzweig* in ihrer vollen Triftigkeit begriffene – Frage: „Wo bist du?" (Gen 3,9)[61]. Damit ist er nicht nur nach dem Ort seiner primordialen Geborgenheit befragt, sondern auch nach dem, wo es mit ihm letztlich „hinauswill", also nach dem Sinn seines Lebens. Und damit ist zugleich die ganze Dimension seiner Werdemöglichkeiten aufgerissen. „Du kannst dich", so sagt zu ihm der Schöpfer in dem Traktat „Über die Würde des Menschen" des Renaissancephilosophen *Pico della Mirandola*, „in die Niederungen des Tierischen fallen lassen; du kannst dich aber auch zur Höhe des Göttlichen erheben"[62].

Danach steht der auf das „Grenzgebirge der Welt" (*Novalis*) entrückte Mensch am Wendepunkt zwischen der Fallstrecke, die ihn dazu verlockt, sich den desintegrativen Tendenzkräften der Gesellschaft, insbesondere der Verführung durch Propaganda, die öffentliche Meinung und die Medienszene zu überlassen, und der Sternenbahn, die ihm die Optimierung seiner selbst bis hin zur Gotteskindschaft verspricht. Dabei warnt ihn sein Existenzgewissen davor, sich fallen zu lassen und, wie ihm vielstimmig eingeredet wird, sich aufzugeben, während es ihn dazu ermutigt, den steilen Weg der „Annahme seiner selbst" (*Guardini*) und der „Tugendskala" (*Johannes Climacus*) zu beschreiten.

Dabei leuchtet ihm die als sein Hochbild aufscheinende Gotteskindschaft voran. Sie verdeutlicht ihm, daß er noch längst nicht das ist, was er aufgrund seiner Selbstentschließung und der sich seiner annehmenden „Liebe von oben" (*Goethe*) sein kann. Und sie vermag das schon kraft der von ihr ausgehenden Faszination, erst recht aber, weil sie nach Art eines Sakraments bewirkt, was sie bezeichnet. Damit stößt das Hochbild in eine der schwersten Krisen der gegenwärtigen conditio humana, die durch den überhandnehmenden Reduktionismus, zusammen mit der alles lähmenden Resignation und Lebensangst heraufbeschworen und nur oberflächlich vom gegenwärtigen Hedonismus überdeckt wird. So kommt es zur Einebnung der gesellschaftlichen, kulturellen und religiösen Verhältnisse und zur Entleerung des kulturellen und personellen Ideenhimmels. Der Olymp der profilierten Leitgestalten hat sich auf erschreckende Weise entvölkert und einer „Oligarchie" der Mittelmäßigen Platz gemacht. Die philosophische Szene hat es aufgegeben, die mit großen Lettern an die Wände der Epoche geschriebenen „Zeichen

[60] *G. W. F. Hegel*, Grundlinien der Philosophie des Rechts, 17.

[61] *M. Buber*, Bilder von Gut und Böse, in: Werke I: Schriften zur Philosophie, München und Heidelberg 1962, 615; Zur Geschichte des dialogischen Prinzips, A. a. O., 296; dazu meine Schrift „Buber für Christen", 61–66.

[62] Dazu meine Modalanthropologie „Der Mensch – das uneingelöste Versprechen", Düsseldort 1996, 198.

der Zeit“ (Lk 12,56) zu deuten und sich statt dessen mit narzistischer Selbstbespiegelung begnügt. Und die Theologie ist nach dem postkonziliaren Lichtblick in signifikanten Vertretern der Faszination durch die „Dunkelseite“ Gottes erlegen[63].

Hinter dieser regressiven Gesamtsituation verbirgt sich allerdings ein noch gravierenderes und jetzt den Menschen unmittelbar betreffendes Problem: die sich seit der Romantik anbahnende und jetzt zu epidemischem Ausmaß angewachsene Identitätskrise. Angesichts dieser Diagnose verwundert es nicht, daß Dichtungen des kompetentesten Sprechers dieser Krise *Heinrich von Kleists* – wie „Die Verlobung von San Domingo“, „Die Marquise von O.“ und „Das Erdbeben von Chili“ – zu Gegenständen der heutigen Opern- und Medienszene wurden[64]. Zeugen der Brisanz dieser Vergegenwärtigung sind aber auch *Max Frisch* mit seinem „Homo faber“, *Hans Erich Nossack* mit seinem „Jüngeren Bruder“ und, um ein hervorragendes Musikwerk hinzuzufügen, das „dem Andenken eines Engels“ gewidmete Violinkonzert von *Alban Berg*[65].

Der heutige Mensch ist nicht nur, wie *Gustav Mahler* sang, der „Welt“, sondern sich selbst „abhanden gekommen“ und einem Selbstzerwürfnis verfallen, das durch die ihm von der Konsumindustrie angebotenen Klischees und Surrogate nur notdürftig verdeckt wird. Gleichzeitig versetzt ihn die Medienszene in den Zustand einer nahezu perfekten Selbstentfremdung, die ihn hindert, sich seines Notstandes auch nur bewußt zu werden, geschweige denn Initiativen zu seiner Überwindung zu ergreifen. Ihm müßte in des Wortes tiefstem Sinn „heimgeleuchtet“ werden. Und damit begänne auch schon die von der Diagnose geforderte Therapie. Wie kein anderer Impuls könnte ihm dazu das mit der Gotteskindschaft etablierte Hochbild verhelfen. Nur müßte es, um im therapeutischen Sinn wirksam zu werden, mit apotropäischer Energie eingesetzt werden, ganz so, wie Paulus den vom Abfall bedrohten Adressaten seines Galaterbriefs das Kreuz entgegenhielt, um sie von ihrer „Verhexung“ zu befreien (Gal 3,1)[66].

Das ist dann aber umgekehrt Anlaß, der Bildqualität der Gotteskindschaft auf den Grund zu gehen und sie nach ihrer Effizienz zu befragen. Davon ist zwar keine Klärung der eidetischen Implikation des Ausdrucks zu erwarten, so daß das mit ihm Bezeichnete spontan ins Bild träte und schaubar würde, wohl aber die Einsicht in seinen Überhang zu existentieller Verifizierung. Was Gotteskindschaft ist, will nicht so sehr veranschaulicht als vielmehr gelebt und getätigt werden. Die Existenz ist das Medium ihrer Sichtbarwerdung. Wer aus ihr lebt, bezeugt sie, und indem er sie bezeugt, tritt sie in ihm in Erschei-

63 Dazu meine Schrift „Gott im Horizont des Menschen“, Limburg 2001, 25–79.

64 So „Die Verlobung von San Domingo“ und „Das Erdbeben von Chili“ in Opern von *Werner Egk* und *Terterjan* sowie „Die Marquise von O.“ in einer mustergültigen Film- und Fernsehpräsentation.

65 *H. F. Redlich*, Alban Berg. Versuch einer Deutung, Wien 1957, 268–283; dazu „Der Mensch – das uneingelöste Versprechen“, 142 f.

66 *F. Mußner*, Der Galaterbrief, 206 ff.; 417–420.

nung. Gerade dafür bietet der Paulus des Galaterbriefs den sprechenden Beleg. Wenn er den Adressaten den Gekreuzigten mit beschwörender Gebärde vor Augen hält, denkt er nicht nur an die Verkündigung seines Evangeliums, sondern kaum weniger an sich selbst. Denn am Ende des Briefs präsentiert er sich definitiv als den „mit Christus Gekreuzigten" (Gal 2,19). Er wolle sich, wie er mit großer Betonung versichert, „allein des Kreuzes Christi" rühmen, durch das ihm die Welt gekreuzigt sei und er der Welt (6,14). Und dann, im Blick auf die ihm von seiner Tortur verbliebenen Narben, noch entschiedener:

> *In Zukunft falle mir niemand mehr zur Last; denn ich trage die Malzeichen Jesu an meinem Leib (Gal 6,17)*[67].

Der Rückbezug auf die Gotteskindschaft führt über die gewagte, aber wohlbegründete Annahme *Bultmanns*, daß unter allen historischen Gestalten keine so sehr wie Paulus der Figur des johanneischen Lieblingsjüngers entspricht[68]. In diesem Fall war aber die Kunst noch hellsichtiger, sofern sie in den spätmittelalterlichen Darstellungen der „Johannesminne" die Figur des Lieblingsjüngers aus dem Jüngerkreis herauslöste und mit Jesus zu einer geradezu symbiotischen Konstellation verschmolz[69]. Die Gruppe bezieht sich thematisch wie kompositionell – sie kann als Symbolfigur der „Gottesfreunde" gelten – auf die Anrede Jesu, in der er die Jünger seine Freunde nennt (Joh 15,15); doch geht die Darstellung deutlich über die Begründung des Freundestitels „weil ich euch alles gesagt habe, was mir von meinem Vater mitgeteilt worden ist" (ebd.) hinaus. Denn sie schließt den an die Brust Jesu wie schlafend hingesunkenen Jünger mit diesem zu einem strömenden Kreislauf zusammen. Da die geschlossenen Augen den mystischen Sinn der Gruppierung betonen, ist zum Ausdruck gebracht, daß der Jünger den ganzen Lebensstrom aus dem Herzen Jesu empfängt – hintergründig sprechen sinnverwandte Aussagen (wie Joh 7,32 und 19,34ff) mit –, während dieser durch die Hingabe des Jüngers zu sich selbst erwacht. Das aber trifft im Vollsinn nicht schon auf die Gottesfreundschaft, sondern erst auf die Gotteskindschaft zu. So gesehen hat die Gruppe als Konfiguration dieses Motivs zu gelten, die deren Ikone in Gestalt des Kindes aus *Runges* „Morgen" ebenbürtig an die Seite tritt.

Das verleiht dem Ausruf „Seht doch, welch große Liebe der Vater zu uns hegt" (1Joh 3,1) einen qualifizierten Sinn: Was das Motiv der Gotteskindschaft besagt, kann, ohne daß etwas vom Postulat seiner Tätigung zurückgenommen wird, tatsächlich geschaut und schauend wahrgenommen werden. Doch der Ausruf weist zugleich auf den Eingang des johanneischen Briefs zurück, in dem ein schwer einzugrenzendes Kollektiv den Anspruch erhebt, das „Wort des Lebens" gehört, geschaut und mit Händen betastet und es

[67] Dazu meine Schrift „Der unbekannte Paulus", 105, 157.

[68] *R. Bultmann*, Das Evangelium des Johannes, Göttingen 1950, 358 f.; *J. Kügler*, Der Jünger, den Jesus liebte, Stuttgart 1989; ferner meine Studie „Der unbekannte Paulus", 104–108.

[69] *H. Wenzel*, Die Christus-Johannes-Gruppen des XIV. Jahrhunderts, Stuttgart 1960.

damit Paulus in seinem akustischen (Gal 1,16), optischen (2Kor 4,6) und haptischen (Phil 3,12) Ostererlebnis gleichgetan zu haben[70]. Damit wird nicht nur der Aufruf zur Schau der Gotteskindschaft unterbaut, sondern zugleich die Frage nach ihrer akustischen Qualität aufgeworfen. In welchem Sinn kann sie nicht nur ersehen, sondern auch gehört und vernommen werden?

Das ist die Frage nach den Wegen transkritischer Erschließung des Schriftworts, also die Frage nach Zugängen jenseits der weithin zur Alleinherrschaft gelangten historisch-kritischen Methode[71]. Im Grunde ist diese schon durch die Wendung „Wort des Lebens" (1Joh 1,1) überholt, weil damit nicht der neutestamentliche Niederschlag der Verkündigung Jesu gemeint, sondern dieser selbst zu deren Inbegriff erklärt und demgemäß eine auf ihn bezogene Hermeneutik gefordert ist[72]. Ähnliches gilt aber auch vom Schriftwort, dem die neuerdings in das Schwerefeld der analytischen Sprachtheorie geratene historische Kritik nur die informative Oberfläche, nicht jedoch die performative und mystische Tiefendimension entnimmt. Auf eine transinformatorische Sprachqualität wies aber schon *Nietzsche* hin, als er in einer Nachlaßaufzeichnung versicherte:

> *Das Verständlichste an der Sprache ist nicht das Wort selber, sondern Ton, Stärke, Modulation, Tempo, mit denen eine Reihe von Worten gesprochen werden – kurz die Musik hinter den Worten, die Leidenschaft hinter dieser Musik, die Person hinter dieser Leidenschaft: alles das also, was nicht geschrieben werden kann*[73].

In diesem transinformativen Sinn ist das Motiv der Gotteskindschaft nicht nur (nach 1Joh 3,1) zu sehen, sondern auch zu hören. In ihm erklingt eine Musik, die ihrerseits von der Leistung dessen ausgeht, der die an ihn Glaubenden in seine Lebensgemeinschaft aufnimmt und einbezieht. Denn der Erhöhte will, wie *Kierkegaard* in seiner „Einübung im Christentum" betonte, von seiner „Hoheit" alle an sich ziehen. Um sie dazu zu bewegen, spricht er nicht nur belehrend, sondern auch bewegend und erhebend zu ihnen, so daß ihnen die Musik hinter seinen Worten hörbar wird. Wenn aber dies geschieht, ergeht es ihnen wie dem Sterbenden, dem *Augustin* eine erhöhte Sensibilität für die innere Resonanz des artikulierten äußeren Wortes zuerkennt:

[70] *H.-J. Klauck*, Der erste Johannesbrief, 55–78; dazu meine Schriften „Der unbekannte Paulus", 29 ff; ferner „Paulus. Zeugnis – Begegnung – Wirkung", 27–33.

[71] Dazu das Kapitel „Zugänge" meiner Abhandlung „Die Entdeckung des Christentums. Der alte Glaube und das neue Jahrtausend", Freiburg 2000, 51–119.

[72] Darauf bezieht sich die in den „Zugängen" aufgeführte „Christus-Hermeneutik": A. a. O., 106–116.

[73] *F. Nietzsche*, Nachgelassene Fragmente von 1882, in: Sämtliche Werke. Kritische Studienausgabe X, München 1980, 89.

Er hebt das Ohr zu dem inwendigen Ruf Gottes, er hört in sich den geistigen Gesang. Denn es dringt etwas durch das Schweigen zu ihm herab, so daß er, sobald er jenen Gesang vernimmt, von Ekel über die Leibeswelt befallen wird und über das ganze ihm wie ein Getümmel erscheinende Erdenleben, welches das Vernehmen dieses süßen, dieses unvergleichlichen, unaussprechlich schönen Gesanges von oben dämpft[74].

Die Gotteskindschaft gehört, wie sich mit zunehmender Deutlichkeit zeigt, nicht nur zu jenen Ideen, die sich zu Idealen kristallisieren und als solche die brachliegenden Energien des Rezipienten freisetzen und für sich einnehmen, sondern die darüberhinaus auch für sich einstehen und zu sich provozieren[75]. Indem die Gotteskindschaft solcherart für sich wirbt, betreibt sie zugleich das Werk des Glaubens, der ebenso zu ihr hinführt wie er von ihren Impulsen lebt.

5. Der zeitgeschichtliche Weg

Fügt sie sich aber auch ein in eine durch kollektiven Profilverlust gekennzeichnete, auf die Einebnung aller Verhältnisse hinarbeitende und auf die Herabsetzung aller höheren Ansprüche ausgehende Zeit? Zwar wurden der Gegenwart wie kaum einer früheren Epoche Zeitzeichen von unübersehbarer Eindringlichkeit gegeben, als das Zweite Vatikanum die jahrhundertelang nach außen und innen geübte Gewalt verwarf und durch sein Bekenntnis zum Dialog der Welt den Weg zu einer friedlichen Konfliktbewältigung wies, und als der freiheitliche Aufbruch von 1989, zusammen mit der deutschen Wiedervereinigung, auf dem blutgetränkten Boden Europas eine Zitadelle des Friedens mit noch unabsehbarer Fernwirkung entstehen ließ[76]. Doch begriff die Christenheit, daß ihr durch die Wegweisung des Konzils wie kaum einmal zuvor zur Besinnung auf ihre Mitte verholfen worden war? Und begriff die kriegsbedrohte Welt, daß ihr durch das europäische Paradigma der Weg in eine menschlichere Zukunft gewiesen worden war?

Da auf diese Fragen verneinend geantwortet werden muß, ist es um die Erhebung des heutigen Menschen aus seiner kollektiven Depression und in der Folge dessen auch um die Rezeption der Gotteskindschaft prekär bestellt. In seiner resignativen Verfassung würde er wohl kaum begreifen, weshalb sich *Milan Machovec* trotz seiner repressiven Lebensverhältnisse veranlaßt sah, den Initialstoß der Verkündigung Jesu – „Die Zeit ist erfüllt

[74] *Augustinus*, Enarratio in Ps 42,7.

[75] Für die Idee der Freiheit zeigte dies meine Schrift „Provokationen der Freiheit. Antriebe und Ziele des emanzipierten Bewußtseins“, München und Salzburg 1974, 29 – 57.

[76] Dazu meine Schrift „Wege des Friedens“, 157–165.

und das Reich Gottes nahe; kehrt um und glaubt an die Frohbotschaft“ (Mk 1,15) – mit den Worten

Lebt anspruchsvoll, denn vollkommene Menschlichkeit ist möglich

zu aktualisieren[77]. Enttäuscht von den politischen, wirtschaftlichen und kulturellen Gegebenheiten, vor allem aber von seinem eigenen Lebensverlauf, hat der Mensch dieser Zeit es verlernt, an seine Umwelt und an sich selbst höhere Ansprüche zu stellen und deshalb kaum Verständnis für den von Machovec an ihn gerichteten Appell. Das war die Folge seiner Blindheit für die Zeichen seiner Zeit und seiner Taubheit für den an ihn ergehenden Anruf. Die Zeichen der Zeit aber waren, wie dies *Nietzsche* für sich in Anspruch nahm, mit Buchstaben an die Wand der Epoche geschrieben, die „auch Blinde sehend zu machen“ vermochten; und die aus der Tiefe des Zeitgeschehens ertönende Stimme war laut genug, um selbst Taube zum Aufhorchen zu bewegen[78]. Daß sie dennoch überhört wurde, hing nicht zuletzt auch damit zusammen, daß sie aus einer Welt ertönte, auf die niemand hört und von der man am wenigsten Auskünfte über das Zeitgeschehen erwartet: aus der Technik.

Während sich der Olymp der politischen und kulturellen Leitgestalten entvölkerte und sich die Philosophie, einem fatalen Anachronismus verfallen, der ihr aufgegebenen Deutung der Zeitzeichen verweigerte, riß das Zeitgeschehen in Gestalt der Hochtechnik das Grundproblem der Metaphysik, die Verhältnisbestimmung von Möglichkeit und Wirklichkeit, an sich, so daß sich das Zeitalter aufgrund der sich realisierenden Menschheitsträume zunehmend als das der sich verwirklichenden Utopien auswies[79]. So verwirklichten sich, im Sinne einer Fortschreibung der von *Sigmund Freud* in seinem Essay „Das Unbehagen in der Kultur“ gestellten Diagnose, der Mythos vom himmlischen Feuer des Prometheus in der Freisetzung der Kernenergie, das Streben nach weltweiter Kommunikation in der Erfindung von Radio und Fernsehen, der Traum von der Sternenreise in der Raumfahrt und Mondlandung, die Münchhausenerzählung von den eingefrorenen Tönen in der elektronischen Speichertechnik, das Hauffsche Märchen vom kalten Herzen in der Entwicklung eines Kunstherzens und der von Goethe ersonnene Homunculus in der Entstehung eines klonierten Menschen.

Mit dem Konzept dieser „Spottfigur von Geist und Feuer“ erwies sich der Mensch dieses Zeitalters aber nicht nur als das „utopische Wesen“, das der spanische Kulturphilosoph *Ortega y Gasset* lange zuvor schon in ihm erblickt hatte, sondern auch als der nach

[77] *M. Machovec*, Jesus für Atheisten. Mit einem Geleitwort von *H. Gollwitzer*, Stuttgart 1972, 102.

[78] *F. Nietzsche*, Der Antichrist, § 62.

[79] Dazu der Abschnitt „Die utopisch-atavistische Zeit“ meiner Studie „Der Mensch – das uneingelöste Versprechen“, 250–253.

einer usurpierten Gottähnlichkeit Strebende. Denn im stürmischen Verlauf der Hochtechnik ging es ihm, wiederum nach Freud, um den Griff nach den durch den Tod Gottes freigesetzten Attributen: in der Nachrichten- und Computertechnik um einen Anteil an göttlicher Allwissenheit, in der Raumfahrt um einen Anteil an göttlicher Allgegenwart und in der Evolutionstechnik mit dem Ziel einer künstlichen Selbstreproduktion um einen Anteil an göttlichem Schöpfertum[80].

Daß es um die auf diesem Weg erreichte Gottähnlichkeit gleichfalls prekär bestellt ist, gab Freud mit dem ironischen Bildbegriff des „Prothesengottes" zu verstehen, dem die prothesenhafte Aneignung der göttlichen Attribute nur schwer und unzulänglich gelinge[81]. In seinem Theorem von den „drei Kränkungen" hatte er aber auch schon den Grund dieses partiellen Mißlingens angegeben[82]. Während sich der Mensch unter Mühen zu seiner technisch vermittelten Gottähnlichkeit erhebt, muß er feststellen, daß er nicht nur seit *Kopernikus* seine Zentralstellung im Kosmos und seit *Darwin* seine Sonderstellung im Reich des Lebendigen, sondern im Gefolge der Freudschen Tiefenpsychologie auch seine Vormachtstellung im Reich des eigenen Bewußtseins verlor. Gleichzeitig mehrten sich die Anzeichen, zusammen mit Hinweisen in Kunst (*Picasso*) und Literatur (*Nossack*), dafür, daß die in der Romantik angebrochene, aber nur wenigen Zeitfühligen bewußt gewordene Identitätskrise inzwischen epidemische Ausmaße anzunehmen begann.

Obwohl diese Situation nach einer Lösung, um nicht zu sagen nach Erlösung schreit, weist doch nur ein schwaches Indiz in die erfolgversprechende Richtung. Es ergibt sich aus der ebenso erstaunlichen wie bestürzenden Beobachtung, daß der Mensch erstmals in seiner Geschichte an der Wegscheide zwischen biologischer und technischer Entstehung steht. Aus der ironischen Szene im Laboratorium von *Goethes* „Faust", in dem die „Mode" des Zeugens verabschiedet und der „höhere Ursprung" in die Hand des zum Schöpfer seiner selbst gewordenen Menschen gelegt wird, ist bitterer Ernst geworden[83]. Angesichts der Schreckensvision einer klonierten Menschheit, wie sie *Franz Werfel* aus düsterer Vorahnung in seinem „Stern der Ungeborenen" entwarf, bewegt das zu einem geradezu nostalgischen „Rückblick" auf die auf weite Sicht vergehende Form „natürlicher" Lebensvermittlung[84]. Wenn sich dieser nicht in Angstträumen, wie sie Werfel be-

[80] Wie der rückschlägige Zug des Zeitgeschehens verdeutlicht, darf dabei trotz aller humanitären und therapeutischen Erfolge die Herkunft dieser Entwicklung aus dem von *Nietzsche* proklamierten „Tod Gottes" nicht übersehen werden.

[81] *S. Freud*, Das Unbehagen in der Kultur, 222.

[82] *Freud*, Eine Schwierigkeit der Analyse, 1917; dazu *G. F. von Weizsäcker*, Der Garten des Menschlichen. Beiträge zur geschichtlichen Anthropologie, München 1977, 441 ff.; ferner der titelgleiche Abschnitt meiner Programmschrift „Glaubenserweckung", 68–71.

[83] *J. W. Goethe*, Faust. Der Tragödie zweiter Teil, 2. Akt, Laboratorium.

[84] *F. Werfel*, Stern der Ungeborenen. Ein Reiseroman; dazu *P. St. Jungk*, Franz Werfel. Eine Lebensgeschichte, Frankfurt 1987, 312–215; 328–332; *Th. Mann*, Die Entstehung des Doktor Faustus, Amsterdam 1949, 147; ferner die Ausführungen meiner „Entdeckung des Christentums", 31 f.

fielen, verlieren soll, muß er in einen visionären Ausblick überführt werden, der dann ein Menschsein von einem wirklich „höheren Ursprung“ her anvisieren müßte. Dabei dürfte es sich nicht mehr um ein Menschsein handeln, das wie im Regelfall, kaum daß es entstanden ist, dem Tod verfällt, sondern um ein Menschsein, das dem Quellgrund jenes Lebens entspringt, das die Fessel der kreatürlichen Todverfallenheit sprengte. Gemeint ist damit jenes Leben, das aus dem Ereignis der Auferstehung Jesu hervorging und das in der Zeugung des Sohnes aus dem Vater seinen innergöttlichen Ursprung hat. Das aber ist nur eine auf die folgende Erschließung vorgreifende Umschreibung dessen, was „Gotteskindschaft“ besagt. Sie steht im Fadenkreuz des Ausblicks, in den der nostalgische Rückblick überführt und in dem er aufgehoben werden muß. Prinzipiell gesehen geht es dabei um das Spannungsverhältnis von Kunst und Liebe. Der auf technischem Weg entstehende Mensch ist ein Werk der Kunst, wenn nicht gar ein Kunstwerk. Der zur Gotteskindschaft erhobene aber ist eine Frucht der Liebe und unter ihren vielfältigen Hervorbringungen die vorzüglichste. Sie allein ist des Menschen würdig; denn sie stiftet das, was allein die Zukunft der Menschheit gewährleistet: Menschenwürde.

Zweites Kapitel

Die Herkunft

1. Der Stellenwert

So sehr die Aufklärung im Bund mit dem durch sie ausgelösten Säkularisierungsprozeß die Prinzipien der christlichen Lebensordnung – Freiheit, Barmherzigkeit und Geduld – ans Licht hob und in Gestalt von Liberalität, Solidarität und Toleranz als Tragpfeiler einer demokratischen Lebensordnung erwies, warf sie doch zugleich einen Schatten auf die tragenden Ideen und damit auf die Leitsterne des gläubigen Denkens[1]. So verblaßte der Glaube zur Weltanschauung, der Gehorsam zur Disziplin, die Sanftmut zur Rücksicht und die Nächstenliebe zur Fernsten-Liebe (*Nietzsche*)[2]. Hauptziel dieses Entleerungs- und Umwidmungsprozesses aber war, wie *Karl Löwith* in ingeniöser Analyse nachwies, die Hoffnung[3]. Bezeichnend für den von ihr erlittenen Bedeutungswandel verlor sie sogar ihren Namen und wurde, zum Fortschritt umgedeutet, zum Prinzip des modernen Zivilisationsprozesses. Von ihrem jenseitigen Erfüllungsziel abgekoppelt und auf innerweltlich Machbares zurückgenommen, richtete sie sich nun nicht mehr auf die ewige Seligkeit, sondern auf das größtmögliche Glück möglichst vieler in diesem Leben. Mit letzter Schärfe hatte das wiederum *Nietzsche* in den programmatischen Satz gefaßt: Kein anderes, sondern dieses in seinem Ewigkeitswert begriffene Leben – non alia, sed haec vita sempiterna[4].

Im Blick auf diesen Bedeutungsverfall der christlichen Ideen stellt sich für jeden Versuch einer Glaubenserweckung die unumgängliche Aufgabe, diesem Verfallsprozeß zu widerstehen und die ursprüngliche Rangordnung wiederherzustellen. Schönste Rechtfertigung dieses Verfahrens wäre der Glücksfall, daß es dabei nicht bei einer bloßen Rehabilitierung bliebe, sondern zu einer Neuentdeckung käme. Als leibhaftiger Katalysator dessen bietet sich der in seiner zeitübergreifenden Bedeutung begriffene Paulus an[5]. Denn er

[1] Dazu der Abschnitt „Das Schicksal der religiösen Ideen im Säkularisierungsprozeß“, in: Hat der Glaube eine Zukunft? Düsseldorf 1994, 40–59; ferner meine Untersuchung „Glaubensprognose. Orientierung in postsäkularistischer Zeit“, Graz 1991, 47–100.

[2] *F. Nietzsche*, Also sprach Zarathustra I: Von der Nächstenliebe.

[3] *K. Löwith*, Weltgeschichte und Heilsgeschehen. Die theologischen Voraussetzungen der Geschichtsphilosophie, Stuttgart 1953; dazu die Ausführungen meiner „Glaubensorientierung“, 51–57.

[4] *F. Nietzsche*, Nachgelassenes Fragment vom Herbst 1881, in: Sämtliche Werke. Kritische Studienausgabe IX, München 1980, 652.

[5] Dazu mein Beitrag „Bleibende Gegenwart – Der gegenwärtige Paulus“, in: *M. Langer* und *J. Niewiadomski* (Hrsg.), Die theologische Hintertreppe. Die großen Denker der Christenheit, München 2005, 230–237.

stellte die sonst eher beiläufig behandelte Freiheit als Spitzenbegriff des Evangeliums heraus (Gal 5,1). Und er erklärte, auch wenn dies erst seine Schule thematisierte, das Christentum zum Inbegriff der Hoffnung (Kol 1,27) und des Friedens (Eph 2,14).

Im Zug dieses Wiederherstellungsversuches klärte sich aber nicht nur die ursprüngliche Bedeutung der durch den Säkularisierungsprozeß in Mitleidenschaft gezogenen Ideen, sondern auch der ihnen zukommende Stellenwert. Er bemißt sich an ihrer größeren oder geringeren Nähe zur Gottesidee und ihrem Verhältnis zu deren Struktur und Effizienz. Was die Struktur betrifft, so ist sie durch das Moment der Alternativelosigkeit gekennzeichnet. Denn zu Gott gibt es so wenig einen adäquaten Gegensatz wie zur Idee der Wahrheit, des Guten und des Friedens. Der oft genug als Gegensatz angesehene Teufel ist nicht das christliche Pendant zum dualistischen Gegengott nach Art des iranischen Ahriman, sondern eine abgefallene Kreatur; ebensowenig ist der Irrtum der Gegensatz zur Wahrheit, sondern der Inbegriff ihrer Verfehlung und Verstörung; daß schließlich das Böse kein Gegensatz zum Guten, sondern dessen Defizit ist, wurde mit unübertrefflicher Klarheit schon von *Thomas von Aquin* herausgestellt, während *Nikolaus von Kues* Gott, den Inbegriff des Guten, geradezu als das „Gegensatzlose", als das non aliud, bezeichnete[6].

Wenn die höchsten Begriffe aber nicht alternativisch zu möglichen Gegensätzen gedacht werden können, geht von ihnen eine Sogwirkung auf das Denken aus, das nur mit der des Selbstbegriffs, der dem „Ich zugrundeliegt", verglichen werden kann. Denn dieser erweist sich als resistent gegenüber dem Todesgedanken, der erst dann in voller Strenge erfaßt wäre, wenn sich der Denkende selbst wegdenken könnte. Das aber ist unmöglich, weil bei diesem Versuch derjenige immer noch übrig bleibt, der diesen Ungedanken zu fassen sucht. Der Todesgedanke kommt somit, wie von Theoretikern wie *Paul Ludwig Landsberg* und *Fridolin Wiplinger* immer schon betont wurde, von außen, also aufgrund der Erfahrung fremden Sterbens auf den ihn Denkenden zu, sofern er nicht in Form eines von der „Vernunft des Leibes" (*Nietzsche*) eingegebenen „dunklen Bescheids des Sterbenmüssens" (*Biser*) an ihn ergeht [7].

Daran entzündet sich das reflektierende Selbstbewußtsein, das, so sehr es dem kartesischen „cogito ergo sum" entstammt (*Krüger*), erst im Konflikt mit dem Todesgedanken ganz zu sich kommt. Erst im Blick auf sein mögliches Nichtsein wird sich der Denkende seines Selbstseins voll bewußt[8]. Daraus ergibt sich eine Denkfigur gleich der des anselmi-

[6] *R. Heinzmann*, Philosophie des Mittelalters, Stuttgart 1992, 202–210; 287 f.; *K. M. Woschitz, M. Hutter, K. Prenner*, Das manichäische Urdrama des Lichtes, Wien 1987, 48 ff.

[7] *P. L. Landsberg*, Die Erfahrung des Todes, Frankfurt 1974; *F. Wiplinger*, Der personal verstandene Tod, Freiburg und München 1970; dazu meine Untersuchung „Der Mensch – das uneingelöste Versprechen", Düsseldorf 1995, 114–122.

[8] *W. Röd*, Die Philosophie der Neuzeit I, München 1978, 61–64; *G. Krüger*, Die Herkunft des philosophischen Selbstbewußtseins, in: Freiheit und Weltverwaltung, Freiburg und München 1958, 11–69.

schen Gottesbeweises, der von der Unüberdenklichkeit des denkbar Größten ausgehend zur Überzeugung von dessen Existenz gelangt[9]. Wie es dem an den Denkenden ergehenden Bescheid des Sterbenmüssens, aber auch der Ansicht nachdenklicher Literaten wie *Hans Erich Nossack* entspricht, tritt die Gottesidee damit in einen konstitutiven Zusammenhang mit dem Todesgedanken und dieser mit ihr[10]. So gewinnt der Vorwurf *Adornos*, bei *Heidegger* sei der Tod zum „Stellvertreter" Gottes avanciert, eine unerwartet positive Bedeutung[11]. Auf der einen Seite stellt sich dann die Frage, ob die conditio humana nicht Religionen wie der altägyptischen recht gibt, die sich aus dem Todeserlebnis des Menschen herleiten; auf der anderen Seite ergibt sich dann die Gegenfrage, ob sich mit der Unfähigkeit des Menschen, seinen eigenen Tod zu denken, nicht immer schon die Hoffnung auf eine Religion verbindet, die den todverfallenen Menschen nicht nur mit Jenseitshoffnungen vertröstet, sondern mit der Verheißung der Todüberwindung an ihn herantritt. Wie im Vorgriff auf das Resultat der Erschließung gesagt werden muß, geschieht das mit dem Begriff der Gotteskindschaft, sofern diese ein Stadium des Menschseins insinuiert, das bei aller Todverfallenheit den Tod, verstanden als Inbegriff seiner Vernichtung, bereits hinter sich hat[12].

Für die Frage nach dem Stellenwert der höchsten Ideen ist damit der Einblick in ihre Effizienz gewonnen. Im Kosmos der höchsten Gedanken, die der Menschengeist zu entwerfen vermag, bilden sie nicht nur die hierarchische Spitzengruppe; vielmehr wirken sie darüber hinaus bewußtseinsverändernd auf ihn ein. Für den Glauben besagt das, daß er dem Glaubenden dadurch entgegenkommt, daß er ihn zu sich bewegt, für die Hoffnung, daß sie den „mit dem Rücken zur Zukunft" lebenden Menschen (*Valéry*) zur Kehrtwende veranlaßt, für die Freiheit, daß sie als Provokation in eigener Sache begriffen wird, und für den Frieden, daß ihm nur ein neues alternativeloses Friedensbewußtsein gerecht wird[13].

[9] *Heinzmann*, A. a. O., 171–175.

[10] Dazu meine Schrift „Dasein auf Abruf. Der Tod als Schicksal, Versuchung und Aufgabe, Düsseldorf 1981, 27–30.

[11] *Th. W. Adorno*, Jargon der Eigentlichkeit, Frankfurt 1964, 115.

[12] Tatsächlich unterscheidet sich das Christentum, abgesehen von seinem innovativen Gottesbegriff, von den übrigen Weltreligionen vor allem dadurch, daß es den seiner Todverfallenheit bewußt gewordenen Menschen nicht nur wie die andern vertröstet und beschwichtigt, sondern ihn der Todverfallenheit überhebt, und das nicht nur durch sein Jenseitsverhältnis, sondern durch die ihm vermittelte Gewißheit, den Tod zwar nicht als Zerstörer, wohl aber als Vernichter bereits überwunden und hinter sich zu haben.

[13] Dazu mein Beitrag „Zum Glauben bewogen"; ferner meine Programmschrift „Glaubenserweckung", 248 f.; *K. Löwith*, Paul Valéry. Grundriß seines philosophischen Denkens, Göttingen 1971; ferner meine Studie „Provokationen der Freiheit. Antriebe und Ziele des emanzipierten Bewußtseins", München und Salzburg 1974; sowie meine Schrift „Wege des Friedens", Augsburg 2003.

So sehr diese Spitzengruppe ihren Zenit im Gottesbegriff hat, fehlt ihr doch noch das sie integrierende Subjekt. So sehr dieses, was seine Rezeption betrifft, im Dunkeln liegt, deuten doch alle neutestamentlichen Hinweise und Konnotationen darauf hin, daß es in der Gotteskindschaft zu suchen ist. Wenn es sich dabei, wie bereits deutlich wurde, um die Aristie des Menschseins handelt, spricht alles dafür, daß sie mit dem Begriff der „vollen Mannesreife" und dem „Vollmaß der Fülle Christi" gleichzusetzen ist, auf deren Auferbauung die kirchlichen Ämter und Dienstleistungen nach Darstellung des Epheserbriefs (Eph 4,13) hinarbeiten[14]. Ihnen aber kommt sie selbst dadurch zuvor, daß sie, wie die zur Spitzengruppe gehörenden Ideen und unter ihnen insbesondere die Freiheit, für sich selbst einnimmt und zu sich selbst provoziert. Wenn sie aber in diesem Sinne immer noch bevorsteht und „im Kommen" ist, gilt es auch ihre Herkunft zu klären, wobei im Interesse einer hinlänglichen Begriffsbestimmung vor allem ihren alttestamentlichen Wurzeln nachzugehen ist. Zuvor aber muß die menschliche Disposition verdeutlicht und auf dieser Basis ein Vorbegriff gewonnen werden.

2. Der Hintergrund

Obwohl die Ideen den Zenit des Geistes bilden, fallen sie nicht vom Himmel, sondern erweisen sich als Frucht geistiger Problembewältigung, wobei diese im wesentlichen dem menschlichen Streben nach Kontingenzbewältigung (*Lübbe*) entspringt[15]. Bezeichnend für den Kern des Problems hat *Hermann Lübbe* seinem einschlägigen Werk „Religion nach der Aufklärung" einen Exkurs über „Sinn" eingefügt[16]. In einer kontingenten, durch Vergeblichkeit, Rückschläge und Leiden geprägten Welt geht es dem Menschen tatsächlich primär um Sinn und dies in der von Lübbe nur gestreiften Bedeutung von Richtungssinn. Er will wissen, worauf es in dieser, ihm so oft als verworren und chaotisch vorkommenden Lebenswelt letztlich „hinauswill". Er fahndet nach dem wenn auch noch so fernen Licht am Ende des Tunnels. Da er sich aber als „Mensch mit seinem Widerspruch" selbst in diese Chaotik verstrickt weiß, verbirgt sich in dieser Suche die Sehnsucht, ein anderer als er selbst zu sein, und dies in der von *Nikolaus von Kues* anvisierten Form, zu einem andern als dem von ihm faktisch erreichten Selbstverhältnis zu gelangen. Denn seiner Ansicht nach wollen wir nicht so sehr etwas anderes sein als was wir faktisch sind, sondern vielmehr das, was wir sind, auf andere und höhere Weise[17]. Das aber ist für ihn die präzise Bestimmung der Gotteskindschaft.

[14] *R. Schnackenburg*, Der Brief an die Epheser, 185–189.

[15] *H. Lübbe*, Religion nach der Aufklärung, Graz 1980. 127–218.

[16] A. a. O., 178–195.

[17] *Cusanus*, De filiatione Dei, in: Vom verborgenen Gott (Ausgabe *Bohnenstaedt*), Leipzig 1942, 80.

In erstaunlichem Vorgriff wird der Kusaner damit dem von *Kierkegaard* herausgestellten Dilemma gerecht. Denn nach dem ingeniösen Eingangskapitel von dessen „Krankheit zum Tode“ steht dem Verlangen der Menschen nach Vertauschung der faktischen Existenz und der sie bestimmenden Lebensverhältnisse der unausrottbare Wille entgegen, geradezu verzweifelt „er selbst“ und nichts anderes zu sein[18]. Einen Ausweg aus diesem Dilemma eröffnet lediglich die Idee eines dem faktischen Seinsstand überhobenen Daseins, die unter den bestehenden Bedingungen jedoch reine Utopie bleibt, solange ihr kein Angebot von außen oder oben entspricht.

Es gehört zu den ebenso subtilen wie effizienten Verführungskünsten totalitärer Systeme und der sie unterbauenden Ideologien, daß sie auf diese Affinität des Menschen eingehen und ihm eine aus dem Alltag herausgehobene Seinsweise verheißen, sei es als Funktionär eines Systems oder als Element einer totalitär verfaßten Gesellschaft. Dabei wird die arrivierte und oft durch attraktive Aufmachung unterstrichene Position allerdings mit der Preisgabe der selbstverantwortlichen Persönlichkeit und dem von der Ideologie abverlangten „Vernunftopfer“ (*Weber*) erkauft[19]. Wie die Verhältnisse im kommunistisch beherrschten Teil Deutschlands zeigten, kann diese Entmündigung aber auch suggestive Formen, insbesondere in Gestalt einer kollektiven Hospitalisierung annehmen, in der die persönliche Initiative von dem alles planenden und verwaltenden Kollektiv übernommen und der Mensch statt dessen in einen vorpersonalen Betäubungszustand versetzt wird[20].

Diesem Angebot von unten steht das religiöse entgegen, das dem Nachweis *Maurice Blondels* zufolge vom Christentum an die Menschen ergeht[21]. Denn der Mensch ist, wie Blondel in der Nachfolge *Pascals* betont, das Wesen der beständigen Selbstüberschreitung auf Gott hin, wobei ihm zwei gegensinnige Wege offenstehen; denn:

> *Gott sein mit Gott und durch Gott, oder Gott sein ohne Gott und gegen Gott; darin besteht das Dilemma*[22].

In diesem Dilemma kommt dem Menschen sein naturales Optimierungsstreben zu Hilfe. Er wird sich dem zuneigen, was seinem Verlangen entgegenkommt und ihm Erfül-

[18] *S. Kierkegaard*, Die Krankheit zum Tode (Ausgabe *Richter*), Hamburg 1962.

[19] Das konnte sich unter den paranoiden Verhältnissen, wie sie im sowjetrussischen und maoistischen Kommunismus herrschten, bis zu Formen des „begeisterten Selbstmords“ steigern.

[20] *H. J. Maas*, Der Gefühlsstau. Ein Psychogramm der DDR, Berlin 1997.

[21] *M. Blondel*, Die Aktion. Versuch einer Kritik des Lebens und einer Wissenschaft der Praktik (Originaltitel: L'Action), Freiburg und München 1965; *H. Bouillard*, Blondel und das Christentum (Originaltitel: Blondel et le Christianisme), Mainz 1965; ferner mein fundamentaltheologischer Grundriß „Glaubensverständnis“, Freiburg 1975, 33–36.

[22] A. a. O., 381; dazu *E. Seiterich*, Wege der Glaubensbegründung und der sogenannten Immanenzapologetik, Freiburg 1938, 44–84.

lung und Glück verspricht. Wenn das Christentum nach einem Pascalwort darauf ausgeht, den Menschen ebenso liebenswert wie glücklich zu machen, entspricht es dieser Erwartung vollauf. Nur darf es dann nicht im Stil eines „tyrannischen Ukas" (*Blondel*) an ihn herantreten, sondern in der Aura der Liebenswürdigkeit (*Kant*). Mehr noch: Es müßte sich ihm als die große Liebeserklärung Gottes an die Welt präsentieren (*Biser*). Aufgrund seines Verlangens nach Optimierung und Erfüllung müßte es der Mensch dann als die von ihm instinktiv erhoffte Antwort auf seine Sinnfrage empfinden, der er deswegen bereitwilliger als aufgrund aller Argumente zustimmt[23].

Doch zur Strukturierung dieser Konvergenz von Erwartung und Angebot bedarf es eines Zielbilds, das dem Hoffenden dazu verhilft, sich in der ihm entgegnenden Antwort wiederzuerkennen. Diesem Bedürfnis entspricht aber kein Motiv so sehr wie das der Gotteskindschaft. Denn es führt dem Aufstrebenden vor Augen, daß es bei seiner Annäherung an das Ziel weniger auf seine eigene Anstrengung als vielmehr auf die sich seiner, wie es im Faust-Schluß heißt, „von oben" annehmende Liebe ankommt. Und es verdeutlicht ihm gleichzeitig, daß er dabei nicht allein gelassen ist, sondern im Verbund mit allen steht, die sich gleich ihm der Liebe anvertraut haben, „die Gott zu uns hegt" (1Joh 4,16). Dabei tritt es ihm mit der gerade dem Bild eigenen Faszination entgegen, die ihm dazu verhilft, die brachliegenden Energien in sich freizusetzen, um dem nahezukommen, was sich ihm in seiner stimulierenden Leuchtkraft zeigt; denn:

Vor jedem steht ein Bild des, was er werden soll;
so lang' er das nicht ist, ist nicht sein Friede voll[24].

3. Der Vorgriff

Wenn dem Menschen in Gestalt der Gotteskindschaft sein eigenes Hochbild entgegentritt, konnte es nicht ausbleiben, daß sich Spuren und Hinweise darauf schon in christlicher Vorzeit, und hier noch vor den vor allem auszuforschenden alttestamentlichen Schriften schon im Mythos und der auf ihn zurückblickenden Philosophie, finden[25]. Dabei liegt dem Mythos die dunkle, noch ganz unreflektierte Überzeugung zugrunde, daß die Schöpfung, so sehr auch sie um Formen der Ins-Werk-Setzung weiß, ihre Existenz nicht so sehr einem schöpferischen Machtwort als vielmehr einem Zeugungsakt verdankt oder doch

[23] Im Hinblick auf *J. H. Newmanns* „An Essay in Aid of a Grammar of Assent"; dazu das in „Glaubensverständnis" (A. a. O., 36) Gesagte.

[24] *F. Rückert*, Frauentaschenbuch für das Jahr 1825; dazu *E. Bloch*, Das Prinzip Hoffnung III, Frankfurt 1968, 1090.

[25] *D. Rusam*, Die Gemeinschaft der Kinder Gottes, 11–71.

einem genealogischen Verhältnis zu ihrem Urheber entgegenstrebt. Darin dürfte es begründet gewesen sein, daß der Hochgott als Vater der Götter und Menschen gesehen und mit dem Vaternamen angerufen wurde. Ein profiliertes Sohnesverhältnis zu ihm hatten vor allem die als Heilbringer geltenden Halbgötter wie Herakles, Dionysos und Prometheus. Obwohl das väterliche Profil bei dem aus dem indogermanischen Gott des leuchtenden Himmels hervorgegangenen Zeus plastisch hervortrat, fehlt im Mythos das die persönliche Beziehung artikulierende Wort „Gotteskind", das nur „gelegentlich in den Mysterienreligionen als hieratischer Titel oder als Bildwort" begegnet (*Pax*)[26]. Während der Hochgott den von ihm erzeugten Männern „kein Erbarmen" entgegenbringt (*Schadewaldt*), hat er diese Eigenschaft an seine Töchter wie insbesondere an Artemis und Athene abgetreten. Jene beschenkt ihren Liebling Hippolyt, besonders in seiner Todesstunde, mit ihrer tröstenden Nähe und Freundschaft, um sich dann im Augenblick des Sterbens jedoch von ihm abzuwenden, da ihr, der Göttin, „Tränen nicht erlaubt" sind[27]. Bei Athene gewinnt die Beziehung zu dem von ihr beschirmten und immer wieder an sein besseres Selbst erinnerten Odysseus sogar eine den Horizont des Mythos übergreifende Qualität, die bisweilen wie eine antike Vorwegnahme des Verhältnisses Beatrices zu Dante wirkt[28].

Wie *Dietrich Rusam* deutlich machte, übernimmt aber auch *Philons* platonische Rezeption des Mythos dessen Grundgedanken, wonach Gott als Schöpfer der Welt diese mit Einschluß des Menschen „gezeugt" habe[29]. So sehr Philon zögert, den Menschen in der Konsequenz dessen „Sohn Gottes" zu nennen (*Hengel*), bezeichnet er dann doch die um die Vaterschaft Gottes Wissenden als seine Kinder. Von ihrer eher pantheistischen Gottesvorstellung her kommt die Stoa zu ähnlichen Ergebnissen. Wer bedenkt, daß er Gottes Sohn ist, versichert *Epiktet*, kann das nicht fürchten, was Menschen ihm anhaben können. Denn wer Gott „zum Vater und Pfleger" hat, sollte sich von Leid und Furcht frei fühlen. Wie der Zauberstab des Hermes alles in Gold verwandelt, so verwandelt der Weise kraft seiner Gottesbeziehung alles Übel in Gutes (*Bultmann*):

Was gilt ihm Liebesfreude, was Finsternis?
Was gilt ihm Ruhm oder Schande?
Was gilt ihm Lob? Was gilt ihm Tod?
Über all das kann er Sieger sein[30].

[26] *E. Pax*, Artikel „Gotteskindschaft", in: Lexikon für Theologie und Kirche IV, Freiburg 1960, 1114 ff.; ferner *K. M. Woschitz*, Artikel „Kind", in: Bibel-theologisches Wörterbuch, Graz 1994, 355–358, sowie der Artikel „Pais", in: Realenzyklopädie für Antike und Christentum.

[27] *W. F. Otto*. Der Geist der altgriechischen Religion, Hamburg 1956, 34 f.

[28] Dazu meine „Theologische Sprachtheorie und Hermeneutik", München 1970, 83–87.

[29] *Rusam*, A. a. O., 19 ff.

[30] *Epiktet*, Dissertationes I, 9, 6 f.; nach *R. Bultmann*, Das Urchristentum im Rahmen der antiken Religionen, Zürich 1949, 156.

Das klingt wie eine Vorwegnahme des Pauluswortes:

> *In alles bin ich eingeweiht, in Sattsein und Hunger, in Überfluß und Entbehrung, alles vermag ich in dem, der mich stärkt (Phil 4,12).*

Und doch ist es bei allem Gleichklang wegen des fehlenden Personalbezugs davon grundverschieden. Denn der Stoiker erlangt seinen Gleichmut (*ataraxia*) gegenüber den Wechselfällen des Schicksals aufgrund seiner Übereinstimmung (*symphonia*) mit dem Weltgesetz, während Paulus seinen Halt in dem findet, der für ihn zum „Leben" geworden ist (Phil 1,21). Darin kommen ihm die Mysterienreligionen ungleich näher als die Stoa. An Isis, die mütterliche Allgottheit, richtet der Myste sein Dankgebet, das in den Worten gipfelt:

> *Dein göttliches Antlitz und deine allerheiligste Gestalt will ich in meiner Brust geheime Tiefe schließen, dort ständig hüten und mir vor Augen stellen*[31].

Der Dank, den der Myste am liebsten „mit tausendfachem Mund" erstatten möchte, bezieht sich nicht nur auf den Schutz der Gottheit in den „Stürmen des Lebens" und der Entflechtung der „Fäden des Schicksals", sondern insbesondere darauf, daß er sich in ihrer Obhut als einen „Wiedergeborenen" und „Vergotteten" erfährt[32]. Mit diesem „Wandel des Existenzverständnisses" (*Bultmann*) hängt es zusammen, daß im Vokabular der Mysterienreligionen der schon von der Stoa verwendete, aber naturhaft gefaßte Begriff Gotteskindschaft eine dem christlichen Verständnis angenäherte Konnotation gewinnt. Doch noch stellt sich die Frage nach der Anbahnung des Motivs in den alttestamentlichen Schriften.

4. Der Vorbegriff

Israel verdankt die Welt das nicht hoch genug zu würdigende Geschenk des monotheistischen Gottesglaubens; das Geschenk eines Gottes, auf den man sich glaubend begründen und den man in der Gewißheit anrufen konnte, daß er als Offenbarer mit sich reden ließ. Denn dieser Glaube brach die Fesseln der natürlichen Kreisläufe, der kosmischen ebenso wie der biologischen, in die der Polytheismus seine Gläubigen eingebunden hatte. So erst entstand der Atem- und Gestaltungsraum, in dem sich der Mensch auf sich selbst zurückbesinnen und das Ergebnis dieser Selbstfindung in seinen Kulturleistungen darstel-

[31] A. a. O., 179.
[32] A. a. O., 177.

len konnte[33]. Grund dieses Durchbruchs war die Erfahrung des befreienden und rettenden Geschichtshandelns Gottes an Israel, wie sie sich, prototypisch, in der Erzählung des Buches Exodus von der Befreiung aus der „ägyptischen Gefangenschaft" niederschlug (*Preuß*). Denn Gott hatte nach dem Schlüsselbericht von der Berufung des Mose am brennenden Dornbusch (Ex 3,1–22) den Aufschrei seines versklavten Volkes gehört und stand im Begriff, ihm den Retter aus seiner Not zu senden[34]. Auch wenn sich diese Deutung der Geburt des jüdischen Monotheismus aus heutiger Sicht als Rückprojektion nachexilischer Klärungsprozesse darstellt (*Loretz*), gilt doch auch im Sinne moderner Forschung, daß Israel „mit dem Schritt zur absoluten *Einzigkeit* Jahwes unter den ‚Göttern' und Völkern" den die Bibel bestimmenden altorientalischen Sprach- und Vorstellungsraum verließ und eine ihn transzendierende „neue reflexive Ebene" gewann[35]. Inzwischen wurde diese Klärung jedoch durch *Jan Assmanns* „Mosaische Unterscheidung", die dem Monotheismus den Einbruch der Intoleranz und Gewalt in die eher friedliche Religiosität der ägyptischen Vorzeit anlastet, in Frage gestellt; nur als Gegenstand einer „unablässigen Reflexion" und „diskursiven Verflüssigung" (*Habermas*) könne sie weiterhin „Grundlage eines Fortschritts in der Menschlichkeit bleiben". Doch unbeschadet der von *Oswald Loretz* angestrebten Revision der traditionellen Einschätzung der Ablösung Israels von Ägypten und der von *Jan Assmann* geübten Fundamentalkritik, bleibt das Zeugnis der Texte, die nun nach ihrer Bezeugung der Gotteskindschaft befragt werden müssen[36].

Auch wenn in ihnen nach *Rusam* nur gelegentlich vom Vatersein Jahwes und der Sohnschaft des Volkes die Rede ist, liegt auf diesen Ausdrücken, schon aufgrund des zwischen beiden bestehenden Wechselverhältnisses, ein besonderer Akzent[37]. In ihnen artikuliert sich das exzeptionelle Verhältnis, in dem der Bundesgott zu seinem Volk und dieses zu ihm steht. Indem es ihn als Vater anruft, wird es sich seiner Zuwendung und Nähe bewußt. Gleichzeitig weiß es sich in eine Intimbeziehung zu ihm aufgenommen,

[33] Auch die staunenswerten Kulturschöpfungen der Antike entstammen geistigen Aufbrüchen, die zu einer Lockerung der Einbindung in die naturhaften Zyklen führten. Dazu zählt die religionsgeschichtliche Wende, die der Pharao Amenophis IV. (*Echnaton*) intendierte, aber auch das dialogische Verhältnis des Odysseus zu Athene und das Gottesverhältnis der Tragiker; dazu *H. U. von Balthasar*, Herrlichkeit. Eine theologische Ästhetik III: Im Raum der Metaphysik, Einsiedeln 1965, 54–72; 94–142.

[34] *O. Loretz*, Des Gottes Einzigkeit. Ein altorientalisches Argumentationsmodell zum „Schma Israel", Darmstadt 1997, 39–48; 105–110.

[35] A. a. O., 157.

[36] *J. Assmann*, Die mosaische Unterscheidung oder der Preis des Monotheismus, München und Wien 2003, 165. Gegen Assmanns These, daß man sich dabei „nur noch auf relative, d. h. ‚lebensdienliche' Wahrheiten berufen" könne (ebd.).

[37] *Rusam*, A. a. O., 31.

die ihm das Gefühl seiner Auserwählung verleiht. Grundlegend dafür ist die auch in der Kindheitsgeschichte Jesu (Mt 2,15) zitierte Hoseastelle:

> *Als Israel noch jung war, gewann ich ihn lieb, und ich rief meinen Sohn aus Ägypten … Ich war es, der Ephraim gehen lehrte. Ich nahm ihn auf meine Arme. Sie aber erkannten nicht, daß ich sie heilen wollte (Hos 11,1–3).*

Erzürnt über die Bosheit des Volkes, das er vergeblich mit „Seilen der Liebe" an sich zu binden suchte (Hos 1,4), wird der Bundesgott für die Abtrünnigen zum reißenden Löwen (5,14), und er stellt ihnen wie ein Jäger nach (7,12). Doch in dem im Herzen Gottes entbrannten Kampf zwischen Zorn und Liebe siegt diese immer wieder, so daß er mit einem Wort, das an Kühnheit in der ganzen Prophetie beispiellos dasteht (*Rad*), gestehen muß:

> *Mein Herz dreht sich um in mir; mein ganzes Erbarmen ist entbrannt. Ich will meinen glühenden Zorn nicht vollstrecken, will Ephraim nicht wieder verderben; denn Gott bin ich und nicht Mensch (Hos 11,8f)*[38].

Was bei Menschen unmöglich wäre – auf derartige Kränkungen mit noch größerem Erbarmen zu reagieren –, vollzieht sich diesem Wort zufolge in Gott, der dem treulosen Sohn sein glühendes Erbarmen zuwendet. Wie kaum einmal sonst läßt das Alte Testament hier sein ambivalentes Gottesbild (*Görg*) hinter sich, während an seinem Horizont der Gott aufscheint, der nach der Spitzenaussage der lukanischen Bergpredigt sogar „gegen die Undankbaren und Bösen gütig" ist (Lk 6,35)[39]. Im Vorgriff auf diesen Gott konnte sich Israel nun doch als seinen trotz aller Untreue geliebten Sohn wiedererkennen[40].

An dieser Stelle übernahm *Angelika Strotmann* die Fortführung der von Rusam gebotenen Darstellung mit ihrer ungemein kenntnisreichen und sorgfältig analysierenden, wenngleich mit einem Rundumschlag gegen die Mehrzahl der von ihr erfaßten Vorarbeiten einsetzenden Studie über die Bedeutung der Vaterschaft Gottes in den frühjüdischen Schriften[41]. Hauptziel ihrer Kritik ist *Joachim Jeremias* mit seinem Versuch, die Abba-Anrede Jesu als innovative Gottesanrufung und als das „Herzstück seines Gottesverhältnisses" zu erweisen"[42]. Wenn sie aber mit anderen Kritikern wie insbesondere mit *Feneberg* aus den Äußerungen des Angegriffenen einen „impliziten Antijudaismus" – eine nur allzu

[38] *G. von Rad*, Die Botschaft der Propheten, München und Hamburg 1967, 113.

[39] *M. Görg*, Der un-heile Gott. Die Bibel im Bann der Gewalt, Düsseldorf 1995.

[40] *Rusam*, A. a. O., 32–38.

[41] *A. Strotmann*, „Mein Vater bist du!" Zur Bedeutung der Vaterschaft Gottes in kanonischen und nichtkanonischen frühjüdischen Schriften, Frankfurt 1991, 4–17.

[42] *J. Jeremias*, Abba. Studien zur neutestamentlichen Theologie und Zeitgeschichte, Göttingen 1963, 63; *Strotmann*, A. a. O., 13 ff.

gängige Invektive – heraushört, gleitet ihre Kritik in ebenso unbegründete wie ungerechte Polemik ab. Daher dann auch ihre Ablehnung der These, daß in der alttestamentlichen Gottesanrufung „der Geist des wahren Vaterglaubens" noch fehle (*Schrenk*). Unberührt davon ist das auf der Basis der von ihr untersuchten frühjüdischen Schriften eingebrachte Ergebnis, das hauptsächlich in einer Korrektur der bisherigen Annahme besteht, wonach die Vaterschaft Gottes hauptsächlich durch die Konnotation der „Gehorsam verlangenden Autorität" gekennzeichnet ist. Dominierendes Moment ist ihr zufolge vielmehr Gottes Liebe, Barmherzigkeit und Güte, die er selbst seinem untreu gewordenen „Sohn" Israel gegenüber wahrt. Auch wenn sich diese im angesprochenen Fall in Strenge und Strafgerechtigkeit äußere, bleibe sie doch auch darin ihrem affirmativen Grundcharakter treu[43].

Eindrucksvollste Bestätigung dieses Ergebnisses ist die vom Propheten Hosea vorweggenommene (Hos 11,1–4) und von Ezechiel dramatisch beschriebene Liebesgeschichte Jahwes mit Israel, das er als ein in seinem Blut zappelndes Findelkind in der Wüste aufliest, umkleidet und aufzieht, um sich dann der zur Jungfrau erblühten und von ihm mit kostbarem Geschmeide Geschmückten anzuverloben (Ez 16,2–14). Angesichts des von ihr begangenen Treuebruchs und ihrer Prostitution, die der von ihr enttäuschte Bundesgott mit schrecklichen Strafgerichten vergilt (16,15–43), muß dieses Drama freilich zusammengesehen werden mit dem bereits mitgeteilten Geständnis Gottes, daß es ihm angesichts der Treulosigkeit Israels das Herz umdrehe und er seinen glühenden Zorn unterdrücke, und dies mit der in der Geschichte der göttlichen Selbstzeugnisse einzigartig dastehenden Begründung: „denn ich bin Gott und nicht ein Mensch" (Hos 11,8f)[44].

Auffällig ist an dieser Darstellung der Vaterschaft Gottes die nur schwach betonte Rückbezüglichkeit des Motivs. Zwar gewinnen die Kinder Gottes nach *Strotmann* Anteil an Gottes „Macht, Herrlichkeit und Erkenntnis", wenngleich immer nur als „Einzelpersonen"[45]. Doch erhebt sich keiner von ihnen zum Vollbewußtsein oder gar zur Artikulation der ihm dadurch zugeeigneten Würde. Da sich davon der christliche Begriff der Gotteskindschaft signifikant unterscheidet, drängt sich der Rückschluß auf, daß die Vaterschaft Gottes in den alttestamentlichen Schriften nicht jenes Profil erreicht, das den von Gott in ein Kindesverhältnis Aufgenommenen über seinen kreatürlichen Status hinaushebt. Nicht umsonst wird die Vaterschaft Gottes vielfach mit seinem Schöpfertum zusammengesehen, wenn nicht geradezu gleichgesetzt. Bezeichnend ist dafür auch die Beobachtung, daß das Motiv der Gotteskindschaft erst im Buch der Weisheit mit einem Sendungsbewußtsein einhergeht und daß von „Wiedergeburt" nur in den Mysterienreligionen die Rede ist[46]. Daran ändert auch die Feststellung nichts, daß das Motiv in den

[43] A. a. O., 377 ff.

[44] *G. von Rad*, Der Glaube der Propheten, 192; *Rusam*, A. a. O., 33.

[45] *Strotmann*, A. a. O., 372 f.

[46] *Rusam*, A. a. O., 38; 60–70.

Qumranschriften eng mit dem Erwählungsgedanken verknüpft ist[47]. Ungeachtet dessen hat aber das Motiv der Vaterschaft Gottes, zusammen mit dem der Gotteskindschaft, in den alttestamentlichen Zeugnissen eine von deren Vorkommen in der antiken Literatur signifikant verschiedene Qualität. Trotz allen Gleichklangs ist die Vaterschaft Gottes im jüdischen Glauben ein Derivat der Entdeckung der Transzendenz und Personalität Gottes, mit der das Judentum die entscheidende Innovation im Gottesverständnis herbeiführte. In den alttestamentlichen Aussagen gewinnt die Vaterschaft Gottes somit die dem antiken Denken unerreichbare Qualität einer Personalbezeichnung, die sich unmittelbar auch auf das sich daraus ergebende Kindsein Israels niederschlägt. Wie aber verhält sich dazu die christliche Konzeption dieser Motive?

5. Der Anschluß

Die Frage sollte besser noch umgekehrt gestellt werden: als Frage nach dem Verhältnis des Judentums zum Christentum. So wurde sie mit der Wucht eines großen Lebens- und Geisteszeugnisses von *Franz Rosenzweig* gestellt und bis in ihre existentiellen Konsequenzen durchgezogen[48]. Seine Beantwortung kam einem fundamentalen Einwand gleich, der die von allen christlichen Interpreten angenommene Kontinuität in Frage stellt. Nach *Friedrich G. Friedmann* sind Judentum und Christentum zwar komplementäre, jedoch sich gegenseitig ausschließende Traditionen[49]. Gleichwohl bleiben in diesem Gegensatz Gemeinsamkeiten. Während für den das Denken bis *Hegel* beherrschenden Idealismus die Wahrheit ihre höchste Aufgipfelung im Gottesgedanken erreicht, gilt für Judentum wie Christentum, wie Rosenzweig in einem Schlüsselsatz seines „Stern der Erlösung“ versichert: „Die Wahrheit ist nicht Gott. Gott ist die Wahrheit“[50]. Und während das Judentum dem letzten Teil dieses Satzes zufolge „als Gemeinschaft die Botschaft Gottes in sich trägt“, jedoch diese Botschaft der Heidenwelt nicht zu vermitteln vermag, ist es dem Christentum aufgegeben, diese Botschaft weltweit zu verbreiten (*Friedmann*)[51].

Lebensgeschichtlich ergab sich das aus dem Konflikt, in welchen Rosenzweig durch seine Absicht, gleich seinen beiden Vettern *Ehrenberg* und seinem Freund *Rosenstock-Hussey* zum Christentum zu konvertieren, durch das Erlebnis eines orthodoxen Gottesdienstes am jüdischen Versöhnungsfest geraten war[52]. Was ihm dabei aufging, spiegelt

[47] A. a. O., 56 f.

[48] *F. Rosenzweig*, Briefe (Ausgabe *Edith Rosenzweig*), Berlin 1935; dazu *F. Friedmann*, Von Cohen zu Benjamin. Zum Problem deutsch-jüdischer Existenz, Einsiedeln 1981, 22–33.

[49] *Friedmann*, A. a. O., 24.

[50] *F. Rosenzweig*, Der Stern der Erlösung, Frankfurt 1988, 429.

[51] *Friedmann*, A. a. O., 30 f.

[52] A. a. O., 22.

sich in seinen Briefen aus der Zeit vor dem Ersten Weltkrieg. Er habe geglaubt, gesteht er *Rudolf Ehrenberg*, sein Judentum christianisiert zu haben. In Wahrheit habe er aber „umgekehrt das Christentum judaisiert“. Denn soviel das Judentum dem Christentum bei der Abwehr der gnostischen Verteufelung des alttestamentlichen Gottes zu verdanken habe, erläutert er in einem analogen Brief an seine Mutter, habe er doch die Folgerung, „daß nun seine eigene Entwicklung durch Jesus hindurchführe“, nie gezogen, sondern so schroff wir nur möglich abgelehnt[53]. Deshalb sei er nach langer und gründlicher Überlegung dazu gekommen, seinen Entschluß zur Konversion zurückzunehmen: „Ich bleibe also Jude“[54]. Im Verhältnis zur jüdischen Frömmigkeit gehe die christliche, wie er dies dann im „Stern der Erlösung“ begründet, „getrennte Wege, wenn sie beim Vater und wenn sie beim Sohn ist“; dem fügt er die seinen definitiven Standpunkt umschreibenden Sätze hinzu:

> *Dem Sohn allein nähert sich der Christ mit jener Vertrautheit, die uns Gott gegenüber so natürlich vorkommt, daß es uns wiederum fast unvorstellbar geworden ist, daß es Menschen geben soll, die sich dieses Vertrauens nicht getrauen. Erst an der Hand des Sohnes wagt der Christ vor den Vater zu treten: nur durch den Sohn glaubt er zum Vater kommen zu können. Er kann sich nicht vorstellen, daß Gott selbst, der heilige Gott, sich so zu ihm herablassen könnte, wie er es verlangt, er werde denn anders selber Mensch*[55].

Darauf folgt der Satz, mit dem Rosenzweig endgültig mit dem ihm sonst in vieler Hinsicht so nahegekommenen Christentum bricht:

> *Das zuinnerst in jedem Christen unvertilgbare Stück Heidentum bricht da hervor*[56].

Deshalb liegt in Friedmanns Verhältnisbestimmung, wonach Rosenzweig Judentum und Christentum als zwar komplementäre, aber sich zugleich gegenseitig ausschließende Traditionen einschätzte, der Akzent auf der Exklusion. Weil dieses Urteil nicht äußerer Bewertung, sondern, mit *Buber* zu sprechen, den Antrieben und Regungen des „Judenwesens“ entstammt, das Christen „unzugänglich bleibe“, muß ihm gerade auch im Interesse eines Brückenschlags zwischen Altem und Neuem Testament Rechnung getragen werden[57]. Das kann zunächst nur in der Form geschehen, daß das Problem in die begriff-

[53] *Rosenzweig*, Briefe, 67 f.; 72.

[54] A. a. O., 72.

[55] *Rosenzweig*, Der Stern der Erlösung, 388.

[56] Ebd.

[57] *M. Buber*, Zwei Glaubensweisen, Zürich 1950, 11.

lich strengste Fassung gebracht wird. So gesehen geht es dabei, wie bereits deutlich wurde, um die Alternative zwischen vermittelter und unmittelbarer Gottesbeziehung. Für Rosenzweig besitzt der Jude aufgrund seines „Judenwesens" schon alles, was der Christ Jesus, dem „einzigen Mittler zwischen Gott und den Menschen" (1Tim 2,5), verdankt[58]. Diese Differenz wäre nur unter zwei Voraussetzungen zu überbrücken. Einmal, wenn Jesus dem Judentum etwas zu sagen hätte, was es aus eigener Überlieferung in dieser Form, zumindest in dieser Eindeutigkeit, noch nie gehabt hätte. Sodann, wenn sich nachweisen ließe, daß seine Vermittlung darauf abzielt, als solche aufgehoben zu werden und in reine Unmittelbarkeit auszumünden.

Was die Frage nach dem Beitrag Jesu für das Judentum anlangt, so muß seine Zugehörigkeit zum jüdischen Prophetismus entschiedener als bisher gewürdigt werden. Zwar steht aufgrund vielfältiger Hinweise außer Zweifel, daß sich Jesus in der Reihe der alttestamentlichen Propheten sieht und sich zu dieser Zugehörigkeit auch in aller Form bekennt; so in dem im Sinne weisheitlicher Tradition stilisierten Spruch:

> *Jerusalem, Jerusalem, du mordest die Propheten und steinigst die zu dir Gesandten. Wie oft wollte ich deine Kinder um mich versammeln, so wie eine Henne ihre Jungen unter ihre Flügel nimmt. Ihr aber habt nicht gewollt! (Lk 13,34)*[59]

Gleichzeitig führt er in dieser Tradition jedoch die einschneidende Innovation dadurch herbei, daß er das gerade auch von den Propheten entworfene ambivalente Gottesbild im Sinn alternativeloser Eindeutigkeit korrigiert. Daher die ersatzlose Streichung des „Tags der Rache" in dem Jesajawort, das er in der Synagoge von Nazaret auf sich bezieht und damit die von Begeisterung in Haß umschlagende Reaktion seiner Zuhörer auslöst (Lk 4,19; Jes 61,2)[60]. Und daher dann auch der Hinweis auf sein therapeutisches Wirken, mit dem er die Anfrage des Täufers nach dem „Kommenden" beantwortet und sich dadurch von dessen Gerichtsankündigung distanziert (Lk 7,18–23)[61]. Jesus wahrt mit dieser Äußerung die von ihm aufgenommene Tradition, indem er, gestützt auf sein Gottesverhältnis, mit ihr bricht.

Diesen Bruch konnte er jedoch nur wagen, weil er sich in ein mit dem Selbstbewußtsein Israels als „Sohn" konkurrierendes und es zugleich überbietendes Intimverhältnis zu seinem Gott aufgenommen wußte. In dieser Frage steht somit das Individuum gegen das

[58] *L. Schenke*, Die Urgemeinde. Geschichtliche und theologische Entwicklung, Stuttgart 1950, 346 f.

[59] *Ders.*, A. a. O., 149 ff.; ferner *H. von Lips*, Weisheitliche Traditionen im Neuen Testament, 274 f.

[60] *J. Ernst*, Das Evangelium nach Lukas, Regensburg 1993, 128–134.

[61] A. a. O., 188–191.

Kollektiv. Jesus stellt sich mit seinem Anspruch über den seines Volkes. Damit schließt er sich in der Reihe der Propheten dem ihm auch lebensgeschichtlich am nächsten stehenden Propheten Jeremia an[62]. Gleich diesem war ihm das Wort des Vaters, vor allem in dessen bestätigendem Zuspruch (Mk 1,11; Joh 12,27ff), „Wonne und Herzensfreude" (Jer 15,16). Gleich ihm durchmaß sein Gottesverhältnis aber auch die Abgründe verzweifelter Herzensnot (Jer 10,7ff; Mk 14,36). Vor allem aber verbindet ihn mit Jeremia die sprachliche Inversion, aufgrund derer die im Regelfall der Weltorientierung dienende Sprache im Gegensinn und damit als Medium der Selbstaussage verwendet werden konnte[63]. In diesem konfessorischen Sinn zu reden, hat aber zur unerläßlichen Voraussetzung, daß der Sprecher sich seiner Individualität und individuellen Kompetenz bewußt wurde. Im Bewußtsein dieser Kompetenz nimmt Jesus für sich in Anspruch, das auszutragen, was zuvor die Aufgabe seines ganzen Volkes war. Stärkster Beweis dessen ist seine Selbstbezeichnung als Menschensohn. Denn sie hat zur Voraussetzung, daß er sich mit der (nach Dan 7,14) vor dem Thron Gottes stehenden Himmelsgestalt identifizierte, der es aufgegeben war, das Gottesreich herbeizuführen. Auf das Ereignis dieser Identifikation läßt der zwischen „ich" und „Menschensohn" oszillierende Ausspruch schließen, der entstehungsgeschichtlich in der Nähe des Tauferlebnisses Jesus anzusetzen ist:

> *Wer sich vor den Menschen zu mir bekennt, zu dem wird sich auch der Menschensohn vor den Engeln Gottes bekennen. Wer mich aber vor den Menschen verleugnet, den wird auch der Menschensohn vor den Engeln Gottes verleugnen (Lk 12,8f)*[64].

Aufgrund dieser Identifikation fiel die Aufgabe des Menschensohnes, dem Gottesreich zum Durchbruch zu verhelfen, in die Hand Jesu. Mit seiner Ernennung zum Gottessohn durch den Anruf der Himmelsstimme (Mk 1,11) aber übernahm er definitiv die Position des Gottesvolkes, die in ihm eine von dessen Gesamtbewußtsein nie erreichte Integration erfuhr. Er selbst war, was alttestamentlich nur dem ganzen Volk durch das Hoseawort (Hos 11,1) zuerkannt worden war. Doch damit war dann auch schon sein Mittlertum in die in ihm ebenso gelebte wie getätigte Unmittelbarkeit aufgehoben. Wenn dies gefolgert werden kann, ist die von *Rosenzweig* angenommene Diastase überwunden und der Weg zu einer genuin christlichen Interpretation der Gotteskindschaft frei. Freilich ist dann

[62] *G. von Rad*, Der Glaube der Propheten, 157–184.

[63] Dazu meine Schrift „Menschsein und Sprache", Salzburg 1964, 20–27.

[64] *Schenke*, Die Urgemeinde, 128. Daß Jesus außer der Tauf-Vision auch vergleichbare visionäre Erlebnisse hatte, läßt sich seinem Wort vom Satanssturz (Lk 10,18) und seinem Selbstvergleich mit der Himmelstreppe (Joh 1,51) entnehmen. Da er (nach Mk 1,24) mit der Verkündigung des Gottesreiches antritt, wird die Identifikation mit dem Menschensohn schon im Wüstenaufenthalt Jesu erfolgt sein; dazu *R. Hoppe*, Von der Krippe an den Galgen, Stuttgart 1966, 42 f.

aber auch schon über den Weg dieser Deutung entschieden. Er muß, wenn irgendwo, dann dort seinen Ausgang nehmen, wo die Unmittelbarkeit zentriert ist. Bei diesem „gewaltigsten Beter der Geschichte“ (*Wernle*) ist das aber nirgendwo mehr der Fall als in seinem Gebet, wie es geradezu paradigmatisch in seinem Jubelruf (Lk 10,21f) zum Ausdruck kommt[65]. Denn Jesus besitzt nichts, was er nicht den Seinen übereignen würde. Auch in dieser Sicht strebt die jüdisch-christliche Alternative auf eine übergreifende Einheit hin.

[65] *F. Heiler*, Das Gebet. Eine religionsgeschichtliche und religionspsychologische Untersuchung, München 1921, 239.

Drittes Kapitel

Der Ursprung

1. Die Übereignung

Wer in das „Geheimnis Jesu" eindringen will, von dem *Pascal* auf einem Höhepunkt seiner „Pensées" sprach, muß versuchen, seiner Identitätsfindung auf die Spur zu kommen[1]. Dazu können ihm zwei Kontrastbilder verhelfen. Das erste besteht in dem anthropologischen Zielbild, in welchem *Freuds* Zeitanalyse gipfelt. Das zweite entdeckt er beim Nachdenken über seine eigene Identitätsfindung. Vor dem Hintergrund dieser beiden Gegenbilder wird sich ihm die Selbstfindung dessen klären, der nach eigenem Bekunden

> *nicht gekommen ist, um sich bedienen zu lassen, sondern um zu dienen (Mk 10,45).*

Wenn die Brisanz dieses Wortes zum Vorschein kommen soll, muß es zunächst in seinem Kontrast zur Selbsteinschätzung des neuzeitlichen Menschen und deren Entstehung gesehen werden. Wie es ihm durch den rebellischen Subjektivismus vorgegeben war, setzte er nach *Walter Rehm* das „experimentum suae medietatis", verstanden als sein Versuch, sich ins Zentrum des Seins und Geschehens zu positionieren, ins Werk, von dem schon *Augustin* im zwölften Buch von „De trinitate" gesprochen hatte[2]. Über *Fichtes* These von der sich über die Kontingenz des Menschen hinwegsetzenden „Selbstsetzung" führte das geradlinig zu dessen hybrider Selbstüberhöhung, der *Nietzsche* mit der Bemerkung das Wort redete:

> *Hybris ist heute unsre ganze Stellung zur Natur ... Hybris ist unsere Stellung zu Gott ... Hybris ist unsere Stellung zu uns, denn wir experimentieren mit uns ... und schlitzen uns vergnügt und neugierig die Seele bei lebendigem Leibe auf*[3].

Dem stimmte *Marx* zuvor schon in seiner Dissertation zu, als er im Blick auf Epikur, den größten griechischen Aufklärer, Prometheus zum „vornehmsten Heiligen und Mär-

[1] *B. Pascal*, Über die Religion (Pensées), Heidelberg 1954, 242–247; *E. Wasmuth*, Der unbekannte Pascal. Versuch einer Deutung seines Lebens und seiner Lehre, Regensburg 1962, 315–318.

[2] *Augustinus*, De trinitate XII, c.11; dazu *W. Rehm*, Experimentum medietatis. Studien zur Geistes- und Literaturgeschichte des 19. Jahrhunderts, München 1947, 7 ff.

[3] *F. Nietzsche*, Zur Genealogie der Moral III, § 9.

tyrer im philosophischen Kalender" erklärte[4]. Dasselbe meinte er aber auch, als er sich in einem Briefwort zu der Aufgabe bekannte, den zum „Warenproduzenten erniedrigten und entfremdeten Menschen zum Menschen zu machen"[5]. Geradezu enthusiastisch stimmte dem, jenseits aller Differenzen, *Nietzsche* in seinem „Zarathustra" mit seiner Lehre vom Übermenschen zu, den er den „Blitz" seiner Verkündigung und den „Sinn der Erde" und des menschlichen „Seins" nannte[6].

War *Nietzsche* der Schöpfer der Idee, so war *Freud* der Theoretiker ihrer Verwirklichung, als er in dem von jenem verkündeten „Tod Gottes" den Hebel des gegenwärtigen Zeitgeschehens erkannte. Dabei knüpfte er an die Behauptung Nietzsches an, wonach durch den Tod Gottes die Attribute, die der Mensch nach *Feuerbach* in Akten der Selbstverschwendung an Gott abgetreten hatte, freigesetzt wurden, so daß sie für den Menschen „als seine schönste Apologie" zurückgewonnen werden konnten[7]. Das aber ist nach Feuerbach die Position des „gewöhnlichen" Atheismus, der zwar das Subjekt der göttlichen Prädikate wie Liebe, Weisheit und Gerechtigkeit leugnet, diese selbst aber beibehält[8]. Dieses „Beibehalten" steigert sich nach Freud im Zeitalter der Hochtechnik zur Beanspruchung und Usurpation. Denn durch die Raumfahrt gewann der heutige Mensch, wie sich bereits zeigte, einen Anteil an göttlicher Allgegenwart, durch die Nachrichten- und die Evolutionstechnik sogar an göttlicher Allwissenheit und Schöpferkraft[9]. Doch wohin führte diese technisch vermittelte „Apologie"?

In der Beantwortung dieser Frage ist Freud zurückhaltend. Zwar sieht er den Menschen mit Hilfe der ihm von der Hochtechnik gebotenen Prothesen über sich hinauswachsen, jedoch nur zu der bizarren und an das Ideal des Übermenschen nicht wirklich heranreichenden Figur eines „Prothesengottes", so daß sich in seine Vision ein Moment unverkennbarer Skepsis einmischt. Darauf hebt eine kritischere Zeitdiagnose unter dem Eindruck der waffentechnischen und militärischen Entwicklung noch nachdrücklicher ab. Sie verweist darauf, daß der erste Einsatz der Nuklearenergie im Abwurf der Atombombe auf japanische Städte erfolgte, daß die Raketentechnik das Schreckgespenst eines „Kriegs der Sterne" heraufbeschwor und daß die zu befürchtende Klonierung des Men-

[4] *K. Löwith*, Weltgeschichte und Heilsgeschehen. Zur Kritik der Geschichtsphilosophie (Ausgabe *Stichweh*), Stuttgart 1950, 336.

[5] *Ders.*, Von Hegel zu Nietzsche. Der revolutionäre Bruch im Denken des neunzehnten Jahrhunderts, Stuttgart 1950, 336.

[6] *F. Nietzsche*, Also sprach Zarathustra, Vorrede §§ 3 f.; 7; dazu *A. Pieper*, „Ein Seil geknüpft zwischen Tier und Übermensch". Nietzsches erster „Zarathustra", Stuttgart 1990, 45–80.

[7] *Nietzsche*, Nachgelassenes Fragment vom Herbst 1881: Kritische Studienausgabe IX, München 1980, 582.

[8] *K. Löwith*, Von Hegel zu Nietzsche, 363.

[9] Dazu mein Beitrag „Der ‚menschenmögliche' Atheismus. Eine deutungsgeschichtliche Erinnerung zum Thema ‚Nietzsche im Exil'", in: *V. Schubert* (Hrsg.), Welt ohne Gott? Theoretischer und praktischer Atheismus, St. Ottilien 2000, 135–146.

schen zu völlig unabsehbaren Folgen philosophischer, anthropologischer, psychologischer und sozialer Art führen wird. Zwar würdigt diese Diagnose die Gegenwart als die Zeit der sich Zug um Zug realisierenden Utopien, dies jedoch mit dem Zusatz, daß sie selbst und vollständig als die utopisch-rückschlägige Zeit begriffen werden muß.

Gleiches gilt aber auch von der Selbst- und Identitätsfindung des Menschen. Wenn er aus anfänglicher Traumverlorenheit zu sich selbst erwacht, sieht er sich zunächst einer unheimlichen Wildnis gegenüber, die ihn ins Nichts zurückzustürzen droht. Sobald er aber Stand gefaßt hat, lichtet sich das Chaos zur Welt, die ihm in zwei Grundformen, als Kosmos und Gesellschaft, entgegentritt. Nach der Frühschrift *Martin Bubers* „Ich und Du" gibt es kein „Ich an sich", sondern nur das aus der Beziehung zum personal oder welthaft Anderen Gewonnene[10]. Dem entsprechen die beiden Grundworte „Ich-Du" und „Ich-Es":

> *Das Grundwort Ich-Du kann nur mit dem ganzen Wesen gesprochen werden.*
> *Das Grundwort Ich-Es kann nie mit dem ganzen Wesen gesprochen werden*[11].

Danach kommt der zu sich erwachende Mensch in der Abgrenzung von dem ihm personal oder welthaft entgegentretenden Gegenüber zum Bewußtsein seiner selbst. Vorausgesetzt ist dabei freilich, daß die Konfrontation einen jeweils anderen Charakter hat und aufgrund einer zwiespältigen Affinität in dieser Unterschiedlichkeit wahrgenommen wird. Deshalb gibt es für Buber kein „Ich an sich", sondern nur das sich aus den beiden Beziehungsweisen je anders konstituierende. Diese „gegensätzlichen Pole des Weltseins" entdeckt Buber auch schon im jahwistischen Schöpfungsbericht, wo sich der Mensch von den ihm zuerschaffenen Tieren unterscheiden lernt (Gen 2,19f), um sich dann im Erlebnis seiner Nacktheit in seinem Anderssein (3,7) und seiner Verantwortlichkeit zu erfahren (3,8f)[12]. Vollends neigt sich die Waagschale der personalen Selbsterfahrung zu, wenn Buber am Schluß seines Essays „Urdistanz und Beziehung" erklärt:

> *In seinem Sein bestätigt will der Mensch durch den Menschen werden und will im Sein des andern eine Gegenwart haben. Das Tier braucht nicht bestätigt zu werden, denn es ist, was es ist, unfraglich. Anders der Mensch: Aus dem Gattungsreich der Natur ins Wagnis der einsamen Kategorie geschickt, von einem mitgeborenen Chaos umwittert, schaut er heimlich und scheu nach einem Ja des Seindürfens aus, das ihm nur von menschlicher Person zu*

[10] *M. Buber*, Ich und Du, in: Werke I. Schriften zur Philosophie, München und Heidelberg 1962, 77–170.

[11] A. a. O., 79.

[12] *Ders.*, Bilder von Gut und Böse, Köln und Olten 1953, 15–31.

menschlicher Person werden kann; einander reichen die Menschen das Himmelsbrot des Selbstseins[13].

Dem war *Ferdinand Ebner* schon Jahrzehnte früher mit der Bemerkung zuvorgekommen:

Ohne dieses Brot müßte er verschmachten in der geistigen Wüste dieser Welt[14].

Neutestamentlich entspricht dem der Ausklang der lukanischen Kindheitshalacha mit der Szene des Zwölfjährigen im Tempel (Lk 2, 41–52), in der dieser der Mutter das nochmals zuspricht, was ihr bereits „vom Herrn gesagt worden war" (1,45)[15]. In seiner Antwort auf ihren Vorwurf:

Wußtet ihr nicht, daß ich dorthin gehöre, wo mein Vater ist? (Lk 2,45),

artikuliert sich ein Selbstbewußtsein, das zwar nicht mit der Zugehörigkeit zur Familie bricht, mit der er nach Nazaret hinabzieht und ihr dort gehorsam bleibt (2,51), das jedoch aus dem Bewußtsein der von ihm neu erfahrenen Gottzugehörigkeit lebt. Eindrucksvoll setzte das *Max Liebermann* in Szene, als er den Zwölfjährigen im Bewußtsein seiner Standfestigkeit mit den ihm teils kritisch, teils skeptisch, teils aber auch betroffen zuhörenden Schriftgelehrten konfrontierte[16]. Trotz des über ihrer Herkunft liegenden Dunkels und der überlieferungsgeschichtlichen Brechungen ragt die Szene dadurch hervor, daß sie als einzige einen Blick in die Bewußtseinsgeschichte Jesu verstattet und den dramatischen Augenblick des ersten Durchbruchs seines Sohnesbewußtseins festhält. Was sich hier zwischen ihm und der durch seine Antwort überforderten Mutter abspielt, wiederholt sich später in der von der Täuferanfrage (Lk 7,18–23) dokumentierten Ablösung von der Denkwelt und Erwartung des Täufers, den Jesus, anstatt auf das von ihm erhoffte Gericht, auf seine Wundertätigkeit und die in der Seligpreisung der Armen gipfelnde Heilsverkündigung verweist (7,18–23)[17]. Die Selbstunterscheidung Jesu vom Täufer wird sogar durch den gegensätzlichen Lebensstil unterstrichen:

Johannes der Täufer kam: er aß kein Brot und trank keinen Wein, und da sagt ihr: er ist von einem Dämon besessen. Der Menschensohn ist gekom-

[13] *Ders.*, Urdistanz und Beziehung, Heidelberg 1954, 44.

[14] *F. Ebner*, Wort und Liebe, Regensburg 1935, 136.

[15] *H. Schürmann*, Das Lukasevangelium I, Freiburg 1969, 68 f.; 132–145.

[16] *H. R. Leppien*, Der zwölfjährige Jesus im Tempel von Max Liebermann, Hamburg 1989, 8–36; dazu *H. Löhr*, Jesus und der Nomos aus der Sicht des entstehenden Christentums, in: *J. Schröter* und *R. Brucker* (Hrsg.), Der historische Jesus. Tendenzen und Pespektiven der gegenwärtigen Forschung, Berlin und New York 2002, 349.

[17] *L. Schenke*, Die Urgemeinde, 304 ff.

men: er ißt und trinkt, und da sagt ihr: seht ihn nur an, den Fresser und Säufer, diesen Freund der Zöllner und Sünder! (Lk 7,33f)[18].

Das setzt sich fort in Jesu Würdigung des Täufers, dem er nachrühmt, der Größte aller vom Weibe Geborenen zu sein, dies jedoch mit der entscheidenden Einschränkung: „doch der Kleinste im Gottesreich ist größer als er" (Lk 7,28)[19]. Den vollen Bruch markiert schließlich der vieldiskutierte „Stürmerspruch":

Gesetz und Propheten reichen bis Johannes. Von da an wird das Gottesreich verkündet, und jeder drängt mit Gewalt hinein (Lk 16,16)[20].

Im Hinblick darauf drängt sich jetzt schon die Frage nach der Identitätsfindung Jesu auf. Sie gewinnt noch erheblich an Gewicht, wenn man seine Auseinandersetzung mit den Schriftgelehrten und Pharisäern in die Erwägung einbezieht. Zwar befindet sich Jesus, wie die wiederholt erwähnten Einladungen durch Pharisäer (Lk 7,36; 11,37; 14,1) und ihre Warnung vor den Mordabsichten des Herodes (13,31) beweisen, keineswegs von vornherein auf Konfrontationskurs mit ihnen. Doch lassen die Seligpreisungen der Armen, Hungernden und Verzweifelten (6,20) erkennen, daß es vergleichsweise früh zu einer gegenseitigen Entfremdung, vor allem in der Fasten-, Reinheits- und Sabbatfrage gekommen sein muß (Mk 2,18 f. 23–28), die Jesus veranlaßte, sich vom religiösen Establishment abzuwenden und seine Botschaft an die ins gesellschaftliche Abseits Gedrängten zu richten. Bei ihnen weiß er sich angenommen und verstanden, da Gott das, „was er den Weisen und Klugen verborgen hat, den Unmündigen offenbarte" (Lk 10,21). Im Bruch mit der pharisäischen Frömmigkeit fordert er Glauben statt Askese, Herzensreinheit statt kultischer Integrität, Barmherzigkeit statt Gesetzesobservanz und Demut statt Überheblichkeit. Den Pharisäern, die ihn deshalb verlachen (16,14), aber wirft er vor, zwar „Becher und Schüssel sauber zu halten, aber innerlich voller Gier und Bosheit" zu sein (11,39). Denn der Pharisäer gleicht, wie ein Logion des gnostischen Thomasevangeliums sagt, „dem Hund, der in der Futterkrippe der Rinder liegt; er selbst frißt nicht, doch läßt er auch die Rinder nicht fressen" (102)[21]. Im selben Sinn erhebt Jesus im Lukasevangelium gegenüber den Gesetzeslehrern den Vorwurf:

Ihr habt den Schlüssel zur Erkenntnis weggenommen. Ihr selbst tretet nicht ein und laßt auch die nicht eintreten, die hineingehen möchten (Lk 11,52)[22].

[18] A. a. O., 152.

[19] A. a. O., 299 f.

[20] A. a. O., 299; dazu *F. Hahn*, Theologie des Neuen Testaments I, Tübingen 2002, 60; 561.

[21] Evangelium nach Thomas, Leiden 1959,51 f.

[22] *L. Schenke*, Die Urgemeinde, 306–310.

Voll schlägt die Gegnerschaft schließlich in dem Vorwurf durch:

Weh euch, ihr Gesetzeslehrer. Ihr bürdet den Menschen schwere Lasten auf; ihr selbst aber rührt mit keinem Finger an diese Lasten (Lk 11,46).

Auf die Frage der Identitätsfindung zurückbezogen, erscheint hier Jesus durchaus auf der Linie der Selbstunterscheidung, die das eigene Selbst in Akten der Abgrenzung von anderen und anderem gewinnt. Doch gerade auf dem Höhepunkt dieser Abgrenzungsstrategie entwirft er zugleich das Hochbild seiner ureigenen Selbstfindung, wenn er im Gegenzug zum Verhalten der Gesetzeslehrer mit dem Schlüsselwort seiner großen Einladung an die „Erniedrigten und Beleidigten“ (*Dostojewskij*) erklärt:

Her zu mir, ihr Bedrückten und Beladenen; ich will euch Ruhe geben! (Mt 11,28),

und das er mit der verheißungsvollen Aufforderung verbindet:

Nehmt mein Joch auf euch und lernt von mir; denn ich bin gütig und demütig von Herzen. So werdet ihr Ruhe finden für eure Seelen. Denn mein Joch ist sanft und meine Bürde ist leicht[23].

Das verkürzt das Thomasevangelium zu dem eindringlichen Appell:

Kommt zu mir; denn mein Joch ist leicht und meine Herrschaft mild; und ihr werdet Ruhe finden (90).

Wenn man angesichts der exorbitanten Forderungen der Bergpredigt weiter fragt, wie Jesus sein Joch als sanft und seine Bürde als leicht bezeichnen kann, lautet die einzig mögliche Antwort; weil er sich, anders als seine Gegner, mit unter die von ihm aufgebürdete Last stellt und sie so tragen hilft. Denn in kaum einem Wort „gestikuliert“ er, mit *Kierkegaard* gesprochen, so sehr „mit seiner ganzen Existenz“ wie mit diesem. Nicht umsonst fand Kierkegaard dann auch gerade in diesem Wort den Zugang zu der in seiner „Einübung im Christentum“ entworfenen Christologie. Kierkegaard, der wie kaum ein Interpret gelernt hat, auf die „Musik hinter den Worten“, auf die „Leidenschaft hinter der Musik“ und damit auf das im Gesagten Ungesagte zu achten, vernahm gerade in dieser Einladung den Leidenston, der in dem sich anbietenden Helfer geradezu einen Hilfsbedürftigen erscheinen läßt[24]. Weil Kierkegaard die große Einladung mit dem Massenabfall (Joh 6,60–66) zu-

[23] *J. B. Bauer*, Das milde Joch und die Ruhe, in: Theologische Zeitschrift 17 (1962), 99–106.

[24] *S. Kierkegaard*, Einübung im Christentum (Ausgabe *Hirsch* und *Gerdes*), Gütersloh 1980, 102; dazu mein Jesusbuch „Das Antlitz. Eine Christologie von innen“, 162–177.

sammenschaut, verdüstert sich für ihn die Gestalt des hilfsbedürftigen Helfers schließlich zu einer Passionsfigur, die durch die Dringlichkeit ihres Hilfsangebots gerade die zurückschrecken läßt, die der Hilfe besonders bedürfen. Deutlicher aber kann schwerlich gesagt werden, daß Jesus, wie es im Grunde schon seiner Seligpreisung der Armen, Hungernden und Verzweifelnden zu entnehmen ist, seine Identität auf einem dem üblichen diametral entgegengesetzten Weg gewinnt: auf dem Weg der Selbstentäußerung, Selbstübereignung und Hingabe. Damit schließt sich dann aber auch der Ring zu dem Wort, mit dem er seine Sendung dahin bestimmt, daß er im Gegensatz zu allen, die sich auf die unterschiedlichste Weise bedienen lassen, gekommen ist, „um zu dienen" (Mk 10,45).

Grundlage seiner Identität ist jedoch fraglos sein erstmals im Wort des Zwölfjährigen aufleuchtendes Verhältnis zu Gott. Und dieses äußert sich bei diesem *Friedrich Heiler* zufolge „gewaltigsten Beter der Geschichte" am ursprünglichsten in seinem Gebet[25]. Kronzeugnis dessen ist der von *Hermann von Lips* als weisheitlich stilisiertes Herrenwort erwiesene Jubelruf:

> *Alles ist mir von meinem Vater übergeben. Niemand kennt den Sohn als nur der Vater, und niemand den Vater als nur der Sohn, und wem es der Sohn offenbaren will (Lk 10,22)*[26].

2. Die Lebensleistung

Wie kaum ein anderes führt das Wort vom dienenden Menschensohn ins Zentrum der Lebensleistung Jesu. Indem er allen andern die Absicht unterstellt, sich für ihren Einsatz entschädigen und sich in diesem Sinn „bedienen" zu lassen, während er sich als einzigen davon ausnimmt, weil er „gekommen" ist, „um zu dienen", gibt er zu verstehen, daß sein Dienst nicht in kategorialen Hilfserweisen, sondern in der sich in Akten der Selbstübereignung vollziehenden Hingabe seiner selbst besteht. Was das besagt, wurde in bester Tradition, die sich, wie bereits mitgeteilt wurde, von *Wrede* bis auf *Irenäus* und *Origenes* zurückführen läßt und ebenso von *Athanasius*, *Basilius*, *Gregor von Nyssa* und *Johannes Chrysostomus* wie von *Cyprian*, *Leo dem Großen*, *Augustin* und *Petrus Chrysologus* bestätigt wird, in den programmatischen Irenäussatz zusammengefaßt:

> *Christus ist des Menschen Sohn geworden, damit der Mensch Gottes Sohn werde*[27].

[25] *F. Heiler*, Das Gebet. Eine religionsgeschichtliche und religionspsychologische Untersuchung, München 1921, 239.

[26] *H. von Lips*, Weisheitliche Traditionen im Neuen Testament, 270–273.

[27] *Irenäus*, Adversus haereses I, 232; 275; 291 f.; *Origenes*, Contra Celsum I, c.57; *Athanasius*,

Ziel der Selbstübereignung Jesu ist somit die Gotteskindschaft und er selbst, wie dieser Satz betont, deren „Quelle", verstanden als deren Primärursache. Das kommt nahezu einer Umkehrung der alttestamentlichen Konsekution gleich. Zwar bleibt der Vatergott der Ursprung der Kindschaft; doch ist diese zunächst und entscheidend die mitgeteilte Gottessohnschaft Jesu. Jede andere Konzeption der Gotteskindschaft einschließlich der alttestamentlichen kann im Vergleich damit nur als sekundär gelten. Gotteskindschaft, daran kann nicht der geringste Zweifel aufkommen, ist ein genuin christlicher Begriff und, auf ihre Genese zurückverfolgt, das Herzensgeschenk Jesu an die mit ihm Verbundenen und durch sie an die Welt. Wenn Jesus aber die „Quelle" der Gotteskindschaft ist, stellt sich die Frage nach deren Grund und damit die nach seiner Lebensleistung.

Wenn man das Jesuswort „An ihren Früchten sollt ihr sie erkennen" auf seinen Sprecher beziehen und von der „Frucht" der Gotteskindschaft auf deren Wurzel zurückschließen darf, ist damit die Frage nach dem Ursprung seines Sohnesbewußtseins aufgeworfen. Nach dem Markusbericht von der Taufe Jesu (Mk 1,11), den Lukas zu einem Gebetserlebnis stilisiert (Lk 3,21f), besteht dieser in der Zusage „du bist mein geliebter Sohn; an dir habe ich mein Wohlgefallen", die ihn seiner Gottessohnschaft versichert. Vor dem Hintergrund der lukanischen Kindheitsgeschichte, die im Erlebnis der göttlichen Zugehörigkeit des Zwölfjährigen gipfelt (Lk 2,49ff), ist diese Zusage die Antwort auf die Sinnfrage, die sich diesem im Dialog mit der Mutter unausweichlich gestellt hatte. Diese Antwort treibt ihn, wie sich aus dem Kontext der Hinweise schließen läßt, in die Wüste, wo er, stimuliert durch die teuflischen Anfechtungen (4,3.9), sein Erlebnis verarbeitet und von wo er dann, zum Vollbewußtsein seiner Sendung gelangt, seine Reich-Gottes-Verkündigung in Angriff nimmt. Seine Sendung aber konnte nur in der Weitergabe seines Sohnesbewußtseins bestehen, für die er in dem aus prophetischer Tradition (Dan 7,14) übernommenen Motiv des Gottesreichs das sprachliche Gefäß gefunden hatte[28].

Doch diese Herleitung, die im Prinzip sogar noch von *Ulrich Wilckens* vertreten wird, läßt sich angesicht der sekundären Herkunft der Taufszene, für die sich schon *Anton Vögtle* ausgesprochen hatte, nicht halten[29]. Sie erweist sich vielmehr – wie manches andere – als eine vorweggenommene Ostergeschichte, da die „Einsetzung zum Gottessohn mit

Contra Arianos I, c.39; II, c.33; *Basilius*, Homilie über die Geburt Christi, c.2; *Gregor von Nyssa*, De beatitudinibus VII, c.1; *Gregor von Nazianz*, Oratio I, c.5; *Johannes Chrysostomus*, Matthäus-Kommentar IV, c.4; Kommentar zum Römerbrief II, c.4; *Cyprian*, De dominica oratione, c.11; Epistola 58, c.6; *Augustinus*, Johannes-Kommentar II, c.13; LXXV, c.1; *Leo der Große*, Sermo 26, c.4; *Petrus Chrysologus*, Matthäus-Kommentar, Sermo 68–72.

[28] Der (nach Lk 4,1) vom Geist „Umhergetriebene" ist zunächst ein von seiner Ernennung „Umgetriebener", der die Einsamkeit aufsucht, um den himmlischen Zuspruch zu verarbeiten.

[29] *U. Wilckens*, Theologie des Neuen Testaments I, Neukirchen-Vluyn 2002, 108 f.; *A. Vögtle*, Herkunft und ursprünglicher Sinn der Taufperikope Mk 1,9–11, in: Offenbarungsgeschehen und Wirkungsgeschichte, Freiburg 1985, 76–108.

Macht" (Röm 1,4) erst durch die Auferstehung Jesu erfolgt. Dadurch kompliziert sich aber die Suche nach der Entstehung des Sohnesbewußtseins Jesu derart, daß auf die Frage danach nur mit Mutmaßungen geantwortet werden kann. Einen hilfreichen Hinweis bietet immerhin die Bemerkung des Lukasevangelisten:

> *Als die Tage seiner Aufnahme näher kamen, richtete er seinen Blick fest nach Jerusalem (Lk 9,51),*

der Stadt, wie dem hinzuzufügen ist, seines vorhersehbaren Todes. Eine Motivation läßt sich der Jüngerbefragung (Mk 8,27–30) entnehmen, die nach *Martin Buber* auf eine für religiöse Lehrmeister typische Lebenskrise, nach der Johannesparallele, welche die Szene in die Synagoge von Kafarnaum verlegt, auf den sich dort ereignenden Massenabfall (Joh 6,60–66) zurückgeht. Nimmt man hinzu, daß sich Jesus (nach Lk 13,31) von seinem Landesherrn bedroht und zur Flucht in das syrophönizische Grenzgebiet genötigt fühlt (Mk 8,27), wird die von Buber angenommene Krise verständlich, die Jesus angesichts dieser niederschmetternden Umstände zu der an die Jünger gerichteten Frage nach seiner Identität veranlaßt. Da er von ihnen keine Antwort erwarten kann – die ihm (nach Mt 16,16) von Petrus gegebene geht, schon aufgrund des Gleichklangs, nicht über die in der Taufszene vernommene hinaus –, erwartet er sie sich von dem Tod, dem er nach der angeführten Lukasstelle entschlossen entgegengeht. Wenn das nicht, wie *Jack Miles* annimmt, auf den Entschluß zum Selbstmord hinausläuft, muß sich auf diesem Weg das Todes- und Gottesbewußtsein Jesu grundlegend geändert haben. Der Tod, den er wie jeder Sterbliche zunächst als Schicksal und Zumutung empfindet, muß im Blick auf die von ihm erwartete Antwort seine Physiognomie für ihn grundlegend verändert haben. Die Zumutung verwandelt sich in eine Anmutung und in ein Ansinnen, um nicht zu sagen in eine Verheißung. Gleichzeitig aber ändert sich, und das nicht minder radikal, sein Gottesbild. War Gott für ihn bisher der Herr über Leben und Tod, der ihn wie alle andern dem Todesschicksal unterwarf, so wandelt sich nun sein Bild in das des Vaters, der ihn zur Rückkehr ins heimatliche Vaterhaus einlädt und dem Heimkehrer wie im Gleichnis vom verlorenen Sohn mit allen Zeichen der Liebe entgegengeht (Lk 15,20–24). In äußerster Verknappung bestätigt dies der Hebräerbrief, wenn er die Lebensgeschichte Jesu in den – der schwierigeren Leseart entsprechenden und auf den Todesschrei des Gekreuzigten bezogenen – Satz zusammenfaßt:

> *In den Tagen seines Erdenlebens brachte er unter lautem Wehgeschrei und Tränen Bitten und Flehrufe vor den, der ihn vom Tod erretten konnte. Und er ist erhört und aus seiner Todesnot befreit worden (Hebr 5,7)*[30].

[30] J. Jeremias, Abba. Studien zur neutestamentlichen Theologie und Zeitgeschichte, Göttingen 1972, 319–323.

Danach antwortet Gott dem zu ihm Aufschreienden nicht im Sinn menschlicher Erwartung mit einer empirischen Hilfe, sondern mit seinem rettenden Selbsterweis im Ereignis seiner Auferstehung. Indem er den Gekreuzigten in seine Lebensfülle aufnimmt, hat er ihn auch schon der kreatürlichen Todverfallenheit entrissen und in ein transkreatürlich-genealogisches Gottesverhältnis aufgenommen, dem nur der Sohnesname gerecht wird. Dem entsprechen die Evangelien dadurch, daß sie eine ganze Reihe von Szenen als vorgezogene Ostergeschichten inszenieren. Für Jesus selbst aber gestaltet sich sein Leben zu einem fortwährenden „Vorlaufen in den Tod" (*Heidegger*). So wird es ihm schon durch die lukanische Versuchungsgeschichte insinuiert, sofern sie in der als unverhohlener Anreiz zum Suizid zu verstehenden Aufforderung gipfelt: „Wenn du der Sohn Gottes bist, dann stürze dich da hinab!" (Lk 4,9)[31] Danach steht sein Sohnesbewußtsein in einem unentflechtbaren Zusammenhang mit seinem Tod; mehr noch: es erscheint als die Frucht seiner Annahme des Todes, von dem er trotz der Anfangserfolge wußte, daß sein Lebenswerk auf ihn – und seine Bewältigung – hinauslaufen werde. Bewältigen konnte er den Tod aber nur, indem er ihn als ein an ihn ergangenes Ansinnen annahm und damit die Erwartung verband, damit seinerseits von Gott angenommen zu werden. Entscheidend ist dabei, daß sich dem zum Bewußtsein seiner Gottessohnschaft Erwachten die ehrfürchtig-zärtliche Anrufung „Abba – Vater" auf die Lippen drängt, mit der er nicht nur den Gerichtsgott des Täufers hinter sich läßt, sondern mit dem ambivalenten Gott der gesamten Menschheitstradition bricht und den Tag des Heils (2Kor 6,2) im Licht des „Vaters der Erbarmungen und Gott allen Trostes" (1,3) heraufführt[32]. So sehr er sich vorher in der Auseinandersetzung mit dem Tod zum Bewußtsein seiner Gottessohnschaft durchgerungen hatte, empfindet er sie jetzt als das einzigartige Geschenk des von ihm entdeckten und angerufenen Vaters. Da sie im Schatten des Todesgedankens steht, weiß er aber auch, daß er sie ebenso verkünden wie erkämpfen und erleiden muß.

Verkünden, weil ihn das empfangene und als Unterpfand der väterlichen Liebe empfundene Geschenk drängt, weltweit an die „in Finsternis und Todesschatten" Sitzenden veräußert und weitergegeben zu werden. Weil das unmöglich im Klartext der Gottessohnschaft geschehen konnte, bedurfte es dafür eines Mittelbegriffs, der sich ihm in Gestalt des von ihm aus prophetischer Tradition, näherhin aus der Menschensohnvision des Buches Daniel (Dan 7,14) übernommenen Reich-Gottes-Motivs anbot[33]. Da sich aber auch dieses (nach Lk 17,20) jeder Einbeziehung in das Koordinatensystem von Raum und Zeit und zudem aller Veranschaulichung entzog, mußte Jesus eine eigene Sprachwelt

[31] In der Versuchungsszene könnte sich nicht nur die Auseinandersetzung mit der Zelotenbewegung spiegeln (*Schenke*), sondern auch die Erinnerung an die Krise, in die Jesus durch die Loslösung vom Täufer und dessen Gerichtspredigt stürzte und die er durch den Aufgang seines Sohnesbewußtseins überwand; dazu *Schenke*, Die Urgemeinde, 295 ff.

[32] A. a. O., 46 – 67.

[33] *F. Hahn*, Frühjüdische und urchristliche Apokalyptik, Neukirchen-Vluyn 1998, 31 ff.

schaffen, die der Einübung in das Gottesreich entsprach[34]. Auf die sich damit stellende Frage nach dem Sinn des von ihm ausgerufenen Gottesreichs hatte schon *Origenes*, wenn nicht gar schon *Markion* die einzig zutreffende Antwort gegeben: Er selbst, als die, wie sich Origenes ausdrückte, *autobasileia*, als das Gottesreich in Person. Danach ist das Gottesreich die Sozialgestalt dessen, der in einem zuständlichen Akt der Selbstübereignung sich an diejenigen hingab, die in ihm die unüberbietbare Antwort auf ihre Sinnfrage erkannt hatten.

Sie hatten diese Antwort gefunden, weil sie von seiner Selbstübereignung ergriffen und zu einer Gemeinschaft zusammengeführt worden waren: zur Gemeinschaft der Gotteskinder. Denn durch seine Hingabe waren sie das, wenngleich auf abkünftige Weise geworden, was er war: Söhne und Töchter Gottes. Darin bestand die christliche Alternative zur alttestamentlichen Rede von dem Sohn, mit dem ganz Israel gemeint war. Für das Christentum aber beginnt sich nun die kaum einmal mit hinreichender Schärfe gestellte Frage nach dem Subjekt der Gotteskindschaft zu klären. Denn das besteht, wie *Johann Adam Möhler* in seiner Jugendschrift „Die Einheit in der Kirche" herausstellte, nicht in den einzelnen Gläubigen, da Gott, wie er argumentiert, als Schöpfer des Ganzen nur vom Ganzen, nicht aber, oder doch nur bedingt, vom Einzelnen erkannt werden könne; denn: „nur das Ganze erfaßt Gott"[35]. Subjekt des Christentums ist somit die Gemeinschaft der Gotteskinder, da Gotteskindschaft nie das Privileg einzelner ist, sondern die Qualität derer, die durch sie in einem gegenseitigen Verweisungszusammenhang stehen, wie es Paulus in seinem Theorem vom mystischen Leib Christi von den Gliedern dieses Leibes annimmt:

> *Denn wie der Leib einer ist, aber doch viele Glieder hat, alle Glieder des Leibes aber, obwohl es viele sind, einen einzigen Leib bilden, so verhält es sich auch mit Christus (1Kor 12,12)*[36].

Franz von Baader hat das in seinem Begriffsbild vom „Zentralherzen" nachgedacht, in dem alle in einem Lebens- und Geistesaustausch miteinander stehen[37]. Darin wird er von Paulus und seiner Schule bestätigt. Von dieser, sofern der Epheserbrief den Sinn der kirchlichen Dienstleistung darin erblickt, „daß wir alle zur Einheit des Glaubens und zur Erkenntnis des Gottessohnes gelangen, zur vollen Mannesreife und zum Vollalter Christi"

[34] *W. Harnisch*, Die Gleichniserzählungen Jesu. Eine hermeneutische Einführung, Göttingen 1985, 293–314.

[35] *J. A. Möhler*, Die Einheit in der Kirche oder das Prinzip des Katholizismus, Tübingen 1843, 99–105; näheres in dem Abschnitt „Das Zielbild", 95–100.

[36] *A. Wikenhauser*, Die Kirche als der mystische Leib Christi nach dem Apostel Paulus, Münster 1937, 84–125.

[37] Dazu meine Studie „Der unbekannte Paulus", 133 f.

(Eph 4,13). Von Paulus selbst, sofern er nach *Alfred Wikenhauser* mit der vielfach wiederholten Formel „in Christus" die Vorstellung von einer alles umgreifenden Sphäre erweckt, die alle von ihr Umgriffenen zu einer Lebens- und Geisteseinheit zusammenschließt[38].

Wenn Jesus die von ihm an die Seinen übereignete Gottessohnschaft aber nicht nur als Künder, sondern im Wortkampf mit seinen Gegnern auch kämpferisch behaupten und schließlich sogar (nach Hebr 5,8) leidend „erlernen" mußte, stellt sich am Ende dieses Einblicks in seine Lebensleistung die Frage nach der sie ebenso krönenden wie letztlich begründenden Tat und damit die Frage nach seiner Passion und seiner Auferstehung.

3. Die Lebenstat

Gegen alle in ihn gesetzte Erwartung hat Jesus sein Lebenswerk nicht mit einem zusammenfassenden Aufruf nach Art der Bergpredigt oder einer spektakulären Tat, sondern mit seinem Leiden gekrönt. Dafür hatte er sich entschieden, als er unter dem Eindruck des Massenabfalls und der Bedrohung durch seinen Landesherrn „sein Antlitz nach Jerusalem richtete" und den Todesweg betrat (Lk 9,51). Wenn sich ihm durch diese Krise, wie *Buber* meint, sein Lebenssinn derart verdunkelte, daß er seine Jünger nach seiner Identität befragen mußte, blieb ihm auch aus diesem Grund nur der Todesweg, von dem er annehmen durfte, daß er ihn zum Vollbewußtsein seiner Gottessohnschaft und damit zur definitiven Klärung seiner Identitätsfrage führen würde. Insofern gestaltete sich sein Lebensweg nicht nur zu einem „Vorlaufen in den Tod" (*Heidegger*), sondern auch zu dem, was ihm sein Sterben letztlich bringen würde: zu seiner Auferstehung.

Das steht in einer erstaunlichen Entsprechung zur Entstehung und zum Selbstzeugnis der neutestamentlichen Schriften. Wäre der mit einer sozialen Ächtung und – nach jüdischer Ansicht – mit einem göttlichen Fluch (Gal 3,13) belastete Kreuzestod das Ende der Lebensgeschichte Jesu gewesen, so wäre kein vernünftiger Mensch auf den Gedanken verfallen, den Lehren und Taten dieses scheinbar total Gescheiterten nachzugehen und sie der Nachwelt zu überliefern. Nun aber treten Zeugen mit Maria von Magdala (Joh 20,11–18) und Petrus (1Kor 15,5; Lk 24,34) an ihrer Spitze mit der ungeheuerlichen Behauptung auf, den Herrn als Lebenden und ihnen Begegnenden gesehen zu haben, ein Zeugnis, das in der Folge von einer ganzen „Wolke von Zeugen" (1Kor 15,6) bestätigt wird. Das änderte die Situation von Grund auf. Denn dieser österliche Selbsterweis des Gekreuzigten machte klar, daß er keineswegs gescheitert oder gar von Gott verflucht, sondern, im Gegenteil, von Gott gerechtfertigt, zum Leben erweckt und in seine Lebensfülle aufgenommen worden war. Dadurch erwachte das Interesse an allem, was von ihm lebensgeschichtlich noch in Erfahrung zu bringen war und im Heilsinteresse der ganzen Welt überliefert werden mußte. So entstanden die anfänglich mündlichen, bald aber schriftlich dokumentierten

[38] *Wikenhauser*, Die Christusmystik des Apostels Paulus, Freiburg 1956, 32; 36; 166.

Kollektionen seiner Worte, die Berichte von seinen Aktivitäten und zumal von seiner Passion und, inauguriert durch den Verfasser des Markusevangeliums, die Zusammenfassung all dessen in der quasibiographischen Darstellung der Evangelien. Das aber heißt umgekehrt, wie es *James M. Robinson* für die Spruchquelle geltend machte, daß das Evangelium als das „literarische Osterwunder", zumindest aber als das literarische Osterzeugnis anzusehen ist[39]. Das wird von diesem zuvor schon dadurch bestätigt, daß es in seine Darstellung entweder vorweggenommene Ostergeschichten wie die von der Jüngerberufung, der Verklärung Jesu und seinem Gang über das Wasser einblendet oder einzelne Szenen wie insbesondere die von seiner Taufe und vom Petrusbekenntnis im österlichen Sinn stilisiert. Die aus urchristlicher Tradition übernommene Deutung des Ostereignisses bietet Paulus mit dem Eingangswort des Römerbriefs:

> *Er entstammt dem Fleische nach dem Geschlechte Davids; dem Geist der Heiligkeit nach aber wurde er eingesetzt zum Gottessohn mit Macht aufgrund der Auferstehung von den Toten (Röm 1,3f)*[40].

Danach sind Auferstehung und Gottessohnschaft Wechselbegriffe. Als Auferweckter war der Gekreuzigte der kreatürlichen Todverfallenheit entrissen und in ein transkreatürliches, genauer als genealogisch zu charakterisierendes Gottesverhältnis aufgenommen. Denn in aller Welt gibt es nur zwei Formen der Entstehung von Neuem: die des Hergestellt- und Gemachtwerdens und die genealogische des Gezeugt- und Geborenwerdens. War die Auferstehung Jesu schon als solche das Niedagewesene in aller Welt und aller Menschheitserfahrung, so ist sie es erst recht durch ihre genealogische Qualität[41]. Von daher gewinnt der Begriff der *hyiothesia*, der Einsetzung in die Sohnschaft, einen herausragenden Stellenwert. Denn er bezeichnet nicht nur die Erhebung Jesu zu seinem transkreatürlichen Seinsstand, sondern bildet auch den Schlüsselbegriff zur Charakterisierung der Gotteskindschaft, die damit neuerlich als seine an die Glaubenden übereignete Gottessohnschaft erscheint. Damit gewinnt sie aber auch schon deutlichere, sie in ihrer Eigenheit und Unvergleichlichkeit bestätigende Kontur.

[39] *J. M. Robinson*, Der wahre Jesus? Der historische Jesus im Spruchevangelium Q, in: Zeitschrift für Neues Testament 1(1998) 17–26.

[40] *L. Schenke*, Die Urgemeinde, 131 f.; *F. Hahn*, Theologie des Neues Testaments I, Tübingen 2002, 206f.

[41] Alle Berichte von Totenerweckungen, auch die biblischen, haben als abkünftig, sekundär und legendär zu gelten. Einzige Ausnahme eines wirklich vom Tod Erweckten ist der Gekreuzigte, den Gott nach der Aussage der Apostelgeschichte „den Wehen des Totenreichs entriß" (Apg 2,24). In der spektakulärsten dieser Geschichten, der Auferweckung des Lazarus (Joh 11,1–44), nimmt Jesus seine eigene Auferweckung vorweg; dazu *G. Keil*, Das Johannesevangelium. Ein philosophisch-theologischer Kommentar, Göttingen 1997, 175–186.

Um diese Kontur vollends auszuleuchten, muß auf die von Jesus vollzogene Lebenstat zurückgeblendet werden. Wenn diese im Gegensinn zu aller menschlichen Erwartung in seiner Passion und schließlich in seinem Tod bestand, muß diesem eine seiner Negativität und insbesondere seiner Passivität entgegengesetzte Qualität abgewonnen werden. Darauf führt schon sein Doppelaspekt in der Odyssee, der größten Todesdichtung der Menschheit, hin. Zwar erscheint er auch darin im Sinn der von der Todesfurcht eröffneten Perspektive zunächst als der alles Leben verzehrende und zerstörende Vernichter. So vor allem in der Figur des menschenfressenden Polyphem und in der tödlichen Alternative von Skylla und Charybdis, aber auch in der Nekyia des Titelhelden, die seine extreme Annäherung an das Totenreich, aber auch das dabei gewonnene Wissen symbolisiert[42]. Doch im Kontrast dazu tritt der Tod im unwiderstehlichen Gesang der Sirenen und in der verzaubernden Umarmung der Kalypso ganz unvermittelt in den Gegenaspekt der verlockenden Faszination. Bezeichnend für den religiösen Grund dieser Ambivalenz zeichnet sich darin der Schatten des zwischen Schrecken und Faszination oszillierenden Gottes der gesamten Menschheitstradition ab, der auf eine unterschwellige Affinität von Gottes- und Todeserfahrung schließen läßt.

Es gehört zu den noch unausgeloteten Tiefen des Lukasevangeliums, daß es, wenngleich unreflektiert, Jesus von dieser Ambivalenz betroffen zeigt. Von einigen Pharisäern vor der Mordabsicht seines Landesherrn gewarnt (Lk 13,31), verläßt Jesus sein galiläisches Wirkungsfeld mit der Begründung, daß ein Prophet nirgendwo anders als in Jerusalem umkommen müsse (13,33), so daß sich sein weiteres Leben zu einer fortwährenden Flucht gestaltet. Demselben Hinweis zufolge muß es dann aber bei Jesus zu einem Umschwung gekommen sein, der ihn veranlaßte, „sein Angesicht fest nach Jerusalem zu richten" (9,51)[43]. Diesem Entschluß muß eine neue Einschätzung des ihn dort erwartenden Sterbens vorangegangen sein, die ihn den ihm drohenden Tod als seine krönende Lebenstat begreifen ließ. Wie im Fall seiner Identifizierung mit der Himmelsgestalt des Menschensohns (Dan 7,14) kann auf diesen Umschwung nur aufgrund von Indizien zurückgeschlossen werden, so daß die Erklärung nur auf dem Weg einer schwierigen Spurensuche gefunden werden kann.

Sinngemäß muß diese mit einer Befragung des Verhältnisses Jesu sowohl zu den Leidenden als auch zu den ihn in Mitleidenschaft Ziehenden, also zu seinen Gegnern und

[42] *R. von Ranke-Graves*, Griechische Mythologie. Quellen und Deutung, Reinbek bei Hamburg 1989, 344–359; dazu meine Schrift „Dasein auf Abruf". Der Tod als Schicksal, Versuchung und Aufgabe, Düsseldorf 1981, 31–37.

[43] *Schenke*, Die Urgemeinde, 241. Da es sich bei dieser Stelle um den Beginn der „großen Einschaltung" und des „Reiseberichts" handelt, gibt die spätere Erwähnung der Flucht keinen Hinweis auf die chronologische Konsekution, so daß Jesus während der Flucht den Entschluß zum Aufbruch nach Jerusalem gefaßt haben muß; dazu *W. Luz*, Warum zog Jesus nach Jerusalem, in: Der historische Jesus, 409–427.

Henkern einsetzen. Darauf gibt *Kierkegaard* einen vielsagenden Fingerzeig mit dem Hinweis, daß Jesus als Helfer seine Hilfe mit solcher Dringlichkeit anbietet, daß er geradezu als Hilfsbedürftiger erscheint, so daß der Helfer zuletzt die Züge einer Passionsfigur annimmt; denn:

> *O, mit offenen Armen da zu stehen und: „Kommt her!" zu rufen – und dann fliehen alle, und fliehen nicht nur, sondern fliehen, weil sie daran Anstoß genommen haben! O, Heiland der Welt zu sein!*[44]

Das aber hatte Jesus lange zuvor schon vorweggenommen, als er sich bei seiner von Lukas zu einem Lebensabriß gestalteten Antrittspredigt in der Synagoge von Nazaret mit dem Sprichwort „Arzt, heile dich selbst" in der Figur des verwundeten Arztes darstellte (Lk 4,23). Dem entspricht es, daß er beim Anblick der verwahrlosten und hirtenlosen Menschenmenge von Mitleid ergriffen wird (Mt 9,36), daß er die ihm in räumlicher und zeitlicher Hinsicht gezogenen Grenzen überwinden muß, um die von ihm erbetene Abhilfe zu schaffen (Mt 15,22–28; Joh 2,1–12), daß er bei seinen Heilungen in ekstatische Erregung gerät (Mt 17,14–18) und daß er beim Anblick des Grabes des Lazarus in Tränen ausbricht (Joh 11,38). Kränkend ist für ihn auch das Verhalten des Gelähmten am Betesdateich, der ihn, kaum, daß er geheilt und dadurch ins Leben zurückgeholt wurde, bei der jüdischen Behörde denunziert (Joh 5,15), ebenso wie der Undank der neun von ihm geheilten Aussätzigen (Lk 17,11–19) und der von ihm wunderbar Gespeisten, die sein Anerbieten, ihnen zum Lebensinhalt zu werden (Joh 6,35.48–51), mit dem Massenabfall beantworten.

Vor dem Hintergrund dieser Betroffenheit wächst Jesus immer deutlicher in die Rolle des verwundeten Arztes hinein. Daß das sogar auf die ihm am Kreuz geschlagene Todeswunde zutrifft, bestätigt die Szene von der Auferweckung des Lazarus (Joh 11,17–44), in der er über sich selber weint (11,35; Hebr 5,7), um sich dann gleichsam in Gestalt seines Doppelgängers mit der „in die Gräber dringenden" Stimme des Menschensohns (5,27f) aus der Grabeshöhle herauszurufen (11,43)[45]. Wenn man die Szene mit *Wilckens* als Vorgriff auf die Auferstehung Jesu liest, wird sie als bildhafte Umschreibung des Umschlags seines Leidens- und Todesverständnisses begreiflich. Was für ihn zunächst im Aspekt äußerster Passivität stand, wird für ihn nun zum Raum seines höchsten Machterweises. So sehr er als Mensch dem Todesschicksal unterworfen war, von seinen Feinden diesem Schicksal ausgeliefert und von seinem Gott dem Tod übergeben wurde, ergreift er gerade darin die Initiative zur Vollendung seines Lebenswerkes: Der Tod wird zur Tat, mit der er seine Sendung beschließt und krönt.

[44] *S. Kierkegaard*, Einübung im Christentum (Ausgabe *Hirsch* und *Gerdes*), Gütersloh 1980, 102.

[45] *K. Beyschlag*, Die verborgene Überlieferung von Christus, München und Hamburg 1969; 127–131; *U. Wilckens*, Das Evangelium nach Johannes, Göttingen 2000, 172–181; *G. Keil*, Das Johannesevangelium, Göttingen 1997, 180 ff.

Was das für Jesus selbst besagt, verdeutlicht vollends sein Verhältnis zu den Kritikern und Gegnern. Als ihm die Pharisäer angesichts seiner Dämonenaustreibungen den Vorwurf machen, die Teufel mit Hilfe ihres Anführers, des Oberteufels Beelzebul, auszutreiben, hält er ihnen entgegen:

> *Wenn ich aber durch den Finger Gottes die Dämonen austreibe, ist doch das Reich Gottes schon zu euch gekommen (Lk 11,20).*

Wie in einem Durchblick durch sein gesamtes Wunderwirken gibt er damit zu verstehen, daß es ihm dabei um die Tatverkündigung des Gottesreichs zu tun ist, dem er gleicherweise mit seinen Seligpreisungen wie mit seinen Gleichnissen das Wort redet. Noch tiefer läßt die Stelle blicken, in der er den Gesetzeslehrern vorwirft:

> *Sie schnüren schwere Lasten zusammen und legen sie den Menschen auf die Schultern, doch rühren sie keinen Finger, um ihnen diese tragen zu helfen (Mt 23,34).*

Denn damit entwirft er das exakte Gegenbild seiner selbst, wenn er im Nachsatz seiner großen Einladung an die Bedrückten und Beladenen erklärt:

> *Nehmt mein Joch auf euch und lernt von mir; denn ich bin gütig und demütig von Herzen. So werdet ihr Ruhe finden für eure Seelen; denn mein Joch ist sanft und meine Last ist leicht (Mt 11,29)*[46].

Das kann er für sich in Anspruch nehmen, weil er sich selbst unter die von ihm aufgebürdete Last stellt und sie so, anders als seine Gegner, tragen hilft. In der Hellsichtigkeit seines Hasses erkannte schließlich *Nietzsche*, daß sich diese Solidarisierung Jesu mit den von der rabbinischen Gesetzesauslegung Bedrückten sogar auf die dafür Verantwortlichen und über sie hinaus auf seine Widersacher und erbitterten Feinde erstreckt. Ausgerechnet auf dem im „Antichrist“ erreichten Höhepunkt seiner Christentumskritik erklärt er im Blick auf das Kreuzesleiden Jesu:

> *Und er bittet, er leidet, er liebt* mit *denen,* in *denen, die ihm Böses tun*[47].

Danach hat Jesus nicht nur, wie die Lukaspassion berichtet, für seine Peiniger gebetet (Lk 23,34), sondern mit und in ihnen; ebenso hat er nicht nur unter ihren Geißel- und

[46] *L. Schenke*, Die Urgemeinde, 155; *H. von Lips*, Weisheitliche Traditionen im Neuen Testament, Neukirchen-Vluyn 1990, 280–285.

[47] *F. Nietzsche*, Der Antichrist, § 35; dazu meine Abhandlung „Nietzsche. Zerstörer oder Erneuerer des Christentums?“ Darmstadt 2002, 21; 78; 115.

Hammerschlägen, sondern mit und in ihnen gelitten, so daß er sie mit ihrem Haß in eine Gebets- und Leidensgemeinschaft mit sich zog. Wie er sich im Kontrastbild der Gesetzeslehrer selbst erblickt hatte, überwindet er nun auch die Grausamkeit seiner Gegner, indem er sie in den (nach Joh 13,1) in seiner Passion erreichten Exzeß seiner Liebe aufnimmt. Im Rückschluß auf die ihm in Glaube und Liebe Zugewandten gilt das dann aber erst recht von ihnen. Da er als der am Kreuz Erhöhte (nach Joh 12,32) „alle" an sich zieht, beginnt für sie schon am Kreuz jene Erhebung in eine transkreatürliche Seinsweise, die sich in seiner Auferstehung vollendet. Durch sie sind die Seinen definitiv in seine Einsetzung zum Gottessohn einbezogen und dadurch zum Stand der Gotteskindschaft erhoben.

Jetzt klärt sich endgültig, daß die christlich verstandene Gotteskindschaft ihren Ursprung im Mitvollzug der am Kreuz beginnenden und in der Auferstehung vollendeten Erhöhung Jesu und daß sie ihr Zentrum in der Übereignung seiner Gottessohnschaft an die Seinen hat. Erst in der Vermittlung durch ihn gewinnt die Gotteskindschaft die namengebende Beziehung zu dem Gott, den Jesus in seiner Vaterschaft entdeckte und vielfach, zuletzt sogar mit seinem unartikulierten Todesschrei (Mk 15,37), anrief. Wenn die Gotteskinder auf sein Geheiß (Lk 11,2) Gott gleichfalls mit der ehrfürchtigen Zärtlichkeitsanrede „Abba – Vater" ansprechen, tun sie es im Geist und im Anschluß an den, der mit dieser Anrede seiner Gottesentdeckung Ausdruck verlieh und dadurch die entscheidende Innovation in der Religionsgeschichte der Menschheit herbeiführte. Mit der Rückendeckung dieser Großtat und getragen von ihr erheben sie sich dann aber auch zu einer dem Seinsstand des Erhöhten angenäherten Position, in der sie der kreatürlichen Todverfallenheit überhoben sind, so daß sie, ungeachtet der Notwendigkeit, noch sterben zu müssen, den Tod bereits hinter sich haben und Anteil an der himmlischen Gottesbürgerschaft (Phil 3,20f) gewinnen. Als solche sind sie ebenso aufgerufen wie befähigt, mit Jesus den Kampf mit seinem „letzten Feind", dem Tod, aufzunehmen (1Kor 15,28), und das heißt für sie konkret, sich gegen Haß und Krieg einzusetzen und in die Fußspur dessen zu treten, der nicht nur wie kein anderer den Frieden brachte (Joh 13,34), sondern der der Friede in leibhaftiger Verkörperung ist (Eph 2,14),). Sie können es, weil sie aufgrund ihrer Erhebung den Tod nicht mehr zu fürchten brauchen; und weil sie es können, sind sie dazu verpflichtet.

4. Die Begriffstruktur

Gotteskindschaft ist, als Wort betrachtet, ein kopflastiges Kompositum, dessen Grundwort – Kindschaft – durch den Oberbegriff „Gott" determiniert wird. Dabei verhält es sich ähnlich wie bei der Definition des Menschen als animal rationale, bei der die spezifizierende Differenz – Vernunft – gegenüber dem Grundwort – Lebewesen – das Übergewicht hat (*Welte*)[48]. Dadurch entsteht ein semantisches Wechselspiel, das dem Versuch entgegenkommt, den mit dem Wort bezeichneten Sachverhalt genauer auszuleuchten. Am einfachsten geschieht das im Blick auf die beiden abrahamitischen Weltreligionen, die entweder, wie im Fall des Judentums ein eigenes Konzept von Sohnschaft entwickelt haben, oder aber, wie in dem des Islam, die Möglichkeit einer Gotteskindschaft grundsätzlich bestreiten. Das eine geschieht in der auch vom Matthäusevangelium aufgenommenen Hoseastelle, die den Auszug aus Ägypten in das Gotteswort faßt: „Aus Ägypten rief ich meinen Sohn" (Hos 11,1); das andere in der für den islamischen Glauben grundlegenden Sure 112:

> *Sprich: Gott ist ein Einziger, Gott durch und durch, und keiner ist ihm gleich. Er hat weder gezeugt, noch ist er gezeugt worden*[49].

Der jüdische Sohnschaftsbegriff ist zwar verbal, so wie er in dem – ebenfalls auf Jesus bezogenen (Hebr 1,5) – Psalmwort „Mein Sohn bist du, heute habe ich dich gezeugt" (Ps 2,7) artikuliert wird, dem ägyptischen Inthronisationsritual entnommen; doch ist in allen Verdeutlichungen des Wortes die Vorstellung einer Zeugung, die auch im ägyptischen Sprachgebrauch nur metaphorisch gemeint ist, strikt ausgeschlossen. Vielmehr zeigen die von *Rusam* und *Strotmann* aufgeführten Bezugsstellen, daß die Sohnschaft Israels aus seinem Geschaffen- und Erwähltsein durch Jahwe hergeleitet wird, wobei allerdings zu berücksichtigen ist, daß im jüdischen Schöpfungsbegriff bisweilen auch die Konnotation einer liebenden Hervorbringung mitschwingt. Denn das von Jahwe in der Wüste aufgelesene Findelkind hatte doch, ungeachtet seiner (in Ez 16) angesprochenen ethnischen Herkunft, einen Vater, auch wenn dieser mit seinem göttlichen Gemahl nicht identisch sein konnte. Dominant ist aber für den jüdischen Sohnbegriff auf jeden Fall seine Herleitung aus dem schöpferischen Wirken Jahwes. Darin unterscheidet er sich nachhaltig vom Konzept der Gotteskindschaft.

Demgegenüber ist diese für den Islam völlig ausgeschlossen, auch wenn sich die Sure 112, wie *Josef van Ess* behauptet, ursprünglich nicht gegen das christliche Trinitätsdogma, sondern gegen das polytheistische, von Göttersöhnen und -töchtern bevölkerte Umfeld des frühen Islam richtet[50]. Die strikte Einzigkeit Allahs im Sinn einer identitatis unitas schließt den Gedanken an eine Sohnschaft aus. Dabei darf freilich ihre Funktionalität nicht außer acht gelassen werden. Denn mit der Einzigkeit Allahs verhält es sich ähnlich wie mit dem streng formal, als das unüberdenklich Größte (quo maius cogitari nequit)

[48] Den makabren Fall einer solchen Umgewichtung bildet die Rechtfertigung der Atombombenabwürfe auf Hiroshima und Nagasaki mit der dadurch erzielten Beendigung des pazifischen Kriegs (1945), in dem das infernalische Mittel den humanitären Zweck aufzehrt.

[49] *H. Küng* und *J. van Ess*, Christentum und Weltreligionen – Islam, München 1993, 109 f.

[50] *van Ess*, ebd.

gefaßten Gottesbegriff des anselmischen Arguments. Wie dieser das Nichtsein Gottes denkerisch ausschließt, so daß er als existent gedacht werden muß, erweist sich der in strenger Einzigkeit gedachte Gott der Muslime als faszinierende Übermacht, die dem Islam jenen mächtigen Zugriff auf seine Gläubigen einträgt, der im weiten Feld der Weltreligionen nicht seinesgleichen hat. Auch wenn der Islam den Begriff der Gotteskindschaft von sich weist, steht der fromme Muslim doch in einem Intimverhältnis zu Allah, das sachlich dem der Sohnschaft nahekommt. Freilich muß mit *van Ess* hinzugenommen werden, daß sich die Hingabe des Frommen auf den Willen Allahs, nicht jedoch auf seine Person bezieht. Da diese aber für die Sohnschaft konstitutiv ist, bleibt in der Annäherung eine unüberbrückbare Distanz.

Während bei den beiden Vergleichsreligionen der Akzent auf dem Leitbegriff Gott liegt, ist es im Fall des christlichen Verständnisses das Adjunkt Kindschaft, von dem aus die Begriffsstruktur aufgeschlossen werden muß. Denn die Gotteskindschaft ist der bereits nachgezeichneten Tradition zufolge die an die Gläubigen und durch sie – zumindest potentiell – an die Welt übereignete Gottessohnschaft Jesu, von der gleichfalls schon deutlich wurde, daß sie (nach Röm 1,4) als Wechselbegriff zu Auferstehung zu gelten hat. Danach ist der Gekreuzigte durch die Auferstehung „zum Gottessohn mit Macht" eingesetzt, während der Erhöhte seinen weltüberlegenen Seinsstand dem Ereignis verdankt, durch das er als der „bis zum Tod am Kreuz" Erniedrigte (Phil 2,8) der universalen Todverfallenheit entrissen und in ein nur als „genealogisch" zu charakterisierendes Gottesverhältnis aufgenommen wurde. Daß der Auferstandene in Gott definitiv den Vater gefunden hat, bestätigt sein Wort an die Osterzeugin Maria von Magdala: „Ich steige auf zu meinem Vater und zu eurem Vater, zu meinem Gott und zu eurem Gott" (Joh 20,17)[51].

In diesem Wort ist ebenso von dem Vaterverhältnis Jesus wie von dem zu den Seinen die Rede. Das geschieht zwar in deutlich differenzierender Weise, aber doch in einem Atemzug, so daß nicht zwischen eigentlicher und uneigentlicher Sohnschaft unterschieden werden kann. Der Unterschied besteht nur zwischen dem Geber und den Empfängern ein und derselben Gabe. Diese ist freilich genuines Eigentum des Gebers, während sie den Empfängern nur als zugeeignetes Gut zukommt. In dieser Hinsicht ist der Unterschied fundamental. Nie hätte es die Gotteskindschaft gegeben, wenn Jesus entweder Gott oder Mensch und nicht Gottmensch und als solcher Sohn Gottes wäre. Das war der Anstoß, der *Wladimir Solowjew* zur Ausarbeitung seiner „Zwölf Vorlesungen über das Gottmenschentum" bewog[52]. Dramatischer Hintergrund dessen ist der dogmengeschichtliche Streit um die bis in die Gegenwart, wenngleich unter unterschiedlichen Aspekten fortdauernde Frage, ob Jesus als der „metaphysische" oder nur als „adoptierter" Gottessohn zu gelten hat. Wie in vergleichbaren Streitfällen war die Frage durch die kon-

[51] *U. Wilckens*, Das Evangelium nach Johannes, 309 f.

[52] *W. Solowjew*, Zwölf Vorlesungen über das Gottmenschentum, Stuttgart 1921; dazu *L. Müller*, Solowjews Leben in Briefen und Gedichten, Freiburg 1977, 22–26; 74.

ziliaren Entscheidungen von Nikaia und Chalkedon zwar „gelöst", aber keineswegs zum Schweigen gebracht[53]. Noch *Dostojewskij* sah in der liberalen – in seiner Terminologie der „Genfer" – Theologie ein neuerliches Aufflackern des arianischen Adoptianismus[54].

Zweifellos lag in dieser sich unterschwellig durchhaltenden adoptianischen Häresie ein, wenn nicht *der* Grund des progressiven Profilverlustes der Idee der Gotteskindschaft, der es dahin brachte, daß nach der intensiven Würdigung in Patristik und Mittelalter das Motiv in der Folgezeit weitgehend aus dem religiösen Bewußtsein verschwand[55]. Zu diesem ersten Grund kam aber ein zweiter, kaum weniger gravierender hinzu: die Marginalisierung des Auferstehungsglaubens in der neueren und neuesten Theologie[56]. Sie hing entscheidend mit deren Unvermögen zusammen, der geradezu programmatischen Bestreitung der Möglichkeit eines göttlichen Eingriffs in die Geschichte durch *David Friedrich Strauß* ein durchschlagendes, womöglich von der Geschichte selbst eingebrachtes Argument entgegenzusetzen. Denn ohne Auferstehung ist die christlich verstandene Gotteskindschaft nicht nur ausgeschlossen, sondern undenkbar. Und dies um so mehr, als nach dem Gesagten bei der Erörterung der Begriffsstruktur mit ihr der Anfang gemacht werden muß.

Wenn das gelingen soll, muß die Auferstehung Jesu als Fundament seiner Gottessohnschaft in ihrer Glaubwürdigkeit und Denkbarkeit gegen alle Einwände und Irritationen sichergestellt werden. Weil der von Strauß erhobene Einwand letztlich auf die Feststellung *Lessings*, daß in seinem „achtzehnten Jahrhundert keine Wunder" mehr geschähen und auf seine Klage über den „garstigen breiten Graben" des frustrierenden Zeitenabstands zurückgeht, muß, wenn irgend möglich, dieser Graben überbrückt und, ergänzend dazu, ein göttliches Wirken in der Geschichte glaubhaft gemacht werden. Das eine geschieht durch das Konzept einer „Christologie von innen", die in dem Nachweis gipfelt, daß Jesus von sich aus den Zeitenabstand überwunden und sich als „denselben: gestern, heute und in Ewigkeit" (Hebr 13,8) erwiesen hat. Das andere hat die Wiedergewinnung des jüdischen Geschichtsverständnisses und seine Verifizierung am aktuellen Geschichtsverlauf zur Voraussetzung[57].

[53] *K. Beyschlag*, Grundriß der Dogmengeschichte I: Gott und Welt, Darmstadt 1988, 240–243.

[54] *K. Onasch*, Dostojewski-Biographie, Zürich 1960, 64.

[55] Mit der großen Ausnahme von *Johann Gottlieb Fichtes* „Anweisung zum seligen Leben" (Ausgabe *Medicus*), Hamburg 1954, 95–103.

[56] Dazu die kritischen Ausführungen meiner „Einweisung ins Christentum", 49 ff.

[57] Dazu mein Beitrag „Der Helfer und die Hilfe. Plädoyer für eine Christologie ‚von innen'", in: *J. Sauer* (Hrsg.), Wer ist Jesus Christus? Freiburg 1977, 165–200; 200; ferner meine Programmschrift „Glaubenserweckung. Das Christentum an der Jahrtausendwende", Düsseldorf 2003, 78–82.

5. Das Zielbild

Die Begriffsstruktur der Gotteskindschaft ist demnach solange nur unvollständig ausgeleuchtet, als sie nur als Gewährung und Besitzstand begriffen wird. Zwar legt die Schlüsselstelle des Ersten Johannesbriefs darauf alles Gewicht, wenn sie betont: „Jetzt sind wir Kinder Gottes“ (1Joh 3,2). Doch fügt er dieser Feststellung die einschränkende Prognose hinzu: „Noch ist nicht offenbar geworden, was wir sein werden“ (ebd.). Das klingt wie eine Schmälerung des festgestellten Besitzstandes und wie eine Vertagung des Vollbesitzes in die eschatologische Zukunft. Und so, als ob „für die Gotteskinder noch etwas ausstehe“, ist die Stelle auch von der Fachexegese verstanden worden[58]. Indessen läßt sich diese Auslegung nur solange halten, wie man, mit *Nikolaus von Kues* gesprochen, davon ausgeht, daß wir als Gotteskinder „etwas anders sein werden, als was wir jetzt sind“ und nicht mit dem Kusaner begreift, daß es dabei um ein Anderssein, also um ein höheres Maß der Selbstaneignung zu tun ist[59].

Vom Tiefgang dieser Differenz vermittelt der Zwiespalt einen Eindruck, in den *Alfred Wikenhauser* bei seiner Ausdeutung der „Christusmystik des Apostels Paulus“ geriet[60]. So überzeugend und differenziert er der mystischen Dimension der paulinischen Botschaft Ausdruck verlieh, schreckte er doch vor ihrer vollen Konsequenz zurück, als er das „Sein in Christus“ gegen dessen innere Logik „nur für die Zeit bis zur Parusie“ gelten ließ und für den Zustand danach „eine ganz andere Art der Gemeinschaft“ postulierte, und als er in der Konsequenz dessen ein „Provisorium“ von einem „Definitivum“ unterschied[61].

„Was wir sein werden“, ist aber im Hinblick darauf gerade kein definitiver Endzustand, auf den die Gotteskindschaft als „Provisorium“ hinführt, sondern die der Gotteskindschaft eingestiftete Teleologie. Sie strebt als Gegebenheit und Gabe über sich hinaus und auf den hin, der ihr Geber ist. Sie ist, anders gewendet, eine sich selbst transzendierende Gegebenheit und entspricht als solche der konstitutiven Selbstüberschreitung, in der *Pascal* den Menschen nach seiner Charakteristik „l'homme passe infinement l'homme“ immer schon begriffen sieht[62]. Bei aller Ungeschuldetheit, die dieser „sûrcroît“ (*Blondel*), also dieser „Zuwachs“ dem Menschen einträgt, entspricht er doch der Disposition, wenn nicht gar der existentiellen Sehnsucht des Menschen[63].

[58] *H. J. Klauck*, Der erste Johannesbrief, Zürich 1991, 181.

[59] *Cusanus*, Vom verborgenen Gott 80.

[60] *A. Wikenhauser*, Die Christusmystik des Apostels Paulus, Freiburg 1950, 6.

[61] A. a. O., 136.

[62] *B. Pascal*, Pensées, Frgm. 434; dazu *R. Guardini*, Christliches Bewußtsein. Versuche über Pascal, Leipzig 1935, 99.

[63] *E. Seiterich*, Wege der Glaubensbegründung, 52; 56 f.; 68 f.; *H. Bouillard*, Blondel und das Christentum (Originaltitel: Blondel et le Christianisme), Mainz 1963, 18 ff.

Dahinter verbirgt sich jedoch ein noch gravierenderes Problem, das mit dem Gegensatz von „alternativer" und „realisierter" (*Dodd*) Eschatologie aufgeworfen ist[64]. Wie in einer gezielten Antwort auf die Naherwartung, in der die Urgemeinde befangen war, reißt der johanneische Jesus die Hoffnung auf die „Auferstehung am jüngsten Tag" mit dem Präsenz- und Präsentationswort an sich: „Ich bin die Auferstehung und das Leben" (Joh 11,24ff)[65]. Was der in das Zeitgeschehen Eingebundene erst von der jeweiligen Zukunft erwartet, ist in ihm bereits vorweggenommen und erfüllt. Er ist ebenso wie das mit der Auferweckung des Lazarus letztlich gemeinte Gotteswunder so auch der leibhaftige Inbegriff der allen und allem bevorstehenden Zukunft. Da der johanneische Jesus aus der Position des Erhöhten spricht, ist in alledem seine Auferstehung vorausgesetzt. Als Auferstandener ist er die leibhaftige „Auferstehung und das Leben"; und er ist es, wie der Johannesprolog versichert, für alle, „die an seinen Namen glauben" und dadurch, daß sie ihn als Glaubende „aufnehmen", die Vollmacht gewinnen, „Kinder Gottes zu werden" (1,12)[66].

Dadurch gerät die Gotteskindschaft in das Kraftfeld der in Jesus vorweggenommenen und realisierten Eschatologie. Sie wird, strukturell gesehen, zum Inbegriff des sich selbst überschreitenden Menschseins. Wenn die johanneische Schlüsselstelle (1Joh 3,1f), die mit der Aufforderung „seht doch!" einsetzt, darauf abhebt, daß „noch nicht offenbar geworden ist, was wir sein werden" (3,2), rückt sie das Motiv, wenngleich ganz unbetont, überdies in einen eidetischen Aspekt. „Was wir sein werden", wird sich dann, ohne daß gesagt würde, wann und wie, eines Tages enthüllen. Unter dem Gesichtspunkt der realisierten Eschatologie ist dieser „Tag" aber bereits angebrochen, so daß zumindest ansatzweise jetzt schon gesehen werden kann, „was wir sein werden".

Gesehen und sichtbar gemacht wurde das, wie bereits ausgeführt, in der als Symbolfigur der spätmittelalterlichen „Gottesfreunde" anzusehenden Konfiguration der Christus-Johannes-Gruppe, die den mystischen Kreislauf zwischen Jesus und dem an seine Brust hingesunkenen Lieblingsjünger ungemein plastisch zum Ausdruck bringt[67]. Das hatte, höchst beziehungsreich, der in einem Fresko der Taufkapelle von Brixen bildhaft dargestellte Vers des 85. Psalms vorweggenommen:

> *Huld und Treue begegnen sich,*
> *Gerechtigkeit und Friede küssen sich (Ps 85,11)*[68].

[64] *R. Schnackenburg*, Das eschatologische Denken im Johannesevangelium, in: Das Johannesevangelium II, 1985, 530–544; *M. Kehl*, Und was kommt nach dem Ende? Freiburg 1999.

[65] *G. Keil*, Das Johannesevangelium, 184 ff.; *R. Bultmann*, Das Evangelium des Johannes, Göttingen 1950, 306 ff.; *U. Wilckens*, Das Evangelium nach Johannes, 177 ff.

[66] *Bultmann*, A. a. O., 35 ff.; Wilckens, A. a. O. 31 f.

[67] Dazu *J. Lanczkowski*, Erhebe dich, meine Seele. Mystische Texte des Mittelalters, Stuttgart 1988, 28 ff.; 308–318.

[68] *K. Wolfsgruber*, Dom und Kreuzgang von Brixen. Geschichte und Kunst, Bozen 1988, 50 f.;150 f.

Doch die Idee der Gotteskindschaft drängt über diese Konfiguration hinaus, weil diese das Moment des Übersteigens nur veranschaulicht; denn sie drängt darauf, zu einem Ideal kristallisiert zu werden. Dafür muß die Idee auf ihren Ursprung, also auf den Auferstandenen, zurückgenommen werden, der (nach 2Kor 3,3 und Kol 1,15) „das Bild Gottes ist". Das kann Paulus von Christus sagen, weil ihm nach dem optischen Zeugnis seiner Damaskusvision die Gottesherrlichkeit auf dem Antlitz des Auferstandenen erstrahlte (2Kor 4,6), so wie ihm seinem akustischen Zeugnis zufolge das Geheimnis des Gottessohns ins Herz gesprochen worden war[69]. Das Herz war aber für ihn nicht nur der „Ort" dieser Schau, sondern auch der „Spiegel", der diese reflektiert; denn:

> *Der Herr ist der Geist; wo aber der Geist des Herrn waltet, da ist Freiheit. Wir alle aber, die wir mit unverhülltem Antlitz die Herrlichkeit des Herrn widerspiegeln, werden von Klarheit zu Klarheit in dasselbe Bild umgewandelt, wie es der vom Herrn des Geistes ausgehenden Wirkung entspricht*[70].

Wenn *Gerd Theissen* aus dieser Stelle folgert, daß Christus „als Eikon die archetypische Zielgröße des Selbst" repräsentiere, betont er zugleich den prozessualen Charakter der von Paulus ausgesagten Widerspiegelung[71]. Sie erfolgt nicht wie die Schau des verklärten Angesichts im Blitzschlag eines Augenblicks, sondern ist das Werk einer fortschreitenden Anverwandlung. Damit ist der progressive Charakter dieses Vorgangs gesichert. Gilt das aber auch für die Gotteskindschaft?

Auch wenn die Briefmetaphorik, aus der Paulus (nach 2Kor 3,2) den Gedankengang entwickelt, die ausdrückliche Nennung des Motivs verhindert, ist es doch aufgrund des der ganzen Ableitung zugrundeliegenden Auferstehungsgedankens mitgesagt. Denn die Aufnahme des Auferstandenen in ein genealogisches Gottesverhältnis und seine damit gleichbedeutende Einsetzung „zum Gottessohn mit Macht" (Röm 1,4) ist der Grund dafür, daß auch alle damit Beschenkten in ein seiner Sohnschaft analoges Gottesverhältnis aufgenommen und dadurch zu Kindern Gottes werden. Sie werden es, um es immer mehr, immer bewußter, aktiver und wirklicher zu sein.

Ansichtig aber werden sie dessen, sofern sie in ihrem Herzen das verklärte Antlitz des Auferstandenen widerspiegeln und „in dasselbe Bild" umgewandelt werden. Das ist ein innerer, mit *Theissen* gesprochen, „archetypischer" Vorgang. Nach aller Erfahrung brechen archetypische Prägungen in Grenzsituationen ins wache Bewußtsein durch und werden dort in Form von Visionen sichtbar[72]. Wenn je eine solche Grenzsituation für eine in ihren Tiefen erschütterte Gruppe gegeben war, dann für die Jünger nach dem

[69] *B. Heininger*, Paulus als Visionär. Eine religionsgeschichtliche Studie, Freiburg 1995, 201 ff.

[70] *G. Theissen*, Psychologische Aspekte paulinischer Theologie, Göttingen 1983, 144; 156–156.

[71] A. a. O., 156.

[72] *C. G. Jung*, Archetypen, München 2003.

Kreuzestod Jesu[73]. Wenn überdies die Annahme *Martin Bubers* zutrifft, daß Jesus im Verhör durch den Sanhedrin seiner Zukunftsgestalt ansichtig wurde und durch sein Bekenntnis (Mk 14,61f) eine Blickbahn aufstieß, in welche die Zeugen seiner Ostererscheinungen eintraten, ist damit das Modell für die Verbildlichung der inneren Spiegelschau gegeben[74]. Was dann noch fehlt, ist der Nachweis, daß heute eine vergleichbare Grenzsituation gegeben ist, die zur Verbildlichung des archetypischen Datums drängt.

Im zweiten Band seiner „Philosophie" mit dem Titel „Existenzerhellung" beschreibt *Karl Jaspers* einzelne Grenzsituationen, darunter an erster Stelle den Tod und die von ihm als das spezifische Schicksal der Gegenwart empfundene Lebensangst, von der er in seiner Bestimmung der „geistigen Situation der Zeit" erklärt:

> *Eine so noch nie dagewesene Lebensangst ist zum unheimlichen Begleiter des modernen Menschen geworden*[75].

Wenn man hinzunimmt, daß die ganze Epoche als das „Zeitalter der Angst" bestimmt wurde (*Auden*), verdichtet sich der Eindruck, daß die Gegenwart tatsächlich den Charakter einer Grenzsituation aufweist. Dafür spricht auch die bereits vermerkte Wahrnehmung, daß so, wie nach *Hegel* die Philosophie die Sache der Religion übernahm, heute die Technik das Grundproblem der Metaphysik, die Verhältnisbestimmung von Möglichkeit und Wirklichkeit, an sich riß, und dies mit Erfolgen, welche die conditio humana veränderten und den Menschen zum Schöpfer seiner selbst, wenn auch nur in Form eines „Prothesengottes" (*Freud*) werden ließen[76].

Im religiösen Bereich entsprechen dem zwei denkbar konträre Befunde. Einerseits die unübersehbare Tatsache, daß der Gottesglaube gerade in seinen europäischen Stammgebieten im Schwinden begriffen ist (*Meisner*), andererseits die sich gegensinnig dazu vollziehende glaubensgeschichtliche Wende, die bereits das Stadium der Wende vom traditionellen Gegenstandsglauben zum mystischen Identitätsglauben erreichte[77]. Im Zug

[73] Für Jesus selbst ist (nach Joh 13,21) die Entlarvung des Verräters der Augenblick seiner tiefsten Erschütterung, in dem der Lieblingsjünger nach Art einer archetypischen Konfiguration die Szene betritt (13,23); dazu mein Beitrag „Was ist mit diesem? Eine theologische Improvisation über das Thema des von Jesus geliebten Jüngers", in: *C. Breytenbach* und *H. Paulsen* (Hrsg.), Anfänge der Christologie, Göttingen 1991, 323–336.

[74] *M. Buber*, Zwei Glaubensweisen, 110 f.; dazu meine Programmschrift „Glaubenserweckung", 78 ff.

[75] *K. Jaspers*, Philosophie II: Existenzerhellung, Berlin 1932, 220–229; *Ders.*, Die geistige Situation der Zeit (1931), Berlin 1971, 33; dazu meine Schrift „Überwindung der Lebensangst. Wege zu einem befreienden Gottesbild", München 1966, 25–44.

[76] Dazu nochmals die Ausführungen auf Seite 55 f; 76.

[77] Dazu sowohl meine „Einweisung ins Christentum" (1997) als auch meine Immanenzchristologie „Das Antlitz" (1999) und meine Programmschrift „Glaubenserweckung" (2000).

dieser Entwicklung stieg Jesus nicht nur vom Thron seines Herrentums herab (*Guardini*), um den Seinen ebenerdig, als Bruder (*Ben-Chorin*), Helfer (*Kierkegaard*) und Freund (*Schnackenburg*) entgegenzutreten und ihnen sein Antlitz zuzuwenden (*Biser*); vielmehr versetzte er mit dieser Zuwendung die glaubensgeschichtliche Situation insgesamt ins Bild. Wenn von dem sich dem Betrachter zuwendenden Antlitz wie von dem in Christus aufleuchtenden „Bild Gottes" (2Kor 4,4) ebenfalls gilt, daß es sich „in unsern Herzen widerspiegeln" will (3,18), kommt darin die Übereignung der Gottessohnschaft Jesu an die Seinen zum Ausdruck. Die Widerspiegelung seines Angesichts ist dann nur die eidetische Wahrnehmung seiner Selbstübereignung und die dadurch gewonnene Gotteskindschaft deren sichtbare Erscheinung.

Wenn aber der glaubensgeschichtliche Augenblick auf den Durchbruch vom Gegenstands- zum Identitätsglauben abzielt, tritt damit auch die Gotteskindschaft in einen mystischen Aspekt. Sie erscheint dann als die zur Lebensform gewordene Einwohnung Jesu im Herzen der Seinen. Was der Epheserbrief in den Wunsch kleidet: „Christus möge durch den Glauben in euren Herzen wohnen" (Eph 3,17), wird dann in der Gotteskindschaft zum existentiell gelebten Vollzug. Sie ist der konkretisierte Widerschein des den Glaubenden zugewandten und von ihnen reflektierten Angesichts Jesu Christi.

Auf den Einwohnungsgedanken zurückbezogen, kommt nun der dynamische Charakter der Gotteskindschaft erneut zum Vorschein. Denn nach *Gregor von Nyssa*, der damit den Gedanken des Epheserbriefs vom Heranwachsen zum Vollalter Christi (Eph 4,13) aufnimmt, vollzieht sich die Einwohnung stadienweise, im Fortschritt an Alter, Weisheit und Gnade[78]. Das muß sich nun auch auf die Bildgestalt auswirken. Sie muß, richtig ausgearbeitet, dieser progressiven Dynamik entsprechen. Das heißt, daß sich die Idee der Gotteskindschaft zum Ideal auskristallisieren muß. Das aber stößt auf seit langem erhobene Einwände.

Nachdem noch *Schiller* „Die Ideale" gerühmt und *Franz Liszt* ihnen die neunte seiner sinfonischen Dichtungen gewidmet hatte, sah sie *Nietzsche* im Herbstwind einer zu Ende gehenden Zeit „wie reife Früchte" von den Bäumen fallen[79]. Im Zug dieses Gegenwinds wollte *Georg Picht* von der Frage „Unterwegs nach neuen Leitbildern?" nur noch das Unterwegs gelten lassen[80]. Und in seinem Essay „Die Zeit des Weltbilds" dekretierte *Heidegger* vollends das Ende der Ideale[81]. Indessen steht seine Kritik in unverkennbarem Zusammenhang mit seinem Versuch, dem Christentum als Offenbarungsreligion durch deren

[78] *H. Rahner*, Die Gottesgeburt. Die Lehren der Kirchenväter von der Geburt Christi im Herzen der Gläubigen, in: Zeitschrift für katholische Theologie 59 (1935), 333–412.

[79] *F. von Schiller*, Die Ideale; Das Ideal und das Leben; *F. Liszt*, Sinfonische Dichtung Nr. 9 ; *F. Nietzsche*, Der Antichrist, § 6; Ecce homo. Wie man wird, was man ist. Vorwort § 2; III § 1.

[80] *G. Picht*, Unterwegs nach neuen Leitbildern? Würzburg 1957, 60; *M. Mitscherlich*, Das Ende der Vorbilder. Vom Nutzen und Nachteil der Idealisierung, München 1986.

[81] *M. Heidegger*, Die Zeit des Weltbilds, in: Holzwege, Frankfurt 1950, 69–104.

Reduktion auf sein Konzept der Seinsgeschichte den Boden zu entziehen[82]. All dem aber hatte *Dostojewskij* durch sein Vorhaben widersprochen, ein Jesusbuch zu schreiben, in dem er Jesus als das alle Sehnsüchte in sich zusammenfassende Menschheitsideal herausstellen wollte: ein Vorhaben, mit dem er tatsächlich die christliche Gegenthese zu der säkularistischen Kritik und Bestreitung des Ideals im Auge hatte[83]. Mit der Rückendeckung dieser Position, aber auch einer unvordenklichen psychologischen und pädagogischen Erfahrung hatte *Friedrich Rückert* das Ideal mit seinem Wort von dem vor einem jeden als höchstes Werdeziel aufscheinenden „Bild" rehabilitiert[84].

Das gilt uneingeschränkt auch von der Bildgestalt der Gotteskindschaft. Sie hat zwar, wie ihre Konfiguration im Kind von *Runges* „Morgen" und in den Christus-Johannes-Gruppen zeigt, den Charakter einer Ikone, nicht weniger aber auch den eines Zielbilds und Entwurfs. Gotteskindschaft ist ein Besitz, der immer erst und immer noch erworben werden muß; ein Ziel, das erschaut werden muß, um immer neu erstrebt zu werden, und das erstrebt werden muß, um immer umfänglicher erschaut zu werden, weil es als Ziel die noch ungehobenen Energien mobilisiert. Auch in diesem Sinn gilt das johanneische Wort:

> *Jetzt sind wir Kinder Gottes; doch ist noch nicht offenbar geworden, was wir sein werden (1Joh 3,2)*[85].

[82] In diesem Sinn muß die Heideggerkritik *Karl Löwiths* (in: Heidegger – Denker in dürftiger Zeit. Zur Stellung der Philosophie im 20. Jahrhundert, Stuttgart 1984, 72–289) vervollständigt werden. Das Konzept der Seinsgeschichte besteht, wie der „allzuchristlichen" Heidegger-Rezeption (*Welte*) entgegengehalten werden muß, in dem blasphemischen Versuch, den Offenbarungsgedanken seiner theistischen Herkunft zu entreißen und auf das opake Zeitgeschehen zurückzunehmen, das dann aus unerfindlichen Gründen das verfügte, was jeweils „an der Zeit war". In diesem Sinn bezeichnete *Edith Stein* die Philosophie Heideggers nach einer Mitteilung *Eugen Seiterichs* als die „Philosophie des schlechten Gewissens".

[83] *K. Onasch*, Dostojewski-Biographie, Zürich 1960, 110.

[84] Zitat und Stellenangabe auf Seite 43.

[85] *H.-J. Klauck*, Der erste Johannesbrief, Zürich 1991, 180 ff.

Viertes Kapitel

Die Bezeugung

1. Das paulinische Zeugnis

Auf einer ganzen Reihe von Feldern ist Paulus der große Protagonist der Christenheit. Er führte sie ebenso in die Weite wie in die Tiefe. In die Weite, sofern er ihr bei aller Treue zum Judentum doch dessen Fessel in Gestalt des Gesetzes entriß und sie dadurch aus der provinziellen Enge ihres Anfangs zur vollen Größe als Weltreligion führte. Aber auch in die Tiefe, sofern er den Glauben als Interaktion mit dem Geglaubten erwies und dadurch der Mystik zum Durchbruch verhalf. Für den, der (nach Gal 2,20) im Glauben an den lebt, der ihn geliebt und sich ihm hingegeben hat, lebt der Glaube aus der Selbstübereignung des Geglaubten, wie sie Paulus in dem von ihm dreifach, akustisch (Gal 1,16), optisch (2Kor 4,6) und haptisch (Phil 3,12) bezeugten Damaskuserlebnis erfahren hatte: als die ihm widerfahrene Offenbarung des Gottessohnes, als die Schau seines im Glanz der Gottherrlichkeit erstrahlenden Angesichts und als überwältigendes Ergriffensein durch den, den er lebenslang immer umfassender zu ergreifen suchte[1].

Überwältigt von dem sich ihm Zusagenden und Zueignenden wurde Paulus zum bahnbrechenden Zeugen der Gotteskindschaft. Denn der Gottessohn selbst war Inhalt und Inbegriff der an ihn ergangenen Mitteilung. Wie er es mit dem Gedanken, daß Christus für uns arm wurde, „damit wir durch seine Armut reich würden" (2Kor 8,9), intonierte, nahm er damit den von *Irenäus* bis *Wrede* vielfach bekräftigten Gedanken vorweg, daß Jesus seine Gottessohnschaft „aufgab", damit die Empfänger dieser Zuwendung zu Söhnen Gottes würden. Dieses Motiv durchzieht sein Briefwerk wie eine Achse. Schon im Galaterbrief erklärt er in einem chiastisch gestalteten und dadurch besonders hervorgehobenen Satz:

> *Als die Zeit erfüllt war, sandte Gott seinen Sohn, geboren aus einer Frau und dem Gesetz unterstellt, damit er die dem Gesetz Unterworfenen befreite und damit sie zur Sohnschaft gelangten (Gal 4,4ff)*[2].

Im Blick auf die Wirkung wiederholt er diese Passage im Römerbrief mit dem Hinweis:

[1] Dazu meine Studie „Paulus. Zeugnis – Begegnug – Wirkung", Darmstadt 2003, 27–33.

[2] *F. Mussner*, Der Galaterbrief, Freiburg 1980, 268–277.

Ihr habt doch nicht den Geist der Knechtschaft empfangen, so daß ihr euch aufs neue fürchten müßtet; vielmehr habt ihr den Geist der Kindschaft empfangen, in dem wir „Abba – Vater" rufen (Röm 8,13)[3].

Während seine Mystik von den beiden Formeln „in Christus" und „Christus in mir" wie von zwei Säulen getragen und wie von einer Sphäre überwölbt wird (*Wikenhauser*), ist seine Lehre von der Gotteskindschaft in diesen beiden „Achsenworten"[4] verankert. Dabei ist sie nach der ersten in die paulinische Vorstellung von der mit der Sendung des Gottessohnes angebrochenen Heilszeit eingebunden. Zuvor stand die Menschheit unter dem Sklavenjoch der von Paulus als „Weltelemente" bezeichneten kosmischen Pressionen und Restriktionen (Gal 4,9; Kol 2,8), während Israel dem von ihm als „Zuchtmeister" apostrophierten Gesetz unterstand (Gal 3,23f)[5]. Dann aber brach für die unterjochte Welt die Stunde des Aufatmens und der „Erquickung" an (Apg 3,20), in der das Sklavenjoch von ihr genommen wurde und der Zuchtmeister der Ära der Freiheit (Gal 5,1) weichen mußte. Das war nicht so sehr die Freiheit der Emanzipation als vielmehr die der Freisetzung der noch ungehobenen Werdemöglichkeiten des Menschen und seiner Erhebung zum Rang und Stand der Gotteskindschaft.

Sie ist für Paulus aber nicht nur das Werdeziel jedes einzelnen, sondern das der gesamten Menschheit, ja das der Weltgeschichte. Das ist der Gegenstand seines großen Geschichtsentwurfs, den er auf das „Achsenwort" des Römerbriefs (Röm 8,15) folgen läßt[6]. Was er mit der Rede vom Anbruch der Zeitenfülle nur andeutungsweise vorweggenommen hatte, wird hier im Vorgriff auf seine authentische Eschatologie (1Kor 15,28) entfaltet[7]. Damit arbeitet er, höchst dramatisch, den Geschichtsdeutungen vor, wie sie von *Joachim von Fiore*, *Hegel* und *le Fort* entworfen wurden. Zunächst dem joachitischen Modell, das ein Zeitalter des Vaters und der Heteronomie von einem Zeitalter des Sohnes und der Freiheit und einem Zeitalter des Geistes und der Weisheit unterschied und das sich noch in *Philipp Otto Runges* „Tagzeiten" widerspiegelt[8]. Sodann dem gleichfalls triadisch ange-

[3] *U. Wilckens*, Der Brief an die Römer II, 136 ff.; *G. Theissen*, Psychologische Aspekte paulinischer Theologie, Göttimgen 1983, 263 ff.

[4] *A. Wikenhauser*, Die Christusmystik des Apostels Paulus, Freiburg 1956, 12; 18; 32; 36.

[5] *W. Kern*, Die antizipierte Entideologisierung oder die „Weltelemente" des Galater- und des Kolosserbriefs, in: Geist und Glaube. Fundamental-theologische Vermittlung zwischen Mensch und Offenbarung, Innsbruck 1992, 230 – 269.

[6] *U. Wilckens*, Der Brief an die Römer II, 136 –139.

[7] Authentisch, weil er seine narrative Eschatologie (1Thess 4,15; 1Kor 15,51ff), wie er mit den Wendungen „ein Wort des Herrn" und „ein Geheimnis" andeutet, der vom urchristlichen Prophetismus geprägten Gemeindetheologie des antiochenischen Hellenismus entnommen hatte; dazu *L. Schenke*, Die Urgemeinde, 317– 320.

[8] Dazu die Ausführungen meiner „Einweisung ins Christentum", 297– 303.

legten Geschichtsmodell Hegels, der den Sinn der Geschichte im Fortschritt im Bewußtsein der Freiheit erblickt[9]. Und schließlich dem le Fortschen Geschichtsentwurf, wonach der Gang der Geschichte die Stationen der Lebensgeschichte Jesu rekapituliert[10].

Dramatischer als diese Entwürfe ist der paulinische, weil er die Menschheitsgeschichte als ein einziges Passionsgeschehen begreift, in dem die der „Nichtigkeit" – der paulinische Ausdruck für Kontingenz – unterworfene Welt unter „Seufzen und Geburtswehen" aus ihrer Versklavung dem Vollendungsziel, der „herrlichen Freiheit der Gotteskinder" entgegenstrebt (Röm 8,8–23)[11]. Als Kollektivbegriff gefaßt, erscheint die Gotteskindschaft damit als das universale Werdeziel der Menschheitsgeschichte. Darin spiegelt sich für Paulus zugleich der Gang der Individualgeschichte; denn:

> *Auch wir, die wir doch die Erstlingsgabe des Geistes besitzen, seufzen in unserm Herzen und sehnen uns danach, daß sich an unserm Leib die Erlösung zur Sohnschaft offenbare (Röm 8,23).*

Und selbst dies verinnerlicht der Apostel nochmals, indem er es auf den Gebetsakt zurückverfolgt; denn:

> *Wir wissen nicht, wie wir auf rechte Weise beten sollen, wie sich's gebührt. Doch da tritt der Geist für uns ein mit unaussprechlichem Seufzen. Und der, der die Herzen erforscht, kennt das Ansinnen des Geistes, daß er nach Gottes Willen für die Heiligen eintritt (Röm 8,26)*[12].

Daß es in beiden Geschichtsverläufen, im universal- wie im individualgeschichtlichen zu dem großen Umschwung von schmerzvollem Seufzen zu triumphierender Hoffnung (Röm 8,24–28ff) kommen konnte, hatte seinen ausschließlichen Grund in der Auferstehung Jesu; denn der Geist, der für die Beter eintritt und ihr Anliegen, die Freiheit der Gotteskindschaft zu erlangen, vor das Antlitz Gottes trägt, ist derselbe, der (nach Röm

[9] *G. W. F. Hegel*, Die Vernunft in der Geschichte (Ausgabe *Hoffmeister*), Hamburg 1955, 62 f.; 155 ff.

[10] Dazu meine Studie „Überredung zur Liebe. Das dichterische Daseinsverständnis Gertrud von le Forts", Regensburg 1980, 147–159.

[11] *W. Schmithals*, Die theologische Anthropologie des Paulus, Stuttgart 1980; *U. Wilckens*, Der Brief an die Römer II, 160 ff.; *G. Theissen*, Psychologische Aspekte paulinischer Theologie, Göttingen 1980, 327 ff.; ferner meine Studie „Der unbekannte Paulus", 53 f.; 93; 253 f.

[12] Im Blick auf die von *Schmithals* vermerkte Resonanz des Kapitels (Röm 8,1–27) im Werk *Johann Sebastian Bachs* (A. a. O., 91 f.) sei auch auf den Abschnitt „Bach als Wiederentdecker der paulinischen Heilsbotschaft" meines Sammelwerkes „Glaubensimpulse. Beiträge zur Glaubenstheorie und Religionsphilosophie", Würzburg 1988, 324–366 verwiesen.

8,11) Jesus „von den Toten auferweckt hat“ und den Seinen die Auferstehungsgewißheit verlieh. Im Rückgriff auf das Theorem von der Übereignung der Gottessohnschaft an die zur Gotteskindschaft Gelangenden betont Paulus sodann im selben Kontext:

> *Wir wissen, daß bei denen, die Gott lieben, alles zum Guten gedeiht; bei denen, die er nach seinem ewigen Plan berufen, im voraus erkannt und dazu bestimmt hat, der Wesensgestalt seines Sohnes gleichförmig zu werden, damit dieser der Erstgeborene von vielen Brüdern sei (Röm 8,28ff)*[13].

In der Auferstehung Jesu war es begründet, daß sie der Kontingenz überhoben und in jenes genealogische Gottesverhältnis aufgenommen wurden, aufgrund dessen sie den Tod bereits hinter sich haben und nur noch in Geduld darauf warten müssen, bis die „herrliche Freiheit der Gotteskinder“ in ihnen zum Durchbruch gelangt. Das alles ist im ersten „Achsenwort“ mit der Wendung „als die Zeit erfüllt war“ (Gal 4,4) mitgesagt. Denn mit der Sendung des Gottessohns trat jene einschneidende Zäsur im Weltgeschehen ein, durch die der Sklaverei der Weltelemente (4,3) ein Ende gesetzt und der von Paulus als Proprium des Christentums begriffenen Freiheit (5,1) Bahn gebrochen wurde. Es war ebenso die Freiheit von der Tyrannei der von Paulus als Inbegriff der kosmischen und gesellschaftlichen Zwänge verstandenen „Weltelemente“ wie die Befreiung vom „Fluch des Gesetzes“ (Gal 3,13). Denn Christus ist das Ende des Gesetzes (2Kor 3,13f), während die von ihm Befreiten „tot sind für das Gesetz“ (Röm 7,6).

Doch Paulus beläßt es nicht bei dieser emanzipatorischen Negativbestimmung. Mit dem Zusatz: „damit wir die Sohnschaft erlangten“ (Gal 4,5), verweist er vielmehr auf das Zentrum dessen, worauf die „Sendung des Sohnes“ ausging: auf die Stiftung der Gotteskindschaft. Damit erlangen die mit ihr Beschenkten einen transkreatürlichen Seinsstand, während sie gleichzeitig in eine neue, vom Gottesgeist durchwaltete Lebenssphäre aufgenommen werden. Befreit vom Sklavenjoch, das sie zuvor bedrückte, können sie aufatmend Gott mit dem kindlichen „Abba – Vater“ anrufen[14].

Eine Inversion hat sich ihrer bemächtigt. Ihr subjektives Denk- und Entscheidungszentrum ist, ohne daß sie ihre Handlungsfreiheit verloren hätten, an den „lebendigmachenden Geist“, zu dem Jesus (nach 1Kor 15,45) durch seine Auferstehung geworden ist, übergegangen, so daß sich ihr Denken zu einem Erkanntsein vertiefte (Gal 4,9) und ihr Gebet vom Geist übernommen wurde, der es (nach Röm 8,26) vor dem „herzenskundigen“ Gott (*Kant*) mit der ehrfürchtigen Zärtlichkeitsanrede „Abba – Vater“ zur Geltung bringt.

Was die beiden „Achsenworte“ insbesondere miteinander verbindet, ist diese Anrede, in der *Joachim Jeremias*, wenngleich nicht unumstritten, den von ihm als „ipsissima vox“

[13] *U. Wilckens*, Der Brief an die Römer II, 162–165.

[14] *F. Mussner*, Der Galaterbrief, Freiburg 1981, 274 ff.; *F. Hahn*, Theologie des Neues Testaments I, Tübingen 2002, 271 ff.

charakterisierten Originalton Jesu vernehmen wollte[15]. Doch wie immer es sich mit dieser Einschätzung verhält, so hat er damit auf jeden Fall die sprachliche „Originaltat" Jesu getroffen. Denn mit dieser das ganze Evangelium durchdringenden Anrufung durchstieß Jesus die Mauer der Unnahbarkeit und Unzugänglichkeit Gottes. Mit ihr überbrückte er den Abgrund der Gottesferne. Und mit ihr erschloß er, paulinisch ausgedrückt, den Zugang zum Herzen Gottes. Deshalb hat diese Anrede als das zentrale Programmwort Jesu zu gelten, mit dem er seine religionsgeschichtliche Großtat besiegelte und sich als größter Revolutionär, wenngleich im Sinn einer sanften Revolution, von der erst der freiheitliche Aufbruch von 1989 einen Begriff vermittelte, im Gottesverhältnis der Menschheit erwies. Denn auch der welttranszendente und personale Gott, mit dem Israel den archaischen Polytheismus überwunden hatte, verblieb in der Ambivalenz von Hilfe und Drohung, Güte und Schrecken (*Buber*), in der sich das zerrissene Menschenherz zwar gespiegelt sehen, aber nicht „beruhigen" konnte. Doch das Menschenherz bedarf (nach 1Joh 3,19f) eines Gottes, der größer ist als es selbst und in dem es in seiner Zerrissenheit Ruhe findet. Diese Ruhe, von der ebenso suggestiv wie bewegend auch das Eingangswort des augustinischen Bekenntniswerks spricht, findet es erst und allein in der Umarmung durch den „Vater der Erbarmungen und Gott allen Trostes" (Kor 1,3; Lk 15,20).

Damit verglichen geht das „Achsenwort" des Römerbriefs vor allem auf die Wirkung dieser Großtat ein, wenn Paulus seinen Adressaten einschärft, daß sie, der Knechtschaft entrissen, anstatt sich zu fürchten, in die Anrufung „Abba – Vater" einstimmen sollten (Röm 8,15)[16]. Im Rückblick auf das pleonastische Galaterwort: „Zur Freiheit hat uns Christus befreit" (Gal 5,1) betont die Stelle zunächst, antithetisch dazu, die Überwindung der heteronomen Daseinsstrukturen, beginnend mit der von Paulus (in Röm 8,18) notierten Kontingenz der Welt bis hin zu den von ihm wiederholt ins Visier genommenen „Weltelementen", bei denen nach *Walter Kern* vor allem an gesellschaftliche Zwänge zu denken ist[17]. Zweifellos spiegelt sich darin auch die gegen Ende des Anrufs gewürdigte Missionserfahrung des Apostels; denn die Ausbreitung des Evangeliums „in weitem Bogen von Jerusalem bis Illyrien" (15, 19) gelang ihm nicht zuletzt auch deshalb, weil er den im antiken Schicksalsglauben befangenen Heiden die Freiheit von allen kosmischen und esoterischen Zwängen verkündete[18].

Doch Paulus unterbaut diese These unverzüglich mit der Verneinung neuer Ängstigungen. Der Schicksalsangst entronnen, brauchen seine Adressaten nicht zu fürchten,

[15] *J. Jeremias*, Abba. Studien zur neutestamentlichen Theologie und Zeitgeschichte, Göttingen 1966; *H. Kuhaupt*, Abba – Vater. Christliche Lehre vom Gebet, Freiburg 1948; *U. Wilckens*, Theologie des Neuen Testaments I/1, Neukirchen-Vluyn 2002, 240 f.

[16] *U. Wilckens*, Der Brief an die Römer, 136 f.; dazu meine Studie „Der unbekannte Paulus", 56; 75; 96; 100 f.; 161; 208 ff.

[17] Dazu nochmals seine Ausführungen in „Geist und Glaube", 233–269.

[18] *R. Bultmann*, Das Urchristentum im Rahmen der antiken Religionen, Zürich 1949, 164 ff.

„von neuem“ in Angst und Schrecken versetzt zu werden. Dazu hätten sie allen Grund, wenn er sie zu einem dem von Gottheiten der Lebenslust und Todesschrecken besetzten Götterhimmel analogen und deshalb zwischen Trost und Drohung oszillierenden Gott bekehren wollte. Seine Gottesbotschaft geht jedoch in die diametrale Gegenrichtung. Im Zentrum seiner Verkündigung steht der „Vater der Erbarmungen und Gott allen Trostes“ (2Kor 1,3); ein Gott, der die an ihn Glaubenden aufatmen läßt und sie mit seiner Liebe umfängt; ein Gott, der seinen eigenen Sohn nicht schonte, sondern ihn als Inbegriff aller denkbaren Gaben an sie hingab (Röm 8,32).

Mit diesem Aufblick stellt Paulus die von ihm in der Vergleichsstelle hervorgehobene Intervention des Geistes (Gal 4,6) keineswegs in Abrede; doch legt er jetzt den Akzent auf den Mitvollzug der Abba-Anrufung durch die Glaubenden. Der Geist bezeugt ihnen, daß sie Kinder Gottes und als solche ermächtigt sind, in seinen Dialog mit dem Vater einzustimmen. Subjekt ist dabei wiederum das spirituelle Kollektiv; denn für Paulus und insbesondere für seine Schule gilt – wie dann ausdrücklich für *Johann Adam Möhler* –, daß nicht schon der einzelne das integrale Subjekt des Glaubens ist, sondern erst die zum Vollalter Christi heranwachsende Glaubensgemeinschaft (Eph 4,13). Erst sie verfügt über die volle Kompetenz zur Abba-Anrufung Gottes, der einzelne nur, sofern er sich in sie integriert und in ihre Anrufung einstimmt. Da das Heranwachsen zum Vollalter Christi die Stationen seiner Lebensgeschichte und zumal die seiner Passion durchmißt, ist die Kompetenz aber auch an die Bereitschaft zu deren leidendem Mitvollzug gebunden. Im Kolosserbrief findet sich Paulus sogar dazu bereit, das an seinem Leib zu ergänzen, was am Leidensmaß Christi „noch fehlt“ (Kol 1,26).

Doch so wenig an der Herkunft des Geistes von dem, „der Jesus von den Toten erweckt hat“ (Röm 8,11), zu zweifeln ist, fehlt noch die Nennung des zentralen Grundes von alledem. Darauf kommt Paulus in aller Form im weiteren Verlauf seiner Ableitung zu sprechen. Für ihn hat der Glaubende keinen Anlaß, Christus aus der Unterwelt herauf- oder vom Himmel herabzuholen. Denn nah ist ihm das Wort; es ist in seinem Mund und in seinem Herzen (9,9). Darauf folgt die wiederum chiastisch gestaltete und dadurch besonders hervorgehobene Stelle, mit der der Apostel den Kern seiner Glaubenstheorie umschreibt:

> *Wenn du mit deinem Mund Jesus als den Herrn bekennst und in deinem Herzen glaubst, daß Gott ihn von den Toten erweckt hat, erlangst du das Heil; denn mit dem Herzen glaubt man zur Gerechtigkeit und mit dem Mund bekennt man zum Heil (Röm 10,9)*[19].

Danach ist der Glaube für Paulus zentral Auferstehungsglaube, und das bis in all seine Konsequenzen, einschließlich der der Gotteskindschaft, hinein. Wenn der Apostel dabei

[19] *Wilckens*, Der Brief an die Römer, 224–228; *F. Hahn*, Theologie des Neuen Testaments I, Tübingen 2002, 138; dazu meine Studie „Der unbekannte Paulus“, Düsseldorf 2003, 136 f.; 240.

noch vor der Sache selbst die Bekenntnispflicht anspricht, so aufgrund seiner Überzeugung, daß nur ein redender Glaube ein vollständiger ist, der seinen Namen verdient. Denn – so formuliert er nahezu im Stil des kartesianischen Cogito ergo sum –: „Ich glaube, darum rede ich“ (2Kor 4,13)[20]. So entspricht es überdies der Fassung der akustischen Version seines Damaskuserlebnisses, wonach ihm Gott „seinen Sohn offenbarte“, damit er ihn „unter den Heiden verkünde“ (Gal 1,16).

Damit gibt der Apostel aber nur zu verstehen, daß das Herz von dem erfüllt ist, wovon der Mund überfließt; erfüllt von der Einwohnung des Auferstandenen. In der Auferstehung Jesu wurde die Welt, mit dem Kolosserbrief gesprochen, der Macht der Finsternis und damit dem Gesetz der universalen Todverfallenheit entrissen (Kol 1,13) und in jene Nahbeziehung zu Gott versetzt, die die Glaubenden zu seinen Kindern werden ließ, und dies auch in dem Sinn, daß sie nicht altern und sterben konnten, weil sie zwar nicht die Not des Sterbens, wohl aber den Tod als Vernichter hinter sich hatten. Altern konnten sie nur noch im Sinn des Heranreifens zum Vollalter Christi und zum Ziel jener Weisheit, in die Paulus der zerstrittenen Gemeinde nur einen schwachen Einblick mit dem Wort vermitteln konnte:

> *Was kein Auge geschaut, kein Ohr vernommen und in keines Menschen Herz gedrungen ist, hat Gott denen vorbehalten, die ihn lieben (1Kor 2,9)*[21].

Damit ist der Gegenpol zu dem erreicht, was Paulus negativ als Überwindung der Heteronomie und Lebensangst beschrieben hatte. Doch diese Gegenperspektive betrifft nicht etwa das, was den Gotteskindern endzeitlich bevorsteht – obwohl noch nicht offenbar geworden ist, was sie sein werden –, sondern ihren gegenwärtigen Besitzstand. Jetzt schon verfügen sie über einen Einblick in das Gottes- und Weltgeheimnis. Jetzt schon vernehmen sie, mit *Augustin* gesprochen, den geheimnisvollen Gesang, der das Weltgetöse übertönt und sie dem welthaften Dasein entfremdete[22]. Jetzt schon ist ihr Herz vom Schatz der Einwohnung Christi in den Seinen erfüllt, vorausgesetzt nur, daß sie den Liebeserweis Gottes mit der ihnen möglichen Gegenliebe erwidern.

2. Das johanneische Zeugnis

Fast nahtlos knüpft das johanneische Zeugnis daran mit dem schon des öfteren wiedergegebenen Ausruf an:

[20] Dazu meine Studie „Paulus. Zeugnis – Begegnung – Wirkung, 60; 181.

[21] *H. Lietzmann*, An die Korinther I/II, Tübingen 1949, 12 f.; *A. Strobel*, Der erste Brief an die Korinther, Zürich 1989, 68 f.

[22] *Augustinus*, Über die Psalmen (Ausgabe *Balthasar*), Psalm 42, Leipzig 1936, 68.

Seht doch, welch große Liebe der Vater zu uns hegt, daß wir Gottes Kinder nicht nur heißen, sondern sind! (1Joh 3,1)

Der diesem Ausruf zugrundeliegende Brief beginnt mit einem Auftakt, der sich sowohl mit dem Mischzitat des Ersten Korintherbriefs (1Kor 2,9) als auch mit dem dreifachen Osterzeugnis Pauli berührt:

Was von Anfang an war, was wir gehört, was wir mit unsern Augen geschaut und mit unsern Händen betastet haben – das Wort des Lebens, das verkünden wir euch (1Joh 1,1.3)[23].

Wie mit dem Mischzitat berührt sich dieser Briefeingang durch die Motivworte sehen, hören und betasten mit dem dreifachen Osterzeugnis des Apostels; doch davon abgesehen schon dadurch, daß das in diesem Eingangswort redende Kollektiv denselben Anspruch erhebt wie er. Gleich ihm wollen die Sprecher den in johanneischer Sprache als „Wort des Lebens" bezeichneten Auferstandenen nach Art seines akustischen, optischen und haptischen Osterzeugnisses vernommen, geschaut und mit Händen betastet haben. Das ist der früheste Fall einer Pauluskonkurrenz, wie sie dann Jahrhunderte später, bei *Symeon dem Neuen Theologen* nochmals eintritt, sofern er den Anspruch erhebt, Gleiches wie Paulus erlebt zu haben, da jede Zeit, wie er begründend hinzufügt, ihren eigenen Führer benötige[24]. Und es ist ein Beleg für die schon früh einsetzende, wenn freilich nur allzu oft kritisch konterkarierte Wirkungsgeschichte des Apostels[25].

Nahezu gleichsinnig, wie sich bei Paulus das Konzept der Gotteskindschaft aus seiner Damaskusvision herleitet, entwickelt sich nun das johanneische Konzept aus diesem Auftakt. Unvermittelt tritt aus dem Kollektiv, das sich zu Eingang des Briefes äußerte, der Hauptverfasser hervor, der sich in der Folge an drei Kategorien von Adressaten mit den Worten wendet:

Ich habe euch geschrieben, ihr Kinder, weil ihr den Vater erkannt habt. Ich habe euch geschrieben, ihr Väter, weil ihr den erkannt habt, der von Anfang an ist. Ich habe euch, ihr Jünglinge, geschrieben, weil ihr stark seid, weil das Wort Gottes in euch bleibt und weil ihr den Bösen besiegt habt (1Joh 2,14)[26].

[23] *H.-J. Klauck*, Der erste Johannesbrief, 53–78.

[24] *K. Holl*, Symeon, der neue Theologe, in: Gesammelte Aufsätze zur Kirchengeschichte II, Tübingen 1928, 403–408.

[25] Dazu die Ausführungen meiner Studie „Paulus. Zeugnis – Begegnung – Wirkung", 140–159.

[26] *H. J. Klauck*, Der erste Johannesbrief, 130–136, *J. Heise*, Bleiben. Menein in den johanneischen Schriften, Tübingen 1967, 130–135; dazu *O. Cullmann*, Der johanneische Kreis; ferner *K. Scholtissek*, Kinder Gottes und Freunde Jesu. Beobachtungen zur johanneischen Ekklesiologie,

Wie aus der jeweiligen Begründung erhellt, sind dabei nicht etwa Altersstufen unterschieden; vielmehr sind stets dieselben Adressaten, jedoch unter verschiedenen Gesichtspunkten angesprochen. Dabei sind mit den „den Vater“ erkennenden „Kindern“ unverkennbar die zur Gotteskindschaft Gelangten gemeint. Mit dem Hinweis darauf, daß sie als „Väter“ den erkannt haben, „der von Anfang an ist“, wird die Aussage insgesamt an das Eingangswort „Was von Anfang an war“ zurückgebunden. Wenn sie schließlich als Jünglinge, die durch ihre Stärke „den Bösen besiegten“, bezeichnet werden, kommt in ihrem Kindsein außerdem ein energetischer Zug zum Vorschein. So aber wirkt die Stelle wie ein ferner Vorklang auf *Nietzsches* Lehre von den drei Verwandlungen, zumindest aber wie ein Vorgriff auf die Aufstiegsmodelle nach Art der joachitischen und hegelschen Entwürfe[27].

Über die an die „geliebten Kinder“ gerichtete Mahnung, in Gott zu bleiben (1Joh 2,28) und dem Hinweis darauf, daß sie, sofern sie Gerechtigkeit üben, aus Gott „gezeugt“ sind (2,29), führt dann der zweigipflig angelegte Brief zu seinem ersten, emphatisch hervorgehobenen Höhepunkt mit dem ebenfalls schon wiederholt angeführten Appell:

> *Seht doch, welch große Liebe der Vater zu uns hegt, daß wir Gottes Kinder nicht nur heißen, sondern sind! (1Joh 3,1)*[28]

Doch dieser Gipfel weist auch schon auf den zweiten und höchsten voraus, sofern er die mit ihm erstmals voll artikulierte Gotteskindschaft als das Werk der göttlichen Liebe bezeichnet. Weil der seit den ersten religiösen Regungen der Menschheit im Zwielicht von Faszination und Schrecken gesehene und dadurch verkannte Gott in Wahrheit ein liebender ist, blieb die Gotteskindschaft nicht nur ein Name; vielmehr wurde sie für die Glaubenden zu einer ihr ganzes Dasein umgestaltenden Wirklichkeit. Die sich (nach Röm 5,1) in sie ergießende Liebe Gottes ließ sie im Vergleich zu den nur nominell als Gottessöhne Ausgezeichneten tatsächlich zu dem werden, was Gotteskindschaft besagt[29]. Zwar steht die volle „Offenbarung“ dieses Seinsstandes noch aus (1Joh 3,2); doch ist ihnen die sichere Hoffnung darauf gegeben (3,3)[30].

Das ist insofern eine bereits realisierte Hoffnung, als sich ihnen im Fortgang des Briefs die Schatzkammer der johanneischen Spiritualität öffnet. Denn jetzt übernimmt

in: Ekklesiologie des Neuen Testaments, Freiburg 1966, 184–211; *J. Frey*, Heiden – Griechen – Gotteskinder. Zu Gestalt und Funktion der Rede von den Heiden im 4. Evangelium, in: *R. Feldmeier* und *U. Heckel* (Hrsg.), Die Heiden. Juden, Christen und das Problem des Fremden, Tübingen 1994, 228–268.

[27] Dazu nochmals die Ausführungen auf Seite 23 f; 28; 30; 40 ff.

[28] *H. J. Klauck*, Der erste Johannesbrief, 178 ff.

[29] A. a. O., 180.

[30] A. a. O., 183.

das Motiv der Liebe, das zuvor nur motivierend ins Spiel gebracht worden war, die Führung der Gedankenfolge. Und wie zum Beweis der Realisierung des Erhofften tritt nun auch das Motivwort „bleiben“ in den Vordergrund[31]. Mit ihm wird die eschatologisch-zeitliche Perspektive, die mit der Hoffnung gegeben war, in die gegenwärtig-räumliche überführt. Denn die Liebe, zu der sich nun der Hauptgedanke des Briefs erhebt, ist wie ein Lebensraum, der die Liebenden in sich aufnimmt und sie in Gott den Ursprung und Inbegriff der Liebe finden läßt. Das ist im Sinn einer Bedingung gesagt. Auch für die Liebe gilt, was *Goethe* im Anschluß an *Plotin* in seinen „zahmen Xenien“ von der Schau des Göttlichen sagt:

> *Wär' nicht das Auge sonnenhaft,*
> *Die Sonne könnt es nicht erblicken.*
> *Läg nicht in uns des Gottes eigne Kraft,*
> *Wie könnt uns Göttliches entzücken?*[32]

Obwohl der Brief den Auftakt zu seiner Zentralaussage negativ formuliert, wirkt es dann doch wie ein Sonnenaufgang, wenn er erklärt:

> *Wer nicht liebt, hat Gott nicht erkannt.*
> *Denn Gott ist die Liebe (1Joh 4,8).*

Damit zieht er auf der in den johanneischen Schriften erreichten höchsten Reflexionsstufe der neutestamentlichen Schriften die Summe aus dem gesamten Evangelium, angefangen von Jesu Ansage des „Gnadenjahrs“ (Lk 4,19) und seiner Verkündigung des Evangeliums für die Armen (7,22) bis hin zu dem Zentralwort seiner Bergpredigt von Gottes Güte „sogar gegen die Undankbaren und Bösen“ (6,35) und der Deutung seines Todes als Erweis seiner „Liebe bis zum Äußersten“ (Joh 13,1). Mit diesem Wort läßt der Brief tatsächlich die Gottessonne aufgehen über Gute und Böse, Glaubende und Zweifelnde, Gefestigte und Irrende, Heilige und Sünder (Mt 5,45).

Für das johanneische Denken ist damit das denkbar Tiefste über Gott gesagt. Daß Gott „Licht ist und keine Finsternis“ in ihm gefunden werden kann, wie es zu Beginn des Briefes hieß (1Joh 1,5), war eine primär defensive Aussage, deren frappierende Aktualität darin besteht, daß die Gegenwartstheologie in offenem Widerspruch dazu das Gegenteil zu behaupten wagt. Sie sieht sich in namhaften Vertretern von der „Dunkelseite“ Gottes angezogen und plädiert im Extremfall sogar dafür, daß im Gegenzug zu der angeblich

[31] Dazu das Vorwort von *Ernst Fuchs* zur Untersuchung seines Schülers *Jürgen Heise*, Bleiben. Menein in den johanneischen Schriften, VII.

[32] *J. W. von Goethe*, 3. Buch der Xenien (1823), eine Nachdichtung des Plotinwortes: „Nie hätte das Auge jemals die Sonne gesehen, wenn es nicht selbst sonnenhaft wäre“ (1. Enneade, Buch 6,9).

verharmlosenden Gottesrede der postkonziliaren Ära endlich wieder von der „ungeliebten Tradition“ des Zornes Gottes gesprochen werden müsse[33]. Vor dieser dunklen Folie hebt sich nun erst recht die Zentralaussage des Briefs und, angesichts ihres Stellenwerts, der ganzen neutestamentlichen Gotteslehre in ihrer vollen Leuchtkraft ab. Um als solche gewürdigt zu werden, muß sie nur noch auf ihren Ursprung, die religionsgeschichtliche Innovation Jesu, zurückbezogen werden. Denn Gott hätte niemals „die Liebe“ genannt werden können, wenn Jesus nicht aufgrund seiner einzigartigen Einfühlung in das Gottesgeheimnis und seines verzweifelten Versuchs, Israel durch seine Botschaft vom Weg der Gewalt abzubringen, den Gott der bedingungslosen Liebe entdeckt und ans Licht gehoben hätte. Nur muß zu dieser Großtat auch noch deren Verifizierung in Gestalt der Auferstehung Jesu hinzugenommen werden. In ihr überschritt Gott seine Position als Herr über Leben und Tod, sofern er mit ihr das Gesetz der universalen Todverfallenheit alles Lebendigen zunächst für den Gekreuzigten, als Hoffnungsperspektive dann aber auch für die ganze Welt aufgehoben und sich damit als der alle an sich ziehende Vater erwiesen hatte. Wie aktuell den Gekreuzigten nahm er damit potentiell die gesamte Menschheit in ein genealogisches Nahverhältnis zu sich auf, und dies mit der Folge, daß der vom Tod Erweckte ihm (nach Röm 1,4) zum Sohn wurde, und die an ihn Glaubenden die Gotteskindschaft erlangten. So bestätigt die Auferstehung Jesu mit der Macht eines weltverändernden Ereignisses, daß Gott „die Liebe“ ist.

Worte von solcher Höhe reißen nur zu leicht Abgründe auf. An den hier zur Rede stehenden rührte schon *Augustin*, als er, „entgegen seiner früheren Stellungnahme, in der er bei dem Satz ‚Gott ist die Liebe‘ auf die Reihenfolge von Subjekt und Prädikatsnomen Wert legte“ (*Klauck*), sich später zur Vertauschung beider bereit fand, vorausgesetzt, daß bei der Wendung „caritas Deus est“ die Liebe mit Gott gleichgesetzt werde[34]. Bei *Ludwig Feuerbach* wird die Liebe dagegen vollends zum Subjekt und Gott „zum mystischen Gattungsbegriff der Menschheit“; denn:

> *Die Liebe ist nicht dadurch heilig, daß sie ein Prädikat Gottes, sondern sie ist ein Prädikat Gottes, weil sie durch und für sich selbst göttlich ist*[35].

[33] *U. Ruh*, Sperrige Vorgaben. Der dunkle Gott und die Theologen, in: Herderkorrespondenz 11 (1998) 580–583; *R. Miggelbrink*, Der Zorn Gottes. Geschichte und Aktualität einer ungeliebten biblischen Tradition, Freiburg 2000; *W. Beinert* (Hrsg.), Gott – ratlos vor dem Bösen? Freiburg 1999. Dagegen enthält die Rede vom „Dunkelstrahl“ (Maximus Confessor) und der „dunklen Nacht“ (Johannes vom Kreuz) keine Aussage über Gott; sie bezieht sich vielmehr auf die Krise des Menschengeistes bei der Annäherung an das göttliche Geheimnis; dazu *H. U. von Balthasar*, Kosmische Liturgie. Das Weltbild Maximus’ des Bekenners, Einsiedeln 1961, 74 ff.; *M. Schneider*, Der dunkle Gott in der Mystik, in: *Beinert*, A. a. O., 173–216, ferner meine Schrift „Gott im Horizont des Menschen“, Limburg 2003, 25–79.

[34] *Klauck*, Der erste Johannesbrief, 249.

[35] *L. Feuerbach*, Das Wesen des Christentums, Stuttgart 1994, 405; dazu *Klauck*, A. a. O., 262 f.

In analogem Zusammenhang betrat auch *Franz Rosenzweig* den „Gipfel" des von ihm in seinem „Stern der Erlösung" durchschrittenen Gedankengangs, als er sich vor die Frage gestellt sah:

Und so wäre denn die Wahrheit – Gott?

und dann darauf, gestützt auf das biblische Gotteswort, die dezidierte Antwort gab:

Nein. Die Wahrheit ist nicht Gott. Gott ist die Wahrheit[36].

Wie sehr Rosenzweig damit ins Zentrum eines theologischen Fundamentalkonflikts traf, zeigt die aus aktuellem Anlaß ausgebrochene Kontroverse zwischen der Position der „christlichen Wahrheit" und der der „Wahrheit Jesu Christi", in der es um die Rückgewinnung der durch die Überlagerung des Evangeliums durch idealistische, der griechischen Philosophie entnommene Denkformen verfremdeten Wahrheit zu tun ist[37]. Denn im Grunde dieser Übernahme drohte die Gefahr, daß mit den überlagernden Denkformen die diesen zugrundeliegende Systemwahrheit die Sache der nach *Guardini* aus Mund und Antlitz Christi hervorgehenden Wahrheit an sich riß[38].

Umgekehrt entzog die Überprüfung der menschlichen Liebesfähigkeit *Feuerbachs* Divinisierung der Liebe zunehmend den Boden. Schon bei Paulus registrierte *Martin Buber*, daß der Apostel, der so bewegend von der Liebe Gottes spreche, der Liebe der Menschen zu Gott, wie schon Augustin bemängelt habe, „nur wenig gedenke". Und dort, wo er dann doch von der menschlichen Gegenliebe rede, habe man den Eindruck, daß es nicht so sehr der Mensch sei, der Gott liebe, als vielmehr Gott, der sich selbst im Menschen liebe[39]. Inzwischen hielt *Guardini* die Beobachtung, daß „die Liebe in den meisten erkalte", geradezu für das (in Mt 24,12 angekündigte) Vorzeichen der herannahenden Endzeit[40]. Eben-

[36] *F. Rosenzweig*, Der Stern der Erlösung, Frankfurt 1988, 429.

[37] Dazu nochmals *R. Heinzmann*, Vom System zur Lebenswirklichkeit, in: Christlicher Glaube und der Anspruch des Denkens, Stuttgart 1998. Wie sehr sich schon *Augustin* dieser Problematik bewußt war, zeigt sein Vergleich der übernommenen Denkformen mit den goldenen und silbernen Gefäßen, welche die Israeliten beim Auszug von den Ägyptern „entliehen": De doctrina christiana II, c.41, 60; dazu *W. von Loewenich*, Augustin. Leben und Werk, München und Hamburg 1965, 162; *P. Brown*, Der heilige Augustinus, Lehrer der Kirche und Erneuerer der Geistesgeschichte, (Originaltitel: Augustine of Hippo), München 1967, 69.

[38] *R. Guardini*, Das Wesen des Christentums, Würzburg 1949, 37; 65; dazu meine Schrift: „Interpretation und Veränderung. Werk und Wirkung Romano Guardinis", Paderborn 1979.

[39] *M. Buber*, Zwei Glaubensweisen, Zürich 1950, 138; dazu meine Studie „Der unbekannte Paulus", 219.

[40] *Guardini*, Das Ende der Neuzeit. Ein Versuch zur Orientierung, Würzburg 1950, 117 f.

so sah *Joseph Ratzinger* das eigentliche Unglück der Menschheit in ihrer Liebesunfähigkeit[41]. Alle sozialpsychologischen Befunde bestätigen die Richtigkeit dieser Diagnose[42].

Wenn aber die Feuerbachsche Umkehrung durch diese Fakten widerlegt ist, tritt der Satz, daß „Gott die Liebe“ ist, in seiner originären Konsekution nur um so leuchtender hervor. Dann erweist er sich tatsächlich als das Schlüsselwort des Christentums, und dies um so mehr, als er die Summe aus der Botschaft und Lebensleistung Jesu zieht. Dann muß aber auch das Evangelium im Licht dieses Satzes und nicht wie im Regelfall, unter Vernachlässigung seiner Direktive, gelesen und verstanden werden. Wenn das geschieht, gewinnt es erst wirklich das Profil, das ihm die revolutionäre Großtat Jesu verleiht. Auf der einen Seite verblassen dann die vielfältigen Implikate, die aus ganz unterschiedlicher Motivation und Provenienz in das Evangelium eindrangen und es im Sinn ihrer vor- und außerchristlichen Herkunft verdunkeln. Der Gott des Gerichts tritt dann ebenso in den religionsgeschichtlichen Hintergrund seiner Herkunft zurück wie die Praxis seiner Strafen und der Ort ihrer Exekution, die Hölle. Auf den ihnen nunmehr zukommenden Stellenwert zurückgeführt, werden diese Motive zu Akzentuierungen des ungeheuren Ernstes, der mit der Einsicht in den Gott der Liebe einhergeht. Denn dieser Gott ist, wie den Kritikern dieses Tatbestands nicht deutlich genug vor Augen gehalten werden kann, das diametrale Gegenteil eines Gottes der alles hinnehmenden und duldenden Permissivität. Es ist vielmehr der Gott Jesu Christi, der für diese Wahrheit das Wagnis eines extrem riskierten Lebens einging und dafür zuletzt in den Tod gegangen ist, der dafür aber auch den Menschen in seiner Totalität einfordert und ihm das Äußerste abverlangt.

Auf der andern Seite tritt dann aber auch der Entdecker dieses Gottes auf eine zuvor ungeahnte Weise hervor: Nicht mehr als der Künder des Gottesreichs, als der sprachmächtigste Gestalter seiner Botschaft, als der sie bekräftigende Therapeut und in alledem als der um die Rettung seines Volkes bemühte Protagonist der Gewaltlosigkeit, sondern überstrahlt von der durch ihn erschlossenen Liebe Gottes, so daß er zu deren leibhaftigem Inbegriff wird. Nicht nur als der Kämpfer gegen das Böse in seinen aggressiven wie in seinen passiven und permissiven Erscheinungsformen, sondern als der, der die (nach Röm 8,12) hinfällige Welt auf seine Schultern nahm, um sie der Sonne des liebenden Gottes entgegenzutragen (*Sorge*)[43]. Und dies nicht nur als der, der durch seine Auferstehung die Macht des Todes brach und dadurch die Welt der Macht der Finsternis entriß (Kol 1,13), sondern als der zum „Urheber ewigen Heils“ Gewordene (Hebr 5,9), der die an ihn Glaubenden in seine „gottverwandte Existenz“ (*Ranke*) hineinnimmt[44]. Im Licht

[41] *J. Ratzinger*, Das Salz der Erde. Christentum und katholische Kirche an der Jahrtausendwende, München 1996, 301.

[42] *A. und M. Mitscherlich*, Die Unfähigkeit zu trauern. Grundlagen kollektiven Verhaltens, München 1967.

[43] *R. Sorge*, Der Bettler. Eine Dramatische Sendung, Berlin 1928, 141.

[44] *L. von Ranke*, Historiker aus Leidenschaft (Ausgabe *Berger*), München 1941, 35.

der von ihm enthüllten Gottessonne erscheint er somit nicht nur als der Spender göttlicher Wohltaten *(Apg 10,38)*, sondern selbst als das größte Gottesgeschenk an die Welt (Röm 8,31); nicht nur als der Helfer der „Erniedrigten und Beleidigten" (*Dostojewskij*) und als der Therapeut der Gebrochenen und Leidenden, sondern selbst als das nie genug zu würdigende Gotteswunder (*Biser*)[45]; nicht nur als der Rufer zum Glauben, sondern als der „lebendige Glaube" (*Ignatius von Antiochien*), der den Seinen als Glaubensgrund und Lebensinhalt einwohnt (Eph 3,17). Nach dem Vorgang des paulinischen Liebeshymnus (Röm 8,31–39) faßt das der Erste Johannesbrief in seinem „Hohelied der Liebe" (*Klauck*) in die Worte zusammen:

> *Geliebte, laßt uns einander lieben, weil die Liebe aus Gott ist und jeder, der liebt, aus Gott gezeugt ist und Gott erkennt. Wer nicht liebt, hat Gott nicht erkannt; denn Gott ist die Liebe. Dadurch ist die Liebe Gottes unter uns erschienen, daß Gott seinen einzigen Sohn in die Welt gesandt hat, damit wir durch ihn leben. Nicht darin besteht die Liebe, daß wir Gott geliebt haben, sondern darin, daß er uns liebte und seinen Sohn als Sühne für die Sünden gesandt hat (1Joh 4,7–10)*[46].

Das ist eine jener neutestamentlichen Stellen, in denen nicht nur die Musik hinter den Worten hörbar und die Leidenschaft hinter dieser Musik fühlbar wird (*Nietzsche*), sondern die in das von ihnen Gesagte hineinreißen und auf die Verwandlung des Rezipienten drängen[47]. Ziel dieser Verwandlung aber ist dem Brief zufolge die Gotteskindschaft, zu der der zum Inbegriff der Liebe Gottes Gewordene dadurch verhilft, daß er seine Gottessohnschaft an die ihm Zugewandten übereignet (*Wrede*).

Daran gemessen erscheint das Johannesevangelium als der narrative Kommentar zu dem Hymnus, in dem der Brief gipfelt. Das gilt insbesondere von dem Nikodemusgespräch, das sich um das Motiv der geistgewirkten Neugeburt von oben (Joh 3,3–8) wie um eine Achse bewegt[48]. Das Gespräch beginnt abrupt mit der Nennung seines Hauptmotivs, das es mit den Worten intoniert:

> *Wenn jemand nicht von neuem geboren wird, kann er das Reich Gottes nicht erben (Joh 3,3),*

[45] Dazu mein Sammelwerk „Die Entdeckung des Christentums. Der alte Glaube und das neue Jahrtausend", Freiburg 2000, 234–251.

[46] *H.-J. Klauck*, Der erste Johannesbrief, 244–252.

[47] *F. Nietzsche*, Nachgelassenes Fragment vom Herbst 1882: Kritische Studienausgabe X, München 1980, 89.

[48] *U. Wilckens*, Das Evangelium nach Johannes, Göttingen 2000, 63–73.

und das es dann nochmals mit dem Zusatz erläutert:

> *Wenn jemand nicht aus dem Wasser und dem Geist geboren wird, kann er nicht in das Reich Gottes eingehen (Joh 3,5)*[49].

In einem dritten Schritt wird die Neugeburt schließlich als das geheimnisvolle Werk des Geistes gedeutet (Joh 3,6ff). Das alles ist eingebettet in eine Gesprächsszene, die in einer tiefgründigen, von der Reflexion des Evangelisten nicht eindeutig zu unterscheidenden Selbstaussage Jesu endet (3,10–21). Der Fragesteller kommt in der Nacht, der Stunde der nach dem Prolog gegen das göttliche Licht abgeblendeten „Finsternis" (1,5) und der des Geheimnisses (*Buber*) zu Jesus, der ihn als Antwort auf die von ihm noch nicht gestellte, wohl aber verkörperte Frage in das Geheimnis der Gotteskindschaft einweiht. Die Antwort ist insofern höchst stimmig, als sie ihn aus dem Stadium der Entfremdung, aus dem er kommt und redet, auf das der geistgewirkten Identifikation verweist. Die Szene erinnert auch dadurch an die Gedankenfolge des Briefs, als sie gleichfalls einem Höhepunkt entgegenstrebt, den sie mit der Zentralaussage erreicht:

> *So sehr hat Gott die Welt geliebt, daß er seinen eingeborenen Sohn hingab, damit jeder, der an ihn glaubt, nicht verlorengeht, sondern ewiges Leben habe (Joh 3,16)*[50].

Das ist eine Liebe, wie es dann im Auftakt zur Passionsgeschichte von ihr heißt, „bis zum Äußersten" (Joh 13,1), eine Liebe, die symbolisch gesprochen, bis zum Exzeß der Selbstaufhebung Gottes als Schöpfer und Urheber der universalen Todverfallenheit geht, und aus der er dann nur um so strahlender als „Vater" hervorgeht, der sein Werk, mit dem gekreuzigten Sohn an dessen Spitze, in ein transkreatürliches Verhältnis zu sich aufnimmt, das für den Gekreuzigten Gottessohnschaft und für diejenigen, für die er (nach 3,1) hingegeben wurde und an die er sich übereignete, Gotteskindschaft bedeutet. Wie *Günther Keil* hervorhob, knüpfte *Johann Gottlieb Fichte* in seiner „Anweisung zum seligen Leben" daran an, als er Jesus eine Erkenntnis nachrühmte, die vor ihm nirgends vorhanden war und die „auch seit seiner Zeit, man möchte sagen, bis auf diesen Tag, wenigstens in der profanen Erkenntnis, wieder so gut als ausgerottet und verloren" zu gelten hat[51].

[49] *R. Schnackenburg*, Das Johannesevangelium I, Freiburg 1976, 377–393; *U. Wilckens* Das Evangelium nach Johannes, Göttingen 200, 63–78; *J. Gnilka*, Johannesevangelium, Würzburg 1989, 26–30.

[50] *J. Moltmann*, Der Weg Jesu Christi. Christologie in messianischen Dimensionen, München 1989, 196 ff.

[51] *J. G. Fichte*, Die Anweisung zum seligen Leben (Ausgabe *Medicus*), Hamburg 1954, 95, A. a. O., 75 ff.; dazu nochmals der Hinweis auf Seite 24.

Auch wenn sich diese Erkenntnis nicht, wie Fichte pantheisierend urteilt, auf die Einheit allen Seins und Lebens mit Gott, sondern auf die revolutionäre Entdeckung Jesu, daß die Liebe nicht Gott, sondern Gott die Liebe ist, bezieht, trifft er damit doch, zumindest tendenziell ins Zentrum der christlichen Botschaft. Das gilt sogar für seinen Folgesatz, daß „nur das Metaphysische, keineswegs aber das Historische" selig mache, vorausgesetzt, daß man mit Keil berücksichtigt, daß Fichte dabei „zu wenig der Vermittlerrolle der Person des Fleischgewordenen gedacht hat"[52]. Eindrucksvoll bestätigt wird das dadurch, daß Fichte, in verblüffendem Widerspruch zu diesem Vorbehalt, ausdrücklich von Jesus als dem „Erstgeborenen" und „unmittelbar geborenen Sohn des Vaters" und von der Verwandlung der an ihn Glaubenden „in sein Wesen" spricht, durch die sie „unmittelbar" Kinder Gottes werden[53].

Damit ist der Rückschluß der Zentralaussage auf den Gesprächseingang mit dem Motiv der Gotteskindschaft gegeben. Berücksichtigt werden muß dabei nur mit *Joachim Gnilka*, daß in der Abfolge des Gesprächs „das ewige Leben als Ziel der christlichen Existenz" an die Stelle der anfänglichen Rede vom Reich Gottes tritt[54]. Doch damit erhält der Begriff der Gotteskindschaft einen neuen Akzent. Er besagt in dieser Sicht die Einbeziehung der Glaubenden in das göttliche Leben und die Anteilnahme an ihm. Dabei muß „Einbeziehung" ganz wörtlich genommen werden, da das Johannesevangelium die Urheberschaft dieses Lebens sowohl mit dem Wort verdeutlicht:

> *Niemand kann zu mir kommen, wenn nicht der Vater, der mich gesandt hat, ihn zieht (Joh 6,44),*

als auch mit der damit korrespondierenden Zusage Jesu:

> *Und ich werde, wenn ich von der Erde erhöht bin, alle an mich ziehen (Joh 12,32)*[55].

Um so mehr muß dann aber verdeutlicht werden, was das mit „Leben" angesprochene Ziel dieser Einbeziehung besagt. Auch darauf gibt der johanneische Jesus zwei beziehungsreiche Antworten. Eine erste in der Brotrede, wenn er versichert:

> *Wie mich der lebendige Vater gesandt hat und wie ich durch den Vater lebe, so wird ein jeder, der mich ißt, durch mich leben (Joh 6,57).*

[52] *Fichte,* A. a. O., 97; *Keil,* Das Johannesevangelium. Ein philosophischer und theologischer Kommentar, Göttingen 1997, 75 ff.

[53] *Fichte,* ebd.

[54] *J. Gnilka,* Johannesevangelium, 29.

[55] A. a. O., 52; 99; *R. Schnackenburg,* Das Johannesevangelium II, Freiburg 1985, 76 f.; 492 ff.

Und eine zweite in der Hirtenrede, wenn er erklärt:

> *Ich bin der gute Hirt, ich kenne die Meinen und die Meinen kennen mich, wie mich der Vater kennt und ich den Vater kenne (Joh 10,14f)*[56].

Dem fügen die Abschiedsreden einen dritten, noch wichtigeren Aspekt mit dem auf das Motivwort „bleiben" abgestimmten Appell hinzu:

> *Wie mich der Vater geliebt hat, so habe ich euch geliebt. Bleibt in meiner Liebe! (Joh 15,9)* [57].

In diesen Aussagen wird der Begriff „Leben" dreifach entfaltet. Im Wort aus der Brotrede durch den Gesichtspunkt der Mitteilung. Danach besteht das an die Stelle des Gottesreichs getretene Leben in der Beziehung, die durch die Übereignung dieses Lebens von seinem Ursprung, dem Vater, an den Sohn und dessen Selbstübereignung an die Seinen entsteht. Dem Leben, wie es das Johannesevangelium begreift, ist die Tendenz, sich mitzuteilen und zu verschenken, eingestiftet. Mehr noch, es besteht in Akten der Übereignung und Hingabe, die im Extremfall, wie das Zentralwort des Nikodemusgesprächs betont, bis zur Hingabe in den Tod gehen kann, die dann aber nicht etwa zu dessen Verlust, sondern zur Neugeburt dieses „vergebenen" Lebens im Ereignis der Auferstehung führt.

Nicht minder wichtig ist für dieses Leben der Erkenntnisbezug. Denn im Akt der Übereignung geht dem Empfänger die Größe und Bedeutung, oder kürzer, die Wahrheit des Gebers erst wirklich auf. Doch dadurch, daß dem Empfänger die Wahrheit des Gebers einleuchtet, gibt er sich ihm im Akt der Entgegennahme seinerseits zu verstehen. Somit gilt auch hier: das mitgeteilte Leben besteht in der wachsenden Einsicht in die Sinntiefe des jeweils anderen. Das ist zweifellos mit einer Konnotation, wenn nicht sogar mit einem Appell an die Leser des Evangeliums verbunden. Ihr Glaube kann und darf sich nicht am Besitzstand des einmal Erreichten festklammern. Ihm ist vielmehr, wie es die Paulusschule mit Nachdruck hervorhebt, die Tendenz zu fortwährender Selbstüberschreitung eingeschrieben,

> *bis wir alle zur Einheit des Glaubens und zur Erkenntnis des Gottessohnes gelangen, zur vollen Mannesreife und zum Vollalter Christi (Eph 4,15)*[58].

Wie schon die appellative Sprache erkennen läßt, liegt dem Johannesevangelisten der dritte Aspekt besonders am Herzen. Denn noch fehlte dem Lebensbegriff die innere Glut,

[56] *Gnilka*, A. a. O., 83.

[57] A. a. O., 118 f.

[58] *R. Schnackenburg*, Der Brief an die Epheser, Zürich 1982, 190 f.

die diesen Begriff erst rechtfertigt. Dazu muß die Erkenntnisbeziehung nur noch deutlicher ausgeleuchtet werden. Wer den andern, wie der Sohn den Vater und dieser den Sohn so erkennt, daß er sich in ihm selbst entdeckt, wird von dieser Wahrnehmung überwältigt und über sich hinausgerissen. Im Wechselspiel zwischen Vater und Sohn verdichtet sich dieser Überschwang zur Person des Parakleten, in dem diese Liebe fruchtbar und hilfreich wird. Fruchtbar für den Austausch in Gott, hilfreich für die in diesen Austausch Hineingenommenen, denen der Paraklet alles in Erinnerung ruft und dadurch zu verinnerlichen hilft, was ihnen Jesus gesagt hatte (Joh 14,26). Das ist ganz aus dem Geist der Gotteskindschaft entwickelt, dies jedoch mit der Einschränkung, daß das Wort nach seiner Thematisierung im Prolog (Joh 1,12) und dem Nikodemusgespräch (3,3–8) bis auf die Erwähnung der durch den Tod Jesu zu Gotteskindern Versammelten aus dem Vokabular des Evangeliums verschwindet[59]. Dafür tritt in dem nunmehr berührten Kontext der Abschiedsreden eine äquivalente Vokabel in den Vordergrund: Gottesfreundschaft.

Für die Äquivalenz der beiden Begriffe spricht vor allem die Entsprechung der Zentralaussage mit der „Achsenstelle" des Römerbriefs, an der Paulus seinen Adressaten versichert, daß sie dem Zustand der Knechtschaft mit ihren Ängsten überhoben und in ein kindliches Nahverhältnis zu Gott aufgenommen sind (Röm 8,15). Im selben Sinn sichert nun Jesus in den johanneischen Abschiedsreden den Jüngern seine Freundschaft mit den Worten zu:

> *Nicht mehr Knechte nenne ich euch; denn der Knecht weiß nicht, was sein Herr tut. Vielmehr habe ich euch Freunde genannt, weil ich euch alles mitgeteilt habe, was ich von meinem Vater vernommen habe (Joh 15,15)*[60].

Der Unterschied besteht nur darin, daß das Pauluswort auf die Ursache des knechtischen Nichtwissens, die Angst eingeht, während die Johannesstelle von deren Folge, der Unkenntnis spricht, die das göttliche Angesicht, wie das gnostische Evangelium Veritatis vermerkt, wie ein Nebel verhüllt[61]. Damit ist ein weites Feld existentieller Beziehungen umschrieben: Das Verhältnis von Herrschaft und Knechtschaft ebenso wie das von Angst und Erkenntnis. Angst macht, um dabei einzusetzen, nicht nur timide, sondern aufgrund der von ihr ausgehenden Lähmung, auch blind. Der tief Geängstete sieht weder den wahren Grund seines Zustands noch den rettenden Ausweg. Dadurch gerät er in Panik und damit in eine Verfassung, die ihn sowohl für rationale Überlegungen wie für sinnvolle Reaktionen unfähig macht. Was aber das vor allem von *Hegel* erörterte Verhältnis von Herrschaft und Knechtschaft anlangt, so liegt die Lösung der mit ihm angezeigten Span-

[59] Wie Seite 108, Anm. 26.

[60] *R. Schnackenburg*, Das Johannesevangelium III, Freiburg 1975, 125 ff.; *Wilckens*, Das Evangelium nach Johannes, 241 ff.

[61] *H.-M. Schenke*, Die Herkunft des sogenannten Evangelium Veritatis, Göttingen 1959, 33 f.

nung, johanneisch gesehen, weder in einer dialektischen Überhöhung noch in deren revolutionärer Beseitigung, sondern in ihrer dialogischen Aufhebung im Geist und Erweis der Freundschaft. Im Verhältnis zu Jesus steigert sich diese zur Gottesfreundschaft[62]. Sie hat, gestützt auf die Gottesentdeckung Jesu und seine Selbstzusage, die Ära der Religiosität des Schreckens und der Beschwichtigungsstrategien hinter sich gelassen und dadurch mit der im ambivalenten Gottesbild der Menschheitstradition gründenden Heteronomie gebrochen, um sich im Abwurf dieses erdrückenden Jochs zur Freiheit der Gotteskinder durchzuringen[63]. Glaubensgeschichtlich geschah das, in unverkennbarer Reaktion auf die repressiven Verhältnisse des Früh- und Hochmittelalters, in der durch *Rulman Merswin* (*Mersarius*) repräsentierten Bewegung der Gottesfreunde, die ihren symbolischen Ausdruck in der bereits angesprochenen Konfiguration der „Johannesminne" erfuhr[64]. In der Gestalt des wie schlafend an die Brust Jesu hingesunkenen Lieblingsjüngers wird in dieser Gruppe die Distanz der Freundschaft auf die einer spirituellen Kindschaft zurückgenommen. Damit erhob sich eine von schweren religiösen Konflikten und Krisen erschütterte Zeit zu einer Höhe, hinter die die Gegenwart auf bestürzende Weise zurückgefallen ist und mit der, nicht weniger bestürzend, die Ansprechbarkeit für das, was Gotteskindschaft bedeutet und verheißt, verlorenging. Wenn diese Höhe wieder erreicht werden soll, müssen noch weitere Zeugnisse berücksichtigt werden, auch wenn diese im Vergleich zum paulinischen und johanneischen Hauptzeugnis von eher randständiger Bedeutung sind.

3. Die randständigen Zeugnisse

Schon der erste der damit aufgerufenen Belege stellt vor ein erhebliches Problem. Die Szene des Markusevangeliums berichtet vom Widerstand, den die Jünger dem Versuch entgegensetzten, Kinder von Jesus segnen zu lassen:

> *Als Jesus das bemerkte, wurde er unwillig und sagte: Laßt die Kinder zu mir kommen und hindert sie nicht. Denn solchen gehört das Reich Gottes. Amen, ich sage euch: Wer das Reich Gottes nicht annimmt wie ein Kind, wird nicht hineinkommen. Und er schloß sie in die Arme und segnete sie (Mk 10,13–16)*[65].

[62] *G. W. F. Hegel*, Encyclopädie der philosophischen Wissenschaften (Ausgabe *Hoffmeister*), Leipzig 1949, 371.

[63] *R. Egenter*, Gottesfreundschaft. Die Lehre von der Gottesfreundschaft in der Scholastik und Mystik des 12. und 13. Jahrhunderts, Augsburg 1928.

[64] Dazu nochmals die von *J. Lanczkowski* herausgegebene Textsammlung „Erhebe dich, meine Seele", Stuttgart 1988, 308–318; 383 f.

[65] *L. Schenke*, Die Urgemeinde, 283.

Die Stelle erweckt zunächst den Eindruck, als werde hier die vertrauensvolle Offenheit der Kinder zur Bedingung für den Eintritt ins Gottesreich erklärt. Soviel daran richtig ist, scheitert diese Annahme doch an den Bedingungen – Wasser und Geist –, die das Nikodemusgespräch für diesen Eintritt stellt. Der Akzent der Szene liegt daher auf dem Schlußsatz, der den Eintritt ins Gottesreich mit der Umarmung der Kinder durch Jesus und durch seinen geradezu sakramental anmutenden Segen versinnbildet und die Kinder dadurch zu Empfängern der Gotteskindschaft erklärt. Auch für die Kinder gilt somit, daß „Fleisch und Blut", verstanden als bloß naturale Vorgaben, das „Reich Gottes nicht erben" können (1Kor 15,50). Was ihr naturhaftes Privileg ist, muß von ihnen existentiell angeeignet werden; dann erst genügen sie dem „Zeichen", das mit ihnen gegeben ist.

Im Lukasevangelium ist an zwei herausragenden Stellen von der Gotteskindschaft die Rede. So schon im Auftakt zu der exorbitanten Aussage der lukanischen Bergpredigt, wonach Gott gütig ist, „sogar gegenüber den Undankbaren und Bösen", wenn sich der Aufforderung zur Feindesliebe die Zusicherung anschließt: „ihr werdet Kinder des Höchsten sein" (Lk 6,35)[66]. Sodann in Jesu Verheißung, daß „die der Auferstehung von den Toten" Gewürdigten „den Engeln gleich und Kinder Gottes" sein werden (20,35f)[67]. Dem entsprechen zwei Stellen, in denen Jesus seiner Gottessohnschaft bewußt wird und Gott als seinen Vater entdeckt. Eine erste in Gestalt seines Gebetserlebnisses nach der Taufe, von dem es heißt:

> *Während er noch betete, öffnete sich der Himmel, der heilige Geist kam in der sichtbaren Gestalt einer Taube auf ihn herab, und eine Stimme aus dem Himmel sprach: Du bist mein geliebter Sohn, an dir habe ich mein Wohlgefallen (Lk 3,21f)*[68].

Was hier noch Zusage bleibt, wird im Gleichnis vom verlorenen Sohn zum Ereignis der Aufnahme in das Haus der Vaterliebe. Ohne den abgerissenen Heimkehrer sein Bekenntnis aussprechen zu lassen, fällt ihm der Vater, von Mitleid überwältigt, um den Hals, küßt ihn und befiehlt den Knechten, ihm das Festkleid anzuziehen und den Siegelring an den Finger zu stecken (Lk 15,20–24)[69]. Akzentuiert durch das refrainartige Wort „er war tot und lebt wieder; er war verloren und ist wiedergefunden worden" (15, 24. 32), wird hinter dieser Investitur die Inthronisation des „Wiedergefundenen" zum „Gottessohn mit Macht" (Röm 1,4) erkennbar, die das Gleichnis als eine parabolische Nacherzählung des von Jesus von der Herrlichkeit beim Vater bis zur Erniedrigung am Schweinetrog und

66 *F. Hahn*, Theologie des Neuen Testaments II, Tübingen 2002, 666 f.

67 *J. Ernst*, Das Evangelium nach Lukas, Regensburg 1993, 414 f.

68 A. a. O., 117 ff.

69 *W. Harnisch*, Die Gleichniserzählungen Jesu. Eine hermeneutische Einführung, Göttingen 1985, 200–230. Anders *D. Rusam*, Die Gemeinschaft der Kinder Gottes, 95, Anm. 164.

von da bis zu seiner Heimkehr ins Vaterhaus durchschrittenen Heilswegs, wenn nicht sogar als eine antizipierte Ostergeschichte ausweist[70]. Umgekehrt wird dann aber auch die in Maria zentrierte Pfingstszene (Apg 1,14; 2,1–13) als kollektive Wiederholung der lukanischen Verkündigungsszene (Lk 1,26–38) lesbar[71]. Der von Maria empfangene Gottessohn übereignet als „lebendigmachender Geist“ (1Kor 15,45) seine Gottessohnschaft im Pfingstereignis an die in seinem Namen Versammelten, die sich durch den charismatischen Geistempfang ihrer Gotteskindschaft bewußt werden und sie durch ihre übersprachlichen Äußerungen bezeugen.

Was hier nur erschlossen werden kann, wird im Eingang des Hebräerbriefs mit Nachdruck akzentuiert. Hier ist Jesus nicht nur das „Abbild“ des göttlichen Wesens, der als solches dem „All durch sein machtvolles Wort“ Bestand verleiht (Hebr 1,3; Kol 1,17); vielmehr will Gott, der ihm die Sohnschaft zugesprochen hat (Hebr 1,5), ihm auch Vater sein (ebd.), damit er durch ihn viele Söhne zur Herrlichkeit führen kann (2,10). Auch das Ende des Mahnschreibens ist, zumindest indirekt, vom Motiv der Gotteskindschaft durchstimmt (12,4–11). Bei aller Distanz greift der Hebräerbrief damit auf den großen Gedanken des Römerbriefs zurück, wonach Gott alle,

> *die er vorher erkannte, auch dazu vorherbestimmt hat, dem Bild seines Sohnes gleichgestaltet zu werden, damit dieser der Erstgeborene unter vielen Brüdern sei (Röm 8,29)*[72].

Zumindest tangential berührt sich damit der epigonale Titusbrief, wenn er vom „Bad der Wiedergeburt“ spricht (Tit 3,5) und damit die Erinnerung an das Eingangswort des Nikodemusgesprächs von der Geburt „aus dem Wasser und dem Geist“ (Joh 3,5) weckt[73]. Wenn diese Assoziation zutrifft, geht es dabei ebenso um die endzeitliche Neuschöpfung wie um deren sakramentale Vorwegnahme in der Taufe und um die darin sich ereignende Einsetzung in die Gotteskindschaft. Das wird im Ersten Petrusbrief noch deutlicher, sofern sich die dort den Glaubenden zugesprochene „Wiedergeburt durch Gottes lebendi-

[70] Für die sekundäre Herkunft des Gleichnisses spricht überdies die Beobachtung, daß Jesus niemals denselben Stoff seinen Gleichnisreden wiederholt zugrundelegt. Das aber wäre im Gleichnis vom verlorenen Sohn der Fall, weil er (nach Mt 21, 28–32) bereits das Gleichnis von den beiden ungleichen Söhnen erzählt hatte. Näheres dazu und zu dessen widersprüchlichen Textüberlieferungen bei *J. Jeremias*, Die Gleichnisse Jesu, Göttingen 1982, 125 f.

[71] *J. Moltmann*, Der Weg Jesu Christi, 100; 166; doch ist Maria (nach Apg 1,14) in dieser Szene nicht Mutter, sondern Glaubende; insofern ist die Glaubensgemeinschaft durch sie auf die Verkündigungsszene zurückbezogen, die sich nun aufs neue in den durch das Sprachenwunder Geeinten ereignet.

[72] *Moltmann*, A. a. O., 103; *F. Hahn*, Theologie des Neuen Testaments II, 321 f.

[73] *U. Wilckens*, Das Evangelium nach Johannes, Göttingen 2000, 66 f; *O. Knoch*, 1. und 2. Timotheusbrief, Würzburg 1980, 80 f.

ges und bleibendes Wort" (1Petr 1,23) ausdrücklich auf die „Auferstehung Jesu Christi von den Toten" (1,3) zurückbezieht, die damit gleicherweise als der Ursprung sowohl der Neuschöpfung wie der Wiedergeburt erscheint. Assoziativ drängt sich dann aber auch die Erinnerung an die fiktive Verklärungsszene des Zweiten Petrusbriefs auf, die aus der Bestätigung der Gottessohnschaft Jesu „auf dem heiligen Berg" folgert:

> *So sind wir des prophetischen Worts versichert, und ihr tut gut daran, darauf wie auf eine Leuchte zu achten, die an finsterem Ort scheint, bis der Tag anbricht und der Morgenstern aufgeht in euren Herzen (2Petr 1,19)*[74].

So sehr damit die Ablösung der durch das prophetische Wort vermittelten Heilsgewißheit durch die unmittelbare Schau Christi im Glanz seiner Parusie gemeint ist, läßt die Wendung „in euren Herzen" doch zugleich an deren mystische Vorwegnahme durch die Einwohnung Christi im Herzen der Glaubenden und damit an den Gebetswunsch des Epheserbriefs (Eph 3,17) denken. Was sich nach dem johanneischen Großbrief endzeitlich ereignet, „wenn wir ihn schauen, so wie er ist" (1Joh 3,2), hat ein zeitgeschichtliches Vorspiel im Aufgang des strahlenden Morgensterns (Apk 22,16) im Herzen der durch den Glauben an ihn Geeinten.

So fällt vom Rand des Bezeugungsfeldes her ein unerwartetes Licht auf das Zustandekommen und die Erlebnismitte der Gotteskindschaft. Denn gerade diese randständigen Zeugnisse lassen keinen Zweifel daran, daß die Gotteskindschaft die Frucht der Selbstübereignung Jesu „an die vielen" ist, zu der ihn die in seiner Lebensleistung vorweggenommene Auferstehung befähigte. Ursprung der Neuschöpfung ist der Auferstandene, sofern er in die Machtfülle Gottes aufgenommen wurde, die der Erste Timotheusbrief mit dem Lobpreis rühmt:

> *Dem König der Herrlichkeit, dem unvergänglichen, unsichtbaren, einzigen Gott, sei Ehre und Herrlichkeit in alle Ewigkeit! Amen (1Tim 1,17)*[75].

Deshalb – und nur deshalb – können von dem Zimmermann aus dem verrufenen Nazaret Präexistenzaussagen von jener Größe gemacht werden, wie sie Paulus in seiner Korrespondenz mit Korinth (1Kor 8,6) und wie sie seine Schule im Kolosserbrief formuliert, der ihn geradezu den „Erstgeborenen der ganzen Schöpfung" (Kol 1,15) und, zusammen mit dem Hebräerbrief (Hebr 1,2f), das tragende Fundament des Weltalls nennt (1,16f)[76]. Ursprung der Wiedergeburt aber ist der Auferstandene, sofern von ihm die von der jüdischen Weisheitsspekulation eingegebene Akklamationsformel gilt:

[74] *A. Vögtle*, Der Judasbrief / Der 2. Petrusbrief, Solothurn und Düsseldorf 1994, 163–172.

[75] *Knoch*, A. a. O., 23.

[76] *L. Schenke*, Die Urgemeinde, 197.

Einer ist Gott und einer der Mittler zwischen Gott und den Menschen, der Mensch Christus Jesus (1Tim 2,5)[77].

Wenn sich diese Aussage in die soteriologische Formel „der sich für alle als Lösegeld hingegeben hat" (1Tim 2,6) fortsetzt, ist auch darin die Funktion des Auferstandenen als Urheber der Gotteskindschaft mitgesagt. Denn die von ihm prädizierte Sühneleistung ist, nach ihrer Herkunft befragt, nur ein vom jüdischen Opferkult herrührendes Derivat der ungleich ursprünglicheren Sicht, wonach er als der „Erstgeborene unter vielen Brüdern" (Röm 8,29) die an ihn Glaubenden in seine Auferstehung mit hineinnahm, und dies mit der Folge, daß sie durch seine Einsetzung in die Gottessohnschaft (1,4) zu Gotteskindern wurden.

Mit der Bezeichnung der Sühneleistung Jesu als „Derivat" dieser ursprünglicheren Sicht ist die unumgängliche Frage nach deren Herkunft aufgeworfen, und dies um so mehr, als sich die satisfaktorische Deutung des Kreuzestodes Jesu bis in das – freilich sekundäre – Kelchwort bei Jesu Abendmahl (Mt 26,28) niederschlug. Daß sich diese Deutung so rasch und umfassend durchsetzen konnte, war unzweifelhaft die Folge der auf der Urgemeinde trotz ihrer Ostererfahrung lastenden Frage, warum ihr Herr so früh und auf so grausame Weise sterben mußte. Die sie – vermeintlich – aus dieser vorbelasteten Fragenot befreiende Antwort brachte die „große Menge von Priestern", die sich (nach Apg 6,7) dem Glauben unterwarfen. Sie lautete: was die vielen zur Entsühnung des von einem „tiefen Sündenbewußtsein" (*Schenke*) belasteten Volkes dargebrachten Schlacht- und Sühneopfer nicht zu leisten vermochten, das bewirkte der Kreuzestod des Gottessohnes, vorausgesetzt, daß er als ein Opfer- und Sühnetod begriffen werde[78].

Indessen krankte diese Antwort, ungeachtet ihrer scheinbaren Plausibilität, an drei entscheidenden Defiziten. Sie widersprach schon der Gottesentdeckung Jesu und damit seiner gesamten Lebensleistung; denn diese ging von dem Gott der vorbehalt- und bedingungslosen Liebe aus, die (nach Lk 6,35) sogar die „Undankbaren und Bösen" umfaßt. Daß dieser Gott einer Sühneleistung und dieser in Gestalt des Kreuzestodes seines eigenen Sohnes bedarf, um die Sündenschuld der Menschheit zu bewältigen, kommt, abgesehen von den psychologischen Implikationen dieser Vorstellung, einer Minimierung seiner Kreativität und Weisheit gleich, die nicht weniger dem von Jesus als Abgrund der Liebe entdeckten Gott widerspricht. Wer trotzdem daran festhält, wird sogar von *Nietzsche* einer Denkweise bezichtigt, die dem Rücksturz in ein „schauderhaftes Heidentum" gleichkommt[79]. Sie verstieß jedoch nicht weniger gegen die Würde menschlichen Sterbens, das so wenig wie der Mensch selbst einem wenngleich noch so

[77] *Knoch*, A. a. O., 25; *Schenke*, A. a. O., 346.

[78] *Schenke*, 34; 45; dazu der Abschnitt „Bindet ihn los!" meines Sammelwerks „Die Entdeckung des Christentums", 252–266.

[79] *F. Nietzsche*, Der Antichrist, § 16.

hohen Zweck unterworfen und damit funktionalisiert werden darf. Und schließlich unterstellt sie Jesus, daß er ohne Wissen um die von ihm zu erbringende Opfertat in den Tod gegangen sei, da alle einschlägigen Aussagen zwar auf die Unumgänglichkeit seines Sterbens, aber nicht einmal ansatzweise auf eine ihm abverlangte Sühneleistung schließen lassen[80]. Im Unterschied zu dieser auf einer durch Gewalt und Grausamkeit imprägnierten Bewußtseinsstufe entwickelten Auffassung gab Jesus die authentische Deutung seines Sterbens unverkennbar in dessen symbolischer Vorwegnahme beim letzten Abendmahl, näherhin in seinem Wort über das gebrochene Brot, das in seiner Urbedeutung mit „Das bin ich für euch" (1Kor 11,24) wiedergegeben werden muß[81]. Danach gibt Jesus in diesem zeichenhaften Gestus seine empirische Seinsweise in Raum und Zeit und, radikaler noch, seine individuelle Existenzform auf, um als „lebendigmachender Geist" (1Kor 15,45) in den Seinen auf- und fortzuleben. Er umschließt sie fortan als eine sie umgreifende Sphäre (*Wikenhauser*) und wohnt ihnen ein als das ihnen definitiv zu sich verhelfende „Über- und Tiefen-Ich".

Damit schließt sich dann auch schon der Ring zu dem die Verklärungsszene des Zweiten Petrusbriefs krönenden Bild von dem in den Herzen aufgehenden Morgenstern (2Petr 1,19), das nun definitiv als Symbol der Einwohnung Christi lesbar wird, so wie diese nun nicht weniger definitiv als das mystische Zentrum des Gotteskindschaft erscheint. Da aber nach *Kant* Anschauungen ohne Begriffe blind sind[82], stellt sich nun unausweichlich die Frage nach der genaueren Sinnbestimmung der Gotteskindschaft.

4. Die Sinnbestimmung

Im langen Gang der Motivgeschichte wurde nur einmal der Versuch unternommen, das, was die Vokabel „Gotteskindschaft" umschreibt, auf den Begriff zu bringen. Das geschah in der bereits erwähnten Cusanusstelle, die von der Gotteskindschaft keine Transformation, wohl aber eine Integration des Menschseins erwartet, also nicht, daß wir zu etwas anderem würden als dem, was wir jetzt schon sind, sondern daß wir das, was wir jetzt in dem diesem Jetzt angemessenen Maß sind, in einem andern Maß und Wie sein werden[83]. Wenn es dazu kommen soll, muß sich der Mensch zu jenem Einen und letztlich Größten erheben, das alle Maß- und Zahlverhältnisse übersteigt und in einem letzten Aufschwung

80 *A. Vögtle*, Grundfragen der Diskussion um das heilsmittlerische Todesverständnis Jesu, in: Offenbarungsgeschehen und Wirkungsgeschichte, Freiburg 1985, 141–167.

81 *Vögtle*, A. a. O., 163 (in kritischem Bezug auf *Schürmann* und *Hahn*).

82 *Kant*, Kritik der reinen Vernunft, A 51 und B 75.

83 *Cusanus*, De filiatione Dei, in: Vom verborgenen Gott (Ausgabe *Bohnenstaedt*), Leipzig 1942, 80.

auf unberührbare Weise berührt wird[84]. Wenn sich die Vernunft dazu erhebt, erkennt sie, daß sie so erkennt, wie sie von Gott erkannt und „Gott in ihr sie selbst ist"[85].

Für den Kusaner ist dies das Ziel, das er, mit seiner Schrift über das „Gottsuchen", anstrebte. Das Ziel aber wird mit der Gottförmigkeit erreicht, die, wie *Claus Hebler* verdeutlichte, darin besteht, „Gottes Sohn zu werden"[86]. Wenn das zutrifft, nimmt der Kusaner auf spekulative Weise das vorweg, was *William Wrede*, gestützt auf eine bis auf *Irenäus von Lyon* zurückreichende Tradition, mit dem Satz umschrieb, daß Jesus seine Gottessohnschaft aufgibt, um die Menschen aufgrund dieser Selbstübereignung zu Söhnen Gottes werden zu lassen[87]. Gleichzeitig verschiebt sich damit der vom Kusaner in Gott gesuchte Ursprung der Gotteskindschaft auf Jesus, der nun definitiv als deren Urheber erscheint. Mit der von Wrede zumindest indirekt angesprochenen Selbstübereignung engt sich die Suche nach dem Ursprung schließlich auf das Ereignis seiner Lebensgeschichte ein, das die Übereignung zum Inhalt hat: auf Tod und Auferstehung.

Über den Sinn des Kreuzestodes gibt in erster Linie der Abendmahlsbericht Aufschluß, sofern man sich dabei mit der neueren Forschung vergegenwärtigt, daß der Akzent auf das Brotwort zu legen ist[88]. Danach gibt Jesus in der Symbolhandlung des gebrochenen Brotes seine empirische Existenz in Raum und Zeit auf, um in den dieses mit ihm identische Brot Verzehrenden auf- und fortzuleben. Darin gipfelt seine zuständliche Hingabe und Selbstübereignung, zu der er sich mit dem Schlüsselwort bekannt hatte:

> *Der Menschensohn ist nicht gekommen, um sich bedienen zu lassen, sondern um zu dienen (Mk 10,45),*

und die er mit der der paulinischen und synoptischen Abendmahlsszene entsprechenden Symbolhandlung der Fußwaschung bekräftigte[89]. Daß sich Jesus in diesen zeichenhaft-sakramentalen Gesten zwar keinesfalls als Person, wohl aber als raum-zeitlich existierendes Individuum aufgibt, um als „lebendigmachender Geist" (1Kor 15,45) in den Seinen fortzuleben, kann auch dem ursprünglichen Kelchwort entnommen werden, das die empirische Seinsweise verneint, um die eschatologische Lebensgemeinschaft in Aussicht zu stellen:

[84] A. a. O., 91.

[85] A. a. O., 101; dazu *Cl. Hebler*, Zum Aufbau der drei Schriften des Nikolaus von Kues über den verborgenen Gott, München 1964.

[86] A. a. O., 50.

[87] *W. Wrede*, Paulus, in: Das Paulusbild in der neueren deutschen Forschung, 96.

[88] *F. Hahn*, Theologie des Neuen Testaments II, 554–564; *L. Schenke*, Die Urgemeinde, 107–115; *H. Schürmann*, Jesu ureigener Tod. Exegetische Besinnungen und Ausblick, Freiburg 1975, 66–96; 138 ff.

[89] Dazu mein Jesusbuch „Das Antlitz. Eine Christologie von innen", Düsseldorf 1999, 164 ff.; *R. Schnackenburg*, Das Johannesevangelium III, 6 -29.

> *Ich sage euch: Von nun an werde ich von dem Gewächs des Weinstocks nicht mehr trinken, bis ich davon aufs neue trinken werde im Reiche Gottes (Mk 14,25)*[90].

Diese (nach Joh 13,1) als „Liebe bis zum Äußersten" zu verstehenden Hingabe findet ein zweifaches Echo. Zunächst in Form der Ankündigung Jesu, daß er „in die Hände der Menschen ausgeliefert" werde (Mk 9,31), die auf das Pauluswort von der „Nacht, in der er ausgeliefert wurde" (1Kor 11,23), zurückgreift[91]. Vor allem aber in der Weise, daß Gott der zweiten der paulinischen Hymnen auf die Liebe zufolge den in die mörderischen Menschenhände gefallenen Sohn diesen entreißt und sein Todesschicksal selbst in die Hand nimmt, so daß der von ihm in den Tod Gegebene zu seinem größten Geschenk an die Menschheit wird; denn:

> *Wenn Gott für uns ist, wer ist dann gegen uns? Wenn er seinen eigenen Sohn nicht geschont, sondern ihn für uns alle hingegeben hat: wie sollte er uns dann nicht mit ihm alles schenken? (Röm 8,32)*[92].

Wenn Gott seinen den Menschenhänden entrissenen Sohn der Welt zum Geschenk macht, hat das zur Voraussetzung, daß er ihn der kreatürlichen Todverfallenheit überhoben und in seine Lebensfülle aufgenommen hat. Das aber heißt, daß er den „ein für allemal der Sünde Gestorbenen" und nur noch ihm Lebenden (Röm 6,10) zum Lebensinhalt der an ihn Glaubenden werden läßt (Phil 1,12). Was das konkret besagt, wird in seinem Hingabegestus beim Abschiedsmahl symbolisch vorweggenommen, in seinem Kreuz exekutiert und in seiner Auferstehung ebenso verwirklicht wie besiegelt.

Das aber führt zu dem Ergebnis, daß die von *Hermann Kuhaupt* gesuchte „Formalursache" der Gotteskindschaft, ungeachtet der von ihm verwendeten neuscholastischen Begrifflichkeit, in der Auferstehung Jesu gegeben ist, sofern sie diese, wie er sich ausdrückt, nicht durch eine vermittelnde Wirkung, sondern durch die Mitteilung ihrer selbst bewirkt[93]. Danach ist die Gotteskindschaft ein spezifisch christliches Proprium. Vorgriffe darauf sind damit keineswegs in Abrede gestellt. Das gilt insbesondere von der alttestamentlichen Deklarierung Israels als „Sohn Gottes", die in der matthäischen Kindheitsgeschichte für Jesus in Anspruch genommen und damit von einer Kollektivbezeichnung

[90] *L. Schenke*, Die Urgemeinde, 108; 110 ff.; *A. Vögtle*, Grundfragen der Diskussion um das heilsmittlerische Todesverständnis Jesu, in: Offenbarungsgeschehen und Wirkungsgeschichts, Freiburg 1985, 141–167.

[91] *Schürmann*, A. a. O., 65.

[92] *U. Wilckens*, Der Brief an die Römer II, 170–173; dazu meine Studien „Der unbekannte Paulus", Düsseldorf 2003, 42, und „Paulus. Zeugnis – Begegnung – Wirkung", Darmstadt 2003, 65 f.

[93] *W. Kuhaupt*, Die Formalursache der Gotteskindschaft, 85 f.

auf einen Individualbegriff zurückgeführt wird. Voll berücksichtigt bleibt dabei auch der Umstand, daß Israel seine Gottessohnschaft einem göttlichen Hulderweis verdankt, der es von allen anderen Völkern unterscheidet: dem Faktum seiner Auserwählung. Während diese jedoch im Dunkel der göttlichen Selbstentschließung verbleibt, tritt die christliche Antithese dazu, die Auferstehung, nicht nur ins Licht eines weltweiten Glaubens; vielmehr ist sie für diesen überdies als dessen Herzmitte konstitutiv (*Wilckens*). Und dies gerade auch in dem Sinn, daß sie als Formalgrund der Gotteskindschaft zu gelten hat.

Wenn das verifiziert werden soll, muß an die Bestimmung der Gotteskindschaft durch *Nikolaus von Kues* erinnert werden, wonach sie nicht darin besteht, den Menschen zu etwas anderem werden zu lassen, sondern ihm zu einer höheren Selbstaneignung zu verhelfen[94]. Wenn dies durch die Auferstehung Jesu als „Formalgrund" bewirkt wurde, ist außerdem zu klären, wie diese umgestaltend in den kreatürlichen Seinsstand eingreifen konnte. Das aber hatte zur Voraussetzung, daß der Auferstandene, der raum-zeitlichen Existenzweise überhoben und als „lebendigmachender Geist" (1Kor 15,45) überall und jederzeit anwesend war. Die Auferstehung bewirkte dies, sofern der Gekreuzigte durch sie in die Lebensfülle Gottes und damit ebenso in seine Allgegenwart wie in seine Ewigkeit aufgenommen wurde. Deshalb konnten von ihm Präexistenzaussagen (wie 1Kor 8,6 und Kol 1,15ff) gemacht werden. Sowohl auf die Raum- wie auf die Zeitüberhobenheit Jesu gibt das Evangelium prospektive Hinweise. So lehnt er die Bitte der Syrophönikierin um Heilung ihrer besessenen Tochter zunächst mit der Begründung ab: „Ich bin nur zu den verlorenen Schafen des Hauses Israel gesandt" (Mat 15,26), um sie angesichts des „großen Glaubens" der Bittstellerin dann doch zu erfüllen. Ebenso weist er die Bitte der Mutter um Abhilfe bei der Hochzeit von Kana mit dem Hinweis zurück: „Meine Stunde ist noch nicht gekommen" (Joh 2,4), um ihr dann doch angesichts ihrer Ergebung auf denkbar großzügige Weise zu entsprechen. Mit diesem Wegfall der raum-zeitlichen Begrenzungen fallen dann auch alle anderen Grenzen von Jesus ab, so daß auch sein Hineinwirken in die Geschichte denkbar wird[95]. Wie aber läßt sich dies gegenüber den von der Aufklärung erhobenen Einwänden glaubhaft machen?

Als Epigone der Aufklärung hatte *David Friedrich Strauß* in seinem „Leben Jesu" geltend gemacht, daß ein göttlicher Eingriff in die Geschichte, wie er für die Auferstehung Jesu angenommen werde, schon deshalb undenkbar sei, weil er den ausschließlich von endlichen Ursachen gebildeten Geschichtskontext zerreißen und so „jede Geschichte unmöglich machen" würde[96]. Diesem Verdikt hatte im Grunde schon der italienische

[94] Dazu nochmals die Stellenangabe auf Seite 124, Anm. 83.

[95] Dazu mein Beitrag „Der Helfer und die Hilfe. Plädoyer für eine Christologie von innen", in: *J. Sauer* (Hrsg.), Wer ist Jesus Christus? Freiburg 1977, 165–200.

[96] *D. F. Strauß*, Das Leben Jesu I, Tübingen 1840, 81; dazu die Ausführungen meiner Programmschrift „Glaubenserweckung. Das Christentum an der Jahrtausendwende", Düsseldorf 2000, 80 ff.

Kulturphilosoph *Giambattista Vico* den Boden entzogen, als er in seiner „Scienza Nuova“ den Grundsatz „ens et verum convertuntur“ in „verum et factum“ abwandelte und damit dem Recht der Logik das größere Recht des Faktischen entgegensetzte[97]. Darauf berief sich Israel bei der Begründung seiner Erwählung mit dem – inzwischen freilich von der Forschung in Zweifel gezogenen[98] – Auszug aus Ägypten und seiner Erfahrung göttlicher Rettungserweise. Darauf beruft sich aber auch das Christentum bei seiner Selbstbegründung auf das als Umbruch des Weltkontextes verstandene und in diesem fortwirkende Ereignis der Auferstehung Jesu. Um nicht als Mirakel mißverstanden zu werden, wie es dem Straußschen Einwand entspräche, muß diese im Sinn schon wiederholt gegebener Hinweise genealogisch gedacht werden, wie dies der Einsetzung des Gekreuzigten „zum Gottessohn mit Macht“ (Röm 1,4) entspricht.

Wenn dem Recht des Faktischen das ihm entsprechende Gewicht zuerkannt werden soll, muß im Blick auf die in jeder Hinsicht exzeptionelle Zeitlage gefragt werden, ob nicht im Gegenzug zu den desaströsen Geschehnissen etwas geschah, das dem – ins Zwielicht geratenen – Faktum des Exodus entspricht und gleichzeitig dem angesprochenen Einwand überhoben ist[99]. Überhoben im Sinn der ingeniösen These *Martin Deutingers*, wonach sich Gott zur Geschichte nicht wie zu seiner Schöpfung als Creator, sondern als Genitor verhält[100]. Gibt es somit in dem so verworrenen Zeitgeschehen einen Lichtblick, der dieser Fokusierung des fragenden Blicks entspricht?

Wenn das je auf ein Ereignis des Zeitgeschehens zutrifft, dann auf den viel zu wenig gewürdigten freiheitlichen Aufbruch von 1989, der Millionen von Menschen die Entlassung aus der jahrzehntelangen Fron eines totalitären Systems, der die zur Überwindung des Ost-West-Konflikts führende Wiedervereinigung Deutschlands brachte, und der in der Folge auf dem blutgetränkten Boden Europas in Gestalt seines Zusammenschlusses eine Zitadelle des Friedens entstehen ließ. Obwohl in ihrer Fernwirkung noch nicht absehbar, führte sie doch unzweifelhaft eine ungleich tiefere Geschichtszäsur als die der französischen Revolution von 1789 herbei und dies, in stupendem Gegensatz zu jener, ohne Blutvergießen, so daß sie, zum Befremden des Historikers *Karl Heinz Bohrer*, als

[97] *K. Löwith*, Vico, in: Weltgeschichte und Heilsgeschehen. Die theologischen Voraussetzungen der Geschichtsphilosophie, Stuttgart 1953, 109–129; *ders*, Vicos Grundsatz: verum et factum convertuntur. Seine theologische Prämisse und deren säkulare Konsequenzen (Sitzungsbericht der Heidelberger Akademie der Wissenschaften vom 18. 11. 1967), Heidelberg 1968; dazu mein Beitrag in „Natur und Geschichte. Karl Löwith zum 70. Geburtstag“, Stuttgart 1968, 11–33.

[98] *O. Loretz*, Des Gottes Einzigkeit. Ein altorientalisches Argumentationsmodell zum „Schma Israel“, Darmstadt 1997, 108 f.

[99] Zur Bestimmung der Situation als einer utopisch-anachronistichen Zeit siehe mein Sammelwerk „Die Entdeckung des Christentums. Der alte Glaube und das neue Jahrtausend“, Freiburg 2000, 30 ff., 82 f.; 196.

[100] *E. Reisch*, Martin Deutingers dialektische Geschichtstheologie, Bonn 1939, 98.

„sanfte Revolution" in das Gedächtnis der Menschheit einging[101]. So wenig der Beitrag der Freiheitsdemonstrationen und der maßgeblichen Politiker geschmälert werden darf, stehen doch die menschlichen Ursachen des Umbruchs in keinem Verhältnis zu den bereits eingetretenen Auswirkungen, so daß sich der Historiker bei dessen Erklärung entweder mit einem Kausalitätsverzicht abfinden oder aber die Intervention einer transzendenten Geschichtsmacht annehmen muß. Gerade in seinem friedlichen Verlauf ist dann aber die Wende das Paradigma dafür, daß die göttliche Einwirkung ins Zeitgeschehen nicht im Sinn endlicher Ursachen, sondern in dem der Aufnahme in ein genealogisches Gottesverhältnis erfolgte[102].

Unausdrücklich ist in alledem die Gotteskindschaft immer schon mitgesagt. Um ausdrücklich zu werden, muß lediglich der Wredesche Gedanke der Übereignung der Gottessohnschaft Jesu an die Seinen hinzugenommen werden. Sie hat einen Existenzwandel des zur Gotteskindschaft Erhobenen zur Folge. Dieser existiert dann zwar noch seiner Kontingenz zufolge auf seinen Tod hin; doch ist er zugleich aufgrund der ihm zugeeigneten Sohnschaft der Todverfallenheit überhoben und auf Gott als Vater hingeordnet. Konsequenz und Kriterium dessen ist, mit Paulus gesprochen, die Überschreitung der Heteronomie und mit ihr der Vielfalt der auf ihm lastenden Daseinszwänge. Denn die Urerfahrung der Gotteskindschaft ist die der Freiheit. Von ihrem Bewußtsein getragen konnte Paulus das Evangelium als Freiheitsbotschaft verkünden (Gal 5,1) und es den von der Schicksalsangst der ausgehenden Antike Befallenen glaubhaft machen. Gotteskind zu sein, hieß für sie somit, zusammen mit dem Erlebnis des Befreit- und Entronnenseins, sich (nach Röm 8,15) nicht mehr fürchten zu müssen und damit den Furien der Lebensangst entronnen zu sein.

Indessen sind dies erst die Präliminarien dessen, was Paulus mit der Rede vom „Geist der Kindschaft, in dem wir Abba – Vater rufen", zum Ausdruck bringt. Denn in dieser Anrede verbirgt sich ebenso ein Moment der Kühnheit wie der Zuneigung und des bedingungslosen Vertrauens, also jener Impulse, zu denen im Grunde nur das noch nicht vom Leben beschädigte, enttäuschte und zurückgeschreckte Kind fähig ist. Das alles käme freilich nie zustande, wenn dem nicht ein vorgängiges Entgegenkommen von Seiten Gottes zugrundeläge. Im Fall der Gottessohnschaft Jesu wurde das von der Urkirche in der Taufszene dargestellt, wenn sich über ihm der Himmel spaltet, der Geist in Taubengestalt auf ihn herabsteigt und eine Stimme auf seine Sinnfrage mit dem Zuspruch „Du bist mein geliebter Sohn" antwortet (Mk 1,11)[103].

[101] Auf seinen Einwand, daß dem Umbruch aufgrund seines unblutigen Verlaufs das entscheidende Kriterium einer Revolution gefehlt habe, antwortet der Abschnitt „Fehlten Tote?" meiner Schrift „Hat der Glaube eine Zukunft?" Düsseldorf 1997, 85–96.

[102] Dazu der Abschnitt „Der Eingriff" meiner Christologie „Das Antlitz", 207–217: ferner der Abschnitt „Die Botschaft hör ich wohl" meiner Programmschrift „Glaubenserweckung", 73–84.

[103] *Vögtle*, Herkunft und ursprünglicher Sinn der Taufperikope Mk 1,9–11, in: Offenbarungs-

Da es dafür keine Zeugen gibt, weist sich die Szene unverkennbar als Rekonstruktion eines Vorgangs aus, auf den aufgrund einiger Indizien zurückgeschlossen werden kann. Dazu gehört in erster Linie der Massenabfall (Joh 6,60–66), die Verfolgung durch den Landesherrn (Lk 13,31), die wachsende Ungeborgenheit (9,57f) und die sich steigernde Anfeindung durch die Gegner (20,19–47; Joh 10,5). Zusammen mit einer Verdüsterung seines Lebensgefühls (Joh 12,27ff) verweist das Jesus auf den Todesweg (Lk 9,51), den er in dem Bewußtsein betritt, sein Lebenswerk nur noch durch Leiden und Tod zum Ziel führen zu können. Auf diesem Weg – und darin besteht der Kern der Rekonstruktion – muß sich der bereits erwähnte Wandel seines Todes- und Gottesverständnisses vollzogen haben. Der Tod war für ihn nun nicht mehr wie für alle Todverfallenen ein hinzunehmendes Schicksal, sondern ein göttliches Ansinnen und eine zu übernehmende Aufgabe, deren Bewältigung seinen Tod, ungeachtet aller Passivität, zur krönenden Lebenstat werden ließ. Da sein Ziel nach Ausweis seiner Reich-Gottes-Botschaft aber von Anfang an auf eine Verwandlung der menschlichen Lebenswelt im Sinne seiner Sozialutopie ausgerichtet war, konnte die krönende Tat nur in einer Überbietung dieser Zielsetzung bestehen. Sie mußte, deutlicher gesagt, die gesamte Lebenswelt ihrer kontingenten Verankerung entreißen und sie auf eine neue, transkreatürliche Grundlage stellen. Da die der „Nichtigkeit" unterworfene kreatürliche Welt nach Ausweis des Römerbriefs (Röm 8,12) jedoch dem Gesetz der universalen Todverfallenheit alles Lebendigen untersteht, mußte ihre Neubegründung an dieser Stelle ansetzen. Und das heißt konkret: die mit der Erweckung des Gekreuzigten bewirkte Aufhebung der Todverfallenheit durfte nicht nur ihm selber gelten, sondern mußte allen zugute kommen. Eben darin bestand dann die krönende Lebenstat Jesu. Sie war die Konsequenz aus seinem gesamten Lebensstil, sofern dieser (nach Mk 10,45) im zuständlichen Erweis seiner Hingabe und Selbstübereignung bestand. Derjenige, der sich in der Symbolhandlung der Fußwaschung zum „Diener aller" gemacht und sich im Gestus des gebrochenen Brotes als Individuum aufgegeben hatte, um in den Seinen auf- und fortzuleben, vollendete sein Lebenswerk, indem er sie in seine Verherrlichung hineinnahm und so zu „Kindern der Auferstehung" werden ließ (Lk 20,36).

Zumindest indirekt ist mit diesem Lukaswort die Gotteskindschaft angesprochen. Vor dem Hintergrund der gewonnenen Einsicht wird diese nun auf neue Weise verstehbar. Sie ist nicht nur die an die Menschen weitergegebene und insbesondere den Glaubenden übereignete Gottessohnschaft Jesu, sondern Frucht seiner für sie errungenen Todüberwindung und als solche ihre Erhebung zu seinem todüberhobenen Dasein. Wer zur Gotteskindschaft gelangte, hat somit den Tod bereits hinter sich, auch wenn ihm aufgrund seiner ihm immer noch anhaftenden Kreatürlichkeit der Schock und die Not des Sterbens nicht erspart bleiben. Er braucht den Tod als möglichen Absturz in den Abgrund des

geschehen und Wirkungsgeschichte, 70–108; dazu auch meine Schrift „Die Neuentdeckung des Glaubens", Stuttgart 2004, 80.

Nichts nicht mehr zu fürchten, ebensowenig aber auch seine Vorboten: Angst und Sorge. Jetzt erst wird einsichtig, weshalb Paulus seinen Adressaten versichern konnte, daß sie sich nicht „aufs neue zu fürchten" brauchten. Der Heteronomie des Daseins entrissen, sind sie in eine Sphäre der Freiheit und Gewißheit entrückt, die sie ebenso den Zwängen wie den Ängsten des Daseins enthebt. Erst als Gotteskinder sind sie voll imstande, das Christentum als die Religion der Angstüberwindung zu erfahren.

5. Das Zentralsubjekt

Gotteskindschaft ist in erster Linie nicht eine Sache des Individuums, sondern, schon von der jüdischen Herkunft des Begriffs her, der Gemeinschaft. Wenn Gott (nach Hos 11,1) seinen Sohn aus Ägypten ruft, ist das ganze Gottesvolk damit gemeint. Wenn dann die Kindheitsgeschichte des Matthäusevangeliums diese Stelle auf die Rückkehr der nach Ägypten geflüchteten Familie Jesu und damit auf ihn selbst bezieht (Mt 2,15), wird deutlich, daß der neutestamentliche Sprachgebrauch zu einer individuellen Verwendung tendiert. Wenn dann aber zunächst der Galaterbrief in scheinbar individueller Verwendung des Begriffs erklärt:

> *Somit bist du nicht mehr Knecht, sondern Sohn, wenn aber Sohn, dann auch Erbe durch Gott (Gal 4,7),*

läßt der im Wir-Stil gehaltene Vordersatz keinen Zweifel daran, daß damit jeder Glaubende und er als Glied der ganzen Glaubensgemeinschaft angesprochen ist. Dem entspricht, wie *Dietrich Rusam* nachwies, der neutestamentliche Sprachgebrauch insgesamt. Vom ersten der Paulusbriefe, dem Schreiben an die Thessaloniker an, ist mit „Kinder Gottes" durchweg ein Kollektiv angesprochen[104]. Gleiches gilt auch von der johanneischen Verwendung der Vokabel. Auch im vierten Evangelium und insbesondere im großen Johannesbrief ist mit „Kind Gottes" stets das Kollektiv, wenngleich mit Blickwendung zum einzelnen, gemeint. Verstärkend kommt in diesem Fall hinzu, daß im Briefeingang ein Kollektiv den Anspruch erhebt, eine Heilserfahrung nach Art der paulinischen Damaskusvision gehabt zu haben, um, gestützt auf sie, seine Botschaft an die Adressaten zu richten (1Joh 1,1–4)[105].

Diese durchgängige Sprachregelung hat nach deutlichen Indizien ihren Grund in den Verfasserverhältnissen der johanneischen Schriften. Wie *Oskar Cullmann* nachwies, ist deren Ursprung nicht wie im Fall der Paulusbriefe in einer profilierten Einzelpersönlich-

[104] *D. Rusam*, Die Gemeinschaft der Kinder Gottes, § 5, 105–110.

[105] *H.-J. Klauck*, Der erste Johannesbrief, 58–75. Dazu nochmals die Ausführungen auf Seite 108 ff.

keit, sondern in dem – in einer derartigen Persönlichkeit zentrierten – „johanneischen Kreis" zu suchen[106]. Zwar spricht in einzelnen Passagen wie insbesondere in der Anrede des Briefs an die „Kinder", „Jünglinge" und „Väter", und dies sogar mit Betonung, ein einzelner (1Joh 2,12ff)[107]. Doch geschieht das offenkundig mit der Rückendeckung, wenn nicht geradezu im Namen des sich eingangs präsentierenden Kollektivs. Ihm verdankt der Sprecher seine Autorität, seine Position und seine Kompetenz. Und dies nicht zuletzt auch in der Absicht, seine als „Kindlein" angesprochenen Adressaten (2,1; 2,14; 3,7) zum Bewußtsein ihrer Gotteskindschaft aufzurufen.

Dieser horizontal-synchronen Sicht tritt bei Paulus eine vertikal-diachrone entgegen. Zwar steht der „Gemeinschaft der Kinder Gottes" (*Rusam*) hier eine profilierte Einzelpersönlichkeit gegenüber, die zudem aus dem Vollbewußtsein der Gotteskindschaft lebt[108]. Bei aller Betonung seiner Erzieher- und Vaterrolle und der damit einhergehenden Akzentuierung seiner Individualität ist es diesem aber stets darum zu tun, die Adressaten seiner Botschaft an seiner Erwählung und den sich daraus ergebenden Privilegien teilnehmen zu lassen[109]. Bisweilen stößt er sie sogar einer Beobachtung *Albert Schweitzers* zufolge geradezu „mit Gewalt in sein eigenes Erleben" hinein[110]. Da er aber auch um die Hemmnisse weiß, die seiner Bemühung, ihnen Einblick in das, „was kein Auge geschaut, kein Ohr vernommen und keines Menschen Herz jemals empfand" (1Kor 2,9), zu gewähren, gestaltet sich seine Bemühung oft zu einem schweren Ringen. Den Adressaten seines Galaterbriefs gesteht er sogar, daß er „Geburtswehen" um sie erleide, „bis Christus in ihnen Gestalt gewinnt" (Gal 4,19)[111]. Schon hier zeichnet sich eine ausgesprochen prozessuale Struktur der von ihm intendierten Einweisung ab, die sich zu einem förmlichen Lernprozeß gestaltet, obwohl er die Rolle des Lehrmeisters lieber mit der generativen des Vaters vertauschen möchte; denn:

> *Hättet ihr auch zehntausend Lehrmeister in Christus, so doch nicht viele Väter.*
> *Denn in Christus habe ich euch durch das Evangelium gezeugt (1Kor 4,15)*[112].

Hier setzte die Paulusschule an, als sie den Prozeß der Aneignung nachzeichnete und bis an sein Ziel verfolgte. Darum geht es auch dem Epheserbrief, wenn er den Sinn der kirchlichen Dienstleistungen in der Förderung des geistlichen Fortschritts erblickt,

106 *O. Cullmann*, Der johanneische Kreis. Zum Ursprung des Johannesevangeliums, Tübingen 1975; *Rusam*, Die Gemeinschaft der Kinder Gottes, 109 f.

107 *Klauck*, A. a. O., 133–136.

108 Dazu meine Studie „Der unbekannte Paulus", 37–43.

109 A. a. O., 86–95.

110 *A. Schweitzer*, Die Mystik des Apostels Paulus, Tübingen 1930, 376.

111 *F. Mussner*, Der Galaterbrief, 311 ff.

112 *H. Lietzmann*, An die Korinther I/II, Tübingen 1949, 21.

> *bis wir alle zur Einheit des Glaubens und zur Erkenntnis des Gottessohnes gelangen, zur vollen Mannesreife und zum Vollalter Christi (Eph 4,13),*

und wenn er das mit der Zielvorgabe verbindet,

> *daß wir uns an die Wahrheit halten und in der Liebe völlig in den hineinwachsen, der das Haupt ist: Christus (Eph 4,15)*[113].

Das ist eine Vorwegnahme der auf *William Wrede* hinführenden Formel, daß Jesus seine Gottessohnschaft aufgibt, um sie den an ihn Glaubenden zu übereignen, nur daß der Ursprung hier als Ziel erscheint. Da es aber nach *Maximus Confessor* zur göttlichen Logik gehört, daß der Ursprung im Ziel gesucht werden muß, ist damit die Frage nach beidem aufgeworfen[114]. Was die nach dem Ziel betrifft, so ist mit der Rede vom Vollalter oder der Fülle (Pleroma) Christi ein Motiv angesprochen, das nicht nur das Wissen Christi, sondern auch das in und mit ihm Erkannte umgreift. In diesem Sinn erklärt der Kolosserbrief:

> *In ihm sind alle Schätze der Weisheit und der Erkenntnis verborgen; denn in ihm wohnt die Fülle der Gottheit leibhaftig, und in ihm wurde euch diese Fülle zuteil (Kol 2,3.9)*[115].

Daß es sich dabei tatsächlich um einen alle kognitiven Qualitäten umfassenden und in sich schließenden Inbegriff handelt, zeigt die Parallelisierung von „Weisheit" und „Pleroma", die dazu nötigt, die Weisheit analog zur Bedeutung von Pleroma als Ensemble aller Denk- und Erkenntnisformen zu verstehen. Wenn auch das „leibhaftig" auf sie bezogen werden kann, tritt die Stelle zudem in einen wahrheitstheoretischen Zusammenhang von größter Bedeutung. Denn der „Philosophie", auf die der Brief (in 2,8) in abschätziger Weise Bezug nimmt, liegt, wie das platonische Konzept eines Ideenreiches erkennen läßt, eine systemhafte Wahrheitsvorstellung zugrunde. Diesem Kosmos der Denkbarkeiten (*kosmos noetos*) steht aber seit alters ein alternatives Wahrheitskonzept gegenüber, das *Irenäus von Lyon* von einem „Leib" der Wahrheit (*corpus veritatis*) und *Augustin* von ihrem „Antlitz" (*facies veritatis*) sprechen läßt[116]. Und das heißt: die der Weisheit einge-

[113] *R. Schnackenburg*, Der Brief an die Epheser, 187 ff.; 190–193.

[114] *H. U. von Balthasar*, Kosmische Liturgie. Das Weltbild Maximus' des Bekenners, Einsiedeln 1961, 184 f.

[115] *M. Dibelius*, An die Kolosser, Epheser, An Philemon, Tübingen 1953, 26–29; *G. Theissen*, Die Religion der ersten Christen. Eine Theorie des Urchristentums, Gütersloh 2000, 153; 372 f.

[116] *Irenäus von Lyon*, Demonstratio praedicationis apostolicae, c.1; Adversus haereses I, 9,4; 18,2; II,27,1; *Augustinus*, Soliloquien II,20,35; dazu meine „Theologische Sprachtheorie und Her-

stiftete Wahrheit ist ein Organismus, kein System; und sie kulminiert nicht in einer Idee; vielmehr hat sie ein Gesicht, das sie dem Wahrheitssucher zuwendet. Von hier führt dann schon ein Schritt zur johanneischen Gleichsetzung Jesu mit der Wahrheit und zu seinem Schlüsselwort: „Ich bin die Wahrheit" (Joh 14,6)[117]. Umgekehrt ist die Weisheit dann die Ausstrahlung dieses von Jesus den Suchenden zugewendeten Gesichts und zugleich, wie im Rückblick auf das Buch der Weisheit zu sagen ist (Wsh 7,26), der „Spiegel", in dem sie seiner ansichtig werden[118].

Auch wenn mit der Zielvorgabe aufgrund ihrer Gegensinnigkeit die Frage nach dem Ursprung bereits beantwortet ist, muß sie nun doch noch ausdrücklich gestellt werden. Mit allem Nachdruck antwortet Paulus darauf, wenn er die Entlassung seiner Adressaten aus der „Zucht" des Gesetzes mit dem Satz begründet:

> *Denn ihr alle seid Söhne Gottes durch den Glauben in Christus Jesus (Gal 3,26)*[119].

Selbst der der paulinischen Mystik distanziert gegenüberstehende Exeget *Franz Mussner* plädiert dafür, daß der umstrittene Zusatz „in Christus Jesus" mystisch genommen werden müsse[120]. Dann aber spricht alles dafür, daß diese erste Antwort im Kontext der zweiten vernommen wird, die den Grund der Gotteskindschaft in der „Annahme an Kindes Statt" (*hyiothesia*) erblickt[121]. Darauf hebt die „Achsenstelle" des Galaterbriefs ab, wenn sie aus der Sendung des Gottessohnes unsere „Einsetzung zu Söhnen" folgert (Gal 4,6)[122]. Im Licht dieser Aussage besehen, gewinnt der als Grund der Gotteskindschaft angeführte Glaube ein überraschendes Profil. Zwar bleibt er der Glaube an den Gottessohn und seine Liebe (Gal 2,20); doch gewinnt diese Liebe nun so sehr in ihm das Übergewicht, daß er, überformt durch sie, zum Werk des Geglaubten im Glaubenden wird. Was der Kolosserbrief von der Hoffnung sagt, wenn er Christus „die Hoffnung auf die Herr-

meneutik", München 1970, 49; 63. Die Aktualität des Gegensatzes besteht in der Notwendigkeit, gegenüber der dominierenden, aus der philosophischen Interpretation des Evangeliums hervorgegangenen „christlichen Wahrheit" die aus dem Antlitz Jesu hervorleuchtende „Wahrheit Jesu Christi" zur Geltung zu bringen.

117 *R. Bultmann*, Das Evangelium des Johannes, Göttingen 1950, 467 ff.; *G. Keil*, Das Johannesevangelium. Ein philosophischer und theologischer Kommentar, Göttingen 1997, 219 f.; *U. Wilckens*, Das Evangelium nach Johannes, 223 f.

118 *A. Schmitt*, Das Buch der Weisheit. Ein Kommentar, Würzburg 1986, 82; *L. Schenke*, Die Urgemeinde, 64 f.; 147–156.

119 *F. Mussner*, Der Galaterbrief, 260 f.

120 A. a. O., 261.

121 *D. Rusam*, Die Gemeinschaft der Kinder Gottes, 82–86.

122 *F. Mussner*, Der Galaterbrief, 268–277; *Wilckens*, Der Brief an die Römer, 135–140.

lichkeit“ nennt (Kol 1,27), gilt dann auch von ihm[123]. Das bestätigt der Märtyrerbischof *Ignatius von Antiochien* mit dem an die Gemeinde von Smyrna gerichteten Satz:

Es wird sich eurer nicht schämen der lebendige Glaube, Jesus Christus[124].

Fürs erste gewinnt der (nach Gal 3,26) zur Gotteskindschaft führende Glaube damit einen personalen Aspekt. Urheber der Annahme an Kindes Statt, der *hyiothesia*, ist nun nicht so sehr der abstrakte Glaube, sondern dessen Konkretisierung in dem, der seine Gottessohnschaft den an ihn Glaubenden übereignet und sie dadurch in sein eigenes Gottesverhältnis aufnimmt. Auf die Frage, wie dieses zustande kam, antwortet die „älteste christologische Reflexion“ (*Schenke*) mit der von Paulus im Eingang des Römerbriefs aufgenommenen Formel:

Eingesetzt zum Gottessohn mit Macht aufgrund der Auferstehung von den Toten (Röm 1,4f)[125].

„Prinzip“ der Gottessohnschaft Jesu ist demnach seine Auferstehung, durch die er das Gesetz der universalen Todverfallenheit durchbrach und allen die Aufnahme in ein dem seinen entsprechendes Gottesverhältnis eröffnete. Damit erweist sich seine Auferstehung erneut als das „Formalprinzip“ der Gotteskindschaft (*Kuhaupt*)[126]. Aufgenommen in die Gottesbeziehung Jesu gewinnt der Glaubende dann aber auch Anteil an den göttlichen Attributen. Sie brauchten für ihn nicht erst durch den von *Nietzsche* proklamierten „Tod Gottes“ freigesetzt zu werden, um auf technischem Weg in die Verfügungsmacht des Menschen zu gelangen; vielmehr stehen sie ihm auf ungleich intimere Weise durch seine Einbeziehung in das Gottesverhältnis des Auferstandenen zur Verfügung. Ungeachtet seiner Einbindung in Raum und Zeit hat er eine ungeahnte Nähe zu den Lebenden und Toten gewonnen. Ungeachtet der ihm gezogenen Grenzen ist er zur Mitwisserschaft mit Gott gelangt und in sein Geheimnis eingeweiht. Und ungeachtet seiner Hinfälligkeit und Schwäche kann er mit Paulus sagen:

Ich vermag alles in dem, der mir Kraft verleiht (Phil 4,13)[127].

[123] *M. Dibelius*, An die Kolosser, Epheser, An Philemon, 24 f.

[124] *Ignatius von Antiochien*, An die Smyrnäer 10,2; nach „Die Apostolischen Väter“ (Ausgabe *Fischer*), München 1956, 212 f.

[125] Die von *Schenke* gebrauchte Wendung „seit Auferstehung von den Toten“ wird von maßgeblichen Interpreten wie *Ferdinand Hahn* kausativ („aufgrund“) wiedergegeben; *Schenke*, Die Urgemeinde, 131 f.: 339; *Hahn*, Theologie des Neuen Testaments I, Tübingen 2002, 206; II, 259.

[126] *H. Kuhaupt*, Die Formalursache der Gotteskindschaft, 83–87; 100 f.

[127] Dazu meine Studie „Der unbekannte Paulus“, 103 f.

Im Zug dieser Neuprofilierung des Glaubens stellt sich dann die für die Subjektbestimmung unerläßliche Frage nach dem Erkenntnisgewinn. Dabei geht es weniger um die damit gewonnenen Inhalte als vielmehr um das der Gotteskindschaft adäquate Erkenntnisprinzip. Denn ihr entspricht nicht schon die Wahrheit, sondern erst deren Hochform, die Weisheit. Für die Urkirche war Jesus nicht nur der von Gott Gesandte (Gal 4,4) und der durch die Auferstehung in die Gottessohnschaft Eingesetzte (Röm 1,4), sondern nicht weniger auch die menschgewordene Gottesweisheit[128]. Als „Spiegel der Wirkmacht Gottes" und „Abbild seiner Güte" (Wsh 7,25ff) stieg die Weisheit nach dem äthiopischen Henochbuch (41,1f) von ihrem himmlischen Wohnort herab, um unter den Menschenkindern eine Wohnung zu suchen; doch zieht sie sich, von ihnen abgewiesen, wieder in den Himmel zurück, um ihren Sitz unter den Engeln einzunehmen[129]. Ungeachtet dessen geht sie, wie das Weisheitsbuch versichert, „in heilige Herzen ein, um sie zu Gottesfreunden und Propheten" heranzubilden (Wsh 7,27)[130].

In neutestamentlicher Sicht ist diese Verheißung in dem erfüllt, der (nach 1Kor 1,30) „für uns zur Weisheit, zur Gerechtigkeit, Heiligung und Erlösung" geworden ist und in dem (nach Kol 2,3) „alle Schätze der Weisheit und Erkenntnis verborgen sind"[131]. Damit erschließt sich die Einsicht, daß „Weisheit" in zweifacher Hinsicht als Hochform der Wahrheit anzusehen ist. Einmal, weil sie im Unterschied zur platonischen Vorstellung von einer Systemwahrheit (*kosmos noetos*) in Christus als *corpus veritatis* verkörpert ist und demgemäß dem nach ihr Suchenden ihr Antlitz zuwendet. Sodann, weil sie (nach Wsh 7,27) in ihn eingeht, um ihn mit ihren „Schätzen" zu beschenken. Weisheit ist somit nicht nur die dem Suchenden voranleuchtende, sondern die sich ihm zueignende und seinem Suchen zuvorkommende Wahrheit. In diesem Sinn wurde sie vor allem von dem Weisheitsdenker *Wladimir Solowjew* verstanden, erfahren und fortgedacht. In seinen „Zwölf Vorlesungen über das Gottmenschentum" (1877) begreift er die von ihm mit der „Weltseele" gleichgesetzte Sophia als den „Christus-Leib", und in dem autobiographischen Gedicht „Drei Begegnungen" (1898) berichtet er:

Im Purpurglanz des Morgenhimmels blühte
Ein Frühling auf, draus blicktest Du mich an.
Der helle Schein in Deinen Augen glühte
wie einst das Licht am Tag, da Gott sein Werk begann.

[128] *L. Schenke*, Die Urgemeinde, 147–156.

[129] *Schenke*, A. a. O., 148.

[130] *A. Schmitt*, Das Buch der Weisheit, 82.

[131] Gegen *W. Schmithals* ist daran festzuhalten, daß „Weisheit" (in 1Kor 1,30) als Oberbegriff zu den folgenden Qualifikationen zu gelten hat und keinesfalls als „stilistisch unschöne und sachlich störende" Ergänzung eliminiert werden darf: Theologiegeschichte des Urchristentums. Eine problemgeschichtliche Darstellung, Stuttgart 1994, 113.

Ich sah das All, und alles war nur Eines,
War meiner ewgen Freundin holdes Bild.
Und von dem Glanze dieses Himmelsscheines
War alles um mich her und war mein Herz erfüllt[132].

Eine christologische Entsprechung dessen findet sich in *Dostojewskijs* Roman „Der Idiot", wenn sich die unglückliche Nastasja Filippowna ein Gemälde mit Jesus und einem Kind ausdenkt, bei dem er, in Gedanken versunken, die Hand auf das Köpfchen des Kindes legt, während es von ihm heißt:

Er schaut in die Ferne auf den Horizont: ein Gedanke, groß wie die ganze Welt, ruht in seinem Blick, sein Gesicht ist traurig[133].

Obwohl dieser Blick, wie der ihn lenkende Gedanke, die ganze Welt umfaßt, ist er doch zugleich auf einen jeden gerichtet. Darauf stimmte sich, lange zuvor schon, *Anselm von Canterbury* in seinem „Proslogion" mit dem Ausruf ein:

O höchstes und unzugängliches Licht, o ganze und selige Wahrheit: wie fern bist du mir, wie nah bin ich dir! Wie entrückt bist du meinem Blick, wie gegenwärtig bin ich deinem Blick[134].

Im Geist der mystischen Inversion wiederholte das, getragen von der spätmittelalterlichen Spiritualität, *Nikolaus von Kues* mit den Worten:

Was ist dein Sehen anderes, Herr, wenn du mich mit deinen gütigen Augen anschaust, als daß du von mir gesehen wirst. Dadurch, daß du mich siehst, gewährst du, daß du, verborgener Gott, von mir gesehen wirst. Denn nur sofern du gewährst, daß du gesehen wirst, kannst du gesehen werden. Und dich sehen, ist nichts anderes, als daß du den siehst, der dich sieht[135].

In seinem Blick und Antlitz teilt somit der (nach 1Kor 1,30) „für uns zur Weisheit" Gewordene die in ihm verborgenen „Schätze der Weisheit und Erkenntnis" mit. Angesichts

[132] *L. Müller* und *I. Wille* (Hrsg.), Solowjews Leben in Briefen und Gedichten, München 1977, 267–275; dazu die Hinweise in meiner „Glaubensprognose", 103 f., meinem Jesusbuch „Das Antlitz", 138, und meiner Programmschrift „Glaubenserweckung", 105.

[133] *F. Dostojewskij*, Der Idiot III, 10.

[134] *Anselm von Canterbury*, Proslogion, c.16.

[135] *Nikolaus von Kues*, De visione Dei, c.5,13; dazu meine Schrift „Der schwere Weg der Gottesfrage", Düsseldorf 1982, 50–59.

der Fokussierung der für deren Erschließung verantwortlichen Theologie auf die wissenschaftliche Interpretation des Evangeliums und damit auf die christliche Wahrheit bedarf es dafür dann allerdings einer eigenen Hermeneutik, bei der es darum geht, den Blick auf die Gestalt (*corpus*) und das Antlitz (*facies*) Jesu und damit auf die Wahrheit Christi zu richten. Die damit geforderte Christus-Hermeneutik kann nur in dem Versuch bestehen, im verstehenden Nachvollzug der Lebens- und Leidensgeschichte der sich darin erschließenden Offenbarungswahrheit auf die Spur zu kommen[136].

In dieser in Christus konkret gewordenen und sich mitteilenden Wahrheit besteht der Erkenntnisgrund und die inspirierende Mitte des gesuchten Erkenntnisprinzips. Zu seiner Integration gehört jedoch ebenso die deren Mitte umfangende und von ihr getragene Peripherie. Denn Gotteskindschaft ist, wie sich zeigte, ein Kollektivbegriff. Kind Gottes ist stets der auf die „Gemeinschaft der Kinder Gottes" (*Rusam*) Hingeordnete und in sie Einbezogene. Der Horizont des einzelnen muß aufgesprengt und als Teilaspekt in den Gesichtskreis des Ganzen einbezogen werden, wenn das Ziel der Suche erreicht werden soll. Getragen vom „Gemeingeist" der Romantik wies *Johann Adam Möhler* in seiner Jugendschrift „Die Einheit in der Kirche" mit der bereits mitgeteilten, jetzt aber nochmals hervorzuhebenden These hin:

> *Denn das ist das Geheimnis unserer Erkenntnis Gottes: nur vom Ganzen kann der, der das Ganze schuf, erkannt werden; wie soll ihn der Einzelne erkennen? Dadurch, daß er, obschon er das Ganze nicht sein, es doch mit großem Gemüte, mit Liebe, umfassen kann; obschon er also das Ganze nicht ist, ist doch das Ganze in ihm … In der Liebe erweitern wir uns, die Einzelwesen, zum Ganzen: die Liebe erfasset Gott*[137].

Wie sehr das im Zug der Zeit lag, zeigt ein an *Goethe* gerichtetes Briefwort *Schillers* (von 1798), das in der Aussage gipfelt:

> *In Ihrem Brief frappierte mich der Gedanke, daß die Natur, obgleich von keinem Einzelnen gefaßt, von der Summe aller Individuen gefaßt werden könnte*[138].

[136] Dazu der Abschnitt „Eine Christus-Hermeneutik" in meinem Sammelwerk „Die Entdekkung des Christentums", Freiburg 2000, 105–119.

[137] *J. A. Möhler*, Die Einheit in der Kirche, oder das Prinzip des Katholizismus, dargestellt im Geist der Kirchenväter der ersten drei Jahrhunderte, Tübingen 1843, 100; dazu *K. Rahner*, Über die kollektive Findung der Wahrheit, in: Schriften zur Theologie VI., Einsiedeln 1965, 104–110.

[138] *H. von Hofmannsthal* (Hrsg.), Schillers Selbstcharakteristik, Frankfurt 1955, 120 f.

Im selben Sinn versichert auch *Schleiermacher* in seinen „Monologen“:

> *Ich erkenne, wie Alles ineinander greift ein wahres Ganzes zu bilden, ich fühle keinen fremden Bestandteil, der mich drückt, es fehlt mir kein Organ, kein edles Glied zum eigenen Leben. Wer sich zu einem bestimmten Wesen bilden will, dem muß der Sinn geöffnet sein für Alles was er nicht ist*[139].

Indessen ist das nur ein Nachhall dessen, was *Nikolaus von Kues* an der Schwelle zur Neuzeit mit der Formel „Jegliches in Jeglichem“ (*quodlibet in quolibet*) auf den Begriff gebracht und was der breite Strom der Gottes- und Sozialmystik ihm aus unvordenklicher Tradition zugetragen hatte. Auch der Sozialmystik; denn der Philosoph und Kirchenvater *Claudianus Mamertus* mahnte in seiner Schrift über die Seele:

> *Liebe deinen Gott und liebe in Gott deinen Geliebten, das Bild deines Gottes. Und umgekehrt liebe auch er dich in Gott, indem er seinen Gott liebt. Wenn ihr beide nur eines sucht und nur zu einem hinstrebt, werdet ihr stets beisammen sein, weil ihr in ein und demselben fest gegründet seid*[140].

Daß aber in erster Linie die Gottesmystik, entgegen ihrer individualistischen Einschätzung, vor allem in ihrer Fortbildung zur „Christusmystik“, zu kollektiver und kooperativer Vereinbarung führt, beweist der auf ihre paulinischen und johanneischen Anfänge zurückweisende Traditionsstrom, den *Henri de Lubac* in seinem aufschlußreichen Werk „Katholizismus als Gemeinschaft“ verfolgte[141]. Darin entfaltet er die Glaubensgemeinschaft nicht nur in ihre ekklesiologischen, sakramentalen, soteriologischen und heilsgeschichtlichen Aspekte; vielmehr läßt er auch die wichtigsten Repräsentanten dieser Sicht, angefangen mit *Ignatius von Antiochien* über *Origenes*, *Gregor von Nyssa*, *Augustinus*, *Maximus Confessor*, *Symeon dem Neuen Theologen*, *Petrus Damiani* bis zu *Nikolaus von Kues* zu Wort kommen. Grundlegend ist für ihn dabei die von der satisfaktorischen Deutung des Heils verdrängte Konzeption des *Irenäus von Lyon*, die das Heil in der Rekapitulation der durch die Ursünde zersprengten ursprünglichen Lebens- und Geisteseinheit erblickt[142].

[139] *F. D. E. Schleiermacher*, Monologe (Ausgabe *Schiele*), Leipzig 1914, 37; dazu der Abschnitt „Abhängigkeit und Kontingenzbewältigung. Zur Aktualität Friedrich Schleiermachers“, in meinem Sammelwerk „Glaubensimpulse. Beiträge zur Glaubenstheorie und Religionsphilosophie“, Würzburg 1988, 377–349.

[140] *Claudianus Mamertus*, De statu animae I, c.27; nach *H. de Lubac*, Katholizismus als Gemeinschaft (Originaltitel: Catholicisme. Les aspects sociales du dogme), Einsiedeln und Köln 1943, 353.

[141] *R. Vorderholzer*, Henri de Lubac begegnen, Augsburg 1999.

[142] *E. Scharl*, Recapitulatio mundi. Der Rekapitulationsbegriff des heiligen Irenäus und seine Anwendung auf die Körperwelt, Freiburg 1941; *N. Brox*, Offenbarung, Gnosis und gnostischer Mythos bei Irenäus von Lyon, Salzburg und München 1966, 186 ff.; ferner die Hinweise in meiner „Theologischen Sprachtheorie und Hermeneutik“, 46–49.

In Erinnerung an die zerreißende Wirkung der babylonischen Sprachverwirrung sieht dabei *Augustin* das, was die Zwietracht getrennt hatte, durch die Liebe vereinigt „und die zerstreuten Glieder des Menschengeschlechts wie die Glieder eines einzigen Leibes von neuem in Christus als dem einzigen Haupt verbunden und im Feuer ihrer Erwählung zur Einheit dieses heiligen Leibes verschmolzen“[143]. Und *Maximus Confessor* bestätigt dies im Blick auf die Einigungskraft der allen eine göttliche Form aufprägenden und alle auf Christus hinordnenden Kirche, insbesondere aber im Blick auf Christus, der durch seine allweise Macht und Güte als Mittelpunkt alles in sich vereinbart und zusammenschließt, so daß die Geschöpfe des einen Gottes einander nicht mehr fremd wie damals gegenüberstehen, als ihnen der gemeinsame Ort, wo sie sich Freundschaft und Frieden erweisen konnten, noch fehlte[144].

Vom geschichtlichen Wachstum dieser „Symphonie“ (*Origenes*) spricht mit einem geradezu evolutionären Zungenschlag – post evoluta tempora – auch *Augustin*, wenn er die Menschheit in ihrem Geschichtsgang den Auszug aus Ägypten, die vierzigjährige Wüstenwanderung und die babylonische Gefangenschaft nachvollziehen und sechs Weltalter durchschreiten sieht, um endlich am siebten Tag, der kein Ende kennt, die große Sabbatruhe in Christus zu erreichen[145]. Dort wartet Christus nach *Origenes* auf die, die er schon auf Erden um sich versammeln und wie eine Henne unter seine Flügel nehmen wollte, dort erfüllt er, was zuvor Verheißung gewesen war, um dort seine eigene Glorie zu empfangen, die er nicht ohne sein Volk, seinen Leib und seine Glieder erlangen wollte[146]. Dort nimmt er die Seinen nach *Gregor von Nyssa* in das „letzte Kapitel von der Geschichte der Welt“ (*Kleist*) hinein: in seine Unterwerfung unter den, der ihm (nach 1Kor 15,28) alles unterworfen hat, damit Gott „alles in allem“ sei. Damit löst er sein Machtwort (Joh 17,24) ein, die ihm vom Vater gegebene Herrlichkeit den Seinen zu übereignen und sie diese ewig schauen zu lassen[147]. Auf die Frage nach den Möglichkeitsbedingungen dieser kosmischen und sozialen Wiedereinholung antwortet ein syrisches Fragment zur Rekapitulationslehre mit dem Hinweis:

> *Weil der, der alles in allem ist, in den Vätern Patriarch, in den Priestern Hohepriester, in den Königen Herrscher, in den Propheten Prophet, in den Engeln Engel, in den Menschen Mensch, im Vater Sohn, in Gott Gott und König auf ewig geworden ist. Denn er ist es, der dem Noah Kapitän, dem*

[143] *Augustinus*, Sermo 271; nach *de Lubac*, A. a. O., 57.

[144] *Maximus Confessor*, Mystagogie, c.1; nach A. a. O., 48 f.

[145] *Augustinus*, De doctrina christiana III, 51; Contra Faustum XII, 36; *Pseudo-Eucherius*, Geneskommentar I, 1; nach A. a. O., 135, 405 f.

[146] *Origenes*, Siebte Homilie über Leviticus, n.2; nach A. a. O., 368 – 373.

[147] *Gregor von Nyssa*, Über das Wort: Dann wird sich der Sohn selber unterwerfen; nach A. a. O., 374 f.

Abraham Führer, der mit Isaak gefesselt, mit Jakob ein Fremdling, Hirt der Geretteten, Bräutigam der Kirche, Fürst der Cherubim, Herrscher der Engelheere und König von Ewigkeit zu Ewigkeit wurde[148].

Dem liegt die gnostizierende Vorstellung von dem „vielgestaltigen" (polymorphen) Christus zugrunde, der einmal als kleines Kind, dann als bis an den Himmel ragender Riese und einmal sogar als Frau erscheint, so daß Johannes bei dem Versuch, ihn zu berühren, einmal einen festen Körper zu fassen bekommt, während er ein anderes Mal ins Leere greift[149]. Wie im christologischen Zyklus von Sant' Apollinare Nuovo (Ravenna) hat er einen Doppelgänger[150]. Und in einem von *Augustin* in seinem an den Bischof Ceretius gerichteten Brief wird ein Wechselgesang der spanischen Sekte der Priszillianisten überliefert, in welchem Jesus als Chorführer erklärt:

Erlösen will ich, und erlöst werden will ich,
Lösen will ich, und gelöst werden will ich,
Schmücken will ich, und geschmückt werden will ich.
Eine Leuchte bin ich dir, wenn du mich siehst,
Eine Tür bin ich dir, wenn du anklopfst[151].

Die erkenntnistheoretische Konsequenz aus dieser perspektivenreichen Tradition zog *Klemens von Alexandrien*, als er auf der Suche nach der „wahren Dialektik" in seinen „Stromateis" erklärte:

Unsre Erkenntnis und geistiger Garten ist unser Heiland selbst, in den wir eingepflanzt werden, indem wir aus unserem alten Leben in das gute Land versetzt und verpflanzt werden. Die Veränderung des Pflanzbodens aber verhilft zu einer reichen Ernte. Licht und wahre Erkenntnis ist also der Herr, in den wir verpflanzt werden[152].

Das „alte Leben" ist für Klemens der von *Platon* im Höhlengleichnis gewiesene Aufstiegsweg zur Idee des Guten, der nach seiner Überzeugung jedoch nur auf dem „guten

[148] Frgm. Syr. 30 und 31, nach *Scharl*, Recapitulatio mundi, 21.

[149] *K. Beyschlag*, Die verborgene Überlieferung von Christus, München und Hamburg 1969, 102; 120 f.

[150] A. a. O., 125, dazu der Deutungsversuch in meiner Schrift „Der Sinn des Friedens. Ein theologischer Entwurf", München 1960, 235–240; ferner *R. Sörries*, Die Bilder der Orthodoxen im Kampf gegen den Arianismus, Frankfurt 1986, 88 f.

[151] *Beyschlag*, A. a. O., 110; dazu *E. Osborn*, Anfänge christlichen Denkens (Originaltitel: The Beginning of Christian Philosophy), Düsseldorf 1987.

[152] *Klemens von Alexandrien*, Stromateis IV,2,4; nach *Osborn*, A. a. O., 289.

Land" des göttlichen Wortes aus dem „Nebel der Unwissenheit" herausführt und sein Ziel, die „wahre Weisheit", erreichen hilft. Unverkennbar scheint in den von Klemens gebrauchten Bildern, auch wenn das Stichwort nicht fällt, das Motiv der Gotteskindschaft auf. Wenn diese Annahme voll überzeugen soll, muß allerdings das in sie einbezogen werden, was die apokryphe Tradition in geradezu surrealistischen Bildern, jedoch gestützt auf neutestamentliche Prämissen, geltend machte. Denn im Evangelium erscheint Jesus von Anfang an in österlichem Licht, das sich in den Erscheinungsberichten vielfach bricht. Auch darum wußten die frühen Denker der Christenheit. Für den Märtyrer *Justin* stand der Anfang des Lebens Jesu zwar im Zeichen der Zurückhaltung. Dennoch zeichnete sich Jesus schon als Kind durch übernatürliche Fähigkeiten aus. Er brauchte nicht getauft zu werden und in Jerusalem einzuziehen, um zur Macht zu gelangen. Doch um seiner öffentlichen Wahrnehmung willen wurde er bei seiner Taufe durch eine Donnerstimme als Gottessohn bestätigt. Seither gießt er seine Gaben über das neue Jerusalem aus und läßt er seine Geisteskraft durch alle wirken, die an ihn glauben. Er nimmt diejenigen gefangen, die Sklaven des Irrtums waren, und gewinnt täglich neue Jünger[153].

Im Evangelium entspricht dem die viel zu wenig gewürdigte Tatsache, daß es seine Existenz im Grunde der Auferstehung Jesu zu verdanken hat. Denn ohne sie wäre es niemals zur Konsolidierung des durch den Kreuzestod ihres Meisters ebenso verstörten wie versprengten Jüngerkreises und damit der Gruppe gekommen, aus der die Evangelienschriften hervorgingen[154]. Ohne sie hätte sich aber auch schwerlich jemand bereit gefunden, der Lehre und dem Lebensweg des vermeintlich durch seinen Tod am Rebellenkreuz total Widerlegten und (nach Gal 3,13) zudem von Gott Verworfenen nachzugehen, die Erinnerungen an ihn zu sammeln und auf der Basis solcher Kollektionen Schriften über ihn zu verfassen. Darin führte die Auferstehung den radikalen Paradigmenwechsel herbei. Da sie bewies, daß er keineswegs gescheitert, sondern aufs Wunderbarste rehabilitiert, und keineswegs von Gott verworfen, sondern „zum Gottessohn mit Macht" (Röm 1,4) eingesetzt und erhoben worden war, erwachte ein elementares Interesse an allem, was über ihn noch in Erfahrung gebracht werden konnte. Deshalb hat nicht nur die auf dieser Basis entstandene Spruchquelle, wie *James M. Robinson* urteilt, sondern das ganze Kompendium der neutestamentlichen Schriften als das „literarische Osterwunder" zu gelten[155].

Das schlug sich unvermeidlich auf die Darstellung der Evangelien nieder. So kam es dazu, daß schon die Kindheitsgeschichte nach Matthäus (Mt 2,1–12) im Zeichen des Missionsbefehls (28,16–20) und die Geburtsgeschichte nach Lukas (Lk 2,4–14) im Licht

[153] *Osborn*, A. a. O., 291 f.

[154] *L. Schenke*, Die Urgemeinde, 20–23; 73–80.

[155] *J. M. Robinson*, Der wahre Jesus. Der historische Jesus im Spruchevangelium Q, in: Zeitschrift für Neues Testament 1(1998), 17–26.

des Osterereignisses stehen (2Kor 4,6), daß in die jeweiligen Kontexte „versprengte", oder besser gesagt vorgezogene Ostergeschichten wie der Gang Jesu über das Wasser (Mk 6,47–51) oder die Verklärungsszene (9,2–9) eingeblendet sind, daß die wunderbare Brotvermehrung (Joh 6,4–14) im Vorgriff auf die Feier des Brotbrechens erzählt ist (Apg 2,46) und daß die Auferweckung des Lazarus als Vorwegnahme der Auferstehung Jesu lesbar wird (Joh 11,37–44). Das hatte dann aber auch zur Folge, daß Jesus schon bei den Synoptikern, erst recht aber im Johannesevangelium nicht aus der Position des Geschichtlichen, sondern des Erhöhten spricht. So, wenn er im lukanischen Jubelruf ein ausschließliches und nur ihm gegebenes Wissen um den Vater für sich in Anspruch nimmt (Lk 10,22) und sich in der Sicht des Matthäusevangeliums – und hier im Bruch mit seinem Geständnis, nur „zu den verlorenen Schafen des Hauses Israel" gesandt zu sein (Mt 15,24) – mit der großen Einladung der Bedrückten und Bedrängten (12,28) an alle wendet. So, wenn er am Schluß dieses Evangeliums im Bewußtsein, über „alle Macht im Himmel wie auf Erden" zu verfügen, den Jüngern den Missionsbefehl erteilt. Und so vor allem im Johannesevangelium, wo er, ungeachtet der historischen Einschüsse, fortwährend im Stil dessen spricht, der „schon nicht mehr in der Welt" ist (Joh 17,11) und aus der Rückschau seiner Erhöhung „alle an sich zieht" (12,32)[156].

In diesem Wort tritt ein Grundzug im Fundamentalverhalten Jesu zutage, der erst durch seine Auferstehung voll verifiziert wird, aber bei ihm schon lebensgeschichtlich festgemacht werden kann: der schon von der Vätertheologie hervorgehobene und von *William Wrede* voll thematisierte Wille zur Selbstübereignung an die Seinen. Wie es in der großen Einladung (Mt 12,28) oder im johanneischen Machtwort (Joh 17,24) zum Ausdruck kommt, ist dies freilich eine Folge der österlichen Imprägnierung des Evangeliums. Auf unverdächtig vorösterliche Weise bezeugt diesen Grundzug jedoch das Sozialverhalten Jesu; konkret gesprochen, die ihm von seinem pharisäischen Umfeld vorgeworfene Tischgemeinschaft mit den „Zöllnern und Sündern", also mit den ins gesellschaftliche Abseits Gedrängten[157]. Darauf muß um so nachdrücklicher abgehoben werden, als sich Jesus dadurch den Haß des sozialen Establishments und in dessen Folge den Tod zuzog. Denn vieles wie die Verletzung des pharisäischen Reinheitsgebots (Mk 7,1–15) hätten seine Gegner hingenommen, nicht jedoch seine Solidarisierung mit den gesellschaftlich Geächteten, den Frauen (Lk 8,1ff), Kindern (9,47f) und den der Kollaboration mit der römischen Besatzungsmacht verdächtigen Zolleinnehmern (Mt 9,9–13), mit der er die alteingespielte Sozialordnung in Frage stellte und damit – unverzeihlich – an den „Schlaf der Welt" rührte (*Hebbel*)[158].

[156] *R. Schnackenburg*, Das Johannesevangelium III, Freiburg 1985, 492 ff.

[157] Auf plakative, aber zutreffende Weise brachte dies das von *Adolf Holl* veröffentlichte Buch „Jesus in schlechter Gesellschaft" zum Ausdruck; dazu der Abschnitt „Der Tisch der Sünder" in meinem Jesusbuch „Das Antlitz", 214–217.

[158] *L. Schenke*, Die Urgemeinde, 171 ff.; 306–310; *F. Hebbel*, Gyges und sein Ring, Fünfter Akt.

Die Solidarisierung mit den sozialen Randgruppen ist jedoch nur die erste Stufe eines Vorgangs, der sich in die Stellvertretung und Identifizierung fortsetzt. Da die Adressaten seiner Solidarisierung keine Verdienste vorweisen und auch keine Leistungen einbringen konnten, waren sie ganz auf den angewiesen, der stellvertretend für sie vor Gott eintrat. Dieser Erwartung entsprach Jesus mit der Übernahme der Rolle des Menschensohns, der (so Dan 7,14) nach jüdischem Glauben als himmlischer Fürsprecher Israels vor Gottes Thron stand und ebenso die Gebete des Volkes vor dessen Antlitz trug wie fürbittend für seine Verfehlungen eintrat[159]. Auch wenn es aus dem noch zwischen „ich" und „Menschensohn" unterscheidenden Logion (Lk 12,8) nur erschlossen werden kann, muß es in der Bewußtseinsgeschichte Jesu den – vermutlich visionären – Augenblick gegeben haben, in dem er seiner Identität mit dem himmlischen Fürsprecher Israels gewahr wurde und in dem dann auch dessen Aufgabe, das Gottesreich heraufzuführen, in seine Hand fiel[160]. Wie sehr er sich dieser Aufgabe annahm, zeigt, abgesehen von seiner stupenden Sprachleistung, die von *Kierkegaard* als Zentrum seiner Verkündigung begriffene große Einladung an die Bedrückten und Beladenen (Mt 11,28), die sich aus nachösterlicher Sicht in seinen Willen, „alle" an sich zu ziehen (Joh 12,32), und in das das ganze Johannesevangelium durchstimmende Machtwort (17,24) fortsetzt[161].

Mit ihm ist aber die Stellvertretung bereits in die Identifikation aufgehoben und damit die Frage nach dem Vollzug der Selbstübereignung Jesu aufgeworfen. Geklärt ist bereits die Tatsache, daß sie ihren letzten Grund in seiner Auferstehung hat. Unfraglich ist ebenso, daß sie durch die Einbeziehung der Glaubenden in seine eigene Aufnahme in die göttliche Lebensfülle zustandekommt. Doch wie ist dieser Vorgang konkret zu denken? Das ist, genauer besehen, eine zweigliedrige Frage, die sich zunächst auf den Vorgang selbst und dann auf seine soziale, wenn nicht gar kosmische Relevanz bezieht. Gottessohn ist Jesus, weil er durch seine Auferweckung der universalen Todverfallenheit entrissen und dadurch in ein genealogisches Gottesverhältnis aufgenommen wurde. Zwar war sein Todesschrei (Mk 15,37), aus dem die Urgemeinde einen verzweifelten Hilferuf heraushörte (15,34), verhallt, ohne daß ein himmlischer Helfer eingriff (15,35f) oder ihm auch nur eine menschliche Hand Linderung verschaffte. Statt dessen aber hatte Gott den Notschrei des Gekreuzigten mit seinem rettenden Selbsterweis beantwortet, indem er ihn dem Tod entriß und, indem er ihn auferweckte, in seine eigene Lebensfülle aufnahm.

So kann es der bereits mitgeteilten Stelle des Hebräerbriefs entnommen werden, die die auf eine Kurzformel gebrachte Lebensgeschichte Jesu in seinen von Gott erhörten Todesschrei ausklingen läßt:

159 *F. Hahn*, Frühjüdische und urchristliche Apokalyptik, Neukirchen. Vluyn 1998, 31; 35.

160 *Schenke*, Die Urgemeinde, 127 f.; *F. Hahn*, Theologie des Neuen Testaments I, 112; II, 207: 232; dazu auch die Hinweise in meinem Jesusbuch „Das Antlitz", 122 ff.

161 Dazu „Das Antlitz", 77–80.

In den Tagen seines Erdenlebens brachte er unter lautem Wehgeschrei und Tränen Bitten und Flehrufe vor den, der ihn vom Tod erretten konnte. Und er ist erhört und aus seiner Todesnot befreit worden (Hebr 5,7)[162].

Im Anschluß an altorientalische Inthronisationsrituale hat die Urgemeinde diese rettende Aufnahme des Gekreuzigten in die göttliche Lebensfülle als seine „Einsetzung" (*hyiothesia*) in die Gottessohnschaft begriffen und damit entscheidend der christologischen Bestimmung des „Geheimnisses Jesu" (*Pascal*) vorgearbeitet[163]. Dabei konzentrierte sich die Spekulation vor allem auf die Frage der Übereinkunft des menschlichen Selbstbewußtseins Jesu mit seiner göttlichen Allwissenheit, seiner freien Selbstbestimmung mit seiner göttlichen Allmacht, aber auch seiner geschichtlichen Sendung mit der göttlichen Prädestination. Indessen geben auch die neutestamentlichen Schriften Hinweise auf den Eingang Jesu in die ihn aufnehmende „Herrlichkeit". So, wenn der Hebräerbrief davon spricht, daß er die Himmel durchschritt (Hebr 5,14), um dort, „zum Urheber ewigen Heils geworden" (5,9), für die Seinen einzutreten (7,25) und ihnen „ewige Erlösung zu erwirken" (9,12). Oder wenn der johanneische Jesus in seinem Machtwort die fordernde Bitte an den Vater richtet, die Seinen die ihm übergebene Herrlichkeit schauen zu lassen (Joh 17,24). Auf ein von Dankbarkeit und Liebe befeuertes Wesensgespräch mit dem Vater läßt auch der Jubelruf Jesu schließen: (Lk 10, 21 f.)[164].

In allen diesen Aussagen kommt der kommunikative Grundzug der „Erhöhung" Jesu zum Vorschein. So entspricht es auch dem Tatbestand, daß bei der Verbalisierung des Ostergeschehens und damit des nach aller Menschheitserfahrung „Niedagewesenen", für das zunächst keine Kategorien und Worte bereitstanden, noch vor der „Erhöhung" des Gekreuzigten (Phil 2,9) von seiner „Offenbarung" (Gal 1,16) gesprochen wurde, bis sich dann im Rückgriff auf jüdische Endzeitvorstellungen die Vokabeln „Auferweckung" und „Auferstehung" einfanden[165]. Und das heißt: das Ostergeschehen ist von seiner Grundbestimmung her ein alle angehendes, alle betreffendes und in seinen Bann ziehendes Ereignis. Im Anschluß an das Urteil *Wredes* könnte man geradezu sagen, daß Jesus sich seine Gottessohnschaft zu dem Ziel aneignete, sie den zur Gotteskindschaft Berufenen zu übereignen. So entspricht es dann auch vollauf der „metaphysischen", bewußtseinsverändernden und gemeinschaftsstiftenden Auswirkung des Ostergeschehens.

[162] Im Gegensatz zur Ratlosigkeit der Mehrheit der Exegeten (*Hahn*, Theologie des Neuen Testaments II, 469), hat *Joachim Jeremias* den Sinn der von ihm als crux interpretum bezeichneten Schlusswendung der Stelle, wenngleich auf der Basis der traditionellen Leseart, erschlossen: Abba. Studien zur neutestamentlichen Theologie und Zeitgeschichte, Göttingen 1966, 319–323.

[163] *K. Beyschlag*, Grundriß der Dogmengeschichte, Teil I, 1: Das christologische Dogma, Darmstadt 1991, 190–302.

[164] *H. von Lips*, Weisheitliche Traditionen im Neuen Testament, Neukirchen-Vluyn, 1990, 270–282.

[165] Dazu meine „Einweisung ins Christentum", Düsseldorf 1997, 262–268.

Da Gott den Gekreuzigten durch seine Erweckung dem Tode entriß, wurde durch diesen Eingriff das universale Gesetz der Todverfallenheit alles Lebendigen grundsätzlich, wenn auch nicht generell, durchbrochen. Zwar müssen auch die zum Osterglauben Gelangten noch sterben; doch nicht wie diejenigen, „die keine Hoffnung haben" (1Thess 4,13), da sie den Tod im Grunde schon hinter sich haben. Daher gilt für sie der triumphale Satz des Kolosserbriefs:

Er hat uns der Macht der Finsternis entrissen und uns in das Reich des Sohnes seiner Liebe versetzt (Kol 1,13).

Weil das von ihnen lebenslang getragene „Joch der Todesfurcht" (Hebr 2,15) von ihnen abfiel, vollzog sich an ihnen eine Lebenswende, die eine Denkwende nach sich zog. Anders als für das „philosophische Selbstbewußtsein" (*Krüger*) beginnt für sie das Erwachen zur Subjektivität nicht mit jenem an Alkmenes „Ach" erinnernden „Ich", das vom Erschrecken über eine ebenso unheimliche wie unwirtliche und als Todesdrohung empfundene Welt eingegeben ist. Da sie den Tod schon hinter sich haben, gilt für sie daher auch nicht, was nach dem Eingangssatz von *Franz Rosenzweigs* „Stern der Erlösung" am Anfang aller Erkenntnis steht:

Vom Tode, von der Furcht des Todes hebt alles Erkennen des Alls an[166].

Denn noch vor dem Erschrecken über die elementare Bedrohung erreicht sie der rettende Zuspruch:

Ich lebe, und auch ihr werdet leben (Joh 14,19),

den *Nikolaus von Kues*, paradigmatisch für sie, als inwendige Zusage vernahm; denn:

Während ich mich schweigend in mich versenke, vernehme ich, Herr, deine Stimme in mir, die zu mir sagt: Sei dein eigen, dann bin auch ich dein eigen (sis tu tuus, et ego ero tuus)[167].

Bei Paulus ist die Konsekution dieser Zusage allerdings umgekehrt. Bei ihm ist die Selbstaneignung nicht deren Bedingung, sondern ihre Folge. Denn er weiß: „Wenn

[166] *F. Rosenzweig*, Der Stern der Erlösung, Frankfurt 1990, 3.

[167] Dazu der Abschnitt „Auch ihr werdet leben" meines Sammelwerkes „Die Entdeckung des Christentums. Der alte Glaube und das neue Jahrtausend", Freiburg 2000, 267–278; ferner *Cusanus*, De visione Dei, c.7,25; dazu *K. Kremer*, Gottes Vorsehung und die menschliche Freiheit („Sis tu tuus, et ego ero tuus"), in: *R. Haubst* (Hrsg.), Das Sehen Gottes nach Nikolaus von Kues, Trier 1989, 223–261.

jemand Gott liebt, ist er von ihm erkannt (1Kor 8,3)“; und er bestätigt den verunsicherten Galatern:

> *Jetzt erkennt ihr Gott, oder vielmehr: ihr seid von Gott erkannt (Gal 4,9)*[168].

Bedingung und Grund der neuen Denkform ist somit die Initiative dessen, der auch Ursache der neuen Lebensform ist, zumal für den um eine nähere Bestimmung bemühten Paulus Christus der Grund ist, „außer dem kein anderer gelegt werden kann“ (1Kor 3,11)[169]. So entspricht es der Tatsache, daß die Gotteskindschaft, von der in alledem die Rede war, als die von ihm den Seinen übereignete Gottessohnschaft zu gelten hat. Im Rahmen dieser Subjektbestimmung wurde ebenfalls klar, daß das gesuchte Subjekt bei aller Verankerung im jeweils einzelnen seine Vollgestalt erst im Kollektiv erreicht. Zwar versichert Paulus am Schluß der Galaterstelle dezidiert:

> *So bist du nicht mehr Knecht, sondern Sohn; wenn aber Sohn, dann auch Erbe durch Gott (Gal 4,7)*[170].

Doch in der Parallelstelle des Römerbriefs schreibt er im Sinn aller anderen Bezugsstellen:

> *Der Geist selbst bezeugt es unserem Geist, daß wir Kinder Gottes sind. Wenn aber Kinder, dann auch Erben: Erben Gottes und Miterben Christi (Röm 8,16f).*

Wenn aber erst die Glaubensgemeinschaft den Tatbestand der Gotteskindschaft erfüllt oder, mit dem Epheserbrief gesprochen, die Gemeinschaft der zum „Vollalter Christi“ Gelangten, stellt sich die Frage nach Art und Vollzug und, zusätzlich noch, nach dem Wirkgrund der in ihr gelebten Interaktion[171]. Danach muß um so mehr gefragt werden, als sich schon in neutestamentlicher Zeit der Zug zum Subjektivismus durchzusetzen begann, der dann, nach einem neuerlichen Vorspiel in der mittelalterlichen Mystik, in der Neuzeit epochenbestimmend wurde. Paulus entdeckte dieses korrelierende Prinzip im Geist (*pneuma*), den er mit Christus, dem (nach 1Kor 15,45) „lebendigmachenden Geist“, gleichsetzte[172]. Dem war schon die erweiterte Jüngergruppe zuvorgekommen, die ihr kol-

[168] *F. Mussner*, Der Galaterbrief, 291 ff.

[169] *H. Lietzmann*, An die Korinther I/II. 16 f.

[170] *Mussner*, A. a. O., 276 f.

[171] *R. Schnackenburg*, Der Brief an die Epheser, 187 ff.

[172] *H. Lietzmann*, An die Korinther I/II, 84 ff.; *A. Strobel*, Der erste Brief an die Korinther, Zürich 1989, 259.

lektives Ostererlebnis – aller Wahrscheinlichkeit nach das der von Paulus erwähnten „Fünfhundert“ (1Kor 15,6) – als Geistausgießung am Pfingstfest deutete[173]. Dabei standen drei Daten im Vordergrund. Einmal die im Kontrast zur babylonischen Sprachverwirrung geschilderte Aufhebung der bei den pfingstlichen Festpilgern bestehenden Sprachbarrieren (Apg 2,5–11), der Freimut, mit dem die sich bildende Gemeinde ihren Osterglauben bezeugt (4,31), und die in ihr waltende Liebe, die sie geradezu symbiotisch – „ein Herz und eine Seele“ (4,32) – zusammenschließt.

Die Aufhebung der Sprachbarrieren in den Hörern hatte eine exzeptionelle Sprachkompetenz der Redenden zur Voraussetzung. Sie fand in dem ekstatischen Ruf „Maranatha“ (1Kor 16,32; Apg 22,29) ihren appellativen Ausdruck und wurde von Paulus auf die die Gemeinde inspirierenden Charismen (1Kor 12,1–11) bezogen. Auf die kommunikative Kraft der durch sie bewirkten Hochstimmung bezieht sich die Aufforderung des Epheserbriefs:

> *Redet einander zu in Psalmen, Hymnen und geistlichen Liedern; singt und spielt dem Herrn in euren Herzen (Eph 5,19)*[174].

Und so bestätigt es schließlich auch der von *Plinius dem Jüngeren* Kaiser *Trajan* erstattete Bericht, wonach er aus den von ihm verhafteten Diakonissinnen unter der Folter das Geständnis erpreßte, daß sie bei ihren Zusammenkünften Gesänge an Christus „wie einen Gott“ richteten[175]. Diesen Zeugnissen liegt insgesamt ein konzentrativer Zug zugrunde, der sie in einer Weise zusammenstimmt, daß sich die Frage nach der alles vereinbarenden und bewegenden Mitte nahezu von selbst klärt. Antwort gibt vor allem das meist futuristisch verstandene, zweifellos aber präsentisch gemeinte „Maranatha“, das in seiner ekstatischen Qualität nur unter der Voraussetzung verständlich wird, daß es der Vergegenwärtigung des Angerufenen Ausdruck verleiht. Jubelnd konnten die zum Brotbrechen Versammelten den Herrn nur an- und herbeirufen, weil sie bereits vom Vorgefühl seiner Anwesenheit erfüllt und ergriffen waren[176]. Kristallisationszentrum dieser Erfahrung aber war das für die Gotteskindschaft konstitutive Motiv der Einwohnung Christi, wie es sich in dem Gebetswunsch des Epheserbriefs artikuliert:

[173] Gegen *J. Kremer*, Pfingstbericht und Pfingstgeschehen. Eine exegetische Untersuchung zu Apg 2,1–13, Stuttgart 1973, 232–298.

[174] *G. Giesriegl*, Die Sprengkraft des Geistes. Charismen und apostolischer Dienst des Paulus im 1. Korintherbrief, Thaus 1989, 85–195.

[175] *Plinius d. J.*, Epistula X, 96; nach *A. Hamann*, Die ersten Christen (Originaltitel: La vie quotidienne des premières chrétiens), Stuttgart 1985, 129; *C. Schneider*, Geistesgeschichte des antiken Christentums I, München 1954, 737.

[176] *J. Becker*, Paulus. Der Apostel der Völker, Tübingen, 1989, 269; gegen *L. Schenke*, Die Urgemeinde, 98; 351 f.

Christus möge durch den Glauben in euren Herzen wohnen (Eph 3,17)[177].

Schon in vorkonziliarer Zeit beklagte es der Fundamentaltheologe *Gottlieb Söhngen*, daß dieses Motiv „zu einem vergessenen Gegenstand" geworden sei[178]. Inzwischen ist es so gut wie völlig aus der theologischen Reflexion und der kirchlichen Verkündigung verschwunden. Gleiches gilt, schon aufgrund ihres ursächlichen Zusammenhangs, auch vom Motiv der Gotteskindschaft. Doch für Paulus, den Entdecker der Gotteskindschaft ebenso wie der Einwohnung, ist diese für jene konstitutiv. Als der den Seinen Einwohnende hat Jesus seine Gottessohnschaft ihnen übereignet und sie zu Gotteskindern werden lassen. Nach dem Grundwort seiner Mystik (Gal 2,10), aber auch nach seinem Geständnis im Römerbrief (Röm 15,18) lebt, denkt und wirkt der Apostel aus diesem Impuls. Doch versichert auch der johanneische Jesus:

> *Wenn einer mich liebt, wird er mein Wort bewahren. Dann wird ihn auch mein Vater lieben, und wir werden zu ihm kommen und Wohnung bei ihm nehmen (Joh 14,23)*[179].

Da die Einwohnung Jesu mit dem (nach Röm 5,5) in die Herzen eingegossenen Gottesgeist und dem (nach Joh 14,17) in den Seinen waltenden Parakleten zusammengedacht werden muß, geht es in der Geistmitteilung um die Empirie dessen, was sie, die Einwohnung, begründet und gewährt[180]. Durch das Wirken des Geistes wird sie erfahrbar und bewußt. Denn der Geist „bezeugt es unserem Geist, daß wir Kinder Gottes sind" (Röm 8,16)[181]. In unserm Innern ereignet sich ein Austausch, der aufgrund der Paraklетensprüche darin besteht, daß wir an alles erinnert werden, was Jesus gesagt und getan hat, dies jedoch so, daß wir es als das uns Zugesprochene und Zugeeignete, ja als das von uns selbst Mitgesagte und Eingebrachte begreifen, also im Sinn jener mystischen Inversion, die (nach 1Kor 8,3 und Gal 4,9) alle Liebe als Frucht eines vorgängigen Geliebtseins und alle Erkenntnis als Reflex eines vorgängigen Erkanntseins erscheinen läßt[182].

Damit klärt sich die Mitte des Zentralsubjekts definitiv. Sie besteht nicht in einem Fix-

[177] *R. Schnackenburg*, Der Brief an die Epheser, Zürich 1982, 144; dazu meine Programmschrift „Glaubenserweckung", 213.

[178] *G. Söhngen*, Christi Gegenwart in uns durch den Glauben (Eph 3,17), in: Die Einheit in der Theologie, München 1952, 124.

[179] *U. Wilckens*, Das Evangelium nach Johannes, 230 f.

[180] *J. Heise*, Bleiben. Menein in den johanneischen Schriften, Tübingen 1967, 64 ff.

[181] *U. Wilckens*, Der Brief an die Römer II, 137 f.; gegen *E. Käsemann*, Der gottesdienstliche Schrei nach der Freiheit, in: Paulinische Perspektiven, Tübingen 1972, 223 f.

[182] *A. Strobel*, Der erste Brief an die Korinther, 135; *F. Mussner*, Der Galaterbrief, 291 ff.; *H. Lietzmann*, An die Korinther I/II, 37; *A. Schweitzer*, Die Mystik des Apostels Paulus, Tübingen 1930, 297 f.

punkt, auf den sich alle Einsichten, Akte und Impulse zurückbeziehen, sondern in einem Quellgrund, aus dem sie hervorgehen, ohne daß sie als eigene Initiativen geschmälert oder gar suspendiert wurden[183]. Doch das unter einer entscheidenden Bedingung: der Zurücknahme des individuellen Ich mit seinem Selbstbehauptungs-, Geltungs- und Durchsetzungswillen, also dem, was die asketische Spiritualität im Anschluß an die Direktive Jesu die „Selbstverleugnung" nannte[184]. Als ihm Petrus den Weg ans Kreuz ausreden will, ruft Jesus der versammelten Jüngergemeinde zu:

> *Wer mir nachfolgen will, der verleugne sich selbst, nehme sein Kreuz auf sich und so folge er mir nach (Mk 8,34)*[185].

Während *Origenes* bei der Ausdeutung dieses Herrenworts darauf abhebt, daß der um die Nachfolge Christi Bemühte diesen (nach Gal 2,20) in sich aufleben lassen muß, betont *Pseudo-Makarios* das schwächlich-schmerzliche Zurückbleiben hinter diesem Ziel:

> *Noch bohrt in uns der Todesstachel; noch haben wir den neuen Menschen nicht angezogen; noch tragen wir das Bild des Himmlischen nicht an uns; noch sind wir seiner Herrlichkeit nicht gleichgestaltet; noch zeigen sich an unserm Leib nicht die Wundmale Christi, obwohl wir im Geheimnis des Kreuzes leben; noch unterstehen wir den Folgen der finsteren Nacht; noch haben wir die Waffen des Lichts nicht angelegt; noch hat uns der Tag nicht geleuchtet, und der Morgenstern ist noch nicht in unseren Herzen aufgegangen; noch sind wir nicht vereint mit der Sonne der Gerechtigkeit und noch nicht durchdrungen von ihren Strahlen*[186].

Doch aus dem Schatten dieses schmerzlichen Noch-nicht tritt unversehens das gesuchte Zentralsubjekt wie ein von Entbehrung und Sehnsucht eingegebenes Ideal hervor. Es verhält sich damit so wie zu Eingang des Zweiten Petrusbriefs, wenn die sich als Teilnehmer der Verklärung Jesu ausgebende Verfassergruppe beansprucht, mit ihm „auf dem heiligen Berg" gewesen zu sein und als „Zeugen seiner Erhabenheit" den Zuspruch der an ihn ergehenden Himmelsstimme: „Dies ist mein geliebter Sohn, an dem ich mein Wohl-

[183] Dazu mein Beitrag „Paulus – der Entdecker der christlichen Subjektivität", in: *R. L. Fetz, Rüttgenbüchle* und *P. Schulz* (Hrsg.), Geschichte und Vorgeschichte der christlichen Subjektivität, Berlin 1998, 286–297.

[184] Dazu der Schluß meiner Christologie „Das Antlitz", 316 ff.

[185] *L. Schenke*, Die Urgemeinde, 232 ff.

[186] *Origenes*, Ermahnung zum Martyrium, c.12; *Pseudo-Makarios*, Geistliche Homilie 25, c.4; dazu *S. Döpp* und *W. Geerlings* (Hrsg.), Lexikon der antiken christlichen Literatur, Freiburg 1998, 409 f.; 460–468.

gefallen habe", vernommen zu haben, wenn sie, gestützt auf diesen Anspruch, die Leser des Briefs an das „am finstern Ort" erstrahlende prophetische Wort verweist, und dies mit dem verheißungsvollen Zusatz:

> *bis der Tag anbricht und der Morgenstern aufgeht in euren Herzen (2 Petr 1,16–19)*[187].

Das Geheimnis dieses „Morgensterns" wird erst im Schlußwort der Apokalypse enthüllt, wenn der wiederholt redende Offenbarer erklärt:

> *Ich, Jesus, bin die Wurzel und der Stamm Davids und der strahlende Morgenstern (Apk 22,16)*[188].

Damit wird aber auch die Frage nach dem Zentralsubjekt auf ihn zurückgenommen. Was die Sprecher des Makarios-Zitats beklagten, war der Eindruck, daß der Morgenstern in ihren Herzen noch nicht aufgegangen war, daß ihnen also die letzte Vergewisserung ihrer Gotteskindschaft noch fehlte. In der Mahnung des Zweiten Petrusbriefs sahen sie sich zunächst an das „am finsteren Ort" erstrahlende Schriftwort verwiesen, im Schlußwort der Apokalypse dann jedoch an den, der sich als den leuchtenden Morgenstern zu verstehen gab. Auf die Frage nach dem Zentralsubjekt und seinem letzten Verifikationsgrund zurückbezogen heißt das, daß seine Manifestation erst vom Anbruch des endzeitlichen Gottestages zu erwarten ist und er gegenwärtig nur im Verwinden seiner Verborgenheit gesichtet werden kann. Mit dem sich dabei Zeigenden verhält es sich dann wie mit dem Ausklang der Faustus-Kantate in *Thomas Manns* „Doktor Faustus". Im Verklingen des letzten Tons wird ein Nachklang hörbar, der sich im Schweigen ausbreitet wie „ein Licht in der Nacht"[189].

Angesichts einer sich zusammenballenden Zeit und einer denkbar komplexen religiösen Situation stellt sich unabweislich die Frage nach der „Aktualität" der gewonnnen Einsicht. Da sich die Gotteskindschaft zur Einwohnung vertieft, muß angesichts der von *Söhngen* beklagten Vergessenheit des Einwohnungsmotivs dann aber vor allem gefragt werden, wieweit die Zeitverhältnisse dessen Wiederentdeckung als spirituelles und praxisnahes Zentrum der Gotteskindschaft erlauben. Diese Frage stellt sich mit besonderer Dringlichkeit angesichts des signifikanten Verfalls der Mitmenschlichkeit in diesem Zeitalter der Angst (*Auden*) und des Absturzes in bisher unbekannte Abgründe der Barbarei, insbesondere in Gestalt der weithin als selbstverständlich hingenommenen Selbstmord-

[187] *A. Vögtle*, Der Judasbrief / Der zweite Petrusbrief, Solothurn und Düsseldorf 1994, 163–171.

[188] *W. Bousset*, Die Offenbarung Johannis, Göttingen 1906, 459. Entgegen der Ratlosigkeit Boussets und der Annahme Vögtles setzt sich Christus hier mit der aufgehenden Sonne gleich.

[189] *Th. Mann*, Doktor Faustus. Die Entstehung des Doktor Faustus, Frankfurt 1976, 651.

attentate, aber auch des periodisch durchbrechenden nekrophilen Grundzugs der heutigen Gesellschaft[190].

Wenn darin Abhilfe geschaffen werden soll, dann vor allem auf dem Weg einer Vertiefung des Zentralsubjekts in seinen innersten Grund, der in der von *Schleiermacher* bestätigten und von *Franz von Baader* verbildlichten These *Johann Adam Möhlers* im kollektiven Subjekt der Gotteserkenntnis besteht[191]. Getragen vom romantischen All-Einheitserlebnis versicherte Baader:

> *Gäbe es kein Zentralherz, und könnten die Menschen nicht gemeinschaftlich sich von und in diesem Herzen ersättigen und beleiben, so würden sie sich auch nicht wechselseitig von einander sättigen können, und ein Mensch müßte den andern, wie es denn auch nur zu oft geschieht, von sich ausspeien*[192].

Im Unterschied zur „selbstlosen Creatur" hat die „selbstische" eine Mitte, von der sie sich gleichzeitig in zentrifugaler Bewegung entfernt und der sie in zentripetaler Bewegung entgegenstrebt. In der Lehre vom Grunde ist nach Baader bisher übersehen worden, „daß der Grund die Mitte des Begründeten" ist. Aufgrund des von ihm angesprochenen Antagonismus streben die in Glaube und Liebe Geeinten in Abwehr der in ihnen wirkenden zentrifugalen Kräfte immerfort jenem Einheitsgrund entgegen, den er im Rückgriff auf eine bis zur Selbsterfahrung der Urgemeinde zurückreichende Tradition das „Zentralherz (Centre-coeur)" nennt[193]. Damit hebt er den Schnittpunkt aller Geistes- und Sozialbeziehungen hervor, an dem sich immerfort der Umschlag von Denken in Gedachtsein und von Lieben in Geliebtsein ereignet. Denn für Baader, der in dem kartesianischen Cogito den „Atheismus" angebahnt sieht, gilt dessen Umkehrung:

[190] Von „the age of anxiety" sprach der Lyriker *W. H. Auden* nach *U. H. J. Körtner*, Weltangst und Weltende. Eine theologische Interpretation der Apokalyptik, Göttingen 1988, 9. Die Selbstmordattentate als Exzesse einer kollabierenden Menschlichkeit sind noch immer nicht in ihrer Bedeutung als anthropologische, soziale und religiöse Alarmzeichen wahrgenommen. Der nekrophile Zug im heutigen Bewußtsein trat vor allem in *Gunther von Hagens* Leichenausstellungen „Körperwelten" zutage. Auch dabei fehlte eine angemessene Reaktion der für ein gedeihliches Zusammenleben verantwortlichen Instanzen.

[191] Dazu nochmals das Zitat und die Ausführungen auf Seite 138.

[192] *R. J. Betanzos*, Franz von Baaders Philosophie der Liebe, in: *P. Koslowski* (Hrsg.), Die Philosophie, Theologie und Gnosis Franz von Baaders. Spekulatives Denken zwischen Aufklärung, Restauration und Romantik, Wien 1993, 61; 254.

[193] Dabei ist vor allem an die Repräsentanten der Sozialmystik von *Claudianus Mamertus* bis *Wladimir Solowjew* zu denken; dazu die Ausführungen meiner „Einweisung ins Christentum", 119 ff.

> *Ich werde gedacht, darum denke ich, oder: ich werde geliebt, darum bin ich*[194].

Oder ausführlicher noch:

> *Ich bin gegeben, durchschaut, gewußt, gedacht, begriffen, darum sehe, weiß, denke, begreife ich*[195].

Danach ist es nicht etwa die Kooperationsbereitschaft der einzelnen, die sie zu einer umfassenden Geistes- und Glaubensgemeinschaft zusammenschließt, sondern der sie durchschauende, um sie wissende und sie mit seiner Liebe umfangende Gott, nach Paulus: der sie erleuchtende, inspirierende, bewegende und einende Gottesgeist. Von ihm gilt:

> *Der Herr ist der Geist, und wo der Geist des Herrn waltet, da ist Freiheit. Wir alle aber, die wir mit unverhülltem Antlitz die Herrlichkeit des Herrn widerspiegeln, werden von Klarheit zu Klarheit demselben Bild angestaltet, wie es dem Geist des Herrn entspricht (2Kor 3,17f)*[196].

Wer sich in Akten der Zurücknahme seiner selbst dem Walten des Gottesgeistes überläßt, gewinnt, wie es Paulus (nach 2Kor 4,6) in seiner Damaskusvision widerfahren war, Einblick in die sich auf dem Antlitz Christi enthüllende Gottesherrlichkeit, und dies in einer Weise, daß er sich in ihr gespiegelt und dadurch in sie hineinverwandelt sieht[197]. Das hat für Baader und für die von ihm aufgenommene, vor allem von *Jacob Böhme* verkörperte Tradition ein ewiges Vorspiel in Gott, der im Spiegel seiner Selbstreflexion sein eigenes Bild, seinen Sohn, erblickt[198]. Flankierend, im Sinn einer anthropologischen Abstützung, kann dem der von *Martin Buber* aufgenommene „Aberglaube" *Alexander von Villers* „an den Zwischenmenschen" hinzugefügt werden, der im gegenseitigen Austausch

[194] *Betanzos*, A. a. O., 61.

[195] *F. Wagner*, Die spekulative Theologie im Umkreis Hegels und die spekulative Dogmatik Baaders, im selben Sammelband,169–191.

[196] *G. Theissen*, Psychologische Aspekte paulinischer Theologie, Göttingen 1983, 144 f.; 149; 153 ff.; *M. M. Gruber*, Herrlichkeit in Schwachheit. Eine Auslegung der Apologie des Zweiten Korintherbriefs 2Kor 2,14–6,13, Würzburg 1998, 31 ff.; *F. Back*, Verwandlung durch Offenbarung bei Paulus. Eine religionsgeschichtlich-exegetische Untersuchung zu 2Kor 2,14–4,6, Tübingen 2002, 88–159.

[197] *H. Lietzmann*, An die Korinther I/II, 112 ff.; *G. Theissen*; Psychologische Aspekte paulinischer Theologie, Göttingen 1983; 142–156.

[198] *P. Delahaye*, Baader und Böhme. Der anthropologische Standpunkt, im selben Sammelband, 263.

der Individuen auflebt, in ihnen „denkt, fühlt und spricht", und der dadurch das Konzept des Zentralsubjekts glaubhaft macht[199].

Für die abschließende Bestimmung des Zentralsubjekts treten damit zwei aufeinander bezogene Motive in den Vordergrund: das des Angesichts und das der die Herrlichkeit Gottes spiegelnden Weisheit. Zur Betrachtung dieses Spiegels mahnen die Oden Salomons mit dem Aufruf:

> *Seht, unser Spiegel ist der Herr!*
> *Öffnet die Augen und beschaut euch darin*
> *Und lernt, wie euer Antlitz aussieht (13,1f)*[200].

Dieser Aufruf gilt in erster Linie den Gotteskindern, die bei der Betrachtung des Angesichts Christi ihrer eigenen Physiognomie ansichtig werden. Wenn sie sich darauf einlassen, kommt ein Prozeß gegenseitiger Widerspiegelung in Gang. Im Spiegel des Angesichts Christi erblicken sie sich selbst, dies jedoch so, daß sie sich dabei von ihm erblickt, erkannt und durchschaut fühlen. Sein Ziel erreicht der Prozeß dann darin, daß sie sich selbst als den Spiegel entdecken, in dem sich Christus wahrnimmt: sich in seiner Selbstübereignung an sie, aber auch in seiner Rezeption durch sie, denen er (nach Joh 1,12) „Macht gab, Kinder Gottes zu werden". Das aber ist der Weg einer Liebe, die durch sie auf ihn zurückströmt, und eines Glaubens, zu dem er sie sich stets neu erweckt und in dem er stets neu zu sich selbst erwacht.

Doch was besagt das in einer Zeit, in welcher nach verbreiteter Ansicht die wegweisenden Zeichen, wie es der 74. Psalm für seine Zeit beklagte, ausblieben und die prophetischen Stimmen verstummten?[201] In einer Zeit, die *Martin Buber* als die der heraufziehenden Gottesfinsternis bestimmte und in der die ständig eskalierende Medienszene ihre Rezipienten in eine geradezu zuständliche Selbstentfremdung versetzt?[202] In einer Zeit, in der die zentrifugalen Kräfte die der Sammlung und Konzentration übertreffen und in der die großen Errungenschaften der Vorzeit Gefahr laufen, wie das der „Doktor Faustus" *Thomas Manns* für sich in Anspruch nimmt, „zurückgenommen" zu werden?[203] Und dies zudem in einer Zeit, in der namenloses Leid, wie *Albert Camus* be-

[199] *M. Buber*, Nachbemerkung zu seinem Essay „Elemente des Zwischenmenschlichen", in: Werke I, 289.

[200] Nach *E. Hennecke*, Neutestamentliche Apokryphen (Ausgabe *Schneemelcher*) II, Tübingen 1964, 593; dazu *C. Schneider*, Geistesgeschichte des antiken Christentums, München 1954, 201.

[201] Dazu die Ausführungen in meiner „Theologischen Sprachtheorie und Hermeneutik", München 1970, 141–147, und meiner „Einweisung ins Christentum", 13; 387.

[202] *M. Buber*, Gottesfinsternis. Betrachtungen zur Beziehung zwischen Religion und Philosophie, Zürich 1953, 31.

[203] Dazu meine „Einweisung ins Christentum", 171.

fürchtete, Hoffnung und Glauben „verbraucht" und den Menschen mit seinem Unglück allein läßt?[204]

Der sich aus der Summe dieser Faktoren zusammenballende Sturm könnte den „geistigen Garten" der Gotteskindschaft, von dem *Klemens von Alexandrien* sprach, verwüsten, wenn das Motiv nicht jener Gruppe höchster Ideen angehören würde, die aufgrund ihrer Alternativelosigkeit für sich selbst einstehen und zu sich selbst provozieren[205]. Gotteskindschaft ist daher nicht nur eine Bezeichnung der höchsten Seinsmöglichkeit des Menschen, sondern ein performativer Begriff, der nach Art eines Sakraments bewirkt, was er bezeichnet. In ihm glüht das Feuer, das Jesus nach seinem programmatischen Wort auf die Erde warf und von dem er wollte, daß es brenne (Lk 12,49). Einen Anfang dessen wird das vom Geist der Gotteskindschaft bewegte Denken damit machen, daß es im Gegenzug zur Blindheit der offiziellen Wächter die der Gegenwart tatsächlich gegebenen Zeitzeichen entdeckt und mit *Max Horkheimer* dafür eintritt, daß den Opfern der terroristischen Mächte zu einer Stimme verholfen wird, auch wenn sie selbst gewaltsam zum Schweigen gebracht wurden[206].

Unter dem Leidensdruck, den die ausbleibenden Zeichen und die verstummenden Stimmen erzeugten, erhob sich das Ingenium Israels, gestützt auf die Zeugnisse früherer Erfahrungsweisheit, zum Entwurf der spekulativen Weisheit, von der es heißt:

> *Sie ist der Abglanz des ewigen Lichts, des Gotteswirkens ungetrübter Spiegel und das Abbild seiner Vollkommenheit (Wsh 7, 26)*[207].

In diesem Spiegel lernte Israel seinen dramatischen Geschichtsverlauf überdenken, um daraus Konsequenzen für die Bewältigung der auf es zukommenden Situationen und Herausforderungen zu ziehen[208]. Müßten sich nicht die zur Gotteskindschaft Berufenen zu einer vergleichbaren Aktion aufschwingen, um in dem vom Zentralsubjekt gebildeten Spiegel Einblicke in das komplexe Zeitgeschehen zu gewinnen? Bei dem Versuch, darauf zu antworten, geht es um die Frage, wie sich in diesem Spiegel das Zentralereignis der Heilsgeschichte und das Zeitbild brechen, wie sich in ihm der Geschichtsgang darstellt und wie der Mensch darin seiner selbst ansichtig wird. Mit diesen Fragen sind die nächsten Schritte vorgezeichnet.

[204] *A. Camus*, Der Mensch in der Revolte (Originaltitel: L'homme révolté), Hamburg 1953, 308; dazu der Abschnitt „Die Empörung" meiner Programmschrift „Glaubenserweckung", 238 ff.

[205] Für die Freiheit zeigte das meine Schrift „Provokationen der Freiheit. Antriebe und Ziele des emanzipierten Bewußtseins", München und Salzburg 1974.

[206] *M. Horkheimer*, Zur Kritik der instrumentellen Vernunft, Frankfurt 1974, 152.

[207] *A. Schmitt*, Das Buch der Weisheit, Würzburg 1986, 82 f.; dazu *H. von Lips*, Weisheitliche Traditionen im Neuen Testament, Neukirchen-Vluyn 1990, 295 ff.

[208] *von Lips*, A. a. O., 151 f.

Fünftes Kapitel

Die Spiegelung

1. Das Modell

Das Bedürfnis, die Stimmen der Verstummten erneut zur Sprache zu bringen, ist mehrfach bezeugt. Es wurde zuletzt von *Max Horkheimer* artikuliert, der am Schluß seiner „Kritik der instrumentellen Vernunft" die „namenlosen Märtyrer der Konzentrationslager" zu „Symbolen einer Menschheit" erklärt, „die danach strebt, geboren zu werden", und dem hinzufügt:

> *Aufgabe der Philosophie ist es, was sie getan haben, in eine Sprache zu übersetzen, die gehört wird, wenn auch ihre vergänglichen Stimmen durch die Tyrannei zum Schweigen gebracht wurden*[1].

Was er von einer künftigen Philosophie einforderte, nahm die Dichtung in der Meisternovelle *Gertrud von le Forts* „Die Letzte am Schafott" vorweg, wenn die aus der Vorahnung des nationalsozialistischen Unheils konzipierte Titelfigur das „Veni creator" ihrer auf der Guillotine hingerichteten Mitschwestern zu Ende singt. In nahezu wörtlichem Anklang an das Horkheimerzitat erklärt *Wolfgang Frühwald* dazu:

> *Wie die kleine, ängstliche Blanche im Bekenntnis zur Todesangst Christi das Lied der Hingerichteten zu Ende singt, so wird es künftig die Aufgabe des Dichters sein, das Lied der Ermordeten zu Ende zu singen, damit die Stimme der Dichtung nicht verstumme in der Welt der Gewalt*[2].

Doch das unvergleichlich größere Paradigma ist der am Kreuz Verstummte, der zwar als Auferstandener „nach gut begründeter Auffassung verbal nicht gesprochen hat" (*Vögtle*), dafür aber sein Verstummen selbst kompensiert, sofern er in den Oden Salomons versichert:

> *Ich bin auferstanden und in ihrer Mitte: durch ihren Mund will ich reden (Ode 42,6)*,[3]

[1] *M. Horkheimer*, Zur Kritik der instrumentellen Vernunft, Frankfurt 1974, 152.

[2] *W. Frühwald*, Deutscher „renouveau catholique"; dazu meine Studie „Überredung zur Liebe. Die dichterische Daseinsdeutung Gertrud von le Forts", Regensburg 1980.

[3] *A. Vögtle*, Die Dynamik des Anfangs. Leben und Fragen der jungen Kirche, Freiburg 1988, 27;

der also in den urchristlichen Charismatikern und Propheten zu Wort kommen will. Dabei hatte deren Wort vor allem kompensatorischen Sinn; in ihnen wurden die gewaltsam zum Schweigen Gebrachten, angefangen von dem am Kreuz Verstummten bis hin zu den Opfern der terroristischen Gewalt auf neue Weise beredt. Insbesondere aber läßt sich der Auferstandene, von dem sich trotz seiner Worte in den narrativen Ostergeschichten (Lk 24, 13–34; Mt 28, 18 ff.; Joh 6,20; 20,11–29; 21,4–22) keine verbalen Äußerungen nachweisen lassen, in seinen charismatischen Sprechern aufs neue vernehmen. Und die Opfer der Gewaltregime gewinnen in der Dichtung (*le Fort*) und Philosophie (*Horkheimer*) eine nicht überhörbare Stimme.

Anders im Modell all dessen: im Entwurf der spekulativen Weisheit aus der Not des Verstummens der zum Schweigen gebrachten prophetischen Stimmen. In der Vorahnung seines eigenen Prophetenschicksals reagiert Jesus darauf mit dem als Gerichtsandrohung stilisierten Weisheitswort:

> *Jerusalem, Jerusalem, du mordest die Propheten und steinigst die, die zu dir gesandt sind! Wie oft wollte ich deine Kinder um mich versammeln, so wie eine Henne ihre Küken unter ihre Flügel nimmt. Ihr aber habt nicht gewollt! Daher wird Euer Haus veröden; und ihr werdet mich nun nicht mehr sehen bis zu der Zeit, wo ihr ruft: Gepriesen sei, der da kommt im Namen des Herrn (Lk 13,34f)*[4].

Mit der Androhung des Nicht-mehr-Sehens schlägt dieses Wort die Brücke zur Kompensation des vom 74. Psalm beklagten Verstummens des prophetischen Zuspruchs, der zuvor den Weg Israels erhellt hatte, durch den Entwurf des weisheitlichen Spiegels, in dem es seine Geschichte reflektieren lernte[5]. Wenn nach Ausweis des weiteren Geschichtsgangs zunächst auch nur wenig aus den Erfahrungen der Vorzeit, wie sie sich im Spiegel der Weisheit darstellten, gelernt wurde, war damit doch ein paradigmatischer Präzedenzfall gegeben, der von der Folgezeit als Modell begriffen und ausgewertet wurde.

Im jüdischen Glaubensraum geschah das, wie *Martin Buber* in seinem Roman „Gog und Magog" schildert, im Gedanken an die als Inbegriff der Herablassung Gottes verstandene *Schechina*, die warnend und wegweisend den Geschichtsgang begleitet[6]. Im Sze-

E. Hennecke, Neutestamentliche Apokryphen II, 624; *Th. Schmeller*, Brechungen. Urchristliche Wandercharismatiker, Stuttgart 1989; *G. Theissen*, Lokalkolorit und Zeitgeschichte in den Evangelien, Göttingen 1989.

[4] Dazu der Abschnitt „Die Geburt der Weisheit aus dem Schweigen" meines Sammelwerkes „Die Entdeckung des Christentums", 151; 169; *G. Theissen*, Die Religion der ersten Christen. Eine Theorie des Urchristentums", Gütersloh 2000, 203; 231.

[5] *F. Feldmann*, Das Buch der Weisheit, Rom 1926, 11; 70–128.

[6] *P. A. Schilpp* und *M. Friedman* (Hrsg.), Martin Buber, Stuttgart 1963, 297 f.

narium des Romans geschieht das dadurch, daß sie dem „Juden" dazu verhilft, dem Vorhaben des „Sehers von Lublin" zu widerstehen, der durch Magie Napoleon in die Rolle des endzeitlichen Gottesfeindes Gog und Magog hineinzusteigern sucht, um dadurch den rettenden Eingriff Gottes und damit das Endgericht zu beschleunigen[7]. Ungeachtet ihrer personhaften Erscheinung und ihres ebenso aufklärenden wie hilfreichen Einflusses ist die Schechina jedoch nur ein Schattenwurf der im Weisheitsbuch als „Throngenossin" und Abbild Gottes beschriebenen Weisheit (Wsh 7,28). Als solche wirkt sie als Vorgriff auf Christus, der schon in der Logienquelle, vermutlich durch die Hellenistengruppe (*Schenke*), erst recht dann aber durch Paulus (1Kor 1,30) und die Evangelien (Lk 7,35; 11,31) mit der Weisheit identifiziert wurde[8]. Er war für die frühe Christenheit schon als Person, dann aber auch durch seine wegweisenden, mahnenden und warnenden Worte der leibhaftige Spiegel, durch den sie sich zum unerschrockenen Missionsdienst ermutigt, von Fehlverhalten abgehalten und vor akuten Gefahren gewarnt wußte. Für das erste steht beispielhaft das Wort:

> *Euch, meinen Freunden, sage ich: Fürchtet euch nicht vor denen, die zwar euren Leib töten, euch darüber hinaus aber nichts anhaben können … Fürchtet vielmehr den, der über den Tod hinaus Macht hat, in die Hölle zu werfen. Ja, das sage ich euch: Ihn fürchtet! Kauft man denn nicht fünf Sperlinge für zwei Pfennige? Und doch ist keiner von ihnen von Gott vergessen … Fürchtet euch also nicht; ihr seid doch mehr wert als viele Sperlinge! (Lk 12,4–7)*[9].

Von Fehlgängen hält sie der Zuspruch ab:

> *Biegt nicht auf den Weg zu den Heiden ab und betretet keine Samariterstadt. Geht vielmehr zu den verlorenen Schafen des Hauses Israel (Mt 10,56)*[10].

Weit mehr noch als vor missionarischen Fehlgängen hält Jesus jedoch vor menschlichen Fehlhaltungen zurück. So in dem Mahnspruch, der die eingespielten Herrschafts-

[7] *M. Buber*, Gog und Magog, Eine Chronik, Heidelberg 1945; dazu meine Schrift „Buber für Christen", Freiburg 1988, 54–60; ferner der in Anm. 6 angeführte Sammelband, 274; 294–301; 544–547; 561 f.

[8] *L. Schenke*, Die Urgemeinde, 147–156; dazu der Abschnitt „Christus als Weisheit", in: *S. Vollenweider*, Urworte neutestamentlicher Christologie. Studien zu Paulus und zur frühchristlichen Theologie, Tübingen 2002, 29–51; ferner *H. von Lips*, Weisheitliche Traditionen im Neuen Testament, 254 ff.; 268 ff.; 282 ff.; 331 ff.

[9] *J. Ernst*, Das Evangelium nach Lukas, Regensburg 1993,292 f.

[10] *L. Schenke*, Die Urgemeinde, 259 f.

verhältnisse durch die Forderung: „Wer unter euch groß sein will, der werde euer Diener; und wer unter euch der Erste sein will, der werde der Letzte von allen“(Mk 10,43f)[11]. Oder in seinem Tadel der Zebedäussöhne, die für sich die Spitzenplätze im kommenden Gottesreich beanspruchten (Mk 10,35–40)[12]. Was freilich die Warnung, „nicht auf den Weg zu den Heiden abzubiegen“, anlangt, so hatte Paulus nicht nur, lange vor der Dokumentation dieses Herrenwortes, höchst erfolgreich den Weg nach Philippi, Thessalonike und Korinth eingeschlagen, sondern sich sogar am Schluß des Römerbriefs gerühmt, im Lauf seiner Tätigkeit das Evangelium in weitem Bogen von Jerusalem bis Illyrien getragen zu haben (Röm 15,19)[13]. Ähnlich verhält es sich mit seiner Warnung:

> *Wenn ihr am heiligen Ort den Greuel der Verwüstung stehen seht ..., dann fliehe, wer in Judäa ist, in die Berge! Dann steige, wer auf dem Dach ist, nicht ins Haus herab, um etwas herauszuholen, und wer auf dem Feld ist, kehre nicht zurück, um seinen Mantel zu holen (Mk 13,14ff)*[14].

Zwar berichtet *Eusebius von Caesarea* im dritten Buch seiner Kirchengeschichte davon, daß die Urgemeinde von Jerusalem durch eine „Offenbarung“ die Weisung erhalten habe, die Stadt zu verlassen und sich in dem im Ostjordanland gelegenen Pella niederzulassen; doch bezeichnet *Wilhelm Schneemelcher* diese Behauptung als „höchst unsicher“ und „fraglich“[15]. Unverkennbar kommt in alledem jedoch die Zäsur zum Vorschein, die das Ereignis der Auferstehung Jesu in den Kontext seiner lebensgeschichtlichen und nachösterlichen Wirksamkeit legte. Denn Ostern bedeutet nicht nur, wie *Gerd Lüdemann* im Sinn neuerer Marginalisierungstendenzen dekretiert, daß das, was vorher schon vorhanden war, in eine neue Beleuchtung trat; vielmehr markiert die Auferstehung Jesu den Umschlag von seiner Lebensgeschichte zu seiner Wirkungsgeschichte und damit den entscheidenden Paradigmenwechsel im christlichen Bewußtsein[16]. Mit Ostern fallen die Jesus zuvor in räumlicher wie in zeitlicher Hinsicht gezogenen Schranken weg, so daß der, der sich zuvor „nur zu den verlorenen Schafen des Hauses Israel“ gesandt wußte (Mt 15,24), nun weltweit zur Geltung gebracht werden muß (Eph 3,5ff), und der, dessen zeitgeschichtliches Wirken einem frustrierenden „Noch-nicht“ unterstand (Joh 2,4), allzeit

[11] A. a. O., 246; 284 ff.

[12] A. a. O., 251 f.

[13] *J. Becker*, Paulus. Der Apostel der Völker, Tübingen 1989, 132–149.

[14] *Schenke*, Die Urgemeinde, 265 ff.

[15] *Eusebius von Caesarea*, Kirchengeschichte III, c.5,3 (Ausgabe *Kraft*), München 1967, 154; *W. Schneemelcher*, Das Urchristentum, Stuttgart 1981, 52; 164.

[16] *G. Lüdemann*, Die Auferstehung Jesu. Historie, Erfahrung, Theologie, Göttingen 1994, 218; aber auch seine Ausführungen auf S. 220; dazu *H. Verweyen* (Hrsg.), Osterglaube ohne Auferstehung? Diskussion mit Gerd Lüdemann, Freiburg 1995; ferner die Hinweise meiner „Einweisung ins Christentum“, 49 ff.; 196.

gegenwärtig und wirksam wird. Mehr noch: wie bei seiner Geburt (Gal 4,4) und seinem Auftreten (Mk 1,15) „die Fülle der Zeit" gekommen war, steht seit seiner Auferstehung alles im Zeichen einer als „Pleroma" bezeichneten Seins- und Sinnfülle, die das Zerstreute in sich versammelt und das Verlorene in sich aufnimmt, weil ihr weder räumliche noch zeitliche Grenzen gezogen sind[17].

Symptomatisch sind für diesen Paradigmenwechsel die Osterberichte, in denen die vorher relativ einheitlich geschilderte Lebensgeschichte Jesu in eine ganze Reihe unkoordinierbarer und sich weithin widersprechender Fragmente aufzusplittern scheint, so daß ihnen weder Auskünfte über Ort und Zeit, ja noch nicht einmal über Anzahl und Dauer der Ostererscheinungen entnommen werden können[18]. Für den Protagonisten der Aufklärung *Hermann Samuel Reimarus* waren diese Widersprüche Anlaß, in seiner von *Lessing* als „Wolfenbüttler Fragmente" veröffentlichten Streitschrift „Von dem Zwecke Jesu und seiner Jünger" das Christentum insgesamt zu verwerfen, Jesus der Selbsttäuschung und seine Jünger darüber hinaus des Betrugs zu bezichtigen; denn es sei vor allem auch angesichts der Tatsache, daß sich der Auferstandene nur im geheimen, nicht aber öffentlich sehen ließ, eine Torheit, über den Unglauben der Menschen Klage zu führen, „wenn man ihnen die Überführung nicht geben kann, welche die Sache selbst, nach gesunder Vernunft, notwendig erheischet"[19]. Indessen verkannte er die erkenntnistheoretische Sonderstellung der Osterberichte. Denn in deren offensichtlicher Widersprüchlichkeit spiegelt sich die von *Schelling* hervorgehobene Tatsache, daß sie unter dem Gesichtspunkt der Suspendierung der Kategorien von Raum und Zeit zu lesen sind und deshalb als „Einbrüche" einer höheren Geschichte in den empirischen Geschichtsgang zu gelten haben. Das begründet er in seiner „Philosophie der Offenbarung" mit der These:

> *Tatsachen wie die Auferstehung Jesu sind wie Blitze, in welchen die höhere, die wahre, die innere Geschichte in die bloß äußere hindurchbrechend hereintritt*[20].

[17] *M. Dibelius*, An die Kolosser, Epheser, An Philemon, 18 f.; *E. Pagels*, The Gnostic Paul. Gnostic Exegesis of Pauline Letters, Harrisburg, 1975, 138 f.

[18] *H. Kessler*, Sucht den Lebenden nicht bei den Toten. Die Auferstehung Jesu in biblischer, fundamentaltheoretischer und systematischer Sicht, Würzburg 1995; *Ph. Seidensticker*, Die Auferstehung Jesu in der Botschaft der Evangelien, Stuttgart 1980; *G. Lüdemann*, Die Auferstehung Jesu, Göttingen 1994; *U. Borse*, Der Evangelist als Verfasser der Emmauserzählung, Joh 20,8: Österlicher oder vorösterlicher Glaube, in: Studien zur Entstehung und Auslegung des Neuen Testaments, Stuttgart 1996, 177–221.

[19] *Gotthold Ephraim Lessing*, Werke II: Theologiekritische Schriften (Ausgabe *Göpfert*), München 1976, 457; *J. D. Crossan*, Der historische Jesus, Frankfurt 1994, 520.

[20] *F. W. J. Schelling*, Philosophie der Offenbarung, Darmstadt 1955, 219.

Und diese höhere Geschichte bricht nicht nur in die empirische herein, sondern, wie jetzt schon zu folgern ist, bis in die innere durch, die der Mensch mit sich selbst durchlebt[21]. Für die Osterberichte aber heißt das, daß sie kaleidoskopartig auseinanderbrechen und einen geradezu surrealistischen Eindruck erwecken, wie es dem Eintritt in eine jenseits der kategorialen Welt liegende und diese doch illuminierende Sphäre entspricht.

Mit dem Einwand des Protagonisten der Aufklärung fällt dann aber auch der ihres Erbschaftsverwalters *David Friedrich Strauß*, der den Gedanken an einen der Auferweckung des Gekreuzigten zugrundeliegenden Eingriff einer transzendenten Geschichtsmacht in die Geschichte mit dem – von dieser inzwischen widerlegten – Argument zurückwies, daß dadurch der von ausschließlich innerweltlichen Fakten gebildete Geschichtskontext zerrissen „und jede Geschichte unmöglich" gemacht würde[22]. Wer als Zeitgenosse des freiheitlichen Aufbruchs von 1989 Zeuge eines solchen „Eingriffs" war, weiß zwar, daß er nicht nach Art eines faktizistischen Geschehens erfolgte, wohl aber so, wie es dem Gott entspricht, der nach dem hellsichtigen Urteil *Martin Deutingers* nicht Creator, sondern Genitor der Geschichte ist, und wie es *Hegel* im Auge hatte, wenn er von einem bisweilen durch die Geschichte hindurchgehenden „Ruck" sprach[23].

Durch die Auferstehung ist Jesus also nicht nur dem Tod entrissen und damit dem Gesetz der universalen Todverfallenheit enthoben, sondern durch diesen väterlich-zeugenden „Eingriff" in ein genealogisches Gottesverhältnis aufgenommen und dadurch zu jener Höhe erhoben, aus der er (nach Joh 12,23) alle an sich zieht[24]. Dadurch übereignet er ihnen seine Gottessohnschaft, so daß sie zu Gotteskindern werden. Darin erfahren sie ihre Bestimmung, dem Bild des Gottessohnes gleichgestaltet zu werden (Röm 8,29), und dies mit der Folge, daß sie, mit „unverhülltem Angesicht", die Herrlichkeit Christi in sich „widerspiegeln und von Klarheit zu Klarheit in dasselbe Bild umgewandelt werden" (2Kor 3,18)[25]. So aber entsteht der aus den vielen Einzelelementen gefügte Spiegel, der ebenso die hinter dem Weltgeschehen verborgene „höhere" Geschichte wie die Geschichte jedes einzelnen mit sich selbst reflektiert. Ziel der nächsten Schritte ist es, dies in die einzelnen Aspekte zu entfalten.

[21] Dazu der Abschnitt „Die innere Geschichte" meiner Modalanthropologie „Der Mensch – das uneingelöste Versprechen", Darmstadt 1995, 168–173.

[22] *D. F. Strauß*, Das Leben Jesus I, Tübingen 1840, 81.

[23] *R. Heiss*, Der Gang des Geistes. Eine Geschichte des neuzeitlichen Denkens, Bern und München 1959, 194; dazu die Ausführungen meiner Programmschrift „Glaubenserweckung", Düsseldorf 2000, 78–82.

[24] Dazu der 3. Teil von Kierkegaards „Einübung im Christentum": Von der Hoheit her will er alle an sich ziehen (Ausgabe *Hirsch* und *Gerdes*), Gütersloh 1980, 149–262.

[25] *G. Theissen*, Psychologische Aspekte paulinischer Theologie, 144 ff.

2. Das Zeitbild

Im Spiegel der Weisheit hat Israel seine Geschichte reflektiert, und dies nicht nur, um sich seiner beständigen Führung durch den Bundesgott zu vergewissern, sondern um Aufschlüsse über seine Zukunft und Weisungen für sein künftiges Verhalten zu gewinnen. So betont es *Gerhard von Rad* in seiner These vom Ursprung der Apokalyptik aus dem Geist der Weisheit:

> *Auch nach dem Verstummen der Prophetie hat Israel nicht aufgehört, in die Zukunft zu schauen und von den immer noch ausstehenden endzeitlichen Erfüllungen zu reden ...; es hat sogar in einer ganz neuen Form von der Vollendung der Geschichte durch Gott gesprochen, nämlich in der Apokalyptik*[26].

Daher setzt er gegen die naheliegende Tendenz, die Apokalyptik aus dem prophetischen Erbe herzuleiten und „als ein Kind der Prophetie zu verstehen", die Beobachtung der „großen Kluft", die beide, Prophetie und Apokalyptik, trennt[27]. Während jene das antike Konzept eines zyklischen Geschichtsverlaufs verwirft, um dem auf das eschatologische Endziel ausgerichteten Geschichtsverständnis Bahn zu brechen, gilt für diese das mit einem Schwur bekräftigte Wort des apokalyptischen Engels, „daß keine Zeit mehr bleibt" (Apg 10,6)[28]. Kaum etwas spricht so sehr für diese Herleitung der Apokalyptik aus der Weisheit wie die Tatsache, daß mit deren Umschlag in die Skepsis, wie vor allem im Buch Kohelet deutlich wird, das vom Prophetismus überholte zyklische Geschichtsbild aufs neue durchbricht, wonach alles in ewig kreisender Abfolge „seine Zeit" hat, eine Zeit zum Gebären und zum Sterben, zum Pflanzen und zum Ernten, zum Töten und zum Heilen, zum Zerstören und zum Bauen, zum Weinen und zum Lachen, zum Schweigen und zum Reden, zum Lieben und zum Hassen, zum Krieg und zum Frieden (Koh 1,9; 3,1–6)[29].

Während sich das Buch der Weisheit vor dieser Skepsis in das Vertrauen auf die in der Geschichte Israels waltende Vorsehung seines Bundesgottes rettet (Wsh 14,3), setzt sich das lineare Geschichtsbild definitiv unter dem Eindruck dessen durch, der nicht nur wie der Salomon der Weisheitsliteratur die Weisheit zur Braut gewann (8,1ff), sondern (nach 1Kor 1,30) von Gott „zur Weisheit gemacht" worden ist und sie demgemäß in seinem

[26] *G. von Rad*, Theologie des Alten Testaments II, München 1960, 314.

[27] A. a. O., 315–321.

[28] *A. Vögtle*, Das Buch mit den sieben Siegeln, Freiburg 1981, 84. Das rückt die Apokalyptik mehr noch, als dies in der Herleitung *von Rads* ersichtlich wird, in einen völlig negativen, durch die Todesproblematik bestimmten Aspekt.

[29] *G. von Rad*, Theologie des Alten Testaments I, München 1957, 451–457.

ganzen Sein verkörpert[30]. Er ist (nach 1Kor 4,4; Kol 1,15) das „Bild des unsichtbaren Gottes“, das die durch seinen Geist Erleuchteten, in dasselbe Bild hineinverwandelt (2Kor 3,18)[31]. Sofern er als Weisheit (nach Wsh 7,26) selbst der Spiegel des in ihm aufscheinenden Gottes ist, wie es die Oden Salomos mit dem Aufruf „Seht, unser Spiegel ist der Herr“ bestätigen, geht es aus neutestamentlicher Sicht darum, diesem Spiegelbild die Deutung des Zeitgeschehens und Direktiven zu seiner Bewältigung zu entnehmen. Dazu muß Jesus aber zuerst nach seinem eigenen Zeitverhältnis und seiner politischen, sozialen, ethischen und zumal religiösen Reaktion darauf befragt werden.

Seine politische Aufgabe erblickte er unverkennbar darin, sein Volk vor den Folgen des von den Zeloten propagierten Befreiungskriegs gegen die römische Unterdrückung zu bewahren, da er wußte, daß im Fall des Ausbruchs dieses Krieges „kein Stein auf dem anderen“ bleiben werde (Lk 21,5). Daher seine Absage an jede Form der Gewalt, die er in der Bergpredigt zu der Forderung zuspitzt:

> *Leiste dem Übeltäter keinen Widerstand, sondern halte dem, der dich auf die rechte Wange schlägt, auch die linke hin*[32].

Unmißverständlich ist auch das von Jesus verfolgte Sozialkonzept, das auf eine revolutionäre, an die elfte These von *Karl Marx* über Feuerbach erinnernde Veränderung der gesellschaftlichen Verhältnisse ausgeht. So legte es sich ihm aus seiner Missionserfahrung nahe, die sich in dem durch das bittere Wort von den glaubenswilligen „Zöllnern und Huren“ (Mt 21,31f) akzentuierten Logion niederschlug:

> *Wem soll ich die Menschen dieses Geschlechts vergleichen? Sie gleichen Kindern, die auf dem Markt herumsitzen und einander zurufen: Wir haben euch auf der Flöte aufgespielt, und ihr habt nicht getanzt; wir haben Klagelieder gesungen, und ihr habt nicht geweint. Johannes der Täufer kam. Er aß weder Brot noch trank er Wein; und da sagt ihr: der ist besessen. Der Menschensohn kam. Er ißt und trinkt; und da sagt ihr: Seht ihn euch an, diesen Fresser und Säufer, diesen Freund der Zöllner und Sünder! Doch die Weisheit wurde von allen ihren Kindern gerechtfertigt (Lk 7,31–35)*[33].

Während es weder der Täufer noch Jesus selbst den gesellschaftlichen Etablierten „recht machen“ konnte, sprach Gottes Weisheit in der Zustimmung der „Erniedrigten

[30] *A. Schmitt*, Das Buch der Weisheit, Würzburg 1986, 83 ff.; 116 f. Gegen die von *Schmithals* erhobenen Einwende muß an der Wortfolge der Korintherstelle (1Kor 1,30) festgehalten werden.

[31] *G. Theissen*, Psychologische Aspekte paulinischer Theologie, 143 ff.

[32] *L. Schenke*, Die Urgemeinde, 234.

[33] A. a. O., 152.

und Beleidigten" über sie ihr Urteil. Machtvoll bestätigte das Jesus selbst in seinen mit umstürzendem Elan zustoßenden Seligpreisungen:

> *Selig ihr Armen; euch gehört das Reich Gottes! Selig ihr Hungernden; ihr sollt satt werden! Selig ihr Weinenden; ihr werdet lachen! (Lk 6,29f)*[34]

Dabei hatte er nicht nur deren sozialen Status im Blick; vielmehr galt auch für die Erniedrigten, daß sie den ihnen zugewiesenen „letzten Platz" (nach Lk 14,9) bewußt einnehmen und sich (nach 13,23) durch die schmale Tür des ihnen verheißenen Gottesreichs hindurchzwängen mußten.

Schwer zu bestimmen ist dagegen das von der kirchlichen Rezeption überlagerte Konzept der Ethik Jesu, zumal es im Gegensatz zu jener seinen Schwerpunkt nicht in der „subjektiven", sondern der „strukturellen" Sünde hat. So sehr er bisweilen von der vielfältigen Bosheit des Menschenherzens spricht (Mk 7,21f), ruht sein kritisches Augenmerk doch vor allem auf den Unrechtsverhältnissen, die das von den Pharisäern verfluchte „Volk der Erde" (Joh 7,49) an der Einhaltung der Gesetzesvorschriften hindern und die am Existenzminimum Stehenden zu Kriminellen werden lassen. Ins Zentrum seiner Ethik führt jedoch erst die von Paulus gebotene Interpretationshilfe, durch die er von der Ethik der Direktiven und Verbote auf die des Königwegs der Immunisierung gegen das Böse verweist[35]. Erst dadurch wird ganz begreiflich, was Jesus mit der Aufforderung zur Kreuzesnachfolge meint (Lk 14,27); denn es geht dabei um eine Ethik der dienenden und sich in diesem Dienst verzehrenden Liebe, wie er sie in seiner „Wohltaten spendenden" Tätigkeit (Apg 10,38) und seiner von seinem Tod besiegelten Selbstübereignung vorlebte.

Die Mitte dieses Spiegels bildet jedoch erst die Frage nach dem religiösen Ziel Jesu, die sich in die nach seiner Sendung und seinem Selbstverhältnis auffächert. Er, der (nach Mk 10,45) nicht gekommen ist, „um sich bedienen zu lassen, sondern um zu dienen", will der Welt zum Ziel ihrer rettenden Neugestaltung das zukommen lassen, was er ist. Seine Großtat besteht somit darin, die welthaft verfaßten Gegebenheiten in seine Gottessohnschaft aufzuheben, und das besagt, alle, die sich ihm in Glaube und Liebe zuwenden, in sein Gottesverhältnis aufzunehmen.

Wurzel der Sendung Jesu ist sein Selbstverhältnis, das seinerseits auf sein Verhältnis zu Gott und den Seinen zurückgeht. Wie sich bereits zeigte, unterscheidet sich seine Selbstfindung von der allgemeinmenschlichen dadurch, daß er nicht so sehr durch Akte der Abgrenzung und Unterscheidung als vielmehr auf dem Weg der Hingabe und Übereignung zu sich kommt. Daß sich das zunächst auf sein Gottverhältnis bezieht, zeichnet sich

[34] A. a. O., 30 f.

[35] Dazu meine Schriften „Paulus. Zeugnis – Begegnung – Wirkung", Darmstadt 2003, 142 f.; der Abschnitt „Der bessere Weg" meiner Schrift „Die Neuentdeckung des Glaubens", Stuttgart 2004, 138 ff.

bereits im Schlüsselerlebnis des Zwölfjährigen ab, der nach der Schilderung des Lukasevangelisten, überwältigt vom Erlebnis der Gottesnähe bei seinem ersten Tempelbesuch, die Heimkehr vergißt. Und es steigert sich in der Folge bis zu jener wechselseitigen Selbstfindung in Gott, die sich in dem enthusiastischen Bekenntnis Jesu niederschlägt:

> *Keiner kennt den Sohn als nur der Vater und keiner den Vater als nur der Sohn, und wem es der Sohn offenbaren will (Lk 10,22).*

Im Feuerofen der Passion führt das bis zur Beantwortung seines Notschreis durch den göttlichen Selbsterweis (Hebr 5,7), die durch die (nach Röm 1,4) als Einsetzung in die Gottessohnschaft zu begreifende Auferstehung besiegelt wird. Damit schließt sich die Vielfalt seiner Beziehungen zu jenem Ganzen, in dem sich die Welt mit ihrem dramatischen Geschehen spiegelt. Doch wie bricht sich in diesem Spiegel das heutige Zeitgeschehen?

Das sich darin enthüllende Bild ist dem ersten Eindruck zufolge schrecklich. Gemessen am politischen Willen Jesu erlitt gerade auch der von Amerika angeführte Teil der Welt einen bestürzenden Rückfall auf Positionen, die durch die Konsequenzen aus den beiden Weltkriegen endgültig überschritten schienen. Und der wie ein Schwelbrand fortwütende Irakkrieg bestätigt dies, während der Sache Jesu in dieser zunehmend der Gewalt verfallenden Welt dasselbe Schicksal droht, wie er es selbst zu seinen Lebzeiten in vergleichbarer Konstellation erlitt. Bestürzende Ausmaße gewinnt auch der Verfall der Mitmenschlichkeit, der nur zu deutlich an die Prognose des Matthäusevangelisten erinnert, „daß die Liebe bei vielen erkaltet" (Lk 24,12). Dazu kommt die Beobachtung, daß der Atheismus seine polemische Phase überschritt und sich als die keiner Rechtfertigung mehr bedürftige Einstellung des heutigen Menschen ausgibt. Gleichzeitig bestätigt sich innerkirchlich das längst schon befürchtete „vertikale Schisma" durch die Tatsache, daß sich das Kirchenvolk zunehmend der hierarchischen Spitze und ihrem Führungsanspruch entfremdet.

Gleichzeitig bietet dieses düstere Bild aber auch Lichtblicke, die den entstandenen Schrecken nahezu kompensieren. Denn inmitten dieser der Gewalt verfallenen Welt entstand im Gefolge des freiheitlichen Aufbruchs von 1989 in Gestalt des europäischen Zusammenschlusses die bereits hervorgehobene Zitadelle des Friedens und dies, wie zum Beweis ihres religiösen Hintergrunds, ohne kriegerische Auseinandersetzung und Blutvergießen: eine bei aller Unzulänglichkeit realisierte Utopie des Friedens[36]. Sie wird allerdings nur unter der Voraussetzung Bestand haben, daß sie von den Pfeilern Liberalität, Solidarität und Toleranz, diesen genuin christlichen Prinzipien, getragen wird, und, zusammen mit ihnen, von der solidarischen Vereinbarung der aufeinander stoßenden

[36] Nach diesen bloß angedeuteten Kriterien nötigt dieses in seiner Bedeutung freilich noch kaum wahrgenommene Zeitzeichen geradezu zu einer theologischen Deutung.

Sprachwelten und Kulturen, die ihrerseits ihren Rückhalt in einer kultivierten und praktizierten Mitmenschlichkeit finden müßte.

Was den ethischen Trend des gegenwärtigen Bewußtseins anlangt, so ist er oberflächlich durch die – von *Hans Küngs* Projekt „Weltethos" bestätigte – moralische Kopflastigkeit im Erscheinungsbild der Kirchen gekennzeichnet, die ursächlich auf *Kants* Eingrenzung der Religion in die „Grenzen der bloßen Vernunft" – für ihn gleichbedeutend mit der praktischen Vernunft – zurückgeht[37]. Unterschwellig arbeitet die ethische Situation jedoch auf eine Revision der Wende von der Scham- zur Schuldkultur hin, die im „tragischen Zeitalter der Griechen" der These *Eric Robertson Dodds* zufolge in nachhomerischer Zeit eintrat[38]. Danach führten die Tragiker die Wende von dem vornehmlich an der Reaktion der Öffentlichkeit orientierten Schambewußtsein der homerischen Helden zu dem die ganze Folgezeit beherrschenden Schuld- und Sündenbewußtsein herbei. Nach unübersehbaren Anzeichen schlägt diese Wende gegenwärtig jedoch in ihr Gegenteil um, so daß ein neues Schambewußtsein an die Stelle der von den Kirchen immer noch vorausgesetzten und forcierten Schuld- und Sündengefühle tritt. Daß dieses entgegen naheliegenden Befürchtungen gleichfalls religiös verankert ist, zeigt die biblische Erzählung vom Sündenfall der Stammeltern, die sich nach *Martin Buber*, wegen ihrer Nacktheit „nicht bloß voreinander, sondern auch miteinander vor Gott" schämten (Gen 3,10)[39].

In seiner religiösen Verankerung weist dieser Umbruch im ethischen Bewußtsein auf die umfassende Glaubenswende hin, in der das religiöse Bewußtsein der Gegenwart schon seit längerem begriffen ist[40]. Sie führte zunächst vom traditionellen Autoritäts- und Gehorsamsglauben zu dem von *Hans-Georg Gadamer* gerechtfertigten Verstehensglauben, sodann von dem von *Martin Buber* angefochtenen Satz- und Bekenntnisglauben zum Erfahrungsglauben und schließlich, aufbauend auf Ergebnisse *Anton Vögtles*, vom dogmatisch, kerygmatisch und kultisch fixierten Gegenstandsglauben zum Identitäts- und Innerlichkeitsglauben[41]. Ihr Ziel erreicht diese Entwicklung jedoch erst, wenn es ihr gelingt, den nach *Gottlieb Söhngen* in Vergessenheit geratenen Glauben an die Einwohnung Christi im Herzen der Seinen wieder – wie auf den Höhepunkten der Glau-

[37] *I. Kant*, Religion innerhalb der Grenzen der bloßen Vernunft (Ausgabe *Vorländer*), Hamburg 1956; dazu meine Programmschrift „Glaubenserweckung. Das Christentum an der Jahrtausendwende", Düsseldorf 2000, 41; 167; 232.

[38] *E. R. Dodds*, Die Griechen und das Irrationale (Originaltitel: The Greeks and the Irrational), Darmstadt 1991; dazu die Ausführungen meiner „Einweisung ins Christentum", Düsseldorf 2003; 132 ff.; 402.

[39] *M. Buber*, Bilder von Gut und Böse, Köln und Olten 1953, 16.

[40] Dazu meine Schriften „Die glaubensgeschichtliche Wende", Graz 1986; „Glaubenswende", Freiburg 1987; „Glaubensimpulse", Würzburg 1988; „Glaubensprognose", Graz 1991 und „Die Neuentdeckung des Glaubens", Stuttgart 2004.

[41] *A. Vögtle*, Der verkündigende und verkündigte Jesus „Christus", in: *J. Sauer* (Hrsg.), Wer ist Jesus Christus?, 27–91.

bensgeschichte – ins Zentrum der Spiritualität zu rücken, da nur von ihm, wie seine Rolle im Selbstverständnis des Paulus beweist, die Überwindung der immerzu aufbrechenden Widerstände zu erhoffen ist.

Derartige Widerstände liegen sowohl an der Oberfläche wie in den Tiefenstrukturen des Zeitgeschehens. An dessen von der Medienszene gebildeten Oberfläche, da diese den Rezipienten nach dem Urteil *Neil Postmans* derart mit Informationen überschwemmt, daß sich die Wahrheit darin verflüchtigt, während sie ihn gleichzeitig, so *Hartmut von Hentig*, in eine Traumwelt versetzt, in der er den Boden der Wirklichkeit unter den Füßen verliert[42]. Noch abträglicher ist für den Glauben jedoch der ihm aus der Tiefe des Zeitgeschehens erwachsende Widerstand. Denn die stupenden Errungenschaften der modernen Hochtechnik, durch die der Mensch der Gegenwart nach *Sigmund Freud* göttliche Attribute in seine Verfügungsgewalt brachte und, gestützt auf diese „Prothesen", zu einer usurpierten Gottähnlichkeit emporwächst, entstammen, wie im Rückgang von Freud zu *Nietzsche* deutlich wird, dem Tod Gottes und damit der atheistischen Vorentscheidung der Epoche. Wenn irgendwo, liegt hier der Grund für den progressiven Glaubensverlust in den Stammländern des Christentums, aber nicht weniger auch der zunehmenden Barbarisierung der weltpolitischen Verhältnisse. Es wird sich erweisen müssen, ob die durch die Glaubenswende freigesetzten Energien gegen diese Tendenzen aufkommen und ob die aus diesem Dunkel hervorleuchtende Zitadelle des Friedens die verfeindeten und sich bekämpfenden Völker auf den Weg verweist, dem sich die Bewohner Europas nach ihrer blutigen Vorgeschichte verschrieben.

Wie eine längst schon vorweggenommene Zusammenschau dieses Zeitbildes mutet die visionäre Szene der vom dämonischen Drachen bedrohten Himmelskönigin an, in der die Apokalypse einen ihrer Höhepunkte erreicht:

> *Es erschien ein großes Zeichen am Himmel: eine Frau, bekleidet mit der Sonne, der Mond zu ihren Füßen und auf ihrem Haupt ein Diadem von zwölf Sternen. Sie ist schwanger und schreit in Geburtsnöten. Und ein anderes Zeichen erschien am Himmel: ein großer feuerroter Drache mit sieben Köpfen und sieben Diademen auf seinen Köpfen. Sein Schwanz fegte den dritten Teil der Sterne des Himmels hinweg und warf sie auf die Erde. Er stellte sich vor die Frau, um das Kind zu verschlingen, das sie gebären sollte. Und sie gebar einen Sohn, ein Mannskind, das alle Völker mit eisernem Zepter weiden sollte; doch ihr Kind wurde zu Gott und zu seinem Thron entrückt (Apk 12,1–5)*[43].

[42] *N. Postman*, Wir amüsieren uns zu Tode (Originaltitel: Amusing Ourselves to Death), Frankfurt 1985, 7 f.; 189–198; *H. von Hentig*, Das allmähliche Verschwinden der Wirklichkeit, München 1984.

[43] *W. Bousset*, Die Offenbarung Johannis, Göttingen 1966, 335–339; 346–358; *A. Vögtle*, Das Buch mit den sieben Siegeln, 95–98.

Schwerlich könnte man es wagen, den von der exegetischen Forschung erarbeiteten Interpretationen eine alternative hinzuzufügen, wenn nicht *Marc Chagall* mit seinem in neun Jahren fertiggestellten „Engelsturz" eine ebenso kühne wie aktuelle Deutung dieser Szene vorgelegt hätte[44]. Auf seinem Gemälde stürzt ein feuerroter Engel mit weit ausgebreiteten Schwingen auf Witebsk, „die Stadt der Leiden", mit vernichtender Wucht herab: eine unverkennbare Allegorie auf den Bombenterror des Zweiten Weltkriegs. In seiner betont weiblichen Stilisierung erweckt er den Eindruck, aus einer Zusammenschau der apokalyptischen Frau mit dem höllischen Drachen hervorgegangen zu sein, auch wenn diese nicht an eine volle Identifizierung heranreicht. Denn neben dem Stürzenden erscheint eine von einem riesigen Kandelaber beleuchtete und von einem Kreuz kontrastierte madonnenhafte Figur, die ihr Kind an sich schmiegt, eine Duplizierung, die sowohl in der apokryphen Literatur als auch in der arianischen Kunst und in der Dichtung *Hölderlins* auffällige Parallelen hat[45]. Die Wucht des Sturzes verfaßt sich in dem den Blick des Betrachters auf sich ziehenden Auge des Stürzenden, das, je länger der Blickkontakt dauert, alles in eine kreisende Bewegung versetzt. Der als Einbruch des feministischen Prinzips in eine betont männliche Glaubens- und Lebenswelt stilisierte Vorgang hat eine Verstörung aller Proportionen zur Folge. Einem Spaziergänger wird buchstäblich der Boden unter den Füßen weggerissen. Ein jüdischer Rabbi versucht, mit einem Fluch auf den Lippen, die Thorarolle in Sicherheit zu bringen. Auch das Licht, die Tiere und die Musik werden, wie es der verdunkelte Mond, ein in hellem Gelb erscheinendes Rind und eine sich selbst spielende Geige zum Ausdruck bringen, in Mitleidenschaft gezogen. Das bei Chagall vielfach gebrauchte Requisit der Uhr deutet an, was die Stunde geschlagen hat. Sie erinnert an den Schwur des apokalyptischen Engels, „daß keine Zeit mehr sein wird" (Apk 10,6). Es ist nicht nur die Stunde der Endzeit, sondern des Zeiten-Endes.

Die alternative Deutung geht sinngemäß von der Koinzidenz von Vision und Gemälde aus. Und diese betrifft das beiden gemeinsame, hervorstechende Bewegungsmodell. Das ist im Fall des Gemäldes die kreisende Bewegung, die das Auge des Engels auslöst, im Fall der Vision der dritte Teil der Sterne, die vom Schwanz des Drachen auf die Erde geschleudert werden. Dem entspricht in der heutigen Lebenswelt die sie bestimmende Tatsache, daß sich im Wirkraum der Hochtechnik, wie sich bereits zeigte, uralte Menschheitsträume und Utopien Zug um Zug verwirklichen. Das sind Schritte in eine weithin noch unbewiesene Zukunft, die sich in blendendem Dunkel darstellt. Es ist das Dunkel eines

[44] *F. Meyer*, Marc Chagall. Der Engelsturz, Stuttgart 1964; dazu mein Beitrag „Marc Chagalls Engelsturz", in: Meditation. Anstöße für den christlichen Vollzug 3 (1986), 100–102.

[45] *K. Beyschlag*, Die verborgene Überlieferung von Christus, München und Hamburg 1969, 100; 104 ff.; dazu der Exkurs meiner Schrift „Der Sinn des Friedens. Ein theologischer Entwurf", München 1960, 235–240; ferner *C. O. Nordström*, Ravennastudien, Uppsala 1953, 58–78; *A. M. Cetto*, Mosaiken von Ravenna, Bern o. J., 7; *R. Sörries*, Die Bilder der Orthodoxen im Kampf gegen den Arianismus, 88 f.

nicht nur ideologisch bedingten, sondern eines strukturellen, aus der Tiefe des Zeitgeschehens aufsteigenden Atheismus. Und es ist die Finsternis einer in ihrer Motivation wie in ihrer Praxis bisher ungeahnten Barbarei. Es ist, als gehe der heutige Mensch im Gegenzug zu seiner Verflachung bis zu der von *Herbert Marcuse* angeprangerten Eindimensionalität darauf aus, sowohl die Grenzen seiner Position wie die seiner möglichen Perversion zu erkunden. Doch so sehr der eingeschlagene Weg ins Dunkel führt, so klar ist die bereits eingetretene Veränderung, die ebenso das Verhältnis von Möglichkeit und Wirklichkeit, wie das von Theorie und Praxis und in beidem das Selbstverhältnis des Menschen betrifft.

Das Verhältnis von Möglichkeit und Wirklichkeit zunächst. Denn dieses Grundproblem der Metaphysik hat die moderne Hochtechnik an sich gerissen, sofern sie bisher nur als möglich, wenn nicht gar als unmöglich Geltendes Zug um Zug verwirklichte. Galt bisher als Anlaß des philosophischen Staunens, daß, wie *Heidegger* im Anschluß an *Leibniz* formulierte, „etwas ist und nicht nichts", so tritt heute als zweiter Anlaß die Tatsache hinzu, daß das Realität wird, was bisher im Bereich des bloß Möglichen zu liegen schien, so daß sich die scheinbar unverrückbare Differenz von Möglichkeit und Wirklichkeit signifikant verringerte[46].

Der durch den Engelsturz symbolisierte Zug der Zeit erweist diese aber vor allem auch als die eines umfassenden Reduktionismus, also der sich kontrapunktisch zu den sich Zug um Zug realisierenden Utopien ereignenden Zurücknahme der in Jahrhunderten gewonnenen Errungenschaften. Im Blick auf die Summe, die *Beethoven* daraus in seiner Neunten Symphonie zog, postuliert das der Titelheld von *Thomas Manns* auf die Verfallsgeschichte des deutschen Geistes bezogenen Epochenromans „Doktor Faustus", der seinem etwas begriffsstutzigen Gesprächspartner erklärt:

> *„Ich habe gefunden", sagte er, „es soll nicht sein."*
> *„Was, Adrian, soll nicht sein?*
> *„Das Gute und Edle", antwortete er mir, „was man das Menschliche nennt, obwohl es gut und edel ist. Um was die Menschen gekämpft, wofür sie Zwingburgen gestürmt und was die Erfüllten jubelnd verkündet haben, das soll nicht sein. Es wird zurückgenommen. Ich will es zurücknehmen."*
> *„Ich verstehe dich, Lieber, nicht ganz. Was willst du zurücknehmen?"*
> *„Die Neunte Symphonie", erwiderte er*[47].

[46] *M. Heidegger*, Was ist Metaphysik? Frankfurt 1943; *O.-H. Kost*, Von der Möglichkeit, Göttingen 1978.

[47] *Th. Mann*, Doktor Faustus – Die Entstehung des Doktor Faustus, Frankfurt 1976, 634; *G. Lukács*, Faust und Faustus. Vom Drama der Menschengattung zur Tragödie der modernen Kunst, Hamburg 1967, 261 ff.

Wie der apokalyptische Drache reißt er mit diesem Vorsatz die Sterne vom Himmel der kulturellen Errungenschaften, indem er gleichzeitig den Grundzug des durch die Hochtechnik markierten Zeitgeschehens bestätigt. Mit seinem Vorhaben bezieht er damit eine dezidiert antichristliche Position. Denn mit ihr setzt er sich überdies in Widerspruch zum Heilswerk Christi, wie es in der auf *Irenäus von Lyon* zurückgehenden und ebenso von *Augustin* wie von einer ganzen Reihe östlicher Kirchenväter fortentwickelten Rekapitulationstheorie begriffen wurde[48]. Vor diesem Hintergrund verdüstert sich das Zeitbild, so daß nun seine durchgängige Rückschlägigkeit zum Vorschein kommt. So erstaunlich der „Raub des himmlischen Feuers" in Gestalt der Bändigung der Kernenergie, der Aufbruch zur „Sternenreise" in Gestalt der Raumfahrt und die Steigerung des Menschen zum „Prothesengott" bleibt, bestand doch die erste „Nutzung" der Nukleartechnik im Abwurf zweier Atombomben auf japanische Städte, während die Raumfahrt das Gespenst eines „Kriegs der Sterne" und die Evolutionstechnik das des klonierten Menschen heraufbeschwor. Daher muß zur Vervollständigung der skizzierten Zeitanalyse auch das von signifikanten Sprechern entworfene Zerrbild in den Blick genommen werden.

Ähnliches gilt vom Verhältnis von Theorie und Praxis. War diese bisher die Folge und Konkretisierung dessen, was die Theorie erkundete, so steht dieses Verhältnis heute im Begriff, sich umzukehren. Denn die Hochtechnik schafft Fakten, die von der Theorie noch nicht eingeholt sind oder sich ihrem Zugriff doch partiell entziehen. Der homo faber droht den homo sapiens zu verdrängen. Auf niedrigerer Ebene entspricht dem die umgekehrte Beobachtung, daß sich das Verhältnis von Kreativität und Reproduktion umzukehren beginnt, daß Interpreten die Schöpfer in den Hintergrund drängen und die Reproduktionstechnik in einem Maß eskaliert, daß geradezu von einem „Zeitalter der technischen Reproduzierbarkeit" (*Benjamin*) gesprochen werden kann[49]. Das wird im Blick auf die Gegenperspektive noch deutlicher.

3. Das Zerrbild

Die dialektische Bestimmung der Epoche als das utopisch-rückschlägige Zeitalter drängt auf die Erkundung des diesem Antagonismus zugrundeliegenden Motivs, um die sich vor allem *Karl Löwith* in seiner Zeitanalyse „Weltgeschichte und Heilsgeschehen" bemühte[50].

[48] Dazu die Ausführungen und Hinweise auf Seite 139 ff.

[49] *W. Benjamin*, Das Kunstwerk im Zeitalter seiner technischen Reproduzierbarkeit, in: Illuminationen, Frankfurt 1980, 136–169.

[50] *K. Löwith*, Weltgeschichte und Heilsgeschehen. Die theologischen Voraussetzungen der Geschichtsphilosophie, Stuttgart 1953; dazu meine Programmschrift „Glaubenserweckung", 88–93. Das spinozistische „deus sive natura" bezeichnete Löwith in einem Grußwort an mich als seine ureigene Position.

Im Gegenzug zu dem von ihm in seiner Problematik – und antichristlichen Grundtendenz – durchschauten Konstrukt der heideggerschen „Seinsgeschichte" führt er in rückläufiger Konsekution über die bedeutendsten Repräsentanten die Heilsgeschichte auf die – im Sinne des spinozistischen „deus sive natura" verstandene – Natur zurück, um in ihr den Ausgangspunkt allen Denkens und Handelns zu gewinnen[51]. Gleichzeitig begreift er die Säkularisierung der Hoffnung als das Zentralereignis der Neuzeit. Damit greift er den Grundzug des mit dem biblischen Schöpfungsbericht und der paulinischen Demaskierung der „Weltelemente" einsetzenden und in der Neuzeit kulminierenden Säkularisierungsprozesses auf. Das zog einen durchgängigen Profilverlust der Leitideen nach sich. Im Maß, wie der Säkularisierungsprozeß, besonders in seiner Spätform, dem Gottesglauben den Boden entzog, wurde der Glaube zur Weltanschauung, die Freiheit zur Liberalität, die Barmherzigkeit zur Solidarität und die Geduld zur Toleranz[52]. Die radikalste Umwidmung erfuhr jedoch seinem Nachweis zufolge die christliche Grundtugend der Hoffnung. Indem sie zum Fortschritt pervertierte, wurde sie von ihrem endzeitlichen Erfüllungsziel abgekoppelt und auf innerweltlich Machbares zurückgenommen, so daß man nun nicht mehr auf die ewige Seligkeit, sondern auf die Wohlfahrt möglichst vieler hoffte und diese mit Hilfe einer ausgesprochenen Fortschrittsideologie betrieb. Doch der damit in Gang gesetzte Prozeß entwickelte eine Eigendynamik. Er entzog sich, wie es sich im Übergewicht der Praxis über die Theorie zeigte, der Kontrolle und wurde zum Selbstzweck, so daß der Fortschritt nicht mehr um des Glückes möglichst vieler, sondern um seiner selbst willen angestrebt wurde. In dieser Eigengesetzlichkeit aber entartete er, wie *Löwith* warnend geltend machte, zum Verhängnis[53].

Von unterschwellig nachwirkenden eschatologischen Impulsen getragen, setzte *Ernst Bloch* dem das der Ontologie des Noch-nicht verschriebene „Prinzip Hoffnung" entgegen, dessen Grundkonzept er in seinem „Geist der Utopie" vorweggenommen hatte[54]. Das war insofern prospektiv gedacht, als es der Verringerung der metaphysischen Fundamentaldifferenz durch die progressive Realisierung uralter Menschheitsträume im

[51] *Löwith*, Gott, Mensch und Welt in der Metaphysik von Descartes bis Nietzsche, Göttingen 1967; ferner sein Beitrag „Nietzsches Versuch zur Wiedergewinnung der Welt", in *A. Guzzoni* (Hrsg.), Hundert Jahre philosophische Nietzsche-Rezeption, Frankfurt 1951, 89–102, sowie seine Streitschrift „Heidegger, Denker in dürftiger Zeit", Göttingen 1960, 44–71; Dazu *M. Jaeger*, Karl Löwiths Bekehrung. Von Nietzsches Radikalität zu Burkhardts Resignation, in: Autobiographie und Geschichte, Stuttgart und Weimar 1995, 133–211.

[52] Dazu der Abschnitt „Das Schicksal der religiösen Ideen im Säkularisierungsprozeß" meiner Schrift „Hat der Glaube eine Zukunft?", Düsseldorf 1995, 40–59.

[53] *K. Löwith*, Das Verhängnis des Fortschritts, in: Vorträge und Abhandlungen. Zur Kritik der christlichen Überlieferung, Stuttgart 1966, 139–155.

[54] *E. Bloch*, Das Prinzip Hoffnung, Frankfurt 1959; *ders.*, Geist der Utopie, Frankfurt 1964; *Ders.*, Philosophische Grundfragen I: Zur Ontologie des Noch-nicht-Seins, Frankfurt 1961.

Feld der modernen Hochtechnik entsprach. Doch stand der Entwurf deswegen auf schwankendem Boden, weil ihm trotz seiner messianischen Implikate aufgrund des atheistischen Ansatzes die zentrale Rechtfertigung der Hoffnung fehlte. So zeichnet sich eine verblüffende Entsprechung zu *Heideggers* Seinsgeschichte ab. Wie diese den für das Christentum konstitutiven Offenbarungsglauben leugnet, indem sie die Idee einer transzendentalen Selbstmitteilung auf das damit theologisch aufgeblähte „Sein“ zurücknimmt, so leugnet *Bloch* den für das Judentum konstitutiven Gottesglauben, indem er die mit ihm gegebene Hoffnung mit Hilfe eines dialektisch aufgespreizten Materiebegriffs aus diesem herleitet. Daher sein Verdikt, daß nichts „in der Welt jemals vergeblicher“ gewesen sei als die im Kreuzestod endende Lebensleistung Jesu, und daß im Vergleich dazu das ungleich „wichtiger und fruchtbringender“ sei, was „uns das Leben, die Worte Jesu selber überbringen“[55].

Wenn *Joachim Fest* im Blick auf den inzwischen aus politischen Gründen von seinem Wolkenthron gestürzten Bloch das „Ende des utopischen Zeitalters“ ankündigte, traf er damit jedoch nur den sich in eine Parakletenrolle steigernden „Propheten“, nicht aber die Sache; denn die „Idee“ war keineswegs in seinen Sturz mit hineingerissen worden, wohl aber war der Weg zu ihrer kritischen Befragung frei[56]. Dieser Aufgabe unterzog sich *Karl Matthäus Woschitz* in seinem großangelegten Werk „Elpis – Hoffnung“, das die von *Jürgen Moltmann* entworfene „Theologie der Hoffnung“ aufgreift, vor allem aber auf Blochs „Prinzip Hoffnung“ eingeht und antwortet[57]. Während Bloch das anamnetisch-rückwärts gerichtete Wesensdenken der idealistischen Abendsicht (cognitio vespertina) umzuwenden sucht, legt Woschitz im Durchgang durch die philosophischen Entwürfe und die antike Vorgeschichte des Begriffs die Hoffnungsstruktur der alt- und neutestamentlichen Schriften frei, um schließlich in Christus den lebendigen Grund und leibhaftigen Inbegriff der Hoffnung zu finden. Dabei entspricht bei ihm der blochschen Umkehrung der Denkstruktur eine Analyse der der Hoffnung angemessenen Sprachstruktur, die er mit *Augustin* in dem aus der Liebe entspringenden Verstehen entdeckt[58]. In seiner Konzentration auf den vom Kolosserbrief zum Inbegriff der Hoffnung erklärten Christus (Kol 1,27) aber berührt er sich inmitten der Distanz denn doch mit Bloch, sofern dieser

[55] *Bloch*, Geist der Utopie, 271. Aufgrund dieser sich geradezu aufdrängenden Entsprechung hätten dem heideggerschen Konzept der Seinsgeschichte niemals theologische Aufschlüsse entnommen werden dürfen (*Welte*); dazu die Ausführungen meiner „Einweisung ins Christentum“, 376–379.

[56] *J. Fest*, Der zerstörte Traum. Vom Ende des utopischen Zeitalters, Berlin 1991; dazu auch der Abschnitt „Die Leere der erfüllten Zeit“ seiner Schrift „Die schwierige Freiheit“, Berlin 1993, 47–81.

[57] *K. M. Woschitz*, Elpis – Hoffnung. Geschichte, Philosophie, Exegese, Theologie eines Schlüsselbegriffs, Wien 1979.

[58] A. a. O., 337 ff.

in Jesus den „Rebell und Märtyrer“ entdeckt, der wie gegen alle Knechtung sogar gegen den ihm zugemuteten Tod aufbegehrt, ja sogar den Jesus, der die „luziferische“ Sehnsucht nach „wahrer Kindschaft“ und „Erbschaft Gottes“ einlöst und nach seinem – angeblich – wirkungslos verhallenden Todesschrei die auf seinem Antlitz liegende Hülle abwirft, so daß, wie vermutlich zu ergänzen ist, die von ihm bezeugte Wahrheit ans Licht treten kann[59].

Angesichts der von *Löwith* herausgestellten Tatsache, daß die Hoffnung in das Räderwerk des Säkularisierungsprozesses geriet und, zum Fortschritt denaturiert, als Verhängnis jeden weiteren Schritt auf dem eingeschlagenen Weg bedrohte, stellte sich mit Nachdruck die von *Hans Blumenberg* aufgeworfene Frage nach der „Legitimität der Neuzeit“[60]. Danach war die als „Enteignung“ genuin religiöser Tatbestände verstandene und deshalb als „Unrecht“ denunzierte Säkularisierung durchaus legitim, weil sie den neuzeitlichen Menschen aus dem Zirkel des ihn in sich zurücknehmenden aristotelischen Gottesgedankens herausführte und erst wirklich zu sich selbst kommen ließ. Dem hätte unzweifelhaft schon Paulus mit seiner These von der durch den Geist der Gotteskindschaft bewirkten Befreiung von Angst und Fremdbestimmung (Röm 8,15) zugestimmt, wenngleich mit dem Zusatz, daß es keineswegs erst der neuzeitliche Säkularisierungsschub war, der den Bann des sich selbst denkenden und alles in seinen Selbstbegriff einbegreifenden Gottes aufsprengte, sondern seine Botschaft von dem liebenden und sich selbst verschenkenden Gott Jesu Christi[61]. Was den scheinbar geglückten Nachweis der Legitimität außerdem beeinträchtigt, ist der Umstand, daß die Gottesidee im Mittelalter nicht nur in den Bann des aristotelischen Zirkels geriet, sondern sich, verhängnisvoller noch, unter dem Einfluß der zunehmend geübten Gewalt zur Vorstellung von einem Willkürgott verdüsterte, der in seiner „undurchschaubaren Übermacht“, der Darstellung *Gerhard Krügers* zufolge, „den Menschen in jeder Hinsicht verendlicht“[62]. Legitim war der Ausbruch aus diesem Bannkreis, fragwürdig der Umstand, daß sich der emanzipierte Gedanke nicht zum „Gott Jesu Christi“ (*Pascal*) erhob, sondern statt dessen zunehmend dem religions- und gotteskritischen Trend der Aufklärung verfiel. So trat an die Stelle des dem Grundinteresse der Aufklärung entsprechenden Gottes, in dem „Licht und nicht

[59] *Bloch*, Das Prinzip Hoffnung, 1490; *Ders.* Geist der Utopie, 172 f.

[60] *H. Blumenberg*, Die Legitimität der Neuzeit, Frankfurt 1966; dazu die Ausführungen meiner Schrift „Gott verstehen. Erwägungen zum Verhältnis Mensch und Offenbarung“, München und Freiburg 1971, 24–31.

[61] *R. Heinzmann*, Vom System zur Lebenswirklichkeit, in: Christlicher Glaube und der Anspruch des Denkens, Stuttgart 1998, 132–141.

[62] *G. Krüger*, Die Herkunft des philosophischen Selbstbewußtseins, in: Freiheit und Weltverantwortung. Aufsätze zur Philosophie der Geschichte, Freiburg und München 1958, 11–69; dazu meine Schrift „Theologie und Atheismus. Anstöße zu einer theologischen Aporetik“, München 1972, 29–36.

Finsternis“ ist (1Joh 1,5), die durch *Nietzsches* Proklamation des Todes Gottes heraufbeschworene „Gottesfinsternis“ (*Buber*)[63].

Vor diesem Hintergrund tritt der utopische Charakter der gegenwärtigen Weltstunde in einen radikal negativen Aspekt. Paradigmatisch ist dafür die Zeitanalyse *Sigmund Freuds*, der in seinem Essay „Das Unbehagen in der Kultur“ den auf die Realisierung uralter Menschheitsträume ausgehenden Grundzug der modernen Hochtechnik entdeckte[64]. Freud war sich darüber im klaren, daß er sich mit seiner quasitheologischen Deutung ihrer spektakulären Errungenschaften an der göttlichen „Idealvorstellung von Allmacht und Allwissenheit“, die sich „seit langen Zeiten“ im Bewußtsein der Menschheit gebildet hatte, „vergriff“. Darin entsprach er aber nur dem dem Menschen eingestifteten Verlangen, sich auf ein göttliches Übermaß hin zu übersteigen, wie es *Maurice Blondel* mit seinem Entweder-Oder umschrieb:

> *Der Mensch strebt danach, Gott zu sein. Gottsein ohne Gott und gegen Gott; oder Gottsein durch Gott und mit Gott, darin besteht das Dilemma*[65].

In diesem Dilemma hatte sich der Geist der Neuzeit für das „Gottsein ohne Gott und gegen Gott“ entschieden, weil nur so, wie sich bei der Entwicklung der Hochtechnik herausstellte, die Zurücknahme göttlicher Attribute in den Bereich des technisch Machbaren gelingen konnte. Die von *Freud* verheimlichte, aber ihm aufgrund seiner Verbindung mit *Lou Salomé* zweifellos bekannte Vorentscheidung war durch *Nietzsche* getroffen worden, der nicht nur den Tod Gottes proklamiert, sondern aus diesem „größten neueren Ereignis“, das „bereits seine ersten Schatten über Europa zu werfen“ beginne, auch die für die Menschheit wichtigste Folgerung mit dem Vorhaben zieht:

> *All die Schönheit und Erhabenheit, die wir den wirklichen und eingebildeten Dingen geliehen haben, will ich zurückfordern als Eigentum und Erzeugnis des Menschen: als seine schönste Apologie*[66].

[63] *M. Buber*, Gottesfinsternis. Betrachtungen zur Beziehung zwischen Religion und Philosophie, Zürich 1953, 31 f.

[64] *S. Freud*, Das Unbehagen in der Kultur und andere kulturtheoretische Schriften, Frankfurt 1954, 56 ff.

[65] *M. Blondel*, Die Aktion (1893). Versuch einer Kritik des Lebens und der Wissenschaft der Praktik, Freiburg und München 1965, 381; *E. Seiterich*, Wege der Glaubensbegründung nach der sogenannten Immanenz-Apologetik, Freiburg 1938, 53; *W. Bouillard*, Blondel und das Christentum, (Originaltitel: Blondel et le Christianisme), Mainz 1963.

[66] *E. Pfeiffer* (Hrsg.), *Lou Andreas–Salomé*. Lebensrückblick, Frankfurt 1968, 151–168; dazu ihre Monographie „Friedrich Nietzsche in seinen Werken“, Dresden 1923; *F. Nietzsche*, Die fröhliche Wissenschaft V, § 343; *ders.*, Nachgelassenes Fragment vom Herbst 1881; in: Sämtliche Werke. Kritische Studienausgabe IX, München 1980, 582.

Nach *Freud* wurde dieses Ziel mit Hilfe der modernen Hochtechnik zumindest partiell erreicht, auch wenn das Endziel, gemessen an dem inzwischen eingenommenen Etappenziel, noch in weiter Ferne liegt. Denn in Gestalt des schon wiederholt erwähnten „Prothesengottes" ist dieses von Spuren der Vorläufigkeit behaftet und in seiner defizitären Verfassung weit davon entfernt, zu einer, wie es in der Absicht der Usurpation liegt, „zweiten Natur" des Menschen zu werden. Deshalb fühlt sich dieser in seiner „geborgten" Gottähnlichkeit noch sehr unbehaglich, Freud würde heute sagen: wie ein Astronaut in seinem Raumanzug.

Was diesem „exzessiven" Menschen bevorsteht, zeigt in Form einer apokalyptischen Extrapolation *Franz Werfels* nachgelassener Reiseroman „Stern der Ungeborenen" (1950), der nach dem Urteil *Thomas Manns* seinen Höhepunkt in der von einer klonierten Zukunftsgesellschaft erreichten größten aller Utopien, der definitiven Abschaffung des Todes in Gestalt des „Wintergartens", einer Doublette zu *Dantes* „Inferno", erreicht; denn:

> *Die skurril ängstigenden Szenen und Geschehnisse in der Unterwelt, im inneren Hohlraum der Erde mit ihrer dumpf-albtraumhaften Atmosphäre sind als Phantasieleistungen unübertroffen in aller Literatur*[67].

Es handelt sich um den Raum der Rückbildung, den die ihres extrem verlängerten Lebens überdrüssig Gewordenen freiwillig und „zu Fuß" betreten, um dort einer Retrogenese bis zum Stadium einer bewußtlosen Pflanzlichkeit in Gestalt riesiger Margaritenfelder unterworfen zu werden. Indessen gestaltet sich dieser Prozeß bei einigen schwierigen und widerspenstigen Kandidaten bisweilen höchst unprogrammatisch. Anstatt zu einer fortschreitenden Rückbildung kommt es dann zur Entstehung ebenso skurriler wie widerwärtiger Mißbildungen, die eine „Sonderbehandlung" erforderlich machen. So schlägt auf diesem Höhepunkt der gespenstigen Satire die Todeskosmetik in ihr grauenvolles Gegenteil um: in eine Demaskierung des Todes in seiner nackten Grausamkeit[68].

Während sich das Antlitz des Todes im Maß seiner Annahme lichtet, geschieht hier, beim blasphemischen Versuch seiner „Abschaffung", das Gegenteil: er betritt in seiner ganzen Entsetzlichkeit die Szene. Damit stößt Werfels phantastische Zeitkritik in das zentrale Trauma der dem Fortschritt verschriebenen Epoche, die den Tod als das extrem Kontraproduktive und Systemwidrige empfindet und deshalb auf seine systematische Verdrängung ausgeht[69]. Doch der Tod ist, wie *Novalis* dichtete, der „Felsen des Verdrus-

[67] *Th. Mann*, Die Entstehung des Doktor Faustus. Roman eines Romans, Amsterdam 1949, 141.

[68] *P. St. Jungk*, Franz Werfel. Eine Lebensgeschichte, Frankfurt 1987, 312 ff.; 328 ff.

[69] Dazu meine Schrift „Dasein auf Abruf. Der Tod als Schicksal, Versuchung und Aufgabe", Düsseldorf 1981, 59–63.

ses", an dem alle Verdrängungsversuche scheitern. Wird er, wie im Gefolge des Siegeszuges der modernen Medizin des Hauses verwiesen, so kommt er in Form neuer Krankheiten durch die Hintertür herein. Ihm ist kein Kraut gewachsen, wohl aber das im Licht der Auferstehung erstrahlende Kreuz, zu dem sich Paulus mit dem triumphalen Wort wendet:

> *Verschlungen ist der Tod vom Sieg. Tod, wo ist dein Sieg? Wo ist, o Tod, dein Stachel? (1Kor 15,54f)*

Wer sich dieses Bekenntnis zu eigen macht, hat den Tod bereits hinter sich; denn er hat sich (nach 1Joh 4,16) jener Liebe anvertraut, von der „weder Tod noch Leben" trennen können (Röm 8,38). Von Christus ergriffen, hat er die „Macht seiner Auferstehung" an sich erfahren (Phil 3,10) und ist zum Gotteskind geworden. Das kann nicht ohne Rückblick auf das Zerrbild in Gestalt des freudschen „Prothesengottes" gesagt werden. Was hier der entgegenkommenden „Liebe von oben" zu verdanken ist, erscheint dort als Raub der durch den „Tod Gottes" freigesetzten Attribute. Der Demut des Gotteskindes, das (nach 1Kor 4,7) nichts hat, was es „nicht empfangen hätte", tritt hier die Hoffart dessen gegenüber, der mit blasphemischer Geste nach den Sternen göttlicher Attribute greift, um bei diesem Ausgriff nach usurpierter Größe in die Tiefe seines Elends (*Pascal*) abzustürzen.

Was ihm dabei widerfuhr, war die Destruktion und der Verfall der Mikrokosmosidee, in der sich der Mensch seit der griechischen Frühzeit gespiegelt sah und die im Blick auf ihre imponierende Entfaltung keineswegs, wie *Michael Landmann* unterstellte, als „Irrweg" und „Hemmschuh" der Anthropologie zu gelten hat[70]. Da der Gedanke im Grunde bildhaft konzipiert war, war es der Kunst aufgetragen, auch seinen Verfall darzustellen. Auf ingeniöse Weise geschah das in der Figur des Baummenschen im Blickfang des Höllenflügels des als „Garten der Lüste" bekannten Triptychons von *Hieronymus Bosch*[71]. Die Darstellung gehört wie der Isenheimer Altar zu jenen grenzüberschreitenden Werken der Malerei, die nicht nur gesehen, sondern gleichzeitig gehört werden wollen. Ein von einem schartigen Messer und einem Pfeil durchbohrtes Doppelohr „intoniert" diese Schaumusik, die von einem fauchenden Dudelsack auf dem Kopf des Baummenschen übertönt und von den Tönen einer riesigen Drehleiher und den Schreien einer an eine Gambe gefesselten und einer an eine Harfe gekreuzigten Figur „untermalt" wird.

[70] *M. Landmann*, De Homine. Der Mensch im Spiegel seines Gedankens, Freiburg und München 1962, 15; 19–170; *A. Meyer*, Wesen und Geschichte der Theorie vom Mikro- und Makrokosmos, Bern 1900.

[71] *Ch. de Tolnay*, Hieronymus Bosch, Baden-Baden 1973, 202–247; *W. S. Gibson*, Hieronymus Bosch, Frankfurt 1974, 78–99; ferner meine Schrift „Menschsein in Anfechtung und Widerspruch. Ansatz einer christlichen Anthropologie", Düsseldorf 1980, 44–57.

Den Blickfang bildet der Baummensch, der mit skeptisch-schmerzlichem Blick den eigenen Verfall beobachtet. Auf der Krempe seines Huts tanzen ihm Ausgeburten der Hölle buchstäblich auf dem Kopf. In seinem aufgerissenen Innern spielt sich eine Orgie ab; die zu Baumstrünken pervertierten Beine stecken, eingefroren in den Unterweltfluß Styx, anstatt in Schuhen in Kähnen. Darin kündet sich das Formgesetz des Ganzen an. Es ist anstatt von der Koinzidenz der Gegensätze von deren Turbulenz bestimmt. Man fühlt sich an die Schilderung der über die Ägypter hereingebrochenen Plagen am Schluß des Buchs der Weisheit erinnert, wo sich Landtiere in Wassertiere verwandeln, wo das Feuer im Wasser brennt und dieses seine Löschkraft „vergißt" (Wsh 19,19f), wenn Laternen schneiden anstatt zu leuchten, wenn Messer kreischen anstatt zu schneiden, wenn Harfen und Gamben zu Folterinstrumenten werden und Hasen auf die Jagd gehen[72]. So wird in dieser Hölle die Wirklichkeit ihrer natürlichen Syntax enthoben und in perverse Zusammenhänge versetzt. Da die Mikrokosmosidee jedoch von der Geltung der logischen und grammatikalischen Gesetze lebt, konnte ihr Verfall nicht suggestiver beschworen werden als in diesem Höllenszenario. An einer selbstkritischen Stelle seiner „Götzen-Dämmerung" gestand *Nietzsche*:

> *Ich fürchte, wir werden Gott nicht los, weil wir noch an die Grammatik glauben ...*[73]

Diese „Furcht" wäre beim Anblick von Boschs Höllenszenario von ihm gewichen. Doch wie stellt sich der Geschichtsgang unter diesen Vorzeichen dar?

4. Der Geschichtsgang

Während sich in den bisherigen Befunden die Verhältnisse nur unterschiedlich in dem von Christus gebildeten Spiegel darstellen, bringt sich in der Frage nach dem Geschichtsgang dieser „Spiegel" selbst in das in ihm Aufscheinende ein. Wie jede andere Kehre geht auch diese auf die Auferstehung Jesu als den „Angel- und Drehpunkt" des gesamten Christentums (*Wilckens*) zurück. Auf den erfragten Geschichtsgang bezogen gleicht diese nach *Schelling* „Blitzen", in welchen die „höhere", „wahre" und „innere" Geschichte in die empirische hereinbricht[74]. Wie stellt sich diese höhere Geschichte konkret dar?

[72] *A. Schmitt*, Das Buch der Weisheit. Ein Kommentar, Würzburg 1986, 139 f.

[73] *F. Nietzsche*, Götzen-Dämmerung. Die „Vernunft" in der Philosophie, § 5; dazu *D. Henke*, Gott und Grammatik. Nietzsches Kritik der Religion, Pfullingen 1981; *K. Schlechta*, Nietzsche über den Glauben an die Grammatik, in: Nietzsche-Studien 1(1972) 353–358.

[74] *F. W. J. Schelling*, Philosophie der Offenbarung, Darmstadt 1955, 219; dazu meine Programmschrift „Glaubenserweckung", 202.

Für ihren Urheber gilt im höchsten Sinn der Imperativ „Werde, der du bist". Denn Jesus ist es aufgegeben, das lebens- und bewußtseinsgeschichtlich einzuholen, was er aufgrund seiner Gottessohnschaft immer schon ist. Deshalb seine Einsetzung in dieses geschichtliche Gepräge, das sich als solches auf das ganze in diese Erhebung einbezogene Weltgeschehen überträgt. Für ihn gilt die Umkehrung des „biogenetischen Grundgesetzes" (*Haeckel*); denn in seiner Lebensgeschichte wiederholt sich nicht, was die Weltgeschichte seit alters mit sich brachte; vielmehr nimmt sie deren Verlauf in individueller Kurzform bestimmend und prägend vorweg. Wenn man von diesem ingenösen Gedanken ausgeht, leuchten im Spiegel der Weisheit die Konturen dieser „höheren Geschichte" auf[75].

In den neutestamentlichen Schriften kündet sich das mehrfach an. Einmal in der Szene von der Entrückung des von der sonnenumkleideten und sternengekrönten Himmelsfrau geborenen Kindes auf den Thron Gottes (Apk 12,5), die die ganze Lebensgeschichte Jesu umfaßt und auf das Schicksal der „übrigen Kinder der Frau" vorausweist (12,17). Sodann in der von *Joachim Jeremias* gedeuteten Hebräerstelle (Hebr 5,7), die einerseits wie ein Evangelium in Kurzform wirkt, andrerseits aber zugleich in die beginnende Geschichte hineingesprochen ist. Auf eine dramatisch verlaufende Glaubensgeschichte läßt auch die Schlußfrage des lukanischen Gleichnisses vom gottlosen Richter schließen (Lk 18,1–7): „Wenn der Menschensohn kommt, wird er dann wohl auf Erden Glauben finden?" (18,8) Von einem „zerrinnenden" Verlauf der glaubensgeschichtlichen Entwicklung spricht schließlich das im gnostischen Thomasevangelium überlieferte Gleichnis von der Frau mit dem beschädigten Mehlkrug, dessen Inhalt, von ihr unbemerkt, auf den Boden rinnt (Logion 97).

Wie der Kontrast von Gotteskindschaft und Prothesengott und damit von Hochbild zu Zerrbild vermuten läßt, gestaltet sich der Geschichtsgang zwiespältig, als Mitvollzug der Lebens- und Leidensgeschichte Jesu, aber auch als der fortdauernde Versuch des Widersachers, sein Kommen wenn nicht zu verhindern, so doch aufzuhalten. Um das eine weiß Paulus in seinem vom deuteropaulinischen Kolosserbrief gebotenen Selbstzeugnis:

> *Nun freue ich mich über die Leiden, die ich für euch erdulde; denn ich will das, was an dem Leidensmaß Christi noch aussteht, an meinem Fleisch ergänzen zugunsten seines Leibes, der Kirche (Kol 1,24)*[76].

Danach steht am Leidensmaß Christi noch insofern etwas aus, als die Kirche seinen lebensgeschichtlichen Leidensweg in ihren Kämpfen, Bedrängnissen, Anfechtungen und Verfolgungen immer noch und immer wieder nachvollziehen muß. In vollem Umfang

[75] So wiederholt sich hier die Extrapolation einer Individualform zu einer geschichtlichen Großform, wie sie bereits im Verhältnis des freudschen Prothesengottes zu *Werfels* Endzeitsatire zu beobachten war. Anders *H. de Lubac*, Katholizismus als Gemeinschaft, Einsiedeln und Köln 1943, 183.

[76] *M. Dibelius*, An die Kolosser, Epheser, an Philemon, 22 f.

wurde dieses Motiv erst wieder von *Blaise Pascal* aufgenommen, der sich in seinem „Mysterium Jesu" zu der Behauptung erhebt:

> *Jesus liegt im Todeskampf bis ans Ende der Zeiten; solange darf man nicht schlafen*[77].

Die Gegenperspektive reißt der zweite Thessalonicherbrief mit dem Mahnwort auf:

> *Niemand möge sich auf irgendeine Weise täuschen. Denn zunächst muß der Abfall eintreten und der Mensch der Sünde in Erscheinung treten, der Sohn des Verderbens, der sich über alles hinwegsetzt, was Gott heißt oder Inhalt religiöser Verehrung ist, ja, der sich schließlich sogar selbst in den Tempel Gottes setzt und vorgibt, Gott zu sein ... Ihr wißt doch, was derzeit noch nicht zuläßt, daß er zu seiner Zeit erscheint. Zwar ist das Geheimnis der Gesetzlosigkeit bereits am Werk; doch muß der, der es bis zur Stunde noch aufhält, zuerst beseitigt werden. Dann erst wird der Gottlose auftreten, den der Herr durch den Hauch seines Mundes beseitigen und durch den Glanz seiner Ankunft vernichten wird (2Thess 2,3–8)*[78].

Seiner Satansmacht und Verführungskunst aber erliegen die, die sich „der Liebe zur Wahrheit" verschlossen und dieser „keinen Glauben schenkten" (2Thess 2,10.12)[79]. Wenn in diese kryptische Ankündigung trotz aller Auslegungsversuche auch kaum Licht zu bringen ist, kommt darin doch unverkennbar zum Ausdruck, daß der sich durch das Weltgeschehen fortsetzenden Lebens- und Leidensgeschichte Jesu eine kaum weniger dramatische Gegengeschichte entgegensteht, die den von Paulus als Siegeszug geschilderten Weg Jesu durch die Geschichte aufhält und verzögert. Nichts läge dann näher als der Versuch, diesen Gegenzug zu beschleunigen, wie ihn *Martin Buber* in seiner Chronik „Gog und Magog" beschreibt[80]. Doch die Bemühung des „Sehers von Lublin", Napoleon zur Figur des endzeitlichen Widersachers Gottes aufzubauen, um so den Anbruch des Weltgerichts zu beschleunigen, wird nicht nur von seinem hellsichtigeren Kontrahenten, dem „Juden",

[77] *E. Wasmuth*, Der unbekannte Pascal. Versuch einer Deutung seines Lebens und seiner Lehre, Regensburg 1902, 300; *L. Goldmann*, Der verborgene Gott. Studie über die tragische Weltanschauung in den Pensées Pascals und im Theater Racines, Neuwied und Darmstadt 1973, 116–119.

[78] *Ph. Vielhauer*, Geschichte der urchristlichen Literatur. Einleitung in das Neue Testament, die Apokryphen und die apokalyptischen Väter, Berlin 1975, 89–103; *F. Hahn*, Frühjüdische und urchristliche Apokalyptik, Neukirchen-Vluyn 1998, 110–113; *U. Körtner*, Weltangst und Weltende. Eine theologische Interpretation der Apokalyptik, Göttingen 1988, 27; 225 ff.; 326.

[79] *Vielhauer*, A. a. O., 91 ff.; *Hahn*, ebd.

[80] Dazu die Literaturangaben und Hinweise auf Seite 157.

sondern vom Geschichtsgang und damit letztlich von Gott selbst zurückgewiesen[81]. Gottes geschichtsmächtiges Handeln läßt sich, so sehr es menschlichem Empfinden naheläge, nicht beschleunigen. Deshalb stirbt der „Jude" mit einer Anrufung der Schechina auf seinen Lippen, während sich die Anhänger des „Sehers" unter dem Eindruck der Niederlage Napoleons damit abfinden müssen, daß „das Leben der Erde in die gewohnten Geleise zurückgeht"[82]. Trotz dieser von der Geschichte selbst eingebrachten Korrektur ist das Gewicht der vom Zweiten Thessalonicherbrief überlieferten „kleinen Apokalypse" (*Vielhauer*) doch so groß, daß davon auf eine antithetische Macht zurückgeschlossen werden kann. Dann aber ist das utopisch-rückschlägige Gepräge der Gegenwart kein Einzelfall der Geschichte, sondern ein Befund, der ihren Gesamtcharakter kennzeichnet. Wie aber verhält es sich dann mit der nach *Schelling* durch die Auferstehung in den empirischen Geschichtsgang hereinbrechenden „höheren Geschichte" und dann auch mit dem Fortleben Christi im Weltgeschehen? Durch das Kolosserwort ist dieses als eine ausgesprochene Leidensgeschichte ausgewiesen, die als solche von *Pascal* in der Agonie Jesu in Getsemani festgemacht wurde. An dieser Stelle wurde das Konzept von *Gertrud von le Fort* in ihrer Meisternovelle „Die Letzte am Schafott" aufgenommen, wenn der Ordensobere die bald danach zum Tod auf der Guillotine verurteilten Karmeliterinnen wissen läßt:

> *Der fortlebende Christus befindet sich gegenwärtig gleichsam im Garten Getsemane*[83].

Unter dem Eindruck der nationalsozialistischen Bücherverbrennung, der Diffamierung der „entarteten Kunst" und insbesondere der Ermordung Behinderter setzte die Dichterin ihre Zeitdeutung in der Erzählung „Die Abberufung der Jungfrau von Barby" fort, die ihren Höhepunkt in der Schilderung des durch die reformatorischen Bilderstürmer verwüsteten Altars der Klosterkirche, vor allem aber in der Schilderung des an den „verlassenen Altar" erinnernden Gesichts der tödlich „abberufenen" Titelfigur erreicht:

> *So lag sie da, zu ihren Füßen das zerbrochene Kruzifix, gleichsam im Sterben noch von ihrem Gottesbild verlassen, und doch in der Verlassenheit von jedem Gottesbilde selbst zum Bild geworden – zum Bild der göttlichen Verlassenheit*[84].

[81] Dazu auch nochmals das in meiner Schrift „Buber für Christen" Gesagte, 58 ff.

[82] *M. Buber*, Gog und Magog, 369 f.

[83] *G. von le Fort*, Die Letzte am Schafott, München 1931; dazu meine Studie „Überredung zur Liebe. Die dichterische Daseinsdeutung Gertrud von le Forts", Regensburg 1980, 38 ff.; 57 ff.; 123–127; 148; *R. Goslich*, Orientierungssuche im Zeitalter der Angst. Gertrud von le Forts Weg zur Mystik, Hildesheim 2003.

[84] *Le Fort*, Die Abberufung der Jungfrau von Barby, München 1940, 91; dazu meine in der vorigen Anmerkung angeführte Studie, 84–88;149; 189.

Indessen eröffnet die Dichterin auch eine Perspektive über diesen „glaubensgeschichtlichen Karfreitag“ hinaus. In dem als „Abstieg zur Hölle“ inszenierten Schicksal der von einer Vergewaltigung bedrohten „Tochter Farinatas“ erklingt nach dem Durchgang durch das Inferno das Geläut der ersten Osterglocken[85]. Um das Motiv eines transempirischen Fortbestehens im Untergang und der Einsicht, „daß Tod und Untergang nichts anderes sind als Formen der Liebe“, kreist auch die frühe Erzählung „Die Opferflamme“[86]. Unter dem Eindruck einer ihrem Ende und Untergang entgegenfiebernden Epoche beschwört die Dichterin mit besonderem Nachdruck die Schrecken des Endgerichts und die darin siegende Erbarmung und Gnade. So schon in dem allegorisierenden Roman „Die Magdeburgische Hochzeit“, in der Novelle „Die Consolata“, vor allem aber in der späten Erzählung „Die Frau des Pilatus“[87]. Vervollständigt wird diese Beschwörung des Zeitenendes durch den Rückgriff auf den Anfang dieser „Geschichte der ewigen Liebe“ in der Erzählung „Das Gericht des Meeres“. Denn in ihr verdankt die jugendliche Titelheldin, die sich durch die Verweigerung des an sie ergangenen Mordauftrags den qualvollen Tod des Ertrinkens einhandelt, ihren heldenhaften Entschluß der Fühlung der göttlichen Barmherzigkeit und der Vorahnung, „als sei Gott hinfort Mensch geworden“[88].

So schreitet die Dichterin in ihrem erzählerischen Werk die Hauptstationen der Lebens- und Wirkungsgeschichte Jesu in einer Weise ab, daß sich die Konturen jener „höheren Geschichte“ abzeichnen, die *Schelling* in seinem Schlüsselwort von der Auferstehung Jesu anspricht. Es bedarf nur einer geringfügigen Extrapolation, im Grunde sogar nur einer Vervollständigung, wenn darin das Gesamtkonzept des mystischen Geschichtshintergrunds zutage treten soll. Zweifellos nimmt dieser, wie es der Heldin der zuletzt erwähnten Erzählung ahnungsvoll aufgeht, im Ereignis der Menschwerdung Gottes ihren Anfang, die, wenn sie als die Inkarnation des ewigen Logos bestimmt wird, überdies auf die von der Frühpatristik entwickelte Lehre vom „*logos spermatikos*“, dem auch über die Vorwelt des Christentums „ausgestreuten“ Logos, zurückweist[89]. Ihren dogmatischen Grund hat diese Lehre in der aus der urchristlichen Weisheitsspekulation hervorgegangenen Überzeugung von der Präexistenz Jesu[90]. Als Präexistenter und (nach Kol 1,17) „vor allem“ und aller Zeit Bestehender übergreift er zugleich alle Zeiten, doch so, daß er dabei jeder Zeit gegenwärtig ist[91]. Strukturierendes Prinzip ist dabei seine Lebensgeschichte, so daß einzelne Epochen im Zeichen der Menschwerdung, andere in dem seiner verborge-

[85] A. a. O., 74; 121 f.

[86] A. a. O., 152 f.

[87] A. a. O., 143 ff.; 93 f.; 100 f.; 150 f.

[88] A. a. O., 135 f.

[89] *Justin der Märtyrer*, Erste Apologie, c.46; Zweite Apologie, c.7.

[90] *L. Schenke*, Die Urgemeinde, 147 ff.; 344 ff.

[91] *M. Dibelius*, An die Kolosser, Epheser, An Philemon, 10–15.

nen Jahre, wieder andere in dem seiner öffentlichen Tätigkeit, sowie seiner Predigt und seiner Kämpfe stehen. Entsprechend der Einsicht *Martin Kählers*, daß die Evangelien als Leidensgeschichten mit einer ausführlichen Einleitung zu gelten haben, liegt dann der Hauptakzent auf der mit der Todesangst Jesu in Getsemani einsetzenden Passion mit ihrem Höhepunkt in seiner Gottverlassenheit am Kreuz, aber auch auf seinem „Abstieg zur Hölle" und insbesondere auf seiner Auferstehung von den Toten[92]. Da diese als Vorwegnahme seiner Parusie zu gelten hat und ebenso dem Umschlag von seiner Lebensgeschichte zu seiner Wirkungsgeschichte gleichkommt, tritt von da an zunehmend das sich (nach 1Kor 15,28) in seiner finalen Unterwerfung unter Gott ereignende Zeitenende in den Blick, dem sein Siegeszug über alle gegnerischen Gewalten einschließlich des Todes entgegenführt (Röm 8,10–23; 2Kor 2,14ff; 10,3–8)[93].

Ebenso eindrucks- wie kraftvoll wurde diese Geschichtsdeutung durch das visionäre Geschichtskonzept des kalabrischen Abtes *Joachim von Fiore* unterbaut, der als Protagonist einer heilsgeschichtlichen Geschichtsschau (*Löwith*), wie sie dann in erweiterter Form wieder in *Runges* Tagzeitenzyklus aufgenommen wurde, drei trinitarisch strukturierte Epochen unterschied: eine Zeit des Vaters, verstanden als die des Gesetzes, der Knechtschaft und der Furcht, gefolgt von der Zeit des Sohnes, gekennzeichnet als die der Gnade, der Pietät und des Glaubens, und gekrönt von einer Zeit des Geistes im Zeichen der Erfüllung, der Freiheit und der Liebe. Den im ersten Zeitalter herrschenden Plagen entspricht die Wissenschaft, der die Folgezeit bestimmenden Aktion entspricht die Weisheit und der der Endzeit entsprechenden Kontemplation die Fülle inspirierten Wissens. Als Zeitalter des Kindes steht die Frühzeit im Sternenlicht, die Folgezeit im Glanz der Morgenröte und die Endzeit in der vollen Tageshelle. In der Frühzeit des Vaters wachsen Nesseln, in der Hoch-Zeit des Sohnes blühen Rosen, während die Endzeit des Geistes Lilien, Weizen und Öl hervorbringt. Mit diesem visionären Durchblick zieht *Joachim* die Konsequenz aus dem Umbruch vom zyklischen Geschichtsbild der Antike zum progressiven des jüdisch-christlichen Geschichtsdenkens[94].

Nach der eindringlichen Darstellung *Karl Löwiths* erlitt die von Joachim geweckte Erwartung ein ähnliches Schicksal wie der Versuch des „Sehers von Lublin", durch Magie

[92] *M. Kähler*, Der sogenannte historische und der geschichtliche, biblische Christus (1892), München 1964; *H. U. von Balthasar*, Theologie der drei Tage, Freiburg 1990; dazu mein Beitrag „Abgestiegen zu der Hölle", in: Münchener theologische Zeitschrift 9(1958) 205–212; 283–293; *H. Kessler*, Sucht den Lebenden nicht bei den Toten. Die Auferstehung Jesu Christi in biblischer, fundamentaltheologischer und systematischer Sicht, Würzburg 1995.

[93] Dazu der Abschnitt „Paulus und der Tod" meiner Studie „Paulus. Zeugnis – Begegnung – Wirkung", 294–297.

[94] *K. Löwith*, Weltgeschichte und Heilsgeschehen, 158–172; *A. Rosenberg*, Joachim von Fiore: Das Reich des heiligen Geistes, München-Planegg 1954; *G. Wendelborn*, Gott und Geschichte. Joachim von Fiore und die Hoffnung der Christenheit, Wien-Köln 1974.

und Beschwörung Napoleon in die Rolle des endzeitlichen Widersachers Gottes hineinzusteigern, um so den Anbruch der Endzeit zu „beschleunigen", ein Versuch, der jedoch an der Niederlage des Usurpators scheiterte. Ebenso scheiterte die Hoffnung der „Joachiten", daß der als „Wunder der Welt" geltende Stauferkaiser Friedrich II. „seine Rolle als der große Versucher und Antichrist zu Ende spielen" und dadurch die Wiederkunft Christi beschleunigen werde, am vorzeitigen Tod des Kaisers. Dabei erblickt Löwith die Tragik der Wirkungsgeschichte Joachims darin, „daß sein religiöses Vorhaben, die Kirche zu entweltlichen, in den Händen anderer sich in das Gegenteil" verkehrte:

> *in die Verweltlichung der Welt, die gerade dadurch gefördert wurde, daß eschatologisches Denken auf vorletzte Dinge übertragen wurde*[95].

Und er nennt auch die „andern", die er für die Pervertierung der Erwartung der mittelalterlichen Visionäre verantwortlich macht: „die philosophische Priesterschaft ..., die den Prozeß der Säkularisierung als eine ‚geistige' Verwirklichung des Reiches Gottes auf Erden deutete", beginnend mit den Meisterdenkern des deutschen Idealismus und endend bei denen, die das dritte Reich Joachims zur „dritten Internationale" und zum „Dritten Reich" der nationalsozialistischen Barbarei pervertierten.

Aus diesem katastrophalen Ende der joachitischen Vision ergibt sich der zwingende Hinweis darauf, daß die skizzierte „Erfolgsgeschichte" mit einer Verfallsgeschichte konfrontiert werden muß, wie sie sich bereits in der „kleinen Apokalypse" des Zweiten Thessalonicherbriefs ankündigte. Die von Löwith mit dem Säkularisierungsprozeß gleichgesetzte Verfallsgeschichte führte seiner bereits erwähnten Analyse zufolge dazu, daß die vom Himmel der göttlichen Tugenden herabgeholte Hoffnung als „Fortschritt" zum Gestaltprinzip der irdischen Lebenswelt etabliert wurde, dort aber, zum Selbstzweck geworden, zum „Verhängnis" pervertierte[96].

Die Säkularisierungstendenz ist die kämpferische Seite des monotheistischen Gottesglaubens. Mit ihr erwehrt er sich des nachdrängenden Polytheismus, aus dem er nach *Raffaele Pettazoni* nicht nach Art einer Evolution, sondern einer Revolution hervorgegangen war[97]. Bei aller Strukturverwandtschaft mit dem numinosen Weltbild Altägyptens hat das Weltbild des priesterschriftlichen Schöpfungsberichts (Gen 1,1–31; 2,1ff) tat-

[95] *Löwith*, A. a. O., 171 f.; dazu *M. Jaeger*, Autobiographie und Geschichte. Wilhelm Dilthey, Georg Misch, Karl Löwith, Gottfried Benn, Alfred Döblin, Stuttgart und Weimar, 133–211.

[96] *Löwith*, Das Verhängnis des Fortschritts, in: Vorträge und Abhandlungen. Zur Kritik der christlichen Überlieferung, Stuttgart 1966, 139–155; dazu meine Studie „Glaubensprognose. Orientierung in postsäkularistischer Zeit", Graz 1991, 53–57; *U. Ruh*, Säkularisierung, in: Christlicher Glaube in moderner Gesellschaft XVIII, Freiburg 1982, 59–100.

[97] *R. Pettazoni*, Der allwissende Gott. Zur Geschichte der Gottesidee (Originaltitel: L'essere supremo nelle religioni primitivi. L'onniszienza di Dio), Frankfurt 1957, 117.

sächlich den Charakter einer radikalen Skelettierung und Säkularisierung[98]. Bei Paulus und seiner Schule setzt sich diese Tendenz fort in der Kritik der durch die Auferstehung Jesu entmachteten „Weltelemente" (Gal 4,3; Kol 2,20), denen der Apostel, ebenso wie dem Gesetz, seine Freiheitsbotschaft entgegensetzt (Gal 5,1)[99]. Von der bis in die Gegenwart nach- und fortwirkenden Remythisierungstendenz vermittelt dagegen die Zeitdiagnose *Max Webers* einen geradezu bestürzenden Eindruck:

> *Die vielen alten Götter, säkularisiert und zu unpersönlichen Mächten geworden, entsteigen ihren Gräbern und streben nach Gewalt über unser Leben*[100].

Um von der Aktualität dieser Diagnose einen Begriff zu gewinnen, braucht man sich nur zu vergegenwärtigen, daß in den modernen Medien nicht nur die totgesagten Diktaturen zu neuer, jetzt mit persuasiven Mitteln ausgeübter Macht gelangten (*Postman*), sondern überdies im Sinne des Weberzitats auf höchst effektive Weise die Wiederverzauberung der von ihnen bestimmten Lebenswelt betreiben[101].

Im Hinblick auf diesen Antagonismus wird deutlich, daß der Säkularismus, wohl aufgrund der ihm eingestifteten Dialektik, einen rückschlägigen Verlauf nahm, so daß er, ungeachtet seines Ursprungs im Gottesglauben, auf diesen zurückschlug und ihn in immer schwerere Krisen stürzte. Nach dem Urteil Löwiths war das bereits der Fall im reformatorischen Wirken *Luthers*, der die Entweltlichung der Kirche anstrebte und die Kirchenspaltung herbeiführte[102]. Das war sodann der Fall bei *Lessing*, der bei dem Versuch, der Vernunft im Sinne des scholastischen Grundsatzes „*fides quaerens intellectum*" beim Glaubensvollzug zu ihrem Recht zu verhelfen, der gleichfalls schon im Mittelalter einsetzenden Aufklärung zum Durchbruch verhalf, und dies mit ebenso fruchtbaren wie destruktiven Folgen[103]. Es war erneut der Fall bei *Kant*, der in dem Bemühen, die Reli-

[98] *W. Frankfort, J. Wilson, Th. Jacobsen*, Frühlicht des Geistes. Wandlungen des Weltbildes im Alten Orient (Originaltitel: The Intellectual Adventure of Ancient Man), Stuttgart 1954, 52–56; *O. Keel*, Die Welt der altorientalischen Bildsymbolik Gottes und das Alte Testament, Einsiedeln 1984, 24–31.

[99] *W. Kern*, Die antizipierte Entideologisierung oder die „Weltelemente" des Galater- und Kolosserbriefs heute, in: Geist und Glaube. Fundamentaltheologische Vermittlungen zwischen Mensch und Offenbarung, Innsbruck und Wien 1992, 233–269.

[100] *M. Weber*, Wissenschaft als Beruf (1919), in: Gesammelte Schriften zur Wissenschaftslehre, Tübingen 1973, 606.

[101] *N. Postman*, Wir amüsieren uns zu Tode. Urteilsbildung im Zeitalter der Unterhaltungsindustrie (Originaltitel: Amusing Ourselves to Death), Frankfurt 1985, 7 f.; 189–198.

[102] *K. Löwith*, Weltgeschichte und Heilsgeschehen, 171 f.

[103] *K. Flasch* und *U. R. Jeck* (Hrsg.), Das Licht der Vernunft. Die Anfänge der Aufklärung im Mittelalter, München 1997; *M. Seckler*, Aufklärung und Offenbarung, in: Christlicher Glaube in moderner Gesellschaft, XXI, Freiburg 1981, 5–18.

gion auf die „Grenzen der bloßen Vernunft" zurückzunehmen, um sie dem Zugriff ihrer Kritiker und Verächter zu entziehen, ihr gleichzeitig den tragenden Boden der Offenbarung entzog[104]. Es war schließlich der Fall bei *Hegel*, der durch seine Zurücknahme der Religion auf Philosophie, wie wiederum Löwith nachwies, dem Atheismus Vorschub leistete[105].

So verläuft am Rand der mystischen Weltgeschichte eine Schattenzone, die bis in die von *Martin Buber* diagnostizierte „Gottesfinsternis" hineinführt. Daß dabei die Epochengliederung *Joachims* unterschwellig nachwirkt, wird nicht erst in *Hitlers* „Usurpation" seines Begriffes des „Dritten Reiches", sondern bereits bei *Lessing* deutlich, wenn er in seiner „Erziehung des Menschengeschlechts" dieses Reich des Geistes mit der „Zeit eines neuen ewigen Evangeliums" gleichsetzt, wie es vom Engel der Apokalypse angekündigt wurde (Apk 14,6) und von dem schon „gewisse Schwärmer" des Mittelalters – Joachim und seine Anhänger – „einen Strahl" aufgefangen hatten[106]. Um so dringlicher aber stellt sich die Frage, ob nicht auch umgekehrt der mystische Geschichtsgang in einer Beziehung zu der ihn begleitenden Schattenzone steht. Noch am ehesten ist dies von einer Entsprechung mit der Aufklärung zu erwarten, die mit dem für sie bezeichnenden Lichtmotiv unverkennbar auf den anspielt, der sich im Johannesevangelium wiederholt als „das Licht der Welt" bezeichnet (Joh 8,12; 9,5; 12,46). Indessen liegen keine Zeugnisse vor, die auf eine Entsprechung dazu schließen lassen, es sei denn, daß man den theologischen Fortschritt bei der Erschließung der biblischen Botschaft als eine solche gelten läßt. Um so größer ist die Annäherung der beiden Züge im Fall der Abstürze und Krisen. Das betrifft schon den Umschlag des mit der Aufklärung einhergehenden Individualismus in die mit der Romantik ausgebrochene Identitätskrise (*Kleist*) und in das damit heraufziehende „Zeitalter der Angst" (*Auden*), auf das das Pascalwort von der die ganze Weltzeit durchherrschenden Todesangst Christi schon im voraus eingegangen war. Und es betrifft erst recht die von *Buber* in Übereinkunft mit der Kreuzesmystik *Edith Steins* angesagte „Gottesfinsternis", vor allem in Gestalt der „sterbenden Minne" aus der le Fortschen Reformationsnovelle, die zu den Empörern und Gottlosen herabsteigt, um gemeinsam mit ihnen den „Kelch der Gottverlassenheit" zu trinken[107]. Was das heißt, wird in der bereits erwähnten Sterbeszene der Erzählung deutlich, wenn die von dem zerbrochenen Kreuz gezeichnete Mystikerin, zum Bild der göttlichen Verlas-

[104] *Seckler*, Die Aufklärung. Eine Herausforderung für das Christentum als Offenbarungsreligion, in: *W. Kern*, Aufklärung und Gottesglaube, Düsseldorf 1981, 51–66.

[105] *K. Löwith*, Hegels Aufhebung der christlichen Religion, in: Vorträge und Abhandlungen zur Kritik der christlichen Überlieferung, Stuttgart 1966, 54–96. Auf die Vermittlung der Idee des Dritten Reichs an *Hitler* durch *Moeller van den Bruck* verwies *Löwith* in „Weltgeschichte und Heilsgeschehen", 226.

[106] *G. E. Lessing*, Die Erziehung des Menschengeschlechts, §§ 86 und 87.

[107] *G. von le Fort*, Die Abberufung der Jungfrau von Barby, 61.

senheit geworden, den Eindruck erweckt, „als träten plötzlich alle Attribute Gottes in ein unzugängliches Geheimnis zurück" und als bliebe „nur noch die Wüste der nackenden Gottheit"[108].

Auf erstaunliche Weise greift die Dichterin damit auf den Essay von *Hans Jonas* über den „Gottesbegriff nach Auschwitz" vor[109]. Mit diesem Stück „unverhüllt spekulativer Theologie" tritt dieser dafür ein, daß nach dem Holocaust der traditionelle, durch die Attribute der Allmacht und Barmherzigkeit gekennzeichnete Gottesbegriff nicht mehr aufrecht erhalten werden könne. Denn wäre Gott allmächtig, dann hätte er die Untat an seinem auserwählten Volk nicht zulassen können; wäre er barmherzig, dann hätte er den Völkermord nicht zulassen dürfen. Mit dieser These berührt sich Jonas aber mit dem als Kurzformel eines Evangeliums anzusehenden Wort des Hebräerbriefs, das die Lebensgeschichte Jesu auf seinen Todesschrei zurückführt und zudem davon berichtet, daß er am Kreuz weinte. Im Sinn der – aus der *lectio difficilior* zu erschließenden Schlußwendung – behauptet die Stelle überdies, anders als die narrativen Passionsberichte der Evangelien, daß der Gekreuzigte „erhört und aus seiner Todesnot befreit" worden sei (Hebr 5,7)[110]. Da den Berichten zufolge jedoch jede himmlische und menschliche Hilfe ausblieb, kann diese Behauptung nur besagen, daß Gott den an ihn gerichteten Not- und Hilfeschrei mit dem Erweis seiner rettenden Göttlichkeit beantwortete und den Gekreuzigten im Akt seiner Auferweckung in seine Lebensfülle aufnahm, während dieser auf dem Tiefpunkt seiner Todesnot den von *Gertrud von le Fort* geahnten „Verlust der Attribute" erlitt. Für die Frage nach dem Gottesbegriff nach Auschwitz aber besagt das, daß sie lange zuvor schon im Kreuzestod Jesu beantwortet worden war, so daß zwischen Juden und Christen ein gegenseitiger Lernprozeß zum Ziel einer Verständigung im Angesicht des Kreuzes Jesu – trotz aller schon in *Justins* „Dialog mit dem Juden Tryphon" angesprochenen Hemmnisse – in Gang gesetzt werden sollte[111]. Mit ihrer Vorwegnahme dieses Dialogs greift die Dichterin aber zugleich auf die Frage nach dem inneren Pendant der mystischen Weltgeschichte vor, die nun zur Beantwortung ansteht.

[108] A. a. O., 90 f.

[109] *H. Jonas*, Der Gottesbegriff nach Auschwitz. Eine jüdische Stimme, Frankfurt 1987; dazu mein Beitrag „Der Verlust der Attribute. Die Antwort Jesu auf die Gottesfrage nach Auschwitz", in: *M. Görg* und *M. Langer* (Hrsg.), Als Gott weinte. Theologie nach Auschwitz, Regensburg 1997, 115–124.

[110] Dazu nochmals die Ausführungen auf den Seiten 59/108.

[111] Dazu mein Beitrag „In der Schule Israels", in: *M. Wolffsohn* (Hrsg.), Ausgerechnet Israel? Prominente Deutsche über einen wichtigen Partner, Neuried 2003, 193–199.

5. Die Binnengeschichte

Aufgrund des Modells, das dem Spiegel der Weisheit in Gestalt des Weisheitsbuchs zugrundelag, zeichneten sich in diesem Spiegel zunächst die Konturen der mystischen Weltgeschichte ab. So entsprach es insbesondere dem Schlußteil dieses Buchs, der darauf schließen läßt, daß Israel im Begriff stand, aus dem ihm widerfahrenen Geschichtshandeln seines Bundesgottes Konsequenzen für sein gegenwärtiges und künftiges Verhalten zu ziehen. Doch der suchende Blick, der sich auf diesen Spiegel richtet, zielt vor allem auf das darin vermutete Spiegelbild des Suchenden. Vorausgesetzt ist dabei die Feststellung *Henri de Lubacs*:

> *Die mystische Ontogenese wiederholt die Phylogenese*[112].

Schlüsselstelle dieser „Ontogenese" ist die Stelle aus dem Hoheliedkommentar des *Gregor von Nyssa*, die vom Heranwachsen des „uns eingeborenen Kindes" spricht, und dabei drei Stadien unterscheidet: Jesus als Kind, dann als Heranwachsender und schließlich als Vollendeter[113]. Das erinnert unwillkürlich an die Epocheneinteilung des *Joachim von Fiore*, der gleichfalls ein Zeitalter der Kindschaft, der Mannesreife und des Greisenalters unterschied. Vor allem aber entspricht es der „inneren Geschichte", mit der die Modalanthropologie die Geschichtsbetroffenheit des Menschen erklärt[114]. Im Unterschied zu der mit ihrer Wasfrage auf das „Wesen" des Menschen zielenden klassischen Anthropologie setzt diese mit der paradiesischen Wofrage (Gen 3,9) ein, die erstmals von jüdischen Denkern wie *Martin Buber*, *Franz Rosenzweig* und *Karl Löwith* in ihrer Triftigkeit erkannt wurde[115]. Darin hatte ihnen *Kierkegaard* vorgearbeitet, als er die Klage über sein „zum Äußersten gebrachtes Leben" in die Frage „Wo bin ich?" ausmünden ließ[116]. Als Frage nach der primordialen Geborgenheit und freien Selbstbestimmung des Menschen reißt sie den ihn umfangenden Möglichkeitsraum auf. Dadurch steht er ebenso vor einer Fallstrecke, die bis in die Tiefe der Selbstentfremdung und des Selbstverlustes hinab-

[112] *H. de Lubac*, Katholizismus als Gemeinschaft, 183. Der profunde Kenner der Geistesgeschichte fügt dem den Satz eines mittelalterlichenTheologen hinzu, der den Zusammenhang aus biblischer Sicht bestätigt: „Die Schrift wird auch ein Spiegel genannt, in welchem ein Bild erblickt wird, weil durch die Belehrung der Heiligen Schrift uns das Bild unseres Zustands gleichsam vor Augen gestellt wird".

[113] *Gregor von Nyssa*, Hoheliedkommentar, c.3.

[114] Dazu meine Studie „Der Mensch – das uneingelöste Versprechen. Entwurf einer Modalanthropologie", Düsseldorf 1995.

[115] Dazu meine Schriften „Buber für Christen. Eine Herausforderung", Freiburg 1988, 61–85; ferner „Wo bist du? Antwort auf die Frage nach dem Menschen", Leutesdorf 2002, 33–58.

[116] *S. Kierkegaard*, Die Wiederholung (11. Oktober).

reicht, wie vor einer Sternenbahn, die ihn über die Stufen wachsender Selbstaneignung bis zur Höhe der Gotteskindschaft emporführt. Daß auch diese drei Stufen aufweist, hat *Nietzsche* mit seiner zu Beginn des „Zarathustra" entwickelten Lehre „Von den drei Verwandlungen" verdeutlicht:

> *Drei Verwandlungen nenne ich euch des Geistes: wie der Geist zum Kamele wird, und zum Löwen das Kamel, und zum Kind zuletzt der Löwe*[117].

Unverkennbar greift Nietzsche mit der Figur des „Weltenkindes" (*Löwith*) auf das Motiv der Gotteskindschaft zurück, das sich damit als die Spitze der menschlichen Werdemöglichkeiten und der dorthin führenden Sternenbahn erweist. Sie hatte der aus der Pseudonymität Kierkegaards bekannte *Johannes Climacus* in seinem bis in die Kunstgeschichte hineinstrahlenden Werk über die „Paradiesesleiter" im Blick auf die dreißig Jahre des verborgenen Lebens Jesu gleichfalls dreifach gegliedert, und dies in einer Weise, daß dabei bereits das – am bildmächtigsten von Dantes „Göttlicher Komödie" dargestellte – Modell der drei mystischen Wege, der via purgativa, illuminativa und unitiva, zum Vorschein kommt[118]. Das lenkt den Blick zurück auf die von der anthropologischen Wofrage freigelegte Geschichte des Menschen mit sich selbst, die, soweit sie den Aufstieg zur Gotteskindschaft betrifft, nun gleichfalls in einer an das joachitische Modell erinnernden Weise der dreifachen Stufenfolge erscheint.

In Gang gesetzt wird diese Geschichte durch den Zuspruch, der nach *Nikolaus von Kues* in der Tiefe des Herzens an den nach Lebenssinn und Selbstverwirklichung strebenden Menschen ergeht. Auf dem Höhepunkt seiner Schrift „Vom Sehen Gottes" wendet sich der Kusaner in Erwartung einer Antwort an Gott mit der Frage:

> *Wie soll ich dich bitten? Denn was ist sinnloser, als zu bitten, Du mögest Dich mir schenken, da Du doch alles in allem bist? Und wie wirst Du Dich mir geben, wenn Du mir nicht zugleich Himmel und Erde gibst und alles, was in ihnen ist? Ja, noch mehr: wie wirst Du Dich mir geben, wenn Du mich nicht mir selbst gibst? Wenn ich so im Schweigen der Betrachtung verstumme, antwortest Du mir, Herr, in meiner Herzenstiefe: Sei dein eigen, dann bin auch ich dein eigen*[119].

[117] *F. Nietzsche*, Also sprach Zarathustra I: Von den drei Verwandlungen; dazu *K. Löwith*, Nietzsches Philosophie der ewigen Wiederkehr des Gleichen, Stuttgart 1956, 31–59.

[118] Dazu das Glossar *Lieselotte Richters* zu der von ihr herausgegebenen und kommentierten Kierkegaardschrift „Philosophische Brocken", Reinbeck 1964, 131; *S. Döpp* und *W. Geerlings* (Hrsg.), Lexikon der antiken christlichen Literatur, Freiburg 1998, 343 f.; ferner meine „Theologische Sprachtheorie und Hermeneutik", 83–90.

[119] *Nikolaus von Kues*, Vom Sehen Gottes 7,25; nach der Ausgabe von *Alois M. Haas*, Zürich

Worin das Ziel dieser Selbstübereignung Gottes besteht, hatte er in seinem Brief an den Kanoniker *Konrad von Wartenberg* über die Gotteskindschaft zum Ausdruck gebracht[120]. Insofern beschreibt die mystische Binnengeschichte nur den Weg vom Vernehmen dieses Zuspruchs bis zu dessen voller Aneignung, anders ausgedrückt, den Prozeß der dialogischen Rezeption, den der mystische Zuspruch in Gang setzt. Bevor der Gang der Binnengeschichte nachgezeichnet werden kann, stellt sich zuvor jedoch die Frage nach der Rezeption des Zuspruchs. In welcher Verfassung trifft er den Menschen an? Ist der zu seiner Annahme, wie es der Kusaner voraussetzt, überhaupt fähig und bereit? Und hat der Mensch überhaupt ein Ohr dafür?

Auf diese Frage antwortet die alte Lehre von der *potentia oboedientialis*, der gehorsamen Bereitschaft des Menschen für eine gnadenhafte Entgegenkunft Gottes. Danach ist der Mensch aufgrund seiner kontingenten Verfassung immer schon für eine hilfreiche Zuwendung ansprechbar, die ihm zur Erreichung des von ihm zwar aufgrund seiner Bedürftigkeit ersehnten, aus eigener Kraft aber nicht erlangbaren Optimums verhilft. Ob er dazu aber auch fähig und bereit ist, kann nur eine vertiefte Analyse der Konstituierung des subjektiven Bewußtseins ergeben. Längst schon hatte *Franz Rosenzweig* auf die Brüchigkeit der klassischen Annahme hingewiesen, wonach dieses Bewußtsein aus einem Akt der staunenden Wahrnehmung der Welt und der eigenen Existenz hervorgehe. Denn in das Staunen sei, so sein Einwand, wie die Redensart „starr vor Staunen" beweise, stets ein Moment der Erstarrung eingemischt, das gleicherweise die in starrer Gegenständlichkeit erscheinende Welt wie das vor ihr zum Individuum erstarrende Ich betrifft[121].

Doch angesichts dieser Erstarrung sieht sich das zu sich selbst erwachende Ich, wie sich bereits zeigte, einer bedrohlichen Welt gegenüber, die es ins Nichts zurückzustürzen droht, so daß sich das „Ich" zu einem entsetzten „Ach" verdunkelt[122]. Doch das genügt, um den herbeizurufen, der den an ihn ergangenen Notschrei mit dem Zuspruch, „sis tu tuus, et ego ero tuus" beantwortet. Dadurch aufgerichtet und bestätigt, ist der Mensch erst wirklich befähigt, sein volles „Ich" zu artikulieren, und dies mit der Folge, daß er staunend wahrnimmt, daß „nicht nichts" um ihn ist, wie er befürchtet hatte, sondern

1987, 35; 151 f.; *E. Cassirer*, Individuum und Kosmos in der Philosophie der Renaissance, Darmstadt 1963, 69 f.; *K. Kremer*, Gottes Vorsehung und die menschliche Freiheit, in: *R. Haubst* (Hrsg.), Das Sehen Gottes nach Nikolaus von Kues, Trier 1989, 227–261.

120 *R. Haubst*, Nikolaus von Kues: Über die Gotteskindschaft, Padua 1962.

121 *F. Rosenzweig*, Das Büchlein vom gesunden und kranken Menschenverstand (Ausgabe *Glatzer*), Düsseldorf 1964, das der Autor als die „nachgeschickten Prolegomena" zu seinem „Stern der Erlösung" bezeichnete; dazu meine Schrift „Theologie als Therapie. Zur Wiedergewinnung einer verlorenen Dimension", Schwerin und Hamburg 2000.

122 So auch das fassungslose „Ach" der himmlisch betrogenen Alkmene, aus dem *Curt Hohoff* einen Anklang an das „Fiat" (von Lk 1,38) heraushörte: Heinrich von Kleist in Selbstzeugnissen und Bilddokumenten, Hamburg 1958, 70.

„etwas", das sich schließlich zu der ihn umgebenden Welt verdichtet. Für *Gerhard Krüger*, den Analytiker der Entstehung des „philosophischen Selbstbewußtseins", ist die Erfahrung der Ohnmacht angesichts dieser „widerstehenden Übermacht die Quelle der Reflexion"[123].

Doch der Zuspruch greift tiefer und stimuliert nicht nur die Reflexion; vielmehr gibt er sich dem zu sich selbst erwachenden Menschen als erste Äußerung des ihm einwohnenden Christus zu erkennen, der in ihm auf- und fortleben will. So kommt es zu einer mystischen Überlagerung des subjektiven Bewußtseins durch den, der das menschliche Ich, ohne es in seinem Selbstwert anzutasten, in sein göttliches Selbst aufnimmt, wie es Paulus im Kernsatz seiner Christusmystik mit dem Ausruf „Ich lebe; doch nicht ich – Christus lebt in mir" (Gal 2,20) zum Ausdruck bringt[124]. Der unangetastet verbleibende Selbstwert betrifft allerdings nur den „inneren Menschen", den Paulus scharf von dem ins Getriebe eines Auflösungsvorgangs geratenden „äußeren" unterscheidet; denn:

> *Wenn unser äußerer Mensch auch aufgerieben wird, erneuert sich doch der innere von Tag zu Tag (2Kor 4,16)*[125].

Vom Prozeß dieses überstandenen Aufgeriebenwerdens vermittelt der Apostel durch seine Existentzdialektik einen Begriff, wenn er versichert:

> *In alledem sind wir bedrängt, aber nicht erdrückt, im Zweifel, aber nicht verzweifelt, verfolgt, aber nicht verlassen, zu Boden gestreckt, aber nicht umgebracht. In alledem tragen wir das Todesleiden Jesu an unserm Leib, damit auch das Leben Jesu an unserem Leib offenbar werde (2Kor 4,8ff)*[126].

Auch am Sinn dieses Prozesses läßt er keinen Zweifel; denn durch ihn soll der Schatz zum Vorschein gebracht werden, der in dem Maß hervorleuchtet, wie die zerbrechliche Hülle des äußeren Menschen zerfällt; denn:

> *Wir tragen diesen Schatz in tönernen Gefäßen, damit das Übermaß an Kraft Gott und nicht uns zugeschrieben wird (2Kor 4,7)*[127].

[123] *G. Krüger*, Die Herkunft des philosophischen Selbstbewußtseins, in: Freiheit und Weltverantwortung. Aufsätze zur Philosophie und Geschichte, Freiburg und München 1958, 11–69.

[124] *F. Mussner*, Der Galaterbrief, Freiburg 1981, 182 f.; *H.-Chr. Meier*, Mystik bei Paulus. Zur Phänomenologie religiöser Erfahrung im Neuen Testament, Tübingen 1998, 247.

[125] *Th. K. Heckel*, Der Innere Mensch. Die paulinische Verarbeitung eines platonischen Motivs, Tübingen 1993; dazu auch meine Studie „Paulus. Zeugnis – Begegnung – Wirkung", Darmstadt 2003, 34; 56.

[126] *H. Lietzmann*, An die Korinther I/II, 115 f.

[127] Ebd.

Wenn dieser Prozeß an sein Ziel gelangen soll, muß ihm jedoch der Versuch jener schrittweisen Zurücknahme seiner selbst in die Hand arbeiten, dem *Origenes* unter dem Gesichtspunkt der „Selbstverleugnung" das Wort redet:

> *Längst schon sind wir dazu verpflichtet, uns selbst zu verleugnen und zu sagen: „Ich lebe; doch nicht mehr als ich selbst". Jetzt soll offenbar werden, ob wir „unser Kreuz" auch wirklich auf uns genommen haben und Jesus nachgefolgt sind. Das aber ist dann geschehen, wenn Christus in uns lebt*[128].

Worin der aus der zerbrechenden Hülle hervorleuchtende Schatz besteht, steht für Paulus und seine spirituelle Gefolgschaft außer Zweifel. Es ist der dem Herzen des Glaubenden eingestiftete, einwohnende und „eingeborene" Christus. Darauf bezieht sich die Schlüsselstelle aus dem Hoheliedkommentar des *Gregor von Nyssa*:

> *Das uns eingeborene Kind ist Jesus, der in einem jeden an Alter, Weisheit und Gnade heranwächst, nicht in einem jeden gleich, sondern der jeweiligen Fassungskraft des Aufnehmenden entsprechend.*

So komme es, daß Jesus in dem einen Kind, in einem andern Heranwachsender und in einem Dritten Vollendeter sei. Zweifellos ist das nur im Sinn einer Feststellung unterschiedlicher Stadien, nicht jedoch einer Festlegung auf sie gemeint. Vielmehr liegt es in der Teleologie dieses Wachstumsprozesses, daß sie ineinander aufgehoben werden, so daß das Kindsein Jesu in das seines Heranreifens und dies in seinen Vollendungszustand überschritten wird. Wenn aber dieser an Nietzsches „drei Verwandlungen" erinnernde Wachstumsprozeß angenommen werden darf, ergibt sich das Bild einer als Rekapitulation der Lebensgeschichte Jesu zu begreifenden „inneren Geschichte", die sich in drei Stadien gliedert und als ein sich aus innerem Impuls selbst überholender Vorgang gewürdigt werden muß.

Wie Jesus im ersten Stadium, also als Kind, aufgenommen werden will, ergibt sich aus seinem eigenen, von den Evangelien wiederholt berichteten und bereits angesprochenen Verhalten zu Kindern. Als Mütter mit der Bitte an ihn herantreten, ihre Kinder zu segnen, werden sie von den in der antiken Geringschätzung der Kinder befangenen Jüngern zunächst zurückgewiesen, um sich damit aber nur die Zurechtweisung Jesu einzuhandeln (Lk 18,10). Und den Rangstreit der Jünger beendet er, indem er ein Kind herbeiholt, es in ihre Mitte stellt und mit den Worten in seine Arme schließt:

[128] *Origenes*, Ermahnung zum Martyrium, c.13; dazu mein Jesusbuch „Das Antlitz. Selbstfindung in Jesus Christus", Düsseldorf 2006, 316 f.

Wer ein solches Kind um meinetwillen aufnimmt, der nimmt mich auf; wer aber mich aufnimmt, nimmt nicht nur mich, sondern den auf, der mich gesandt hat (Mk 9,37)[129].

In der Entschiedenheit, mit der sich Jesus diesem Wort zufolge ebenso auf die Seite der Kinder wie der sozial Geächteten stellt, scheint, wie auch *John Dominic Crossan* annimmt, die Forderung durch, die er für den Umgang mit seinem eigenen Kindsein erhebt[130]. Wie im Kind die Anwartschaft auf das Gottesreich, ja sein eigenes Profil als Gottessohn wahrgenommen werden soll, so auch im Umgang mit ihm. Auch unter dem Eindruck seiner Arglosigkeit und seiner Schwäche soll unter dieser Hülle der Glanz seiner Gottessohnschaft entdeckt werden. Paradigmatisch ist dafür die Kindheitshalacha des Lukasevangeliums, die in fünffacher Variationenfolge die Verkündigung der Messianität ihres Sohnes an Maria erzählt: in der Verkündigungsszene durch die Botschaft des Engels (Lk 1,35), in der Begegnung der Mütter durch das Wort der geisterfüllten Elisabeth (1,41–45), in der Geburtsszene durch das Zeugnis der Hirten (2,17), bei der Darstellung im Tempel durch die Weissagung Simeons (2,34f) und beim Tempelbesuch des Zwölfjährigen durch dessen Rechtfertigung auf den Vorwurf der Mutter (2,48f). Während von den Eltern Jesu ausdrücklich vermerkt wird, daß sie diese Antwort nicht verstanden (Lk 2,50), ist es der Sinn dieser Szenen, daß sich der um das angemessene Verhältnis zum Kindsein Jesu Bemühte verstehend in sie vertieft.

In einer nicht zuletzt durch die „verlorene Kindheit“ gekennzeichneten Zeit kann das nicht ohne einen kritischen Hinblick auf diese gesagt werden. Denn biologische Frühreife, gesellschaftlicher Druck und mediale Verführung brachten es mit sich, daß sich die Phase des Kindesalters zunehmend verkürzt, während die Kinder gleichzeitig allzu früh in die Erwachsenenwelt mit ihren Ansprüchen, Verlockungen und Pressionen hineingestoßen werden. Der „vaterlosen Gesellschaft“, die *Hubertus Tellenbach* beklagte, steht eine kinder- und kindheitslose gegenüber. Wenn das nicht zu folgenschweren Verzerrungen führen soll, wie sie sich sogar im Glaubensbereich mit der erschwerten Vermittlung des göttlichen Vaterbildes abzeichnen, muß eine Neubesinnung auf Wert und Würde des Kindseins in Gang gesetzt werden[131]. Kindsein ist kein Übergangsstadium, das möglichst bald überschritten und hinter sich gebracht werden müßte, sondern ein Selbstwert, der, wie es insbesondere die Kinderbilder *Runges* verdeutlichen, seine eigene Würde ausstrahlt; denn:

[129] *J. Ernst*, Das Evangelium nach Markus, Regensburg 1981, 273–277.

[130] *J. D. Crossan*, Der historische Jesus, München 1994, 360 f.

[131] Um diese Neubesinnung ist die umfassende Studie von *H. Lutterbach*, Gotteskindschaft, Freiburg 2003 bemüht.

Unschuld ist das Kind und Vergessen, ein Neubeginn, ein Spiel, ein aus sich rollendes Rad, eine erste Bewegung, ein heiliges Ja-sagen[132].

Bei aller Wertschätzung des von ihr so perspektivenreich geschilderten Kindseins führt die lukanische Kindheitshalacha mit dem von *Gregor von Nyssa* aufgenommenen und auf das Einwohnungsmotiv bezogenen Satz doch zugleich über sie hinaus:

Das Kind aber wuchs heran und erstarkte, erfüllt von Weisheit, und Gottesfurcht war mit ihm (Lk 2,40).

Im Unterschied zu der Bezugsstelle über den jugendlichen Täufer ist hier nicht von dem subjektiven „Erstarken im Geist" (Lk 1,80), sondern im Vorgriff auf den „zur Weisheit Gewordenen" (1Kor 1,30) von der erfüllenden Herablassung der Weisheit auf das Kind die Rede[133]. Anders als im Fall des aus eigener Kompetenz wirkenden Täufers ist sein Denken, Reden und Wirken bei aller Wahrung seiner Subjektivität doch in erster Linie die Frucht der ihm eingegebenen Weisheit. Wie sich das äußert, beschreibt die Szene vom Tempelbesuch des Zwölfjährigen, der durch seine Fragen, Einsichten und Antworten das Staunen der um ihn versammelten Lehrer erregte (Lk 2,46f)[134]. Die Szene erreicht ihren Höhepunkt in der Wechselrede des Zwölfjährigen mit seiner Mutter, die ihm vorwirft, seinen Eltern den Schmerz des dreitägigen Suchens „angetan" zu haben. Er aber beantwortet ihre Frage mit der kaum weniger vorwurfsvollen Gegenfrage:

Warum habt ihr mich gesucht? Wußtet ihr denn nicht, daß ich in dem sein muß, was meinem Vater gehört? (Lk 8,49)[135].

Dieses „erste von Jesus überlieferte Wort" (*Schürmann*) ist zugleich Frage, Appell und Antwort. Frage dessen, der sich der familiären Zugehörigkeit enthoben und in die höhere des göttlichen Bereichs aufgenommen fühlt. Aber auch Appell, ihm dorthin verstehend zu folgen. Und schließlich Antwort, sofern es den Verbleib des Zwölfjährigen am Ort der ihm wirklich zukommenden Beheimatung und Zugehörigkeit erklärt. Die Szene schließt mit dem gesteigerten Hinweis auf den Fortschritt Jesu „an Weisheit, Wachstum und Wohlgefallen bei Gott und den Menschen" (Lk 2,52), wobei die Schlußwendung vor allem die Steigerung im Gottesbezug des Heranwachsenden hervorhebt[136].

[132] *F. Nietzsche*, Also sprach Zarathustra I: Von den drei Verwandlungen; *K. Löwith*, Nietzsches Philosophie der ewigen Wiederkehr des Gleichen, Stuttgart 1956, 31–60; ferner *W. Hofmann*, Die Moderne im Rückspiegel. Hauptwege der Kunstgeschichte, München 1998, 227 ff.; 235; 309.

[133] *J. Ernst*, Das Evangelium nach Lukas, Regensburg 1953, 96.

[134] A. a. O., 98 ff.; *H. Schürmann*, Das Lukasevangelium, Freiburg 1969, 132.

[135] *Schürmann*, A. a. O., 136.

[136] A. a. O., 135 f.

Die Frage des Zwölfjährigen geht dadurch über den Horizont der Szene hinaus, daß von den unmittelbar angesprochenen Eltern ausdrücklich vermerkt wird, daß sie die ihnen gegebene Antwort nicht verstanden (Lk 2,50)[137]. Als solche steht sie aber nicht unbeantwortet im Raum; vielmehr wendet sie sich an die Leser und unter ihnen insbesondere an diejenigen, die im Zug ihres mystischen Mitvollzugs der Jesusgeschichte das Stadium des Kindes auf das des in ihnen Heranwachsenden hin überschritten haben. Für sie besagt das Miterleben dieser Szene, daß sich die Einwohnung zu einem Einvernehmen steigerte, so daß sie sich im Zwölfjährigen wiedererkennen und zur Beantwortung seiner Frage aufgerufen fühlen sollen.

Befragt sind sie dabei in erster Linie nach ihrem Mitwissen um die Gotteszugehörigkeit Jesu. Würde sie ihnen einleuchten, dann müßten sie auch sein exzeptionelles Verhältnis zur Weisheit, sein wachsendes Erfülltsein durch sie begreifen. Am Beispiel der „Königin des Südens", die von den Enden der Erde kam, um die Weisheit Salomons zu erleben, müßten sie ersehen: „Hier ist mehr als Salomon" (Lk 11,31). Und im Blick auf die erstaunlichen Antworten des Zwölfjährigen müßte ihnen eine Vorahnung davon aufgehen, daß in ihm „alle Schätze der Weisheit und der Erkenntnis verborgen sind" (Kol 2,3), ja, daß er „für uns von Gott zur Weisheit" gemacht worden ist (1Kor 1,30). Befragt aber sind sie bei alledem insbesondere aber durch Jesus selbst, so daß sie sich in die Szene der Jüngerbefragung einbezogen sehen, wie sie *Martin Buber* in „Zwei Glaubensweisen" erschloß. Wenn man die Entstehung des messianischen Bewußtseins Jesu, so Buber, „nicht als eine ungebrochene Linie" ansehe, sondern mit Einbrüchen rechne, müsse sich dem in seinem Selbst- und Sendungsbewußtsein Verunsicherten die Frage, „*wer* er sei" auf die Lippen gedrängt haben:

> *An wen sonst aber soll ein Lehrmeister, der nicht bloß keinen Lehrmeister mehr, sondern auch keinen um ihn wissenden Freund hat, die Frage richten als an seine Schüler?*[138]

Da Jesus im Evangelium sehr wohl einen Freund hat, der seine Frage mit dem Bekenntnis seiner Gottessohnschaft beantwortet (Mt 16,16), richtet sie sich in der Version Bubers wiederum an die Leser, die sich in den von Jesus durchschrittenen Lernprozeß hineingenommen sehen und im Maß, wie sie sich ihrer Gotteskindschaft bewußt werden, zur Einsicht in seine Gottessohnschaft gelangen.

[137] Einer Andeutung *Ludger Schenkes* zufolge steht die Szene in einer unterschwelligen Affinität zu dem „Traditionsstück", in welchem Jesus die Schriftgelehrten „im Tempel" nach der wahren Würde des von ihnen als „Davidssohn" bezeichneten Messias befragt (Mk 12,35ff): Die Urgemeinde, 193.

[138] *M. Buber*, Zwei Glaubensweisen, Zürich 1950, 28–32. Dazu meine Schrift „Buber für Christen", 112 f.

Im Feld der Lebensgeschichte Jesu intoniert das Markusevangelium das nächste Stadium mit den Satz:

> *Als Johannes ins Gefängnis geworfen worden war, durchzog Jesus das galiläische Land und sprach: Die Zeit ist erfüllt und das Reich Gottes ist nah. Kehrt um und glaubt an die Heilsbotschaft! (Mk 1,14)*[139].

Der Hinweis auf die Einkerkerung des Täufers sagt mehr, als daß damit nur das Feld für das an seiner Stelle einsetzende Wirken Jesu offensteht. Denn damit ist auch jene Zeitenwende eingetreten, die dem großen religiösen Paradigmenwechsel gleichkommt. Darauf bezieht sich der vieldiskutierte „Stürmerspruch", der Jesus das Wort in den Mund legt:

> *Gesetz und Propheten reichen bis Johannes. Seither wird das Gottesreich verkündet, und jeder drängt mit Gewalt hinein (Lk 16,16)*[140].

An die Stelle des Gesetzes ist die Botschaft vom Gottesreich getreten, die Jesus ins Zentrum seiner Verkündigung rückt, weil er, wie schon *Markion*, vor allem aber *Origenes* erkannten, und wie es noch bei *Machovec* nachklingt, mit dieser Botschaft identisch ist[141]. Wenn das für das Motiv der Einwohnung und damit für das Generalthema der Gotteskindschaft fruchtbar gemacht werden soll, müssen einige Vorfragen beantwortet werden:

> *Was will Jesus mit der Proklamation des Gottesreichs?*
> *Warum entnimmt er das Bildmaterial seiner agrarischen Lebenswelt?*
> *Was spiegelt sich in der Welt seiner Gleichnisse?*

Auch wenn das – von Lukas als Gebetserfahrung verstandene – Tauferlebnis Jesu mit der Zusage seiner Gottessohnschaft (Lk 3,21ff) als Rückspiegelung der auf seinem Todesweg erfahrenen Gottesbeziehung zu gelten hat, ergibt sich doch von da aus die einfachste Beantwortung der Eingangsfrage. Dann hat Jesus im Grunde nur das zu sagen, was er im Sinn der himmlischen Zusage ist, und damit: sich selbst[142]. Da er mit dem Bekenntnis sei-

[139] *Ernst*, Das Evangelium nach Markus, Regensburg 1981, 47–54.

[140] *L. Schenke*, Die Urgemeinde, 178; 224; 299 f.; *H. Löhr*, Jesus und der Nomos aus der Sicht des entstehenden Christentums, in: *J. Schröter* und *R. Brucker* (Hrsg.), Der historische Jesus, 340–343.

[141] *H. Merklein*, Jesus, Künder des Reiches Gottes, in: Studien zu Jesus und Paulus, Tübingen 1987, 153; *R. Gögler*, Zur Theologie des biblischen Wortes bei Origenes, Düsseldorf 1963, 251; *M. Machovec*, Jesus für Atheisten, Stuttgart 1972, 95; dazu mein Jesusbuch „Der Freund. Annäherung an Jesus", München 1989, 31.

[142] Die Annahme, daß die Taufszene „auf ein tatsächliches Offenbarungswiderfahrnis zurück-

ner Gottessohnschaft nicht an die Öffentlichkeit treten kann, bedarf es einer Metapher, die dies auf eine kommunizierbare Weise zum Ausdruck bringt. Vorausgesetzt, daß er sich inzwischen mit der Himmelsgestalt des Menschensohns identifizierte und daß infolgedessen die Aufgabe, das Gottesreich heraufzuführen, in seine Hand fiel (Dan 7,14), hatte er aufgrund dieser Identifikation nun auch in Gestalt des Gottesreichs die gesuchte Metapher gefunden. Da sich das Gottesreich (nach Lk 17,20) aber jeder Veranschaulichung und Einfügung in das Koordinatensystem von Raum und Zeit entzog, stand er vor der sprachschöpferischen Aufgabe, eine eigene Sprachwelt zu schaffen, die in denen, die Ohren hatten zu hören (Mk 4,23), zwar kein Bild des Gottesreiches entstehen ließ, sie dafür aber in seine Denk- und Lebensordnung einbezog. Aus dieser Veranlassung schuf er die einer sprachgeschichtlichen Innovation gleichkommende Sprachwelt seiner Gleichnisse[143]. Mit ihr entwarf er, wie die von *Ernst Fuchs* inaugurierte Gleichnisforschung erstmals erkannte, einen sprachlichen Spiegel seiner selbst, der dadurch überrascht, daß er das Bildmaterial dazu nicht etwa der Astralmythologie oder der prophetischen Apokalyptik, sondern seiner provinziellen Lebenswelt entnahm[144].

Daß Jesus in seinen Gleichnissen tatsächlich einen Spiegel seiner selbst entwirft, wird von einem Blick in ihr Zentrum bestätigt, das von zwei Paradigmen gebildet wird: dem Gleichnis vom fürbittenden Weingärtner (Lk 13,6–9) und dem vom festlich empfangenen Herrn (12,35–38), da sich Jesus in beiden unverkennbar selbst porträtiert: einmal als den sich selbstlos einsetzenden Fürsprecher, und dann als den (im Sinn von Mk 10,35) seine Diener Bedienenden. Der Grund seiner Motivwahl wird in erster Linie in seinem wiederholt bekundeten Interesse, von seinen Hörern verstanden zu werden (Mk 4,9.30; Mt 13,51), zu suchen sein. Deshalb greift er bei seiner Stoffsuche nicht nach den Sternen, sondern in den „Staub" seiner galiläischen Umwelt mit ihren Feldern, Weingärten, Gewässern und Herrenhäusern. Damit legt er dann auch die Spur zu allen anderen Gleichnissen mit ihren säenden und erntenden Bauern, pflügenden Tagelöhnern, Räubern und Richtern, Bettlern und Verschwendern, Knechten und Herren. Freilich geschieht in dieser Alltagswelt dann nicht das Gewohnte, sondern das Unerwartete. So, wenn der Pflüger auf einen Schatz stößt, wenn der Landfremde hilft, der Betrüger gelobt wird, der Richter nachgibt und wenn die Arbeiter der ersten Stunde mit demselben Lohn abgespeist wer-

geht" (*Wilckens*), verkennt die strikte Innerlichkeit der Zusage (Mk 1,11, Lk 3,21f), deren „du" erst von Matthäus zu einem „dieser" verallgemeinert wurde (Mt 3,17), und somit die rekonstruierte Herkunft der Szene beweist; *U. Wilkens*, Theologie des Neuen Testaments I,1, Neukirchen-Vluyn 2002, 108 f.; *A. Vögtle*, Herkunft und ursprünglicher Sinn der Taufperikope Mk 1,9–11, in: Offenbarungsgeschehen und Wirkungsgeschichte, Freiburg 1985, 70–108.

143 Der gescheiterte Versuch *Paul Fiebigs*, die Gleichnisse Jesu aus den „Rabbinischen Gleichnissen" (Leipzig 1929) herzuleiten, bestätigt nur die Richtigkeit dieser These; dazu *J. Jeremias*, Die Gleichnisse Jesu, Göttingen 1962, 99 f.; 208.

144 *E. Fuchs*, Jesus. Wort und Tat, Tübingen 1971, 73–99.

den wie die zuletzt Eingestellten. Das nötigt den Hörer zu jenem Umdenken, von dem Jesus den Eintritt ins Gottesreich abhängig macht.

Im Blick auf das vor ihm aufscheinende Hochbild ermißt der Hörer den Abstand, der ihn davon trennt. Und damit bricht vor ihm zugleich die Fallstrecke auf, auf der er im Fall der Weigerung in noch schlimmere Formen der Selbstentfremdung geriete. Dabei mischt sich in die warnende Stimme seines Existenzgewissens jedoch der vom Kusaner vernommene Zuspruch ein, der die göttliche Zuwendung an die „Annahme seiner selbst" (*Guardini*) bindet. An dieser Stelle verschmilzt das sich abzeichnende Bild definitiv mit dem Blick dessen, der es schuf. Dabei wird dem Hörer deutlich, daß die aus dem Evangelium hervorleuchtende Wahrheit, wie *Kierkegaard* betonte, nie Gegenstand bloßer Betrachtung werden kann:

> *denn die christliche Wahrheit hat, wenn ich so sagen darf, selber Augen, um damit zu sehen, ja, sie ist wie lauter Auge*[145].

Einem bloßen Betrachter erginge es dabei wie dem eines Gemäldes, den es doch sehr irritieren würde, wenn er sich von dem Dargestellten plötzlich angeblickt fühlen müßte[146]. Das aber sei der Fall der christlichen Wahrheit, „die mich betrachtet, ob ich tue, was sie sagt, daß ich tun soll"[147]. Um das an einigen Parabeln zu verdeutlichen, so sieht sich der Betrachter vom Gleichnis von der Aussaat danach befragt, ob er sich gleich dem Sämann auch vom dreifachen Mißerfolg (Mk 4,4–9) nicht davon abhalten läßt, seine Arbeit unbeirrt fortzusetzen[148]. Ebenso stellt sich ihm beim Gleichnis vom Unkraut die Frage, ob er zur Koexistenz mit Widerstrebendem und Widersachern fähig ist (Mt 13,24–30); beim Gleichnis vom barmherzigen Samariter die Frage, ob er wie der landfremde Helfer im notleidenden Nächsten sich selbst wahrnimmt und zu selbstvergessener Hilfe bereit ist (Lk 10,25–37); beim Gleichnis von den Weinbergarbeitern die Frage, ob er sich unter das Joch der höheren Gerechtigkeit beugt (Mt 20,1–16); in den Gleichnissen vom dienenden Herrn und vom fürbittenden Weingärtner die Frage, ob er in den beiden Hauptfiguren den Erzähler erkennt, der sich (nach Mk 10,45) zum Diener der Seinen macht und sich in selbstaufopfernder Liebe für sie einsetzt (Lk 12,35–38; 13,6–9)[149].

[145] *S. Kierkegaard*, Einübung im Christentum (Ausgabe *Hirsch* und *Gerdes*), Gütersloh 1980, 233.

[146] Auf kaum ein Gemälde trifft dies so zu wie auf das Selbstporträt des achtundzwanzigjährigen *Albrecht Dürer* im Pelzrock (1500) der Alten Pinakothek in München.

[147] *Kierkegaard*, ebd.

[148] Zum folgenden *J. Jeremias*, Die Gleichnisse Jesu, Göttingen 1962, 115–226.

[149] Dazu der Abschnitt „Das Selbstporträt" meines Jesusbuchs „Der Freund. Annäherungen an Jesus", München 1989, 146–150.

Das Auge, das sich aus dem Evangelium auf den Leser richtet, befragt ihn damit dann aber grundsätzlicher noch nach seinem Verhältnis zu Jesus, und dies jetzt auch im Hinblick darauf, daß er seine Reich-Gottes-Verkündigung auch getätigt und durch sein Wunderwirken (nach Lk 11,20) verifiziert hat[150]. Das verdichtet sich für ihn zuletzt zu der Frage, ob er in der Schnittstelle aller von Jesus gewirkten Wunder, das von ihm „mitgetätigte" seiner Auferstehung eingeschlossen, ihn selbst als das große, nie genug zu bestaunende Gotteswunder wahrgenommen hat[151]. „Getätigt" war aber in einem höchsten Sinn auch sein Leiden, sofern er sein Lebenswerk mit seiner Passion krönte, die sich in seinem Todesschrei als Akt der äußersten Hingabe an Gott und die Menschheit zu verstehen gab[152].

Begreift dieser Blick aber sogar die Auferstehung in seine „Optik" ein? Das ist, grundsätzlich besehen, die Frage nach den Möglichkeitsbedingungen dieses in aller Welt Niedagewesenen[153]. Mit unterschiedlichen Gründen, erkenntnis- und kommunikationstheoretischen im Fall des antiken Rhetors *Kelsos*, mit geschichtsphilosophischen in dem des der hegelschen Linken zuzurechnenden *David Friedrich Strauß*, wurden diese von Anfang an bis in die Gegenwart hinein bestritten[154]. Doch war das Evangelium den Kritikern bereits zuvorgekommen, als es im Johannesevangelium an den Auferstandenen die Frage richtete:

> *Herr, was ist geschehen, daß du dich nur uns offenbaren willst und nicht der Welt? (Joh 14,22)*

und diese sinngemäß durch die Versicherung des Angesprochenen beantwortete, daß ihn nur die Augen Liebender in seiner österlichen Seinsweise wahrnehmen konnten (Joh 14,23)[155]. Dennoch bestand in dieser Problematik ein Nachholbedarf, auf den *Martin Buber* als jüdischer Leser der Passions- und Ostergeschichte mit dem Versuch einging, aus der von ihm im Kern als historisch angesehenen Befragung Jesu durch den Hohepriester

[150] Dazu der Hinweis in meinem Jesusbuch „Das Antlitz. Eine Christologie von innen", 96; 102; 196.

[151] Dazu der Abschnitt „Jesus – das Wunder Gottes" in meinem Sammelwerk „Die Entdeckung des Christentums. Der alte Glaube und das neue Jahrtausend", Freiburg 2000, 234–251.

[152] Dazu der Abschnitt „Die Leidenslast" meines Jesusbuchs „Der Freund", 196–218.

[153] Dazu der Abschnitt „Das Niedagewesene" meiner „Einweisung ins Christentum", Düsseldorf 1997, 262–268.

[154] *K. Löwith* (Hrsg.), Die Hegelsche Linke, Stuttgart-Bad Cannstatt 1962, 7–25; *ders.*, Von Hegel zu Nietzsche. Der revolutionäre Bruch im Denken des neunzehnten Jahrhunderts, Stuttgart 1960, 357.

[155] Dazu die Hinweise meiner Programmschrift „Glaubenserweckung. Das Christentum an der Jahrtausendwende", 73 ff.

(Mk 14,55–62) „österliche“ Folgerungen zu ziehen[156]. Denn mit seiner Antwort: „Ihr werdet den sehen, der ich werden soll“, habe der Angeklagte eine Blickbahn aufgestoßen, in die die Zeugen der österlichen Erscheinungen eingetreten seien[157].

Schließlich aber wendet sich der aus alledem hervorleuchtende Blick nochmals dem Rezipienten zu, und jetzt mit der Frage, ob er sich in alledem wiedererkannte, beschenkt mit dem größten Gottesgeschenk in Gestalt dessen, in dem ihm alles erschlossen, mitgeteilt und zugeeignet ist, beschenkt mit einer Religion, die als die größte Liebeserklärung Gottes an die Welt zu gelten hat, vor allem aber beschenkt mit seiner Erhebung zur Gotteskindschaft und dadurch mit einem neuen Selbst- und Selbstwertbewußtsein; aber auch verbunden mit der Frage, ob er sich seiner Herausforderung und Verantwortung bewußt wurde: der Herausforderung, die in ihm brachliegenden Talente und Reserven freizusetzen und das auf immer neue Weise zu werden, was er aufgrund der ihm zugeeigneten Würde bereits ist, und im Maß dieser Aneignung auf die andern verstehend, erfragend, aufrichtend und helfend zuzugehen, die gleich ihm in die Gemeinschaft der Gotteskinder aufgenommen sind; aber auch der ungeheuren Verantwortung, vor die ihn diese Würde stellt: der Verantwortung für den Gottesglauben in einer nicht nur dem zur Selbstverständlichkeit gewordenen, sondern einem in die Fundamente der gegenwärtigen Lebenswelt eingedrungenen und daher „strukturellen“ Atheismus verfallenen Welt; seiner Verantwortung für die dem Christentum entfremdeten, von den Medien getäuschten und von pseudoreligiösen Verheißungen betrogenen Menschen, aber auch seiner Verantwortung gegenüber einer Kirche, die Gefahr läuft, das Privileg ihrer Liebenswürdigkeit einzubüßen und sich „statt ihres sanften Geistes mit gebieterischer Autorität zu bewaffnen“ (*Kant*), und in alledem seiner Verantwortung für den heutigen Menschen, dem im Gemenge der auf ihn einredenden Stimmen nur die der Gottesoffenbarung in Jesus Christus das rettende Stichwort seiner Selbstfindung und Selbstwerdung zuzurufen vermag[158]. Das aber ist gleichbedeutend mit der Frage nach der Bewährung dessen, was er durch seine Erhebung zum Stand der Gotteskindschaft geworden ist.

[156] *M. Buber*, Zwei Glaubensweisen, Zürich 1950, 110 f.

[157] Dazu die in der vorigen Anmerkung aufgeführte Programmschrift, 78 f.

[158] Diese Sorge ist durch Papst *Benedikt XVI.* und seine ins Zentrum der Heilsbotschaft vordringende Enzyklika weitgehend gegenstandslos geworden.

Sechstes Kapitel

Die Bewährung

1. Die Glaubenserweckung

Die Mahnung des Ersten Petrusbriefs: „Seid stets bereit, einem jeden Rede und Antwort zu stehen, der euch nach der euch erfüllenden Hoffnung befragt" (1Petr 3,15), ist, auf den mit dieser Hoffnung verbundenen Glauben bezogen, von höchster Aktualität, sowohl hinsichtlich der dramatischen Zeitlage als auch hinsichtlich der Verantwortung, zu der die zur Gotteskindschaft Gelangten verpflichtet sind. Dem aber steht zunächst schon die Erfahrung eines nur schwer erklärbaren Glaubensentzugs entgegen, den *Reinhold Schneider* weit vorausschauend in seiner Zeitbilanz „Winter in Wien" dokumentierte und mit der auf die Perikope von der Hochzeit zu Kana (Joh 2,1–11) bezogenen Beobachtung begründete:

> *Immer schmäler wird die Tafel des Bräutigams, immer breiter werden die Tische, an denen niemand nach Wundern verlangt*[1].

Doch diese glaubenskritische Resignation ist von einer ungleich gravierenderen Zeiterscheinung unterbaut: von einem in dieser Form völlig neuartigen Atheismus[2]. Bis auf wenige Ausnahmen wie die des Oxfordphilosophen *John Leslie Mackie* hat dieser aufgehört, sich polemisch oder auch nur kritisch mit dem Gottes- und Christusglauben auseinanderzusetzen, da er sich als die selbstverständliche und deshalb keiner Rechtfertigung bedürfende Position des modernen Menschen begreift[3]. Doch dazu hätte es schwerlich kommen können, wenn ihm nicht eine noch radikalere Gottlosigkeit zugrundeläge: ein struktureller, den Grundstrukturen der modernen Lebenswelt eingeschriebener Atheismus. Er entstammt, wie sich bereits zeigte, der die Gegenwart verdüsternden „Gottesfinsternis" (*Buber*) und damit den ebenso spektakulären wie perniziösen Folgen des von

[1] *R. Schneider*, Winter in Wien. Aus meinen Notizbüchern 1957/58, Freiburg 74; dazu meine Schrift „Glaubenswende. Eine Hoffnungsperspektive", Freiburg 1987, 31–35.

[2] Zum Phänomen des traditionellen Atheismus siehe den titelgleichen Beitrag von *A. K. Huldenfeld* und *J. Figl*, in: *W. Kern*, *H. J. Pottmeyer*, *M. Seckler* (Hrsg.), Handbuch der Fundamentaltheologie I: Traktat Religion, Freiburg 1985, 95–116.

[3] *J. L. Mackie*, Das Wunder des Theismus. Argumente für und gegen die Existenz Gottes (Originaltitel: The Miracle of Theism), Stuttgart 1985; dazu meine Schrift „Glaubenskonflikte. Strukturanalyse der Kirchenkrise", Freiburg 1989, 21–28.

Nietzsche proklamierten Gottestodes. Wie *Freud* hellsichtig erkannte, steht er als theologische Prämisse hinter den Errungenschaften der modernen Hochtechnik, doch verbirgt sich in ihm auch der bisher kaum geahnte Grund des um sich greifenden Glaubensschwunds und des Verfalls der christlichen Kultur. Denn der Glaubensabfall hat nach neutestamentlichem Urteil noch einen ganz anderen passionshaften Aspekt. Der Hebräerbrief, der angesichts der von seinen Adressaten erlittenen Verfolgung auch Fälle des Abfalls vom Glauben zu beklagen hat, sieht darin ein irreversibles Geschehen. Denn der Abtrünnige habe, soviel an ihm lag, den Gottessohn nochmals gekreuzigt, mit Füßen getreten und dem Gespött der Menge preisgegeben (Hebr 6,4ff; 10,29). Unmöglich könne einer, der sich dazu erniedrigt habe, noch einmal zur Sinnesänderung gelangen. Ihn erwarte vielmehr ein Strafgericht, das er mit dem Satz umschreibt: „Es ist furchtbar, in die Hände des lebendigen Gottes zu fallen" (10,31)[4].

Das fügt sich ein in das große Motiv des sich durch die Geschichte fortsetzenden Leidens Christi, sofern dieses zunehmend auch diejenigen einbegreift, die als gehässige Akteure an seinem Leiden beteiligt waren. Schon im Kolosserbrief erklärt der von diesem nachempfundene Paulus, daß er an seinem Fleisch ergänzen müsse, was am Leidensmaß Christi „noch fehlt" (Kol 1,24)[5]. Von da an zieht sich die Spur der Leidensmystik durch die ganze Glaubensgeschichte hindurch. In der alten Christenheit ist sie bezeugt durch den Märtyrerbischof *Ignatius von Antiochien* und sein Begehren, das durch sein Martyrium zermahlene „Brot Christi" zu sein und nur noch seinem „gekreuzigten Eros" anzugehören, durch *Gregor von Nyssa*, der um die der Gottesbraut von der Liebe geschlagenen Wunden weiß, und vor allem durch *Pseudo-Dionysius*, der dafür einsteht, daß Gott mehr noch durch leidende Erfahrung als durch Forschen erkannt wird: non discens, sed patiens divina[6]. Für *Maximus Confessor*, den wegen seines Einsatzes für den orthodoxen Glauben grausam gefolterten Bekenner, verdichtet sich die Leidensmystik zum Nachvollzug des die Lebensgeschichte Jesu beschließenden Karfreitags im inneren Karfreitag des „Verzichts auf alles irdische Streben" und seiner Grabesruhe in der kontemplativen Vorwegnahme von Ostern (*Dempf*). Für ihn kreuzigt sogar derjenige Jesus noch einmal, der am äußeren Schriftwort hängenbleibt, anstatt ihm in dessen mystischen Sinn zu folgen[7]. Von einer inneren Passion berichtet auch *Symeon der Neue Theologe*, der sich von dem ergriffen weiß, der unbeweglich ist, von dem erblickt, der unschaubar ist, von dem umarmt, der aller

[4] *F. Hahn*, Theologie des Neuen Testaments II, Tübingen 2002, 755 f.

[5] *M. Dibelius*, An die Kolosser, Epheser, An Philemon, Tübingen, 1953, 22 f.; *E. Lohmeyer*, Die Briefe an die Kolosser und an Philemon, Göttingen 1954, 76–79; *J. Moltmann*, Der Weg Jesu Christi. Christologie in messianischen Dimensionen, München 1989, 177; 220 f.

[6] *C. Schneider*, Geistesgeschichte des antiken Christentums I, München 1954, 122 ff.; 170 f.; 214 f.; *G. Ruhbach* und *J. Sudbrack* (Hrsg.), Christliche Mystik. Texte aus zwei Jahrtausenden, München 1989, 47 ff.; 65 f.; 90–100.

[7] *A. Dempf*, Geistesgeschichte der altchristlichen Kultur, Stuttgart 1964, 210–219.

Kreatur entrückt ist, und von dem erfüllt, der ihn sich selbst entfremdet[8]. Umgekehrt schaut *Franz von Assisi* in seiner Alvernavision einen Seraph mit der zwischen seinen Flügeln erscheinenden Gestalt des Gekreuzigten, der ihn liebevoll anblickt, während sich ihm in beseligendem Schmerz seine Wundmale einprägen: krönende Einlösung der Galaterstelle, in der Paulus seine Unantastbarkeit mit dem Hinweis auf die von ihm getragenen „Malzeichen Christi" (Gal 6,17) begründete[9].

Während sich diese Linie in der Neuzeit bis zu der „Kreuzeswissenschaft" *Edith Steins,* dem von *Gertrud von le Fort* geprägten Wort von der „sterbenden Minne" und der darin nachempfundenen Leidensmystik der *Therese von Lisieux* fortsetzt, gewinnt gleichzeitig das Motiv der kollektiven Leidensgeschichte Jesu die Oberhand[10]. Im Zentrum seines „Mysterium Jesu" versichert *Pascal:*

> *Bis ans Ende der Welt dauert die Agonie Jesu; solange darf man nicht schlafen*[11].

Und eins der Gebete *John Henry Newmans* beginnt mit dem Satz:

> *O Gott, die Zeit ist voller Bedrängnis, die Sache Christi liegt wie im Todeskampf*[12].

Im Vorgefühl der in den Terrorismus treibenden Zeitverhältnisse hatte *Gertrud von le Fort* diese beiden Passionsstationen in verkürzter Abfolge rekapituliert: die Todesangst Jesu aus der Vorahnung des über Deutschland heraufziehenden Unheils in ihrer Novelle „Die Letzte am Schafott", in der die Novizinnen des in den Schreckenstagen der französischen Revolution hingerichteten Karmelitinnenkonvents den Ordensnamen „von Jesus im Garten der Todesangst" erhalten, und in ihrer Erzählung „Die Jungfrau von Barby", dieser auf die entblößten Altäre des Karfreitags bezogenen Beschwörung der „sterbenden" Liebe[13]. Den Höhepunkt hatte diese Motivreihe jedoch in dem exzessiven Wort aus *Nietzsches* „Antichrist" erreicht:

[8] *M. Buber*, Ekstatische Konfessionen, Heidelberg 1984, 40–47.

[9] Christliche Mystik, 131 f.; dazu *Martin Bubers* Wort von der sich bis zum Selbstempfangen der Wundmale steigernden Christusbeziehung: Zwei Glaubensweisen, 134.

[10] *E. Stein*, Kreuzeswissenschaft. Studie über Johannes a Cruce, Louvain und Freiburg 1954; dazu der Hinweis meines Jesusbuchs „Der Freund", 34 ff.; dazu *G. Ruhbach* und *J. Sudbrack* (Hrsg.), Christliche Mystik, 441 f., sowie *J.-F. Six*, Licht in der Nacht. Die letzten (18) Monate im Leben der Therese von Lisieux, Würzburg 1997, 67–138.

[11] *E. Wasmuth*, Der unbekannte Pascal, Regensburg 1962, 315–318.

[12] *G. Söhngen*, Kardinal Newman. Sein Gottesgedanke und seine Denkergestalt, Passau 1946, 71.

[13] Dazu meine Studie „Überredung zur Liebe. Die dichterische Daseinsdeutung Gertrud von le Forts", 70–91; 183–194.

Und er bittet, er leidet, er liebt mit *denen,* in *denen, die ihm Böses tun*[14].

Was spätmittelalterliche Darstellungen allenfalls andeuten, wenn sie Jesus von den Tugenden kreuzigen und von der „Caritas" durchbohren lassen, wird hier in die These zugespitzt, daß er nicht durch seine Peiniger, sondern mit und in ihnen litt, und daß er sogar in ihnen betete und liebte[15]. Das rückt die ganze auf Nietzsche hinführende Geschichte der Gottesleugnung nicht nur in eine neue Beleuchtung, die sie nun definitiv als eine geheime, die Glaubensgeschichte wie ein Schatten begleitende Leidensgeschichte erscheinen läßt; vielmehr zieht das Nietzschewort von der Passion und Liebe Jesu in seinen Peinigern einen Paradigmenwechsel nach sich, der, analog zum strukturellen Atheismus, auf eine Kehre im Verhältnis von Glaube und Unglaube hinwirkt[16]. Jetzt erscheint das Kreuz Jesu als der äußerste Grenzfall in deren Geschichte. Denn nichts spricht so sehr gegen Gott wie die Tatsache, daß er sich selbst zumutete, was er Abraham ersparte. Wäre er allmächtig, so hätte er den Tod seines Sohnes nicht zulassen können, wäre er barmherzig, so hätte es zu diesem grausamen Ende nicht kommen dürfen. Insofern ereignet sich am Kreuz der Verlust der göttlichen Attribute[17]. Doch dadurch, daß Jesus in seinen Henkern betet und liebt, hebt er diese extreme Negativität auf und bringt er den gegen den Gottesglauben geführten Angriff des Atheismus zum Erliegen. Und dadurch, daß er in seinen Peinigern leidet, verleiht er dem Atheismus definitiv den Charakter einer Passion. Deswegen rückt nun umgekehrt der Glaube in einen dieser „pathologischen" Sicht diametral entgegengesetzten Aspekt: Im Gegenzug zur Passion wird er zur Therapie.

Beides ist für eine sich als Glaubenserweckung verstehende Glaubensbegründung von um so größerer Bedeutung, als sich das traditionelle Instruktionsmodell überlebt hat[18]. Zum Glauben wird man nicht erzogen, sondern bewogen[19]. Bewogen, wie *Hans Urs von Balthasar* in seinem Essay „Glaubhaft ist nur Liebe" zeigte, in erster Linie durch die als

[14] *F. Nietzsche*, Der Antichrist, § 34.

[15] *A. Thomas*, Tugend und Laster in der Ikonographie, in: *J. Höfer* und *K. Rahner* (Hrsg.), Lexikon für Theologie und Kirche X, Freiburg 1965, 401.

[16] Dazu die Ausführungen meiner Studie „Nietzsche. Zerstörer oder Erneuerer des Christentums?", Darmstadt 2002, 78; 115.

[17] Dazu mein Beitrag „Der Verlust der Attribute", in: *A. Franz* (Hrsg.), Glauben, Wissen, Handeln, Beiträge aus Theologie, Philosophie und Naturwissenschaft zu Grundfragen christlicher Existenz (Festschrift *Kaiser*), Würzburg 1994, 3–16.

[18] Dazu *J. Reikerstorfer*, Fundamentaltheologische Modelle der Neuzeit, und *E. Kunz*, Glaubwürdigkeitserkenntnis und Glaube, in: Handbuch der Fundamentaltheologie IV, Freiburg 1988, 347–372; 414–449.

[19] Dazu meine Beiträge „Zum Glauben bewogen. Der aktuelle Weg der Glaubensvermittlung" und „Glaubenserweckung. Versuch einer Aufarbeitung", in: Anzeiger für die Seelsorge 7 (1993) 313–316 und 8 (2000) 355–361.

ungeschuldeten Liebeserweis Gottes begriffene Offenbarung[20]. Bewogen dann aber nicht weniger durch das in seiner Tiefenstruktur begriffene und auf seinen bewußtseinsgeschichtlichen Anfang zurückverfolgte Leiden. Denn dieses nimmt seinen Anfang noch vor allen äußeren und inneren Beeinträchtigungen im Existenzakt. Zu sich selbst erwachend gewahrt der Mensch zunächst nicht, wie die idealistische Erklärung will, im Staunen darüber, daß „etwas ist und nicht nichts", die ihn umfangende Welt, sondern, wie die Redewendung „starr vor Staunen" erkennen läßt (*Rosenzweig*), ein von ihm als „ungeheuerlich" (*unheore*) empfundenes Chaos, das ihn ins anfängliche Nichts zurückzudrängen droht[21]. Dadurch wird das sich in ihm ausformende Ich, solange es noch auf seinen Lippen liegt, zu einem an Alkmenes zwischen Entsetzen und Ergebung schwankenden Ausruf erinnernden „Ach" (*Kleist*) und radikaler noch, zum Echo (*ego*) des Todesschreies Jesu[22].

Doch so wenig dieser, ungeachtet des Ausbleibens jeder äußeren Hilfe, unerhört bleibt, sondern in dem ihn dem Tod entreißenden Selbsterweis Gottes die alle Erwartungen überbietende Antwort in Gestalt seiner Auferweckung findet, bleibt das zum Notschrei verdunkelte Ich des zu sich selbst erwachenden Menschen unbeantwortet. Vielmehr vernimmt er einem Schlüsselwort des *Nikolaus von Kues* zufolge in seiner Herzenstiefe die Gottesstimme, die ihn mit dem Zuspruch „sei dein eigen, dann bin auch ich dein eigen" zur „Annahme seiner selbst" (*Guardini*) aufruft und ihm die rettende Zuwendung des göttlichen Beistands zusichert[23]. In der ihm eigenen Bildkraft hatte das das Evangelium in der Szene mit dem sinkenden Petrus vorweggenommen, dessen Notschrei Jesus damit beantwortet, daß er ihn der drohenden Todesgefahr entreißt (Mt 14,22–33)[24]. Im paulinischen Horizont entspricht dem das haptische Osterzeugnis des Apostels, der sich in seiner Damaskusvision (nach Phil 3,12) ebenso von Christus ergriffen wußte, wie er seinem Primärzeugnis zufolge in ihm von Gott angesprochen worden war (Gal 1,16)[25]. Für

[20] *H. U. von Balthasar*, Glaubhaft ist nur Liebe, Einsiedeln 1963.

[21] *W. Grönbeck*, Kultur und Religion der Germanen I, Darmstadt 1954, 187 ff.; 249 ff.; *G. Krüger*, Die Herkunft des philosophischen Selbstbewußtseins, in: Freiheit und Weltverwaltung, Freiburg und München 1958, 11–69; *F. Rosenzweig*, Das Büchlein vom gesunden und kranken Menschenverstand (Ausgabe *Glatzer*) Düsseldort 1964, 9–23; dazu meine Schrift „Theologie als Therapie. Zur Wiedergewinnung einer verlorenen Dimension", Schwerin und Hamburg 2000, 44–51; ferner *B. Snell*, Die Entdeckung des Geistes. Studien zur Entstehung des europäischen Geistes bei den Griechen, Hamburg 1946, 45–86.

[22] *Hohoff*, Heinrich von Kleist, 65–70; dazu auch mein Jesusbuch „Der Freund", 198–201.

[23] *Nikolaus von Kues*, Vom Sehen Gottes (Ausgabe *Haas*), Zürich und München 1987, 35; *R. Guardini*, Die Annahme seiner selbst, Würzburg 1960; dazu meine Würdigung „Interpretation und Veränderung. Werk und Wirkung Romano Guardinis", Paderborn 1979, 21: 84 f.

[24] Dazu meine Programmschrift „Glaubenserweckung", 105 f.; 244; ferner die Ausführungen auf Seite 240 f.

[25] Dazu meine Studie „Paulus Zeugnis – Begegnung – Wirkung", Darmstadt 2003, 28 ff.

Cusanus war der mystische Zuspruch jedoch nur das subjektive Echo der die ganze Weltgeschichte durchtönenden Stimme der Selbstoffenbarung Gottes, von der er erklärt:

> *Das ist die große Stimme, die in der Tiefe unsres Herzens ertönt und von den Propheten in uns hineingerufen wurde … Nachdem sich diese Stimme jahrhundertelang bis auf Johannes, den Rufer in der Wüste, gesteigert hatte, nahm sie endlich Menschengestalt an, und nach einer Reihe von Modulationen, die uns zeigen sollten, daß von der Liebe unter allen schrecklichen Dingen das schrecklichste, der leibliche Tod, gewählt werden mußte, stieß sie einen großen Schrei aus und verschied*[26].

Dieser Durchblick rückt die Sache der Glaubenserweckung in eine hermeneutische Perspektive. Auf der Suche nach sich selbst und seiner Identität fühlt sich der Mensch gleichzeitig von innen und außen angesprochen und zur Erwiderung bewogen[27]. Dadurch kommt zwischen ihm und dem Vernommenen ein Dialog in Gang, der mit einem ähnlichen Vergewisserungserlebnis einhergeht, wie es sich in jedem wesentlich geführten Gespräch, jetzt nur in umgekehrter Reihenfolge, einstellt. Zur Verdeutlichung dessen kann ein Seitenblick auf die paulinische Damaskusvision beitragen. Wenn Paulus aus seinem akustischen Elementarzeugnis seine Berufung zur Heidenmission herleitet (Gal 1,16) und nur wenig später auf seine mystische Identitätsfindung zu sprechen kommt (2,20), steht für ihn offensichtlich der Selbstgewinn im Vordergrund. Wenn er sodann im haptischen Zeugnis seine Überwältigung durch den ihn ergreifenden Christus betont (Phil 3,12), wird er der Existenz des ihn Ergreifenden und für sich Beanspruchenden gewiß. Und wenn er in seinem optischen Zeugnis vom Aufleuchten des Angesichts Christi im Gottesglanz spricht (2Kor 4,6), bezeugt er damit, höchst anschaulich, das Faktum der an ihn ergangenen Offenbarung.

Im Rückschluß auf die Vergewisserung des Glaubenden verdeutlicht dieses dreifache Osterzeugnis, daß auch bei ihm die gewonnene Selbstgewißheit im Vordergrund steht. Angerührt durch die von ihm vernommene Stimme fühlt er sich geradezu stigmatisch bestätigt und zu sich gebracht. Doch schon im selben Augenblick springt der Funke der Vergewisserung von ihm auf den Anrufenden über, und in der vernommenen Stimme wird ihm der fühlbar, der sich ihm zu verstehen gibt. Im Wechselverhältnis von Verstehendem und Verstandenem klärt sich ihm schließlich auch das Faktum des Dialogs. Das

[26] *Nicolaus Cusanus*, Excitationes I, 3; nach *H. de Lubac*, Katholizismus als Gemeinschaft, Einsiedeln 1943, 405.

[27] Dazu meine Schriften „Theologische Sprachtheorie und Hermeneutik“, München 1970, „Gott verstehen. Erwägungen zum Verhältnis Mensch und Offenbarung“, München und Freiburg 1971, und „Glaubensverständnis. Grundriß einer hermeneutischen Fundamentaltheologie“, Freiburg 1975.

gilt zunächst im Rahmen einer Worthermeneutik; doch sind damit auch schon die Weichen für den Umgang mit Texten und damit für eine Texthermeneutik gestellt. Wenn der Interpret dabei seinen Vorsprung gegenüber dem Autor auszuschöpfen weiß, gelingt es ihm nach *Schleiermacher*, ihn sogar besser zu verstehen als sich dieser in seiner Bewußtseinslage selbst zu verstehen vermochte. Nicht umsonst spricht *Hans-Georg Gadamer* im Hinblick darauf vom „Wunder des Verstehens"[28]. All dies spielt sich, wie nicht vergessen werden darf, im Vorfeld der Texthermeneutik ab, um die es im Umgang mit den Offenbarungsurkunden zu tun ist. Sie erbringt schließlich die Verifizierung dessen, was sich in der fundamentalen Worthermeneutik anbahnte und den verstehenden Umgang mit den biblischen Texten ermöglichte.

Nicht umsonst unterschied der Kusaner zwischen dem an ihn als Individuum ergangenen Zuspruch und der die Weltgeschichte durchdringenden und allen hörbar gewordenen Stimme. Deshalb muß der gewonnene Befund im Sinn des Epheserworts von der zum Vollalter Christi heranreifenden Gemeinschaft des Glaubens (Eph 4,13) verallgemeinert werden. Wenn nach *Johann Adam Möhler* der einzelne außerstande ist, „den, der das Ganze schuf", zu erfassen und sich deshalb in der Liebe zum Ganzen erweitern muß, gilt dies erst recht vom Vernehmen der die ganze Weltgeschichte durchhallenden und vielfach modulierten Gottesstimme[29]. Doch die vom Epheserbrief anvisierte Gemeinschaft ist keine andere als die der Gotteskinder. Erst sie bildet den Spiegel, der den auf dem Antlitz Christi erstrahlenden Glanz (2Kor 3,18; 4,6) aufzufangen vermag. Und sie erst besitzt das Ohr, das die an die ganze Welt ergehende Gottesstimme zu vernehmen vermag. Wenn Paulus schon mit dem Wort recht behält:

> *Keiner lebt für sich allein, und keiner stirbt für sich allein. Wenn wir leben, leben wir für den Herrn, und wenn wir sterben, sterben wir für den Herrn. Ob wir also leben oder sterben; stets gehören wir dem Herrn (Röm 14,7f),*

gilt erst recht, daß keiner für sich allein glaubt, weil er im Vollsinn nur im Verbund der in Christus geeinten und in lebendigem Austausch stehenden Gemeinschaft, auf sie gestützt und sie mittragend, zu glauben vermag. Darauf bezieht sich die These *Balthasars*: „Glaubhaft ist nur Liebe", auch wenn sie zunächst und thematisch nur von der Liebe als Verifikationsgrund handelt. Bevor sie Gewißheit stiftet, muß sie sich zuerst als Prinzip der Verbundenheit bewähren und die vielen zu jenem Austausch bewegen, der sie zur Gemeinschaft der Gotteskinder verfaßt (*Rusam*). Das kann sie, wenn sie so wie die Sprache in ihrer Vergewisserungsfunktion begriffen und geltend gemacht wird. Wie im Dialog die dreifache Gewißheit der eigenen Existenz, der des Gesprächspartners und des Faktums

[28] *H.-G. Gadamer*, Wahrheit und Methode. Grundzüge einer philosophischen Hermeneutik, Tübingen 1972, 180 f.; 276.

[29] *J. A. Möhler*, Die Einheit in der Kirche, 100.

des dialogischen Austauschs gewonnen wird, so auch im Erweis der Liebe. Aufgrund der von *Joseph Ratzinger* beklagten Liebesunfähigkeit des Menschen sind hier jedoch die Gewichte vertauscht[30]. Die Erstgewißheit gilt hier dem Partner. Deshalb sprach ein mittelalterlicher Kommentator des *Claudianus Mamertus* von der Selbstvergegenwärtigung des Liebenden im Geliebten:

> *Sei nicht erstaunt darüber, daß ich von Gegenwart rede; denn wenn du mich liebst und deshalb liebst, weil du in mir das von dir geliebte Bild Gottes erblickst, bin ich dir ebenso gegenwärtig wie du dir selbst*[31].

Das strahlt dann unmittelbar auf den Liebenden zurück, der sich dadurch der Behelligung durch die Sinnfrage überhoben und auf fraglose Weise seiner selbst vergewissert sieht. In beidem aber wird, allen gegenteiligen Erfahrungen und Behauptungen zum Trotz, die Liebe als solche „glaubhaft" (*Balthasar*): glaubhaft als das in diesem todverfallenen und haßerfüllten Dasein ebenso Unmögliche wie Unentbehrliche; glaubhaft als die göttliche Hintergrundstrahlung in diesem „Tal der Tränen"; glaubhaft als das (nach 2Kor 1,19f) in Christus gesprochene „Ja" Gottes zu dieser zwar (nach Röm 8,18–23) der Nichtigkeit unterworfenen, jedoch zum Ziel der universalen Gotteskindschaft bestimmten und aufgerufenen Welt[32]. Sofern sich in dieser Konfliktsituation die Waagschale noch immer nicht deutlich genug zur Liebe hin senkt, würde dies jedoch geschehen, wenn die Liebe in ihrer Wurzelverwandschaft mit der Dankbarkeit begriffen wird. Wie die Undankbarkeit dem Gott entfremdet, der nach dem Kernsatz der lukanischen Bergpredigt „sogar gegen die Undankbaren und Bösen" gütig ist (Lk 6,35), und in den ihr Verfallenen (nach Röm 1,21) eine Verwirrung des Denkens und die Verwilderung ihrer Sitten nach sich zieht, läßt umgekehrt die Dankbarkeit das Dasein in seiner zunächst unersichtlichen Qualität als Gewährung, Geschenk und Gabe erstrahlen[33]. Dann aber gewinnt die Liebe gegenüber aller Unheilerfahrung das Übergewicht; und mit ihr wird das in dieser Welt der Entbehrungen und der Schmerzen Unmöglichste und Unwahrscheinlichste so glaubhaft, wie nur die je größere Wahrheit gegen alle Unwahrscheinlichkeit glaubhaft gemacht werden kann.

[30] *J. Ratzinger*, Das Salz der Erde. Christentum und katholische Kirche an der Jahrtausendwende, München 1996, 301.

[31] Nach *H. de Lubac*, Katholizismus als Gemeinschaft, 72 f.; dazu *P. Brown*, Die Keuschheit der Engel. Sexuelle Entsagung und Körperlichkeit am Anfang des Christentums (Originaltitel: The Body and Society), München 1991, 237–248; ferner die Ausführungen meiner „Einweisung ins Christentum", 121 f.

[32] *W. Schmithals*, Die theologische Anthropologie des Paulus, Stuttgart 1980, 137–146.

[33] Dazu mein Beitrag „Dankbarkeit als denkerisches Initiationserlebnis", in: *J. Seifert* (Hrsg.), Danken und Dankbarkeit. Eine universale Dimension des Menschseins, Heidelberg 1992, 150–172; ferner *M. Heidegger*, Was heißt Denken? Tübingen 1954, 91–95.

Gleichzeitig tritt dann die Liebe auch als das entscheidende Glaubensmotiv in den Vordergrund. Nicht umsonst versichert das Neue Testament auf seiner in den johanneischen Schriften erreichten höchsten Reflexionsstufe.

Und wir – wir haben erkannt und an die Liebe geglaubt, die Gott zu uns hegt (1Joh 4,16)[34].

Für den „johanneischen Kreis" (*Cullmann*) ist in Jesus die in ihm verkörperte Liebe Gottes in die Finsternis der Welt eingebrochen, um in ihr nach Art der göttlichen Schechina ihr Zelt aufzuschlagen und ihr als göttliches Lebensprinzip einzuwohnen[35]. Dadurch gerät die Welt aufgrund ihrer Tendenz zur Selbstverschließung in eine Entscheidungssituation. Obwohl sie sich in ihrem Dasein dem vom Herzen Gottes herabgestiegenen und in Jesus fleischgewordenen Gotteswort verdankt, hat sie ihn in ihrer Finsternis, wie der Johannesprolog versichert, „nicht erkannt" (Joh 1,10); und obwohl er als „das wahre Licht" in sein Eigentum kam, nahmen ihn „die Seinen nicht auf" (1,11)[36].

Trotz dieser zweifachen Verweigerung ist die Ablehnungsfront nicht geschlossen. Denn im Gegensatz zu den sich ihm Verweigernden gab und gibt es diejenigen, die ihn aufnahmen und denen er die Vollmacht gab, „Kinder Gottes zu werden" (1,12). Sie sind „aus Gott geboren" und als solche befähigt, ihn in seiner „Herrlichkeit als Erstgeborenen vom Vater" zu schauen: „voll Gnade und Wahrheit" (1,13f)[37]. Sie sind in ihrer Gemeinschaft die in Wahrheit Glaubenden, die in ihrer Verbundenheit zum Vollalter Christi und zur „Erkenntnis des Gottessohnes" heranreifen (Eph 4,16) und so jenes in Glaube und Liebe verbundene Kollektiv bilden, in dem der Geglaubte seinerseits erwacht und zu sich selbst gelangt[38].

2. Der Exorzismus

Angesichts der Strahlkraft der neutestamentlichen Botschaft, in der sich ein neuer Gottesbegriff mit dem Wissen um die Aristie des Menschseins im Ziel der Gotteskindschaft und dem mächtigsten Impuls zur Glaubenserweckung und Glaubensbewährung verbin-

[34] *H.-J. Klauck*, Der erste Johannesbrief, Zürich 1991, 255–268; *ders.*, Die Johannesbriefe, Darmstadt 1991, 170–175.

[35] *O. Cullmann*, Der johanneische Kreis. Zum Ursprung des Johannesevangeliums, Tübingen 1975, 46.

[36] *M. Theobald*, Im Anfang war das Wort. Textlinguistische Studie zum Johannesprolog, Stuttgart 1983, 18–21; 48–63.

[37] *D. Rusam*, Die Gemeinschaft der Kinder Gottes, 111–118; 153–162; ferner *U. Wilckens*, Das Evangelium nach Johannes, 31 f.

[38] Dazu der Schluß meiner Programmschrift „Glaubenserweckung", 294 ff.

det, stellt sich die Frage, warum dieses Angebot nicht von Ferne die verdiente Rezeption fand, sondern auf Unverständnis und Ablehnung stößt. Wenn diese Zeit als die der sich Zug um Zug realisierenden Utopien und, wie der Diagnostiker *Freud* meinte, der Usurpation der durch den „Tod Gottes“ freigesetzten göttlichen Attribute zu gelten hat, und wenn sie als solche einem strukturellen Atheismus verfallen ist, liegt in diesem desaströsen Tatbestand der Hauptgrund. Da dieser jedoch durch die – ihrerseits auf eine säkularisierte Hoffnung zurückgehende (*Löwith*) – Fortschrittsideologie überlagert wird, kommt er im Zeitbewußtsein nicht zum Tragen, so daß nach weiteren Gründen geforscht werden muß[39].

Dazu gehört in erster Linie die Fehlorientierung des heutigen Menschen durch die Suggestion der Konsumgesellschaft und durch seine eskalierende Medienabhängigkeit[40]. Doch all dies wird von einer Zeiterscheinung übergriffen, die erstmals von *Nietzsche* dingfest gemacht und auf den Begriff gebracht wurde: von dem von ihm als seinem großen Widersacher empfundenen Geist der Schwere. Denn im Zenit des ewigen Sich-Fliehens und Wiedersuchens, so berichtet Zarathustra, habe er auch seinen alten „Teufel und Erzfeind“ wiedergefunden:

> *den Geist der Schwere, und alles, was er schuf: Zwang, Satzung, Not und Folge und Zweck und Wille und Gut und Böse*[41].

Nach diesem Steckbrief lähmt der Geist der Schwere seinem Namen gemäß nicht nur; vielmehr zieht er alles ins Negative. Durch ihn wird der Glaube zum Gehorsam, die Hoffnung zur Illusion, die Liebe zur Pflicht und das Leben zur Last. Dem nach seiner Grundorientierung zukunftsgerichteten Christentum ist die Pervertierung der Hoffnung besonders abträglich. Denn dadurch fiel aus dem Dreigestirn der theologischen Tugenden Glaube, Hoffnung, Liebe gerade die mittlere und mit ihr die die beiden Flankierenden Verbindende heraus. Dabei ist mit „Illusion“ nur die Folge ihrer Umwidmung angezeigt. In ihrem Kern wurde sie, wie *Karl Löwith* nachwies, von ihrem jenseitigen Erfüllungsziel abgekoppelt und auf innerweltlich Machbares zurückgenommen. Mit dem Ziel verlor sie aber auch ihren Namen: sie wurde zum Fortschritt[42]. Der in diesem immer noch nachwirkende Ewigkeitswert aber brachte es mit sich, daß sich der Fortschritt verselbständigte

[39] Dazu nochmals das in den vorangehenden Ausführungen Gesagte.

[40] *R. Földy, E. Ringel*, Machen uns die Medien krank? Depression Überinformation, München 1993; *N. Postman*, Wir amüsieren uns zu Tode. Urteilsbildung im Zeitalter der Unterhaltungsindustrie (Originaltitel: Amusing Ourselves to Death), Frankfurt 1985; *E. Neswald*, Medien-Theologie. Das Werk Vilém Flussers, Köln 1998.

[41] *F. Nietzsche*, Also sprach Zarathustra III, Von alten und neuen Tafeln, § 2.

[42] Dazu meine Schrift „Glaubensprognose, Orientierung in postsäkularistischer Zeit“, Graz 1991, 50–69.

und, zum Selbstzweck geworden, um seiner selbst willen angestrebt wurde und so, wie wiederum Löwith als einer der ersten erkannte, zum Verhängnis entartete[43]. Im selben Maß verwandelte sich dann auch der Geist der Schwere in eine nicht weniger bedenkliche „Leichtigkeit des Seins".

Hier muß ein Exorzismus einsetzen, der den Geist der Schwere dadurch überwindet, daß er den Fortschritt in seiner Problematik demaskiert und so der Wiedergewinnung der Hoffnung Vorschub leistet. Dazu bedarf es in erster Linie eines Positions- und Perspektivenwechsels. Denn der heutige Mensch lebt, einer Beobachtung *Paul Valérys* zufolge, „mit dem Rücken zur Zukunft"[44]. Er muß zu einer Kehrtwendung veranlaßt werden, wie sie geradezu protagonistisch Paulus vollzog, als er alles, was ihm vor seiner Lebenswende wertvoll war, für „Verlust" und „Unrat" erklärte, um dem Ziel seiner „himmlischen Berufung nachjagen" zu können. Denn er „vergesse", was hinter ihm liegt, um sich nach dem auszustrecken, was vor ihm liegt (Phil 3,7 f. 13 f.), und das mit der Begründung: „Das Alte ist vergangen, Neues ist geworden" (2Kor 4,16). Auf den „ohne Hoffnung und ohne Gott" dahinlebenden Menschen bezogen (Eph 2,12), heißt das, daß ihm ein verheißungsvolles Ziel vor Augen gestellt werden muß, das ihn vergessen läßt, was an Schrecklichem und Faszinierendem hinter ihm liegt, um ihn zur Umkehr zu bewegen. Christlich gesehen entspricht dem die Umkehrforderung Jesu (Mk 1,14), sofern sie das Ziel des Gottesreichs an die Bedingung der Metanoia bindet[45]. In politischer Hinsicht gilt ähnliches von der Vision des geeinten und als Zitadelle des Friedens begriffenen Europa, dem Novalis mit einem Aufruf zum Sinneswandel das Wort redete[46]. Vor allem aber bezieht sich darauf das dem Menschen voranleuchtende Zielbild der Gotteskindschaft.

Dem Positionswechsel muß ein Perspektivenwechsel entsprechen. Darauf verwies schon *Augustin* mit seiner Unterscheidung einer am Gotteswort orientierten Morgenschau (*cognitio matutina*) und einer auf die Natur und das Wesen der Dinge blickenden Abendsicht (*cognitio vespertina*):

> *Ein großer Unterschied besteht zwischen einer Sache im Wort Gottes und ihrer Erkenntnis in ihrer Natur. Mit vollem Recht kann man das eine mit dem Tag, das andere mit dem Abend vergleichen. Denn jenem Licht gegenüber,*

[43] Dazu meine Schrift „Die glaubensgeschichtliche Wende. Eine theologische Positionsbestimmung", Graz 1986, 67 ff.

[44] *K. Löwith*, Paul Valéry. Grundzüge seines philosophischen Denkens, Göttingen 1971, 99.

[45] *G. Theissen*, Die Religion der ersten Christen. Eine Theorie des Urchristentums, Gütersloh 2000, 37.

[46] *Novalis*, Die Christenheit oder Europa. Ein Fragment (Ausgabe *Paschek*), Stuttgart 1984; ferner meine Beiträge „Die Vision Europa", in: Die politische Meinung 44 (1999) 88–95 und „Die Zitadelle des Friedens", in meiner Schrift „Wege des Friedens", Augsburg 2003, 157–165.

> *das im Worte Gottes erblickt wird, ist jede Erkenntnis, durch die wir irgendeiner Kreatur in ihrem Wesensbestand ansichtig werden, geradezu Nacht zu nennen*[47].

Über die Jahrhunderte hinweg bestätigte das *Hegel* mit der Feststellung, daß die Philosophie bei ihrem Versuch, über die Zukunftsgestalt der Welt zu belehren „immer zu spät" kommt; denn:

> *Wenn die Philosophie ihr Grau in Grau malt, dann ist eine Gestalt des Lebens alt geworden, und mit Grau in Grau läßt sie sich nicht verjüngen, sondern nur erkennen; die Eule der Minerva beginnt erst mit der einbrechenden Dämmerung ihren Flug*[48].

In diese Alternative stieß *Franz Rosenzweig* mit seinem als Prolegomena zum „Stern der Erlösung" gedachten „Büchlein vom gesunden und kranken Menschenverstand" hinein, indem er der abendlichen, dem festgestellten Wesen der Dinge zugewandten Sicht die prospektive des nennenden Umgangs mit ihnen entgegensetzte[49]. Anstatt in ihr Gewesensein abgedrängt zu werden, müssen die Dinge aus dem sie tragenden Strom des Geschehens aufgerufen und wie die Lebewesen im biblischen Schöpfungsbericht bei ihrem Namen benannt und durch ihn bestimmt werden (Gen 2,19). Das aber geschieht, anders als im Akt der Wesensbestimmung, in dem der „Geistesgegenwart". Anstatt im definierenden Rückgriff holt sie der Nennende dann in seine mitwissende Selbstvergegenwärtigung hinein[50].

Doch alledem steht der retrovertierte Geist der Schwere entgegen, vor dessen Rückschau schon Jesus zweimal gewarnt hatte. Einmal in der Antwort an den Bewerber um die Jüngerschaft, der sich „nur noch" von seinen Hausangehörigen verabschieden möchte:

> *Keiner, der die Hand an den Pflug legt und zurückschaut, taugt für das Reich Gottes (Lk 9,62)*[51].

Sodann im Blick auf die Endereignisse mit der Warnung, bei der Flucht nicht vom Dach herabzusteigen, um noch etwas aus dem Haus zu holen, verbunden mit dem an den

[47] *Augustinus*, De genesi ad litteram IV, c.23,40; dazu meine „Einweisung ins Christentum", 177 f.

[48] *G. W. F. Hegel*, Grundlinien der Philosophie des Rechts (Ausgabe *Hoffmeister*), Hamburg 1955, 17.

[49] *F. Rosenzweig*, Das Büchlein vom gesunden und kranken Menschenverstand, 34.

[50] A. a. O, 87 f.; dazu die Ausführungen meiner Schrift „Theologie als Therapie", Schwerin und Hamburg 2000, 44–51.

[51] *L. Schenke*, Die Urgemeinde; 229; *J. Ernst*, Das Evangelium nach Lukas, Regensburg 1993, 790.

Untergang Sodoms erinnernden Aufruf: „Denkt an Lots Frau!" (Lk 17,32) In dieser Warnung wird der Geist der Schwere noch zusätzlich von der in Endzeiten regelmäßig ausbrechenden Apokalyptik überlagert, die den Blick auf vergangene Katastrophen fixiert, um ihren Adressaten mit dem Engel der Apokalypse suggerieren zu können, „daß keine Zeit mehr sein wird" (Apk 10,8), und ihnen dadurch jede weitere Lebensmöglichkeit auszureden[52]. Um so dringender stellt sich dann die Frage, was dem mit exorzistischer Macht entgegenwirken und zur Wiedergeburt der Hoffnung verhelfen kann. Darauf antwortet Paulus mit einer Schlüsselstelle seines Römerbriefs, wenn er versichert:

> *Bedrängnis bewirkt Geduld, Geduld Bewährung, Bewährung Hoffnung. Die Hoffnung aber kann nicht trügen; denn die Liebe Gottes ist in unsere Herzen ausgegossen durch den heiligen Geist, der uns gegeben ist (Röm 5,3ff)*[53].

Allen niederhaltenden und rückwärts drängenden Tendenzen steht somit das durch Jesus der Welt eingestiftete Prinzip der Liebe entgegen, das dem ebenso liebesbedürftigen wie liebesunfähigen Menschen mit elementarer Überzeugungskraft einleuchten müßte. Da dies angesichts der wachsenden Abkehr vom Christentum jedoch offensichtlich nicht der Fall ist, muß nach dem Grund dieser Abhaltung gesucht werden. Er liegt in der nur allzu manifesten Tatsache, daß nach dem Aufatmen aufgrund des freiheitlichen Aufbruchs von 1989 eine neue Welle der Gewaltbereitschaft und Gewalttätigkeit über die Welt hereinbrach und diese dadurch in die Gegenposition zum Liebeswillen Jesu brachte. Das aber hatte das Zweite Vatikanum mit dem Konzilspapst *Johannes XXIII.* dadurch unterlaufen, daß es mit der jahrhundertelangen Gewaltpraxis der Kirche brach und mit dem von ihm proklamierten Dialogprinzip einer friedlichen und auf Verständigung abzielenden Konfliktlösung das Wort redete. Diese Initiative muß mit allem Nachdruck verstärkt und zur Geltung gebracht werden. Und dies um so mehr, als ihr die unbegreifliche Tatsache entgegensteht, daß sich in beiden Konfessionen zunehmend Befürworter der „Dunkelseite" Gottes, seines Zornes und seines Strafgerichts zu Wort melden (*Miggelbrink*), die sich im Grenzfall sogar zu der Behauptung versteigen, daß die Gerichtspredigt Jesu als „Kehrseite" und „notwendige Voraussetzung" seines Heilsangebots zu gelten habe (*Reiser*)[54]. Wie kann das geschehen?

[52] *U. H. J. Körtner*, Weltangst und Weltende. Eine theologische Interpretation der Apokalyptik, Göttigen 1988, 138–154; 244–323.

[53] Dazu meine Studie, „Der unbekannte Paulus", 149; 268.

[54] *U. Ruh*, Sperrige Vorgaben. Der dunkle Gott und die Theologen, in: Herder-Korrespondenz 1998, 580–583; *R. Miggelbrink*, Der Zorn Gottes. Geschichte und Aktualität einer ungeliebten biblischen Tradition, Freiburg 2000; *M. Reiser*, Die Gerichtspredigt Jesu. Eine Untersuchung zur eschatologischen Verkündigung Jesu und ihrem frühjüdischen Hintergrund, Münster 1990, 241; dazu der Abschnitt „Licht oder Finsternis?" meiner Schrift „Gott im Horizont des Menschen", Limburg 2001, 25–79.

Zunächst durch eine Profilierung der vom Konzil herbeigeführten Wende. Denn mit der Absage an die traditionelle Ausübung und Billigung der Gewalt hob sich der Schleier, der bis dahin auf der Mitte des Evangeliums lag, da dem, der mit seinem ganzen Lebenseinsatz, dem Wort seiner Verkündigung ebenso wie seiner Zuwendung zu den Geächteten und Kranken, sein Volk vom Weg der Gewalt und damit von der absehbaren Katastrophe abbringen wollte, nichts so sehr entgegenstand wie die propagierte, praktizierte oder auch nur billigend hingenommene Gewalt. Denunzierung der Gewalt in allen ihren, den harten, aber nicht weniger auch den subtilen Erscheinungsformen ist darum gerade in einer von Krieg und Terrorismus bedrohten Zeit das Gebot der Stunde. Und diese Denunzierung muß auch die Denk- und Urteilsformen ebenso wie die Verhaltens- und Umgangsformen in ihren Aktionsradius einbeziehen. Unter dem Schutzschild der Konzilsleistung muß diese Initiative dann aber vor allem darauf ausgehen, die immer noch nicht gebührend erkannte religionsgeschichtliche Großtat Jesu herauszustellen, die in seinem revolutionären Bruch mit dem ambivalenten, zwischen Güte und Grausamkeit oszillierenden Gottesbild aller Religionen, selbst der jüdischen (*Buber*), bestand[55].

Hinter dem widerspruchsvollen Bild, das die Evangelien von seiner von Drohworten durchsetzten Verkündigung bieten, muß der zum Vorschein kommen, der nach dem Johannesprolog vom Herzen Gottes, dem Quellgrund der Liebe, kam (Joh 1,18) und der als Bote dieses Gottes deshalb nur dessen Liebe bis zur Hingabe seiner selbst (3,16) bezeugen konnte. Hinter seinen Wundern und Zeichenhandlungen bis hin zur Tempelreinigung und zur Verfluchung des Feigenbaums (Mk 11,12–21) der, dessen Lebensprogramm, wie *Kierkegaard* entdeckte, in seiner Einladung an die Bedrängten und Bedrückten in aller Welt bestand (Mt 11,28)[56]. Hinter seinen Worten und Taten der, der selbst „das Gleichnis Gottes" (*Schweizer*) und das nie genug zu bestaunende „Gotteswunder" (*Biser*) ist[57]. Und hinter seiner Lebensleistung der, der sich darin als der Diener der Seinen erweist (Mk 10,45) und der sich in seiner Hilfe selbst übereignet und hingibt[58]. Das aber bei aller Sanftmut als der, der (nach Lk 12,49) gekommen ist, „Feuer auf die Erde zu werfen", und der nichts anderes will, „als daß es brenne"[59].

In diesem Feuer verbrennt alles, was (nach 1Kor 3,12ff) nicht mit „Gold, Silber und Edelsteinen", sondern mit „Holz, Heu und Stroh" gebaut ist. In ihm verschmilzt, wie *Milan Machovec* auf einem Höhepunkt seines „Jesus für Atheisten" deutlich machte, Jesus

[55] *M. Buber*, Reden über das Judentum, in: Der Jude und sein Judentum, Köln 1963, 182 f.; dazu meine Studie „Paulus. Zeugnis – Begegnung – Wirkung", Darmstadt 2003, 260.

[56] Dazu mein Jesusbuch „Der Freund", 185–190; 333–227.

[57] *E. Schweizer*, Jesus, das Gleichnis Gottes, Göttingen 1996; ferner der Abschnitt „Jesus, das Wunder Gottes" meines Sammelwerks „Die Entdeckung des Christentums", 234–251.

[58] Dazu mein Jesusbuch „Das Antlitz", 164–177.

[59] *F. Hahn*, Theologie des Neuen Testaments II, 50; 569; *U. Lutz*, Warum zog Jesus nach Jerusalem?, in: *J. Schröter* und *R. Brucker* (Hrsg.), Der historische Jesus, 422–425.

selbst mit seiner Botschaft[60]. Und in diesem Feuer verbinden sich die Glaubenden zur Gemeinschaft der Gotteskinder, die (nach Eph 4,13) zum Vollalter Christi heranreift und so in den hineinwächst, der „das Haupt“ ist (Eph 4,15) und in dem „alle Schätze der Weisheit und Erkenntnis verborgen sind“ (Kol 2,3). In dem Maß, wie er als der sie inspirierende Geist in ihnen zu sich selbst kommt, sind dann auch sie zum Vollbewußtsein ihres Glaubens erwacht.

3. Der Königsweg

Nach paulinischer Überzeugung wird „der Glaube durch die Liebe wirksam“ (Gal 5,6), so daß sie, die Liebe, als die Praxis des Glaubens zu gelten hat. Denn der Glaube will nach Ansicht des Apostels betätigt werden. Er drängt sowohl in die sprachlich-kommunikative wie in die zwischenmenschliche Öffentlichkeit. Dort gibt ihm Paulus die Direktiven auf den Weg: „Einer trage des andern Last“ (6,2), „keiner suche den eigenen Vorteil, sondern den des andern“ (1Kor 10,24), und „tut allen Gutes, besonders den Glaubensgenossen“ (Gal 6,10). Die Direktiven erwecken zunächst den Anschein, als komme die Liebe nach Art eines Mediums zum Glauben hinzu. Indessen zeigt das verbale Glaubenszeugnis, daß es sich um eine echte Konsekution handelt. Das verdeutlicht der an das kartesische cogito ergo sum erinnernde Satz:

Ich glaube, darum rede ich (2Kor 4,13)[61].

Danach liegt es im Wesen des Glaubens, sich zu äußern und sich „einem jeden gegenüber zu verantworten“, der vom Glaubenden Rechenschaft über die ihm eigene Überzeugung verlangt (1Petr 3,15). Wenn man hinzunimmt, daß Paulus in der Schlüsselstelle seiner Glaubenstheorie die Bekenntnispflicht noch vor dem Glaubensinhalt nennt – „Wenn du mit deinem Mund Jesus als den Herrn bekennst und in deinem Herzen glaubst, daß Gott ihn von den Toten erweckt hat“ (10,9) –, wird der vom Glauben zum Zeugnis drängende Impuls vollends deutlich. Was von der Zeugnispflicht gilt, trifft dann aber auch auf die Liebespflicht zu. Das ist jedoch nur unter der Voraussetzung einsichtig, daß der Glaube bei allem, was argumentativ auf ihn hinwirkt, letztlich einer Liebeserfahrung entstammt. Und das ist seinerseits an die Einsicht gebunden, daß der Gottesoffenbarung, auf die der Glaube verstehend und zustimmend eingeht, ein göttliches Liebeswort zugrundeliegt, konkret gesprochen, das Wissen um den (nach Joh 1,18) vom Herzen

[60] *M. Machovec*, Jesus für Atheisten, Stuttgart 1972, 93.

[61] Das von Paulus als Belegstelle angeführte Psalmwort (Ps 115,1) hat nur in der Septuaginta den von ihm vorausgesetzten Sinn: *H. Lietzmann*, An die Korinther I/II, 116; dazu meine Studie „Paulus. Zeugnis – Begegnung – Wirkung“, 60.“

Gottes gekommenen Offenbarer, der aufgrund dieser Herkunft ein „Sendbote der göttlichen Liebe“ ist (*Gertrud von Helfta*). Wenn seine Sendung im Durchbruch durch alle störenden Irritationen als Manifestation der Gottesliebe begriffen wird, leuchtet sie dem liebebedürftigen Menschen spontan, noch vor jeder argumentativen Rechtfertigung ein. Dann ist die dem Glauben eingestiftete Liebespflicht lediglich das Geheiß, das im Glauben Empfangene zu veräußern und in Werken und Taten der Liebe zu bezeugen. Gibt es dann aber für die Ethik nicht einen weit kürzeren Weg als den traditionellen der Gebote und Verbote?

Das ist die Frage, die den Römerbrief wie eine Achse durchzieht. Nachdem Paulus eingangs mit der der Undankbarkeit gegenüber Gott entstammenden sittlichen Verwilderung der Heidenwelt (Röm 1,21) und der pharisäischen Überheblichkeit im Judentum abgerechnet hatte (2,17–24), wendet er sich der Rechtfertigung durch den Glauben (5,1–12) und schließlich der ihr entsprechenden Gerechtigkeit zu, die für ihn dem Gehorsam gegenüber Gott und seiner Weisung entstammt (6,15–23). Aus der Sicht des vom Gesetz Befreiten (7,6) geht ihm dann aber die beklemmende Dialektik der Gesetzesethik auf. Zwar ist das Gesetz heilig und gut (7,12); doch steht es in einer derartigen Affinität zur Sünde, daß der dem Gesetz Unterworfene die Sünde nie kennengelernt hätte, wenn er nicht durch das Gesetz dazu provoziert worden wäre; denn:

> *Ich wüßte nichts von der Begierde, wenn das Gesetz nicht gebieten würde:*
> *du sollst nicht begehren (Röm 7,7)*[62].

Außerdem war die Geltung des Gesetzes für Paulus, der damit der joachitischen Epochenteilung vorarbeitet, nur für die Vorzeit des Glaubens rechtskräftig. Das Gottesvolk, dem es durch die Hand von Engeln überbracht worden war (Gal 3,19), sollte dadurch im „Gewahrsam gehalten“ (3,23), gleichzeitig aber durch diesen „Zuchtmeister“ auf Christus hin erzogen werden (3,24)[63]. Damit stellt sich für Paulus bereits die grundsätzliche Frage nach einer Alternative zu der durch den Anbruch der Heilszeit obsolet gewordenen Gesetzesmoral. Darauf kommt er nach den wie ein weitgreifender Exkurs wirkenden Ausführungen über die persönliche (Röm 8,15ff) und kollektive Gotteskindschaft (8,18–23), das Schicksal Israels (9,1–33;10,1–5; 11,1–36) und seine Auffassung von Glaube (10,6–13), Kirche und kirchlichem Leben (12,1–8) erst gegen Ende des Römerbriefs, dort aber mit dem bis zur Stunde noch immer nicht eingeholten Entwurf einer Immunisierungsethik zurück[64]. Daß sie in ihrem innovativen Rang nicht wahrgenom-

[62] *J. Becker*, Paulus. Der Apostel der Völker, Tübingen 1989, 409 f.; *E. Peterson*, Der Brief an die Römer, Würzburg 1997, 216–226.

[63] *F. Mussner*, Der Galaterbrief, Freiburg 1981, 243–259.

[64] Dazu die Ausführungen meiner Paulusbücher „Der unbekannte Paulus“, 90 ff., und „Paulus. Zeugnis – Begegnung – Wirkung“, 146 f.

men wurde, hängt nicht zuletzt mit der den Kontext zerreißenden Ermahnung zu staatsbürgerlicher Loyalität gegenüber der staatlichen Obrigkeit zusammen, die in Verkennung ihres tatsächlichen Stellenwerts als Grundlage einer theologischen Staatstheorie verstanden und in Anspruch genommen wurde[65]. Daß in diesen Äußerungen ein Paulus fremder, ja ihm ins Gesicht wehender Geist redet, hat freilich schon *Erik Peterson* bemerkt und, nachdem er das der Staatsmacht zuerkannte Schwert ausdrücklich als das „des Henkers, nicht des Soldaten" identifizierte, zu der Frage veranlaßt:

> *Wie merkwürdig, daß dieses Schwert, das die Obrigkeit nicht umsonst trägt, später das Haupt des Paulus von seinem Leibe getrennt hat. War die Obrigkeit auch da die Dienerin Gottes, die Rächerin an dem, der Böses tat?*[66]

Zu Ende gedacht, heißt diese Überlegung, daß sich Paulus, seine Verfasserschaft dieser Stelle vorausgesetzt, als Vertreter einer religio illicita dem Schwert der römischen Staatsmacht ausgeliefert und so um „Kopf und Kragen" geschrieben hätte. Da die neutestamentlichen Paulusbriefe jedoch als Kompilationen einer größeren Anzahl von kleinen Schreiben zu gelten haben, bei deren Zusammenstellungen auch Einschübe von fremder Hand und Denkweise in die kanonisierten Fassungen eingingen, erweckt gerade diese den Kontext unterbrechende Stelle den Verdacht, auf eine derartige Interpolation zurückzugehen[67]. Wird sie jedoch mit dieser Begründung eliminiert, so ergibt sich ein geschlossener Zusammenhang, einsetzend mit der Mahnung: „Die Liebe sei ungeheuchelt. Verabscheut das Böse und folgt dem Guten" (Röm 12,9) und endend mit dem Satz:

> *Die Liebe fügt dem Nächsten nichts Böses zu. So ist die Liebe die Vollendung des Gesetzes (Röm. 13,10).*

Zwischen diesen beiden Polen spannt sich dann der Bogen eines sich kontinuierlich steigernden Gedankengangs, beginnend mit der Mahnung zur Bruderliebe (12,10), sich steigernd zum Aufruf zur Geistesgemeinschaft (12,16) und zur Feindesliebe (Röm 12,17–21) und gipfelnd im Gedanken an die Aufhebung der Gesetzesmoral in dem von Paulus nun mit allem Nachdruck herausgestellten Prinzip Liebe (13,8ff). Sein besonderes Profil erhält der Gedankengang durch prägnante Zurufe, die auf die mündliche Verkündigung des Apostels zurückgehen dürften, wie:

[65] *J. Gnilka*, Paulus aus Tarsus. Zeuge und Apostel, Freiburg 1996, 177 f.

[66] *E. Peterson*, Der Brief an die Römer, 345; ferner *Gnilka*, der sogar damit rechnet, daß Paulus in diesem „nicht den Schimmer eines genuin christlichen Gedankens" enthaltenden Passus „einen vorgeprägten Text aufgreift"; A. a. O., 178.

[67] Längst schon erbrachte *Günther Bornkamm* den Nachweis, daß der Emigrationsrat des Zweiten Korintherbriefs als eine im Geist der Qumrantexte abgefaßte Interpolation zu gelten hat.

> *Seid fröhlich in der Hoffnung, geduldig in der Drangsal, beharrlich im Gebet (Röm 12,12),*

aber auch durch das Bildwort:

> *Wenn dein Feind hungert, dann speise ihn, wenn er Durst hat, dann tränke ihn. Wenn du das tust, sammelst du Kohlen auf sein Haupt (Röm 12,20),*

das sich wohl auf die Verlegenheit des Empfängers solcher Wohltaten und auf die ihm ins Gesicht steigende Schamröte bezieht[68]. Ihren Höhepunkt erreicht die Gedankenfolge jedoch fraglos in der von Paulus behaupteten, bisher aber noch immer nicht ins allgemeine ethische Bewußtsein gedrungenen Aufhebung der Gebote im Prinzip Liebe. Denn im Unterschied zu den Geboten, die Ehebruch, Mord und Diebstahl verbieten (Röm 13,9), erklärt er damit die Liebe zu dem Prinzip, das den von ihm ergriffenen Menschen zum Ansinnen, Anstreben und Antun des Bösen unfähig macht. Wenn er der Liste der von ihm genannten Gebote auch das Begehren hinzufügt (13,9), erinnert er damit unwillkürlich an das Geständnis, daß er „die Sünde nicht kennengelernt" hätte, wenn das Gesetz nicht geboten hätte: „Du sollst nicht begehren" (7,7). Dann aber stellt sich unabweislich die Frage, was ihn zu diesem spektakulären Bruch mit der Gesetzesmoral veranlaßte und zum Konzept dieser Immunisierungsethik bewog. Antwort darauf gibt die Schlüsselstelle (Röm 8,15), die im Rückbezug auf ihre Entsprechung im Galaterbrief (Gal 4,4ff) mit dieser zusammen eine das ganze Briefwerk des Apostels durchziehende Achse bildet. Dort wendet sich Paulus an seine Adressaten mit der bereits mehrfach erwähnten Aufforderung, Gott im Geist der Kindschaft furchtlos als „Vater" anzurufen (Röm 8,15)[69]. Denn mit der Sendung des Gottessohnes ging, wie die Parallelstelle des Galaterbriefs versichert, die Zeit der Heteronomie zuende, da der „aus einer Frau" Geborene und dem Gesetz Unterworfene in die Welt eintrat, um die dem Gesetz Unterstehenden zu befreien und alle zur Gotteskindschaft zu erheben. Das bestätigt die Schlüsselstelle mit dem Hinweis auf den Geistempfang, der die Gotteskinder zur Anrufung des Vatergottes ermächtigt. Beide Stellen aber lassen keinen Zweifel daran, daß die Erhebung des Menschen zur Gotteskindschaft den Umbruch in der Geschichte des ethischen Bewußtseins und die Aufhebung der Gesetzesmoral in die Immunisierungsethik herbeiführte. Als Gotteskind ist der Mensch ebenso der Heteronomie des Daseins enthoben wie aus dem „Gewahrsam" des Gesetzes entlassen und, mit *Kant* gesprochen, dazu bewogen, das ihm Gebotene „gerne", und das besagt, aus dem Antrieb der Liebe zu tun[70]. Kant läßt aber auch keinen Zweifel

[68] *E. Peterson*, Der Brief an die Römer, 338.

[69] *U. Wilckens*, Der Brief an die Römer II, 136 f.

[70] Dazu mein Beitrag „Sinn und Ziel der Neuen Theologie. Die Liebenswürdigkeit und Verwandlungskraft des Christentums", in: Ausblicke XVI, München 2004, 2 ff.

daran, daß die Beschreitung dieses Immunisierungsweges an den Erweis der „Liebenswürdigkeit" des Christentums gebunden ist; und er gibt zugleich indirekt zu verstehen, worin das Hindernis besteht, das die allgemeine Akzeptanz und Befolgung dieses Weges aufhielt. Auch wenn er es lediglich als Möglichkeit in Betracht zieht, war und ist es eine Selbstdarstellung des Christentums, in der es sich in Abkehr von der ihm angestammten Liebenswürdigkeit „mit gebieterischer Autorität bewaffnet" und das fordert, wozu es seine Anhänger bewegen und begeistern sollte[71].

Wie kaum eine andere Warnung ist diese in die gegenwärtige, durch die eskalierende Abkehr von Christentum und Kirchen gekennzeichnete Situation hineingesprochen. Denn diese kann nicht nur in dem ganz unterschiedlich bedingten Glaubensverlust der sich Entziehenden begründet sein. Ihre Ursache muß vielmehr auch in der mangelnden Anziehungs- und Überzeugungskraft der Kirchen gesucht werden. Tatsächlich vermitteln sie, je nach Konfession, entweder den Eindruck hieratischer Strenge, weltfremder Abgehobenheit oder bemühter Anpassung, in keinem Fall jedoch den von *Kant* erhofften: den der alle ansprechenden Liebenswürdigkeit. Was angesichts dieses Befunds geschehen müßte, liegt auf der Hand. Alle innere Reformbereitschaft müßte sich darauf konzentrieren, die verlorene Liebenswürdigkeit zurückzugewinnen. An die Stelle der kaum wirklich überwundenen Konflikte und der Abgrenzungsstrategien müßte ein Wettstreit der Konfessionen um ein Maximum an liebenswürdiger Selbstdarstellung treten, die schon vom angestrebten Ziel her zu keiner neuen Rivalität, sondern zu wachsender Annäherung führen würde. Dabei müßten jene Altlasten abgeworfen werden, die dem erstrebten Ziel am meisten entgegenstehen. Und da es dabei letztlich um Beweise der Liebe ginge, stünde auch der Kanon des Geschehens außer Zweifel. Selbst über den Weg zu dem gesuchten Ziel könnte keine Unklarheit aufkommen. Denn die Liebenswürdigkeit könnte nur durch die Liebe, konkret gesprochen, durch den Rückbezug auf die Mitte des Evangeliums wiedergewonnen werden. Doch gerade in dieser Frage sind die unterschiedlichen Konfessionen weit von einem Konsens entfernt. Solange in ihnen immer noch Gewalt und sei es auch nur in administrativer Form geübt wird, und solange sie immer noch Akzeptanz auf dem Weg der Angstsuggestion zu erreichen suchen, ist ihnen der Weg in die Mitte des Evangeliums verbaut. Und nicht nur dies; vielmehr ist angesichts der immer noch verbreiteten Billigung von Krieg und Todesstrafe allen Ernstes zu fragen, ob unter den Konfessionen überhaupt ein Konsens hinsichtlich der Mitte des Christenglaubens besteht.

Indessen ist die Hoffnung auf einen Grundkonsens gewachsen, nachdem der Wille zu ökumenischer Vereinbarung eindeutig den zur Konfrontation übertraf, nachdem der exegetische Fortschritt die Suche nach der Mitte begünstigte und seitdem das Zweite Vatikanum die dialogische Konfliktbewältigung zu der einzig noch vertretbaren erklärte.

[71] *I. Kant*, Das Ende aller Dinge, in: Ausgewählte kleine Schriften, Hamburg 1965, 101; dazu auch die Ausführungen meiner Studie „Der unbekannte Paulus", 244.

In diesem Zusammenhang muß auch der Beitrag der als Spätfrucht des Konzils entstandenen Jesusliteratur gesehen und gewürdigt werden, an der sich nicht nur christliche Autoren beider Konfessionen, sondern erstmals in der Glaubensgeschichte auch Philosophen, Juden und Atheisten beteiligten[72]. Zwar verzweigte sich die Deutung Jesu in eine vom traditionellen Dogma ausgehende Christologie von oben, eine auf das Sozialverhalten Jesu ausgehende Christologie von unten und eine an *Kierkegaards* „Einübung im Christentum" orientierte Christologie von innen. Dabei ging mit der Orientierung an Jesu Sozialverhalten die Einsicht einher, daß er seinen zeitgeschichtlichen Auftrag darin sah, sein Volk auf den Weg der Gewaltlosigkeit zu verweisen, um es dadurch von der im Fall eines Krieges gegen Rom drohenden Katastrophe zu bewahren. Ebenso hob die Christologie von innen darauf ab, daß Jesus nie „zu einem Vergangenen" werden kann (*Kierkegaard*), so daß seine Sache stets „im Präsens" verhandelt werden muß[73].

Im Zentrum dieser Vergegenwärtigung ereignet sich, eigengesetzlich, wie es einem „Lebenden" entspricht (*Schillebeeckx*), eine progressive Selbstvergegenwärtigung Jesu. Dabei durchbricht er die Überlagerung seiner Botschaft durch traditionelle Implikationen und unzulängliche Interpretationen, die dann wie verstörende Hüllen von seinem Antlitz abfallen, während er sich als den aus der Reihe der alttestamentlichen Propheten präsentiert, der die entscheidende Innovation herbeiführte und, radikaler noch, als den großen Revolutionär der Religionsgeschichte, der die Ambivalenz der allen Religionen zugrundeliegenden Gottesvorstellung in die rettende Eindeutigkeit der Liebe Gottes aufhob. Im Zug dieser Selbstvergegenwärtigung wird überdies klar, daß er im Unterschied zu allen anderen Religionsstiftern nicht nur eine Botschaft hat, sondern seine Botschaft in leibhaftiger Verkörperung ist, so daß er als lebendiges Interpretament an die literarischen Zeugnisse von ihm herangetragen werden muß, wenn diese in ihrer wahren Bedeutung ersichtlich werden sollen. Vor allem aber zeigt sich dann, daß er dies nicht so sehr in Form einer hermeneutischen Prozedur als vielmehr als der den Seinen Einwohnende anstrebt, der sie als inwendiger Lehrer in die „in ihm verborgenen Schätze der Weisheit und

[72] *W. Dantine*, Jesus von Nazareth in der gegenwärtigen Diskussion, Gütersloh 1974; *W. Kaspar*, Christologie im Präsens, Mainz 1978; *W. Kern*, Disput um Jesus und um Kirche, Innsbruck 1980; *W. Verweyen*, Christologische Brennpunkte, Essen 1985; *G. Adler*, Die Jesus-Bewegung, Düsseldorf 1972; *Sch. Ben-Chorin*, Bruder Jesus. Der Nazarener in jüdischer Sicht, München 1970; *M. Machovec*, Jesus für Atheisten, Stuttgart 1972; *E. Schillebeeckx*, Jesus. Die Geschichte von einem Lebenden, Freiburg 1974; sowie meine Jesusbücher „Der Helfer. Eine Vergegenwärtigung Jesu", München 1973, „Jesus für Christen. Eine Herausforderung", Freiburg 1984; „Der Freund. Annäherungen an Jesus", München 1989 und „Das Antlitz. Eine Christologie von innen", Düsseldorf 1999; ferner mein Beitrag „Zur Neuentdeckung Jesu im heutigen Glaubensbewußtsein", in: Diakonia 22 (1991) 373–379.

[73] Dazu mein Beitrag „Der Helfer ist die Hilfe. Plädoyer für eine „Christologie von innen", in: *J. Sauer* (Hrsg.), Wer ist Jesus Christus? Freiburg 1977, 165–200.

Erkenntnis" (Kol 2,3) einweisen will[74]. Gefordert ist damit eine allen exegetischen Bemühungen vorangehende und sie unterbauende Christus-Hermeneutik, die das an seinem Blick und Antlitz abliest, was er durch seine Gestalt, seine Sendung und seine Lebensleistung „gesagt" und immer neu zu sagen hat[75]. Da aber sein Blick an einen jeden der von ihm Getroffenen zugleich die Frage stellt, ob er auch tue, was er ihm zu tun gebietet (*Kierkegaard*), drängt die Selbstvergegenwärtigung Jesu ebensosehr auf den Mitvollzug der von ihm verkörperten und gelebten Praxis[76].

Doch davon gilt Gleiches, wie von der von Jesus gebotenen Hilfe, die sich nach *Kierkegaard* einem jeden so zuwendet, als gäbe es für ihn nur diesen einen in aller Welt[77]. In seine Zuwendung an jeden einzelnen sind immer schon alle einbegriffen. Sie will er (nach Joh 12,32) an sich ziehen; ihnen will er (nach Eph 3,17) einwohnen und sie als inwendiger Lehrer mit seiner Weisheit beschenken. Auf die Frage nach der Praxis zurückbezogen besagt das, daß er alle auf den von Paulus gewiesenen Immunisierungsweg führen will. Doch dem steht die notorische Liebesunfähigkeit gerade des heutigen Menschen entgegen (*Ratzinger*). Denn am Beschreiten des Königswegs ist er durch das „Erkalten der Liebe in vielen" (Mt 24,12) gehindert, das vermutlich auch den Blick der „Wächter" und für die Sittenordnung Verantwortlichen trübt, so daß sie die einzigartige Chance einer Aufhebung der Gesetzesmoral in eine Immunisierungsethik noch immer nicht erkannten. Wie kann diese Barriere überwunden werden?

Zweifellos nicht durch eine menschliche Initiative, sondern nur durch denjenigen, der (nach Joh 1,18) der vom Herzen Gottes gekommene Offenbarer der Liebe Gottes und als solcher (nach Röm 8,39) die personale Erscheinung und Mitteilung dieser Liebe ist:

> *Denn nicht darin besteht die Liebe, daß wir Gott geliebt haben, sondern darin, daß Gott uns geliebt und seinen Sohn als Sühne für unsere Sünden gesandt hat (1Joh 4,10).*

So versichert es der Erste Johannesbrief, übereinstimmend mit einem Ausspruch der Oden Salomons, der erklärt:

> *Denn nicht vermöchte ich den Herrn zu lieben, wenn er mich nicht liebte (OS 3,3)*[78].

[74] Dazu meine Schrift „Der inwendige Lehrer. Der Weg zu Selbstfindung und Heilung", München 1994.

[75] Dazu der Abschnitt „Eine Christus-Hermeneutik" in meinem Sammelwerk „Die Entdeckung des Christentums", 106–119.

[76] *S. Kierkegaard*, Einübung im Christentum III, Abschnitt VI (Ausgabe *Hirsch* und *Gerdes*), Gütersloh 1980, 233.

[77] A. a. O., Die Einladung, 19 f.

[78] *H.-J. Klauck*, Der erste Johannesbrief, 251 f.

Aus dem Bewußtsein, der jeder Menschenliebe Zuvorkommende zu sein, fordert gerade der johanneische Jesus: „Bleibt in meiner Liebe“ (Joh 15,9)[79]. Daraus zieht dann der Brief die für die Überwindung der menschlichen Liebesunfähigkeit einzig mögliche Konsequenz:

Wir haben uns der Liebe anvertraut, die Gott zu uns hegt (1Joh 4,16)[80].

Das Motiv, weshalb das im Wir-Stil gesagt wird, ist eindeutig in dem an den gesamten „johanneischen Kreis“ (*Cullmann*) gerichteten Aufruf zu suchen:

Seht doch, welch große Liebe der Vater zu uns hegt, daß wir Gottes Kinder nicht nur heißen, sondern sind (1Joh 3,1).

Denn als letzter Grund, der in Jesus erschienenen, den Seinen übereigneten und sie zur Gotteskindschaft erhebenden Liebe wird in dieser Proklamation der Vater genannt, von dem er sich seinerseits „vor Grundlegung der Welt geliebt“ und zur Übereignung dieser Liebe beauftragt weiß (Joh 17,24. 26). In der Person und im Lebenswerk seines geliebten Sohnes zieht daher der Vater die sich seiner Liebe Anvertrauenden an sich, um sie mit dem zusammen, der durch seine Auferstehung „zum Gottessohn mit Macht“ eingesetzt wurde (Röm 1,4), in ein Kindesverhältnis zu sich aufzunehmen.

Erst damit ist die Frage nach der Liebesfähigkeit der dazu Unfähigen vollgültig beantwortet. Sie können den Königsweg beschreiten, weil die Liebe Gottes (nach Röm 5,5) in ihre Herzen ausgegossen und ihnen als Prinzip eingestiftet wurde, und das besagt in mystischer Sicht: weil sich Gott selbst im Spiegel seines Sohnes in ihnen liebt und sie so zur Liebe im Geist der Immunisierungsethik befähigt. Seither gilt für sie die augustinische Anweisung; „Dilige et quod vis fac“; liebe, dann kannst du tun, was du willst; denn aufgrund des dir eingestifteten Prinzips bist du unfähig, dem andern Böses anzusinnen oder gar anzutun, um so mehr aber dazu bewogen, ihm zu helfen und in seiner Lebensnot beizustehen. Innerster Beweggrund dessen aber ist der, der sich, wie *Augustin* versichert, selbst in den Seinen liebt[81]. Berufen, diesen Königsweg zu beschreiten, sind vorzugsweise die Gotteskinder, die sich dann aber vor allem in dem insistenten Bemühen bewähren müßten, möglichst viele auf diesen Weg mitzunehmen und so der Christenheit

[79] *Ch. Möller* (Hrsg.), Freude an Gott. Hermeneutische Spätlese bei Ernst Fuchs, Waltrop 2003, 368 ff.; *J. Heise*, Bleiben. Menein in den johanneischen Schriften, 89 ff.

[80] A. a. O., 257–264.

[81] An diese Einsicht rührt sogar der Pauluskritiker *Martin Buber*, wenn er sich bei den Aussagen des Apostels über die von Gott im Menschen bewirkte Liebe dazu versucht sieht, „an Spinoza zu denken, bei dem die Liebe des Menschen zu Gott in Wahrheit nichts als Gottes Liebe zu sich selbst ist“: Zwei Glaubensweisen, Zürich 1950, 132 f.

die ihrer innersten Bestimmung entsprechende Alternative zu der immer noch dominierenden Gesetzesmoral vor Augen zu führen.

4. Das Friedenswerk

An den Glaubenden richtet sich (nach 1Petr 3,15) die Forderung, sich einem jeden gegenüber zu verantworten, der von ihm Rechenschaft über die von ihm vertretene Überzeugung verlangt. An das Gotteskind ergeht im gleichen Sinn die Forderung, sich einem jeden gegenüber zu verantworten, der von ihm Bescheid darüber verlangt, was es bedeutet, Kind Gottes nicht nur zu heißen, sondern zu sein (1Joh 3,1). Doch was heißt es, Kind Gottes zu sein? Das ist die Frage nach dem der Gotteskindschaft eingeschriebenen Geheiß[82]. Genügen könnten die Gotteskinder diesem Geheiß nur, wenn es ihnen gelänge, den Auskunft Verlangenden den Status und die „Leichtigkeit des Seins" – der Ausdruck jetzt in seinem positiven Sinn genommen – zu verdeutlichen, zu dem sie durch den Auferstandenen erhoben wurden. Denn das Schwergewicht des Daseins fiel von ihnen ab, seitdem sie sich in die Einsetzung Jesu zum Gottessohn einbezogen, dem Gesetz der universalen Todverfallenheit entrissen und dadurch von dem sie (nach Hebr 2,15) niederdrückenden Joch der Todesfurcht befreit fühlten. Wie aber ließe sich diese „Erleichterung" glaubhaft verdeutlichen? Glaubhaft könnte das nur vermittelt werden, wenn es gelänge, die in der Gotteskindschaft realisierte Utopie des Menschseins auf eine allgemein erstrebte zu beziehen und sie als Vorgriff darauf zu erweisen. Der Suche danach kommt die vorletzte der Seligpreisungen nach der Überlieferung des Matthäusevangelisten entgegen, die mit den Worten:

Selig die Friedenstifter; denn sie werden Söhne Gottes heißen (Mt 5,9),

den Friedenstiftern die Gotteskindschaft verheißt[83]. Enger könnte das Band zwischen der Gotteskindschaft und der höchsten aller Menschheitsutopien schwerlich geknüpft werden. Denn mit dieser Seligpreisung ist den Friedenstiftern nicht nur die Gotteskindschaft zugesprochen; vielmehr gilt auch das Umgekehrte: die Gotteskinder werden dadurch zu Friedenstiftern in dem Sinn erklärt, daß es ihnen gegeben und aufgegeben ist, den Frieden vom Himmel der Utopien auf die harte Lebenswelt herabzuholen und in ihr zu verwirklichen. Erste und wichtigste ihrer Aufgaben ist, zusammenfassend gesprochen,

[82] Im selben Sinn hatte *Heidegger* die Frage „Was heißt denken?" auf das zum Denken nötigende „Geheiß" zurückgeführt: Was heißt denken?, Tübingen 1954, 79 ff.; 173 f.

[83] *W. Grundmann*, Das Evangelium nach Matthäus, Berlin 1971, 130 ff.; *R. Schnackenburg*, Matthäusevangelium 1,1–16, Würzburg 1985, 48 f.; dazu meine Schrift „Wege des Friedens", Augsburg 2003, 188–201.

die Realisierung und Sicherung des Friedens und damit der höchsten aller Menschheitsutopien. Um dieser Aufgabe gewachsen zu sein, müssen sie allerdings das in sich vorwegnehmen, was sie leisten und in der friedlosen Welt zur Geltung bringen sollen. Sie müssen, anders ausgedrückt, selbst zu gelebten Utopien werden. Doch gerade dazu sind sie befugt, sofern sie der todverfallenen conditio humana überhoben und, emporgezogen durch den Auferstandenen und Erhöhten (Joh 12,32), in ein dem Gottessohn entsprechendes genealogisches Gottesverhältnis aufgenommen sind. Da sie aber, anders als es Paulus zunächst für sich und seine Adressaten erwartete (1Thess 4,15ff; 1Kor 15,51f), sterben müssen, fällt der Todesschatten immer noch auf ihr Entrückungserlebnis. Im Bewußtsein, den Tod aber bereits hinter sich zu haben, müssen sie diese Anfechtungen niederringen, um zum Vollbesitz ihrer neuen Identität zu gelangen. Wenn ihnen dies gelingt, nimmt der Friede nicht nur wie die Liebe von ihnen Besitz; vielmehr strahlt er dann von ihnen in einer Weise aus, wie es *Kierkegaard* Johannes Chrysostomus zugute hielt, der, wie er meinte, nicht nur mit einzigartiger Beredsamkeit gesprochen, sondern „mit seiner ganzen Existenz gestikuliert" habe[84]. Friede ist dann das Grundwort ihrer Äußerungen und die Urtat ihres praktischen Verhaltens. Voraussetzung dessen ist indes, daß sie sich ihrer Gotteskindschaft, der damit verbundenen Würde und deren Kompetenz voll bewußt werden. Darauf zielte *Gregor von Nyssa* ab, als er in seiner siebten Rede über die Seligpreisungen die der Friedenstifter als das Allerheiligste des Tempels würdigte, zu dem die vorangehenden emporführen[85]. Bei diesem Anstieg wird das ganze Gefälle zwischen Kreatürlichkeit und Gotteskindschaft durchmessen. Denn das „Werk von wahrhaft göttlicher Kraft", das den Friedenstiftern aufgegeben ist, vermag nur der „mit der Gnadenkrone der Gotteskindschaft gekrönte Mensch" zu vollbringen[86]. Auf dessen Qualifikation hebt der Nyssener mit den geradezu enthusiastischen Worten ab:

> *Was gäbe es, um Gott für diesen Hulderweis würdig zu danken? Welches Wort, welcher Gedanke, welche Begeisterung wäre hinreichend, um das Übermaß der Gnade zu rühmen und zu preisen? Weit schreitet da der Mensch über seine Natur hinaus, wenn er aus einem Sterblichen ein Unsterblicher, aus einem Vergänglichen ein Unvergänglicher, kurz, aus einem Menschen ein Gott wird. Wer so hoch erhoben wurde, ein Kind Gottes zu sein, der muß auch die Würde des Vaters empfangen und die väterlichen Güter erben. O Freigebigkeit des reichen Herrn! O offene Hand! O mächtiger Arm! Wie unschätzbar sind die Gnaden, die er aus seiner verborgenen Schatzkammer hervorholt, um sie uns zu schenken! Aus reiner Liebe zu uns*

[84] *S. Kierkegaard*, Die Tagebücher IV, Düsseldort und Köln 1970, 284.

[85] *Gregor von Nyssa*, De beatitudinibus, Oratio 7,1; dazu meine Schrift „Der Sinn des Friedens. Ein theologischer Entwurf", München 1960, 227–231.

[86] A. a. O., Oratio 7,3 und 7,2.

Menschen erhebt er unsre Natur, die ihre Würde und Hoheit durch die Sünde verlor, nahezu zu seiner eigenen Würde[87].

In dieser hymnischen Äußerung spiegelt sich nicht nur ein Wissen um die in der Gotteskindschaft durchmessene Differenz, sondern nicht weniger auch um den damit erreichten oder doch wenigstens angegrenzten transkreatürlichen Besitzstand, der ebenso ein ihm angemessenes Bewußtsein wie den Impuls zu dessen praktischer Bewährung impliziert. Bestätigt wird damit zunächst schon die These, wonach die Gotteskindschaft als die realisierte Utopie des Menschseins zu gelten hat. Sie ist, mit einem Grundgedanken der Modalanthropologie gesprochen, die Einlösung des mit dem Menschsein gegebenen, aber über seine faktische Verwirklichung hinausgreifenden Versprechens[88]. Eingelöst werden muß dieses zunächst im Selbstverhältnis des Gotteskindes, das sich vom durchschnittlichen signifikant abheben muß. Wenn *Heidegger* recht behält, ist dieses durch ein konstitutives „Geworfensein" und dessen Folge, dem geängsteten und sorgenden Umgang mit den Gegebenheiten des Daseins, gekennzeichnet[89]. Dieser beständige Vorgriff auf die erwarteten oder meist befürchteten Möglichkeiten des Daseins muß aufgefangen und in das Wissen um die Geborgenheit in Gottes Vaterhand aufgehoben werden. Nicht aus den Zufällen der kontingenten Lebenswelt, sondern aus der liebenden Gotteshand kommen dann die Gegebenheiten und Ereignungen des Daseins dem auf diese Entgegenkunft hoffenden Gotteskind zu.

Im Maß dieser Selbstvergewisserung wächst dann aber auch die Bereitschaft und das Verlangen, den gewonnenen Frieden in die konfliktträchtige Welt hineinzutragen und bessere Wege der Konfliktbewältigung zu erschließen. Die Chancen, damit auf offene Türen zu stoßen, sind entscheidend gewachsen, seitdem das Zweite Vatikanum, stellvertretend für die gesamte Christenheit, mit der unheilvollen Tradition der gewaltsamen Konfliktbewältigung gebrochen und sich dem Dialog als dem einzig menschlich und christlich verantwortbaren Weg der Konfliktlösung verschrieben hat. Nicht nachdrücklich genug kann im Hinblick darauf betont werden, daß dadurch die infolge der verbreiteten Gewaltbereitschaft auf der Mitte des Evangeliums liegende Hülle beseitigt und die in dieser Mitte aufleuchtende Gottesentdeckung Jesu erkennbar wurde. Wie gerade dem der kreatürlichen Todverfallenheit entrissenen Gotteskind einleuchten müßte, bestand diese Großtat in der Überwindung des ambivalenten, als Koinzidenz von Faszination und Schrecken zu denkenden Gottes zugunsten seiner in Christus ebenso manifest wie gegenwärtig gewordenen und alle Daseinsmächte überwindenden Liebe[90].

[87] A. a. O., Oratio 7,1.

[88] Dazu meine Studie „Der Mensch – das uneingelöste Versprechen. Entwurf einer Modalanthropologie", Düsseldorf 1995.

[89] *M. Heidegger*, Sein und Zeit, Halle 1935, 135; 175–200; 274–280.

[90] *M. Görg*, Der un-heile Gott. Die Bibel im Bann der Gewalt, Düsseldort 1996; dazu der Abschnitt „Licht oder Finsternis?" meiner Schrift „Gott im Horizont des Menschen", Limburg 2001, 25–79.

Damit ist bereits hervorgehoben, daß der von Jesus entdeckte, verkündete, erkämpfte und erlittene Gott keinesfalls der von Sprechern der Gegenwartstheologie angenommene Gott der alles hinnehmenden und tolerierenden Beliebigkeit, sondern der des von Jesus auf die Erde geworfenen Feuers (Lk 12,49), ja, wie der Hebräerbrief diesen Gedanken noch steigert, des „verzehrenden Feuers" ist (Hebr 12,29)[91]. Deshalb kann der Versuch, dem Gottesbegriff durch die Hervorhebung der angeblichen „Dunkelseite" Gottes und der Betonung seiner Gerichtsandrohung und seines „Zornes" zu neuer Effizienz zu verhelfen, nur als Rückfall in das vorjesuanische Gottesverständnis gewertet werden, ganz davon zu schweigen, daß die Vertreter dieses Versuchs in die Falle *Nietzsches* gerieten, der ausgerechnet in seinem „Antichrist" gefragt hatte:

> *Was läge an einem Gott, der nicht Zorn, Rache, Neid, List, Gewalt kennte? … Man würde einen solchen Gott nicht verstehen: wozu sollte man ihn haben?*[92]

Im Gegenzug zu diesem Fehlgriff muß daran erinnert werden, daß sich Jesus von dem Gott, aus dessen Begriff er den „Tag der Rache" ersatzlos gestrichen hatte (Lk 4,19; Jes 61f), die Bewahrung seines Volkes vor der drohenden Katastrophe eines Kriegs gegen Rom, vor allem aber die Verwirklichung seiner Utopie vom Gottesreich versprach[93]. Um dieses Ziel zu erreichen, bricht er mit der in ihn gesetzten Erwartung des Täufers und dessen Gerichtsvorstellung (Lk 7,18–23) und nimmt er seine Jünger im Vaterunser (11, 1–4) in sein eigenes Gottesverhältnis hinein[94]. Erst vor dem Hintergrund dieser Gottesentdeckung und der mit ihr einhergehenden religionsgeschichtlichen Innovation gewinnt die Lebensleistung Jesu ihr wahres Profil und wird sein – durch die satisfaktorische Deutung funktionalisierter – Kreuzestod als die (nach Joh 13,1) „äußerste" Verifizierung dieser Großtat begreiflich[95]. Wenn aber die satisfaktorische Deutung des Kreuzestodes schon an dessen der Würde menschlichen Sterbens widersprechenden

[91] *F. Hahn*, Theologie des Neuen Testaments II, Tübingen 2002, 182; 508; *M. Hengel* und *A. M. Schwemer*, Der messianische Anspruch Jesu und die Anfänge der Christologie, Tübingen 2001, 75 f. Damit ist die positive Konnotation dieser doppelsinnigen Wendung befürwortet.

[92] *M. Reiser*, Die Gerichtspredigt Jesu. Eine Untersuchung zur eschatologischen Verkündigung Jesu und ihrem frühjüdischen Hintergrund, Münster 1990; *Chr. Riniker*, Die Gerichtsverkündigung Jesu, Bern 1999; *R. Miggelbrink*, Der Zorn Gottes. Geschichte und Aktualität einer ungeliebten biblischen Tradition, Freiburg 2000; *F. Nietzsche*, Der Antichrist, § 16.

[93] *U. Busse*, Das Nazareth-Manifest Jesu. Eine Einführung in das lukanische Jesusbild nach Lk 4,16–30, Stuttgart 1877; *F. Hahn*, Theologie des Neuen Testaments II, 783.

[94] *L. Schenke*, Die Urgemeinde, 304 f.; ferner meine Schrift „Glaubensbekenntnis und Vaterunser. Eine Neuauslegung", Düsseldorf 2003.

[95] Dazu der Abschnitt „Bindet ihn los!" meines Sammelwerks „Die Entdeckung des Christentums", 252–266.

Funktionalisierung scheitert, stellt sich, zumal auch angesichts der Tatsache, daß das als authentische Todesaussage geltende Becherwort des Abendmahls (Mk 14,25) keinerlei Hinweis auf eine von Jesus zu erbringende Sühneleistung enthält, die Frage nach dessen tatsächlichen Sinn[96]. Auf diese Frage antwortet der Epheserbrief mit einer Aussage, die unmittelbar auf die Seligpreisungen der Bergpredigt und damit auf die Friedensthematik zurückführt. Dabei erinnert er seine Adressaten an die Zeit, in der sie noch Heiden waren, von Christus getrennt und der Heilsgemeinde entfremdet, ohne Hoffnung und ohne Gott in dieser Welt:

> *Jetzt aber seid ihr, die ihr einst „Ferne" wart, in Christus Jesus und seinem Blut zu „Nahen" geworden. Denn er ist unser Friede, er, der die beiden Getrennten geeint und die trennende Wand der Feindschaft durch sein Sterben niedergerissen ... und die beiden in seiner Person zu einem neuen Menschen gemacht hat. So stiftete er Frieden, indem er die beiden durch sein Kreuz zu einem einzigen Leib vereinte und durch seinen Tod die Feindschaft tötete. Er kam und verkündete den Frieden, euch, den „Fernen", und uns, den „Nahen", so daß wir beide in dem einen Gott Zugang zum Vater haben (Eph 2,13–18)*[97].

Thematisch ist das die Rechtfertigung der von Paulus gegen denkbar größte Widerstände durchgesetzten und unter schwersten Strapazen durchgeführten Heidenmission. Dem aber war, der Epheserstelle zufolge, der Gekreuzigte zuvorgekommen, sofern er dadurch, daß er für die ganze Welt starb, die ethnischen, kulturellen und religiösen Barrieren niederlegte und jene weltübergreifende Einheit schuf, in der die Unterschiede von Juden und Heiden gegenstandslos werden, weil alle von Christus umgriffen, durchwirkt und geeint sind (Gal 3,28; Kol 3,11)[98].

Davon sind die Gotteskinder unmittelbar betroffen. Einmal, weil sie ihren Status der Auferstehung des Gekreuzigten verdanken und das als Erhebung an sich erfahren, was die Epheserstelle als Einung beschreibt. Sodann, weil sie auf gleiche Weise inkorporiert und geeint sind, wie dies von den ihrer anfänglichen Feindschaft überhobenen Juden und Heiden gesagt wird. Doch daraus erwächst ihnen ein ihr gesamtes Verhalten bestimmender und ihren ganzen Einsatz fordernder Imperativ. Sie unterstehen, um eine frühere Wendung nochmals aufzugreifen, einem aus ihrem Sein an sie ergehenden Geheiß, das sie nötigt, das, was ihnen widerfuhr, in der Hinkehr an die zerrissene Welt nachzuvollziehen. Denn sie sind, wie sie nunmehr begreifen, das Organ, durch das der fortlebende

96 *A. Vögtle*, Grundfragen der Diskussion um das heilsmittlerische Todesverständnis Jesu, in: Offenbarungsgeschehen und Wirkungsgeschichte, Freiburg 1985, 141–167.

97 *M. Dibelius*, An die Kolosser, Epheser, An Philemon, 68–71.

98 A. a. O., 42 f.

Christus wirksam werden will. Sie sind seine Hände, durch die er handelt, und, wie die Oden Salomons wissen, sein Mund, durch den er (nach Eph 2,17) den Frieden verkünden will.

Gerade dies ist in einer Stunde progressiver Friedensgefährdung von höchster Aktualität. Wenn nach einer Zeit des relativen Aufatmens nicht wieder ein Krieg dem nächsten folgen oder gar die Welt in einen dritten, terroristisch geprägten Weltkrieg hineintreiben soll, muß ihr der Friede auf neue Weise angesagt werden. Denn die Menschheit neigt aufgrund der unvordenklichen Erfahrung, daß auf jeden Friedensschluß noch immer ein neuer und noch schlimmerer Krieg folgte, zu der Meinung, daß diese Konsekution geradezu als eine Art Naturgesetz zu gelten habe, wie es dann auch das fatale Begriffspaar „Krieg und Frieden" zum Ausdruck bringt. Wer aber so vom Frieden redet, hat ihn bereits an den nächsten Krieg verraten. Deshalb muß es an dieser Stelle zu einer Bewußtseinswende, unterstützt von einer Sprachbarriere, kommen, die das Begriffspaar aus dem humanen Sprachgebrauch ausschließt. Die Wende selbst aber muß damit einsetzen, daß der Friede in seiner Zugehörigkeit zum Gestirn der höchsten Ideen der Menschheit begriffen wird. Wie deren Spitzenbegriff, die Gottesidee, in ihrer Ausschließlichkeit erkennen läßt, sind diese durch das Moment der Gegensatzlosigkeit ausgezeichnet. So wenig es zur Gottesidee eine Alternative gibt, hat das Gute einen adäquaten Gegensatz, da das gemeinhin als Kontrastbegriff dazu geltende Böse, wie *Thomas von Aquin* in Abkehr von der Fehldeutung *Augustins* herausstellte, als eine Ermangelung des Guten und damit als ein Defekt zu gelten hat[99]. Ebensowenig ist die Sklaverei, weder in ihren antiken noch in ihren bis in die verbreitete Medienabhängigkeit hineinreichenden Formen ein Gegensatz zur Freiheit, sondern der tragische Zustand, daß Menschen auf repressive oder persuasive Weise die Freiheit entzogen wird[100].

Gleiches gilt aber auch, zusammen mit der Idee des Guten und der Freiheit, von der aus der Gottesidee abgeleiteten Idee des Friedens. Sie schien im Jahr des großen Aufbruchs (1989) buchstäblich vom Himmel der Utopien auf die von den beiden Weltkriegen erschütterte Erde herabgestiegen zu sein, als die auf dem blutgetränkten Boden Europas zuammenlebenden Völker den einzig sinnvollen Entschluß zur Errichtung eines gemeinsamen Hauses und damit einer „Zitadelle des Friedens" inmitten einer kriegsbedrohten Welt faßten[101]. Dann aber zeigte sich die Wahrheit des von alter Weisheit eingegebenen Spruchs aus *Laotses* Taoteking, demzufolge nach dem Verfall der Religion die Kultur, nach deren Verfall die Politik und nach deren Verfall nur noch die Zivilisation

[99] *J. Bernhart*, Das Böse, in: *H. Fries* (Hrsg.), Handbuch theologischer Grundbegriffe I, München 1962, 184–197; *Ders.*, Chaos und Dämonie, München 1950.

[100] Wie sehr dies auch der kirchlich verfaßten Religion naheliegt, machte *Dostojewskij* in seiner Großinquisitor-Legende deutlich; dazu *R. Guardini*, Religiöse Gestalten in Dostojewskijs Werk, Mainz und Paderborn 1989, 129–145.

[101] Dazu der titelgleiche Abschnitt meiner Schrift „Wege des Friedens", 157–165.

bleibt, und sie als „des Chaos dünner Überzug und der Anfang der Verwirrung". Denn offensichtlich hielt die durch den von *Norbert Elias* nachgezeichneten Zivilisationsprozeß erreichte Bändigung der naturalen Aggressionen dem Druck neu aufbrechender Rache- und Haßgefühle nicht stand, so daß die Menschheit Gefahr läuft, in einen dritten, vorwiegend durch einen eskalierenden Terrorismus geprägten Weltkrieg zu geraten. So wiederholt sich heute das Schicksal, das dem Frieden in den Tagen Jesu widerfuhr. Wurde er bei seiner Geburt der Welt durch Engelchöre zugesichert (Lk 2,14), so rufen bei seinem Einzug in Jerusalem die ihn begleitenden Volksscharen: „Im Himmel ist Friede und Herrlichkeit in der Höhe" (19,38). Danach hat sich der Friede, der bei Jesu Geburt auf die Erde herabgestiegen war, aufgrund der ihm widerfahrenen Ablehnung seines Heilsangebots wieder an seinen Ursprungsort zurückgezogen, wenn nicht gar zu einer Utopie verflüchtigt.

Wenn das wachsende Drohpotential nicht die Festigkeit der Zitadelle erschüttern und die mit ihr gegebene Friedensverheißung widerrufen soll, muß eine Initiative mit dem Zweck ergriffen werden, den geschwundenen Frieden erneut auf die Erde herabzuholen. Dazu gibt die Bibel einen bedeutsamen Fingerzeig. Gilt für den Propheten Jesaja der geradezu zum Programm der Friedensbewegung avancierte Satz:

> *Das Werk der Gerechtigkeit ist der Friede, der Ertrag der Gerechtigkeit sind bleibende Ruhe und Sicherheit (Jes 32,17),*

so für den Jakobusbrief dessen Umkehrung:

> *Die Frucht der Gerechtigkeit wird im Frieden gesät für jene, die Frieden stiften (Jak 3,18)*[102].

Im gleichen Sinn spricht auch der Hebräerbrief von der „friedvollen Frucht der Gerechtigkeit" (Hebr 12,11). Diese Differenz erhält ihr volles Profil, wenn man sie auf das Motiv der „Gottesfinsternis" (*Buber*) zurückbezieht, wie es von Jesaja und dem Ersten Johannesbrief denkbar gegensätzlich beurteilt wird. Gilt für den Propheten das Gotteswort:

> *Ich erschaffe das Licht und die Finsternis, ich bewirke das Heil und das Unheil: Ich bin der Herr, der dies alles vollbringt (Jes 45,7),*

so versichert der johanneische Brief in vollem Widerspruch dazu:

> *Dies ist die Botschaft, die wir von ihm gehört haben und die wir euch verkünden: Gott ist Licht, und keinerlei Finsternis ist in ihm (1Joh 1,5)*[103].

[102] A. a. O., 39 ff.; ferner meine Schrift „Der Sinn des Friedens", 27 ff.

[103] *H.-J. Klauck*, Der erste Johannesbrief, 79–85.

Das ist in deutlicher Abkehr vom Jesajawort und in ebenso deutlicher „Fortschreibung“ des Evangeliums gesagt (*Klauck*), das in Jesus den großen Lichtbringer erblickt (Joh 1,5; 8,12; 12,46). Aufgrund seiner Versicherung: „Ich und der Vater sind eins“ (10,30), bezieht der Brief das von Jesus ausgehende Licht auf Gott zurück, indem er gleichzeitig jegliche Finsternis in ihm, wie sie von allen theistischen Religionen angenommen wurde und wie es auch noch in dem Jesajawort anklingt, mit aller Entschiedenheit verneint. Im Licht dieses Gottes muß dann aber auch der Friede, zusammen mit der Idee des Guten und der Freiheit, gesehen und gewürdigt werden. Wenn das geschieht, schlägt die Alternativelosigkeit des Gottesbegriffs ebenso wie die Verneinung jeglicher Finsternis in ihm voll auf den Friedensbegriff durch. Dann kann und darf der Friede nicht länger, wie es bei der Redensart „Krieg und Frieden“ der Fall ist, alternativisch zu Krieg gedacht oder auch nur, wie es noch in *Kants* Denkschrift „Zum ewigen Frieden“ geschieht, mit dem Vorbehalt von Kriegsbefürchtung ins Spiel gebracht werden; vielmehr bedarf es eines neuen Friedensbewußtseins, das im Bruch mit der bisherigen Auffassung von der strikten Alternativelosigkeit des Friedens ausgeht. Schon im Friedensbegriff, wie er heute gefordert ist, muß der Krieg als Möglichkeit ausgeschlossen werden. Nur so wird er seiner Rückbezüglichkeit zum Gottesbegriff gerecht.

Das heißt dann aber zugleich, daß der Friedensbegriff in eine Affinität zu dem streng gefaßten Gottesbegriff tritt, der dem anselmischen Gottesbeweis zufolge die Annahme des Nichtseins Gottes ausschließt und dadurch die seines Daseins erzwingt. Für den daraus abgeleiteten Friedensbegriff heißt das zwar nur, daß er in den ihn Denkenden den Friedenswillen stimuliert und ihnen einen Abscheu gegen den nunmehr als Ungedanken und damit als perniziöser Widersinn erscheinenden Krieg erweckt; doch dadurch wächst zugleich der Sinn-, Leidens- und Faktendruck, dem der Friedensgedanke untersteht. Der Faktendruck, auf den mit größtem Nachdruck der Konzilspapst *Johannes XXIII.* verwies, als er in seiner Enzyklika „Pacem in terris“, übereinstimmend mit *Carl Friedrich von Weizsäcker* betonte, daß der Krieg unter den Bedingungen der modernen Waffenpotentiale nicht mehr als Mittel der Konfliktbewältigung gleich welcher Art in Betracht gezogen werden könne[104]. Dieser Faktendruck erhöhte sich inzwischen drastisch, sofern der Krieg neuartige, im wesentlichen terroristische und durch Selbstmordattentate gekennzeichnete Formen annahm, und sofern die Entwicklung taktischer Atomwaffen die Hemmschwelle gegenüber einem Krieg mit Nuklearwaffen signifikant und auf höchst bedrohliche Weise sinken ließ.

Angesichts der Tatsache, daß durch die terroristische Kriegsführung zunehmend Unbeteiligte in Mitleidenschaft gezogen werden, wächst zugleich der Leidensdruck, auf den

[104] *A.-F. Utz* (Hrsg.), „Die Friedensenzyklika Papst Johannes XXIII. Pacem in terris“, Freiburg 1963, 124; *C. F. von Weizsäcker*, Der Garten des Menschlichen. Beiträge zur geschichtlichen Anthropologie, München 1977, 35–46; *D. Kinkelbur*, Theologie und Friedensforschung, München und New York 1995.

um so nachdrücklicher abzuheben ist, als in Nachkriegszeiten die Schrecknisse des Kriegs allzu bereitwillig vergessen und verdrängt werden: die Todesangst der Kämpfenden und der Nacht für Nacht dem Terror der Bombenangriffe Ausgesetzten, die Sorge der von ihren Vätern, Gatten und Angehörigen Getrennten, die Einsamkeit der Verwitweten und Verwaisten, der Hunger und das Elend der Gefangenen und nicht zuletzt das Leiden der Tiere.

Was den bereits verdeutlichten Sinndruck anlangt, so muß hinzugenommen werden, daß im Krieg nicht nur die Musen schweigen, sondern daß er auch mit einem Niedergang der Menschlichkeit und einem Rücksturz in die Barbarei einhergeht. Selbst heroische Leistungen, wie sie an der Front keine Seltenheit sind, ereignen sich im Aspekt der alles dominierenden Unmenschlichkeit. Dazu kommt die mit der Zerreißung der Familienbande einhergehende Vereinsamung, die sich auf verhängnisvolle Weise mit der grassierenden Not und Angst verbindet, der dadurch bedingte Gefühlsstau, der Ausfall der religiösen Erziehung und Bildung, der sich drastisch in der Zerstörung oft unersetzlicher Kulturgüter spiegelt, nicht zu reden vom Verfall der sich weitgehend um primitive Bedürfnisbefriedigung bewegenden Sprache, der Solidarität durch den von der Not erzwungenen Egoismus und die Verwilderung der Sitten. Erst recht muß auf den Verlust hochtalentierter, oft sogar genialer Menschen abgehoben werden, die, kaum daß sie die ersten Beweise ihrer Begabung erbringen konnten, dem Krieg zum Opfer fallen. Wenn in Nachkriegszeiten ein Mangel an herausragenden Politikern, Philosophen, Wissenschaftlern und Künstlern zu beklagen ist, trägt der Krieg die Hauptschuld an diesem Defizit. Insofern richtet sich die Rechtfertigung und Glorifizierung des Kriegs selbst durch so große Denker wie *Kant* und *Hegel* von selbst[105]. Denn wie in aller Welt soll die Tatsache gerechtfertigt werden, daß im Krieg die für das Leben und Überleben der Menschheit unerläßliche Hemmschwelle so tief sinkt, daß Menschen, die zuvor ein durchaus friedfertiges Leben führten, plötzlich zu tötungsbereiten Gegnern von andern werden, die ihnen nie das geringste Unrecht angetan haben? Angesichts dieser Sachlage ist nur eine Ausnahme denkbar und statthaft: die Abwehr eines ungerechten Aggressors; doch dabei handelt es sich weder um eine Tötung noch um einen Krieg, sondern um Akte privater oder kollektiver Notwehr. Der jahrhundertelang ideologisch, literarisch und künstle-

[105] Für *Kant* ist der Krieg zwar das „traurige Notmittel, durch Gewalt sein Recht zu behaupten“, als solches die „Geißel des menschlichen Geschlechts“ (Die Religion innerhalb der Grenzen der bloßen Vernunft) und vom Standpunkt der Vernunft und Ethik aus etwas durchaus „Verwerfliches“, aber doch für den Fortschritt in der Geschichte von Nutzen (Ideen zu einer allgemeinen Geschichte in weltbürgerlicher Absicht). Diesen Zwiespalt der Einschätzung bestätigt seine „Kritik der Urteilskraft“, nach der ein dauerhafter Friede die niedrigen Gesinnungen wie „Eigennutz, Feigheit und Weichlichkeit“ begünstigt (II, § 28). Für *Hegel* versetzt der Krieg die Völker in den „Stand der Tapferkeit“, der sie „wie die Winde die Seen vor der Fäulnis“ des „Versumpfens“ und der Verknöcherung bewahrt (Grundlinien der Philosophie des Rechts III, Zusatz zu § 324).

risch verherrlichte Krieg aber erscheint dann in seiner wahren Physiognomie: als Inbegriff und Exzeß der pervertierten Menschlichkeit, dessen Dämonie darin besteht, alle zu Mitschuldigen zu machen. Von diesem Tiefpunkt her muß nun die Frage nach dem Subjekt des Friedensbewußtseins definitiv geklärt und beantwortet werden.

Die angerissenen Linien konvergieren eindeutig im Begriff der Gotteskindschaft, der sich damit definitiv als Spitzenbegriff der christlichen Anthropologie erweist. Im Licht der kurz vor seinem Tod verfaßten Schrift des *Nikolaus von Kues* „De apice theoriae“ könnte man die Gotteskindschaft als den Gipfel des Menschseins bezeichnen und sie damit als dessen realisierte Utopie begreifen[106]. Das würde durch die Cusanusschrift dadurch gestützt, daß der in der Hellsicht, auf dem Gipfel seines Lebenswerkes stehende Verfasser das Grundproblem der Metaphysik, die Verhältnisbestimmung von Möglichkeit und Wirklichkeit, kusanisch ausgedrückt, von Können und Sein aufreißt und in dem als deren Koinzidenz begriffenen Gottesgedanken, dem „possest“ und „posse ipsum“, gelöst sieht[107]. Inbegriff dessen ist Christus, in dem die Koinzidenz aller Gegensätze verkörpert, das Maximum der Inhärenz des Endlichen im Göttlichen und das Maximum der Immanenz des Göttlichen im Menschlichen erreicht ist[108]. Spiegelung dessen aber ist die Gotteskindschaft, die in Christus ihre „absolute Mitte“ hat und sich in beständiger Annäherung an diese verwirklicht[109]. Im Maße, wie dies geschieht, drückt Jesus sein Antlitz – wie auf dem Schweißtuch der Veronika – in dem zum Gotteskind Gewordenen aus, während dieser in dessen Betrachtung immer mehr zu seinem wahren Selbst findet (*Hoffmann*)[110]. Von ihm gilt, was der Kusaner am Schluß seiner „Docta ignorantia“ sagt:

> *Wer in Jesus eindringt, dem muß alles weichen, und nichts kann ihm Schwierigkeiten bereiten, weder die Schriften noch die Welt, weil er durch den in ihm wohnenden Geist in Jesus, das Ziel aller geistigen Sehnsucht, verwandelt ist*[111].

[106] *Nikolaus von Kues*, Vom Können-Sein – Vom Gipfel der Betrachtung (Ausgabe *Bohnenstaedt*), Leipzig 1997, 59–79.

[107] A. a. O., 153; dazu *K. Jaspers*, Nikolaus Cusanus, München 1968, 92 ff.; *M. de Gandillac*, Nikolaus von Kues. Studien zu seiner Philosophie und philosophischen Weltanschauung, Düsseldorf 1953, 305; 329.

[108] *Gandillac*, A. a. O., 485 f.

[109] *K. Reinhardt*, „Christus, die ‚absolute Mitte‘ als der Mittler zur Gotteskindschaft“, in: *R. Haubst* (Hrsg.), Das Sehen Gottes nach Nikolaus von Kues, Trier 1989, 196–226; *ders.*, Nikolaus von Kues, Über die Gotteskindschaft, Padua 1962.

[110] *E. Hoffmann*, Nikolaus von Kues. Zwei Vorträge, Heidelberg 1947, 34; *M. Thurner*, Gott als das offenbare Geheimnis nach Nikolaus von Kues, Berlin 2001.

[111] *Cusanus*, De docta ignorantia – Die belehrte Unwissenheit. Brief des Verfassers an Hern Kardinal Julian, Hamburg 1977, 196.

Er ist dann aber auch, wie der Kusaner in seiner Friedensschrift betont, mit Christus als dem „Urheber des Friedens" verbunden und so von seiner mystischen Existenzmitte her zum Friedenswerk befugt und befähigt. Dazu muß er dann nur noch die „Schneide" seines Geistes schärfen. Tatsächlich findet sich am Ende der Abschrift der aus einem Zwiegespräch mit dem Schüler und Sekretär *Peter von Erkelenz* hervorgegangenen Abhandlung über den „Gipfel der Betrachtung" folgender Aufruf:

> *Nun, Jünglinge, weitet euer Gemüt,*
> *entblößt die Schneide des Geistes!*
> *Seht, zu den Sternen führt ein kleiner Schritt*[112].

5. Die Gegenprobe

Am Ende seiner Korrespondenz mit der bisweilen aufsässigen Gemeinde von Korinth sieht sich Paulus mit der exorbitanten Aufforderung konfrontiert, ihr doch zu beweisen, daß Christus durch ihn zu ihr rede (2Kor 13,2)[113]. Anstatt sich zu rechtfertigen, gibt der Apostel das an ihn gerichtete Ansinnen an die Gemeinde mit der Aufforderung zurück:

> *Prüft euch doch selbst, ob ihr im Glauben steht; stellt euch selbst auf die Probe! Oder erseht ihr denn an euch nicht, daß Christus in euch ist? Wenn nicht, hättet ihr die Probe nicht bestanden (2Kor 13,5)*[114].

Mit dieser Replik dreht Paulus, wie *Walter Schmithals* bemerkt, „den Spieß um", indem er seinen Adressaten die Gegenprobe zu ihrem Ansinnen abverlangt. Sie hätten vermutlich ebenso forsch geantwortet wie die Zebedäussöhne, die auf die Frage Jesu, ob sie den ihm bevorstehenden Kelch mit ihm zu trinken wagen, mit einem spontanen „wir können es" antworteten (Mk 10,39)[115]. Wie diese Szene im Vorgriff auf das Martyrium des Brüderpaars stilisiert ist, richtet sich die Gegenfrage des Apostels über die zur Selbstprüfung aufgerufene Gemeinde hinaus an alle, die „im Glauben stehen", und unter ihnen in erster Linie an die zur Gotteskindschaft Berufenen. Die Berechtigung dieses Rückschlusses ergibt sich aus dem charismatischen Selbstbewußtsein der von Paulus angesprochenen Adressaten. Sie lebten nach den Oden Salomons in der Gewißheit, von dem in ihrer Mitte

[112] Nach *Elisabeth Bohnenstaedt* in der von ihr besorgten Ausgabe: A. a. O., 79.

[113] *H. Lietzmann*, An die Korinther I/II, 161; dazu meine Studie „Paulus. Zeugnis – Begegnung – Wirkung", 139; 235.

[114] *W. Schmithals*, Die Gnosis in Korinth. Eine Untersuchung zu den Korintherbriefen, Göttingen 1956, 162.

[115] *L. Schenke*, Die Urgemeinde, 251 f.

anwesenden Christus ergriffen und zu dessen „Mund“ geworden zu sein (OS 42,6), die sich vor allem in ihrer Begabung zur „Zungenrede“ äußere. Da Paulus aber gerade diesem Charisma distanziert gegenüberstand (1Kor 24,1–40) und außerdem die von ihm erbrachten Apostelzeichen (2Kor 12,12), wie *Ernst Käsemann* unterstrich, in erster Linie in seiner Leidensgemeinschaft mit Christus erblickte, neigte die dem Enthusiasmus huldigende Gemeinde dazu, mit einem Anflug von Geringschätzung auf ihn herabzuschauen, wie es dann auch tatsächlich in ihrem Ansinnen zum Ausdruck kam[116]. Doch damit äußerte sich nur die Kritik aufs neue, der Paulus von Anfang an und nicht nur zu Lebzeiten, sondern auch seine gesamte Wirkungsgeschichte hindurch ausgesetzt war und die weder seine Botschaft und Autorität noch seinen Charakter und seine Person unangetastet ließ: weder seine Botschaft vom gesetzeskritischen Evangelium der Freiheit noch die Legitimität seines Apostolats, nicht einmal die Lauterkeit seines Charakters, seines Wirkens und die Integrität seiner Person[117]. Doch Paulus erhebt sich über diese Invektiven und Herabwürdigungen im Bewußtsein seines Mitgekreuzigtseins mit Christus, das ihm das hochgestimmte Wort eingibt:

> *Von nun an komme mir niemand mehr zu nah; denn ich trage die Malzeichen Christi an meinem Leib! (Gal 6,17)*[118].

Aus diesem Hochgefühl erklärt sich die Replik des Apostels auf das an ihn gestellte Ansinnen, das gleichzeitig an eine vergleichbare Stelle in der frühchristlichen Apologetik und an eine Spätschrift Kierkegaards erinnert. Im ersten Fall hatte der Apologet *Theophil von Antiochien* die Aufforderung seines Kontrahenten *Autolykos*: „Zeig mir deinen Gott!“ mit der Antwort zurückgewiesen: „Zeig mir zuerst den Menschen in dir!“[119]. Im zweiten Fall hatte *Kierkegaard* seine „Einübung im Christentum“, in der er das Christentum auf die große Einladung an die Bedrückten und Beladenen (Mt 11,28) zurückführte, in seiner Schrift „Zur Selbstprüfung der Gegenwart“ noch dadurch überboten (*Lowrie*), daß er das Evangelium als einen Spiegel begriff, der sich mit der Forderung verbindet, sich selbst „im Spiegel der Worte zu betrachten“[120]. Dies jedoch keinesfalls im Sinn einer Selbstbespiege-

[116] *A. Strobel*, Der erste Brief an die Korinther, Zürich 1989, 211–224; *E. Käsemann*, Amt und Gemeinde im Neuen Testament, und: Die Anfänge christlicher Theologie, in: Exegetische Versuche und Besinnungen, Göttingen 1986, 33–58; 110–132.

[117] *H. Fischer*, Gespaltener christlicher Glaube. Eine psychoanalytisch orientierte Religionskritik, Hamburg 1974, 44–76; ferner das Kapitel „Die Passion“ meiner Studie „Paulus. Zeugnis – Begegnung – Wirkung“, 140–159.

[118] A. a. O., 145; 192.

[119] *Theophil von Antiochien*, An Autolykos I, c.2.

[120] *S. Kierkegaard*, Zur Selbstprüfung der Gegenwart anbefohlen, Jena 1922, 18 f.; *W. Lowrie*, Das Leben Sören Kierkegaards, Düsseldorf und Köln 1955, 183; 190.

lung, sondern der Einsicht in das, was das Evangelium dem Betrachter abverlangt. In verwandter Metaphorik hatte er das in der „Einübung im Christentum" vorweggenommen, als er „die christliche Wahrheit" als das auf den Betrachter gerichtete „Auge" bezeichnete, das ihn mit seinem Blick befragt, ob er „tue, was sie sagt", daß er tun soll[121].

Vor dem Hintergrund dieser Vergleichsstellen klärt sich der Gegensatz, in dem Paulus zu der ihn bedrängenden Gemeinde steht. Es ist der Gegensatz zwischen Leidensgemeinschaft und charismatischem Überschwang, zwischen Nachfolge und Enthusiasmus, zwischen Existenz und Ekstase. Gestützt auf das „Charisma" seines Mitgekreuzigtseins (Gal 6,17) fordert der Apostel die aufsässige Gemeinde zur Selbstprüfung auf. Da er ihr aber im selben Schreiben bescheinigt hatte, daß sie ein allen Menschen lesbarer „Brief Christi" sei (2Kor 3,2f), richtet sich seine Aufforderung über die unmittelbar angesprochenen Adressaten hinaus an alle, insbesondere aber an die Zielgruppe der Gotteskinder. Allein schon durch ihre Existenz sind sie aufgefordert, über sich und ihren Status Rechenschaft zu geben. Und dies nicht nur, um sich potentiellen Fragestellern gegenüber im Sinn des Petruswortes (1Petr 3,15) zu verantworten, sondern zuvor noch im Interesse ihrer Selbstvergewisserung. In ihrem ureigenen Interesse sind sie somit gefragt, ob sie an sich ersehen, daß Christus in ihnen ist. Denn sie sind (nach Röm 8,28f) von Gott berufen, erkannt und dazu bestimmt, der Gestalt seines Sohnes gleichförmig zu werden, damit dieser „der Erstgeborene unter vielen Brüdern sei". Woran könnten sie ihr mystisches Erfülltsein von Christus ersehen? Die Gemeinde hätte keinen Augenblick gezögert, auf ihren charismatischen Reichtum zu verweisen. Gab es denn in ihren Reihen nicht Weisheitslehrer, Glaubenszeugen, Therapeuten, Wundertäter, Zungenredner und Ausleger dieser Glossolalie (1Kor 12, 4–11)?[122] Doch Paulus hatte diese vermutliche Replik bereits im Galaterbrief unterlaufen, als er dem Katalog der Laster und Fehlhaltungen (Gal 5,19ff) die vielfältige „Frucht des Geistes" entgegenhielt:

> *Liebe, Freude, Friede, Langmut, Freundlichkeit, Güte, Zutrauen, Sanftmut, Enthaltsamkeit (Gal 5,22)*[123].

Den äußeren Charismen, von denen die Gemeinde die „Engelsprache" der Glossolalie besonders schätzte, stellt er damit ausgesprochen innere Kriterien gegenüber, die um so deutlicher für die Verbundenheit mit Christus sprechen, als sie auf den zurückweisen, der die Liebe (Röm 8,39), die Friedensbotschaft (Eph 2,14), die „Güte und Menschenfreundlichkeit Gottes" (Tit 3,4) nicht nur lebte, sondern in personaler Verkörperung ist. Auf ihn

[121] *Kierkegaard*, Einübung im Christentum (Ausgabe *Hirsch* und *Gerdes*), Gütersloh 1980, 233.

[122] *W. Schmithals*, Die Gnosis in Korinth, 138–142; *A. Strobel*, Der erste Brief an die Korinther, 186; 192; *R. Giesriegl*, Die Sprengkraft des Geistes. Charismen und apostolischer Dienst des Paulus im 1. Korinterbrief, Thaur 1989, 153–177.

[123] *F. Mussner*, Der Galaterbrief, 384–389.

laufen alle thematischen und unausdrücklichen Linien seiner Argumentation hin; und diese stützt er mit dem Grundwort seiner Mystik, wenn er die Gemeinde – und mit ihr alle seine potentiellen Rezipienten – nach Erweisen des „in ihnen" wohnenden und wirkenden Christus befragt.

Obwohl die Gemeinde mit der Antwort rasch zur Hand gewesen wäre, hatte Paulus sie mit seiner Frage, genauer besehen, aber doch überfordert. Denn woran sollen die Adressaten ersehen, ob es wirklich der „Geist Jesu" ist, der sich in den Charismen äußert? Hatte er sich angesichts der auswuchernden Glossolalie nicht selbst als kritischen Hermeneuten eingeschaltet, der dem drohenden Chaos den Satz entgegenhielt: „Denn Gott ist kein Gott der Unordnung, sondern ein Gott des Friedens" (1Kor 14,33)?[124] Und hatte er den Enthusiasten, die sich bei den Gemeindeversammlungen im Hochgefühl ihrer Entrückung zu einer Verfluchung des historischen Jesus hinreißen ließen (12,3), nicht klargemacht, daß sie dabei auf ihren vorchristlichen Stand zurückgefallen waren (12,2)?[125] Deutlicher konnte Paulus die mit seiner Frage verbundene Überforderung wohl kaum eingestehen. Aufschlußreich ist dafür sein Geständnis gegen Ende des Römerbriefs, daß er nicht wage, irgend etwas zu sagen, „was nicht Christus in ihm bewirkt hätte" (Röm 15,18). Kriterium seiner Verbundenheit mit Christus war demzufolge die mystische Inversion, die ihn sein Erkennen als ein Erkanntsein (Gal 4,9), sein Handeln als ein Bewogensein (1Kor 2,4) und sein Wort als Mundstück des durch ihn redenden Christus empfinden ließ[126]. Das aber war nur die Auswirkung seines haptischen Ostererlebnisses, in dem er sich von Christus in einer Weise ergriffen wußte, daß ihm das Leben fortan in dem Wunsch bestand, den immer umfassender zu begreifen, der von ihm Besitz ergriffen hatte (Phil 3,12)[127]. Mit diesem Wunsch ging er auf den ein, der ihn, so wie *Augustin* seine eigene Lebenswende begriff, „hinter seinem Rücken hervorgezogen", von seiner Selbstabwendung abgebracht und, wesentlicher als im durchschnittlichen Individuationsakt, zu sich selbst gebracht hatte[128].

Paulus beschreibt das, wenngleich unter drei Aspekten, als die Erfahrung eines Augenblicks. Doch hätte er *Gregor von Nyssa* nicht widersprochen, der den Vorgang als einen Prozeß beschrieb und vom Heranwachsen des ihm eingeborenen Kindes „an Alter, Weisheit und Gnade" (Lk 2,40) sprach[129]. So sah es dann vor allem seine Schule, die im Epheserbrief den Sinn der kirchlichen Ämter und Dienstleistungen darin erblickte,

[124] *A. Strobel*, Der erste Brief an die Korinther, 222; *H. Lietzmann*, An die Korinther I/II, 72 f.

[125] *W. Schmithals*, Die Gnosis in Korinth, 45–49; *Lietzmann*, A. a. O., 60 f.; *Giesriegl*, A. a. O., 64 f.

[126] *W.-Chr. Meier*, Mystik bei Paulus. Zur Phänomenologie religiöser Erfahrung im Neuen Testament, Tübingen 1998, 71.

[127] Dazu meine Studie „Paulus. Zeugnis – Begegnung – Wirkung", 28–33.

[128] *Augustinus*, Confessiones VIII, c.7,16; dazu *R. Guardini*, Die Bekehrung des heiligen Aurelius Augustinus. Der innere Vorgang in seinen Bekenntnissen, Leipzig 1935, 40; 50; 270.

[129] Hoheliedkommentar, c.3.

> *daß wir alle zur Einheit des Glaubens und zur Erkenntnis des Gottessohnes gelangen, zur vollen Mannesreife und zum Vollmaß der Fülle Christi (Eph 4,13)*[130].

Dabei kann über die Identität der mit dem „Wir" Angesprochenen kein Zweifel aufkommen. Es sind diejenigen, denen der fiktive Paulus in seinem Apostelgebet den Wunsch zugesprochen hatte,

> *daß Christus durch den Glauben in euren Herzen wohne (Eph 3,17),*

und die er im Eingang des Briefes dazu bestimmt sah, Gottes „Söhne durch Jesus Christus" zu werden (Eph 1,5)[131]. Damit sind zwei Komponenten zur Bestimmung der gesuchten Auskunft gefunden: Einwohnung und Gotteskindschaft. Sie werden noch verstärkt durch die beiden Säulen, auf denen nach *Alfred Wikenhauser* das Gebäude der paulinischen Mystik ruht: auf der von Paulus vielfach gebrauchten Formel „in Christus" und der wesentlich seltener bezeugten, ihr jedoch ebenbürtigen „Christus in mir"[132]. Sie verhalten sich wie die Peripherie zum Zentrum. Dabei imaginiert die erste nach Wikenhauser eine Sphäre, die sich schließlich zum Begriffsbild des mystischen Leibes verdichtet, während die zweite eine ähnliche Verdeutlichung im paulinischen Konzept des „inwendigen Menschen" erfährt[133]. Wie die Schlüsselstelle des Zweiten Korintherbriefs erkennen läßt, ist auch sie prozeßhaft gedacht; denn:

> *Wenn unser äußerer Mensch auch aufgerieben wird, erneuert sich doch der innere von Tag zu Tag (2Kor 4,7)*[134].

Wie diese „Erneuerung" zu denken ist, ergibt schließlich das Grundwort der paulinischen Mystik, wonach er im Schwinden des eigenen „Ich" zur Gewißheit des „Christus in mir" gelangt (Gal 2,20)[135]. Auch dies kann nur prozeßhaft, als fortschreitende Zurücknahme der menschlichen Subjektivität zugunsten des überhandnehmenden christologischen Über-Ich gedacht werden. Das alles wirkt dann aber zunehmend auf das Einwoh-

[130] *R. Schnackenburg*, Der Brief an die Epheser, Zürich 1982, 186–189.

[131] A. a. O., 88 ff.; dazu der Abschnitt „Das Apostelgebet" meiner Programmschrift „Glaubenserweckung", 213 f.

[132] *A. Wikenhauser*, Die Christusmystik des Apostels Paulus, Freiburg 1956, 32–37.

[133] *J. Assmann* (Hrsg.), Die Erfindung des inneren Menschen. Studien zur religiösen Anthropologie, Gütersloh 1993, *Th. K. Heckel*, Der Innere Mensch. Die paulinische Verarbeitung eines platonischen Motivs, Tübingen 1993.

[134] Dazu meine Studie „Der unbekannte Paulus", 16; 273.

[135] *F. Mussner*, Der Galaterbrief, 182 f.

nungsmotiv zurück. Der den Herzen der Seinen Einwohnende ist keine statische, sondern eine eminent dynamische Größe. Er bewirkt den Glauben, der ihm zur Einwohnung verhilft, so daß der Glaubensakt als ein Synergismus zwischen ihm und dem Glaubenden erscheint. Gleiches gilt aber auch für Hoffnung und Liebe. Für die Hoffnung, wie es das Kolosserwort „Christus in euch – die Hoffnung auf die Herrlichkeit" (Kol 1,27) zum Ausdruck bringt. Aber auch für die Liebe, sofern sich Christus im Sinn des Augustinuswortes *Unus Christus, amans seipsum* selbst in den Seinen liebt[136].

Indessen ist das dynamische Übergewicht, das dem Einwohnungsmotiv durch diese Amplifikationen zuwächst, erst dann voll zur Geltung gebracht, wenn diese Aussagen über Jesus als seine ureigenen Äußerungen verstanden werden, und wenn das von und über ihn Gesagte als seine Selbstaussage aufgefaßt und angenommen wird. Denn erst dann ist der mystischen Inversion, die sich in alledem vollzieht, in vollem Umfang Rechnung getragen. An dieser Stelle konvergiert die paulinische Sicht mit der ihr strukturverwandten der johanneischen Schriften und insbesondere des Johannesevangeliums, das in den Ich-bin-Worten nicht nur seine Schwerpunkte hat, sondern geradezu um sie kreist[137]. Auch dort rührt das Neue Testament an jene Grenze, die seinem Quellgrund gleichkommt. Denn die Kollektion der neutestamentlichen Schriften ist angesichts der Tatsache, daß das Christentum im Unterschied zum Islam als eine sekundäre Schriftreligion zu gelten hat, lediglich der literarische Niederschlag dessen, was Jesus sagte und was er war. Wie der Eingangssatz des Johannesprologs zu verstehen gibt, ist er, schon vor jeder verbalen Äußerung, „das Wort", das, was seinen Mitteilungswert betrifft, (nach Joh 1,14) an seiner „fleischgewordenen" Erscheinung abgelesen werden muß[138]. Darin besteht der Anstoß zu einer erst in Umrissen entwickelten und im Folgeband zu entfaltenden „Christus- Hermeneutik"[139].

Sie hat, um sie wenigstens umrißhaft zu skizzieren, im wesentlichen reduktionistischen, in ihrem Kern jedoch permissiven Charakter. Denn sie muß von den Texten und den in ihnen überlieferten Reden und Taten Jesu, zu denen insbesondere auch die krönende Lebenstat seines Leidens gehört, auf den zurückführen, der seine Person und Sendung in alledem zum Ausdruck bringt und damit gemeint ist. Der entscheidende Schritt aber besteht darin, ihn selbst zu Wort kommen zu lassen nach Art einer Oberstimme, die alles von und über ihn Gesagte zu einer einzigen Selbstaussage zusammenfaßt. Zur Voll-

[136] *H. de Lubac*, Katholizismus als Gemeinschaft, Einsiedeln und Köln 1943, 106.

[137] *E. Schweizer*, Ego eimi. Die religionsgeschichtliche Herkunft und theologische Bedeutung der johanneischen Bildreden, Göttingen 1965; *B. Hinrichs*, „Ich bin". Die Konsistenz des Johannesevangeliums und seine Konzentration auf das Wort Jesu, Stuttgart 1988.

[138] *G. Keil*, Das Johannesevangelium. Ein philosophischer und theologischer Kommentar, Göttingen 1997, 18–34.

[139] Dazu der Abschnitt „Eine Christus-Hermeneutik" meines Sammelwerkes „Die Entdeckung des Christentums. Der alte Glaube und das neue Jahrtausend", 105–119.

ständigkeit eines Sprechaktes gehört seine Rezeption, da sich jedes Wort bei seiner Artikulation auf die von ihm erwartete Aufnahme einstimmt und sich an deren vermuteter Qualität bemißt. Mehr noch: das Wort lebt vom Vorgriff auf seine Rezeption, so wie diese sich umgekehrt im Sinn seiner antizipierten Artikulation gestaltet. Im Fall seiner Ablehnung bleibt ihm dann nur der Weg eines Gestaltwandels. Das ist der Fall des ewigen Wortes, das nach dem Johannesprolog in die sich ihm verweigernde Finsternis hineinstrahlt (Joh 1,5) und angesichts seiner Ablehnung den extremen Weg seiner Entäußerung bis zum Tod einschlägt. Der Text spricht dann aber auch von der Ausnahme derer, die den Menschgewordenen aufnahmen, und die dazu fähig sind, weil sie gleich ihm „aus Gott geboren sind" (1,13); und er führt den Gedankengang damit nicht nur auf das Motiv der Gotteskindschaft zurück, sondern bezeichnet die dazu Gelangten als die eigentlichen Adressaten des vierten, um die sinnbestimmenden Ich-bin-Worte kreisenden Evangeliums. So erscheinen die Gotteskinder nun definitiv als die wahren Rezipienten der Selbstaussage Jesu und damit dann aber auch als die berufenen Hermeneuten des von ihm vor jeder Äußerung durch sich selbst Gesagten.

Doch in diesem Fall bedarf es einer noch weitergehenden Vorleistung als in dem des alltäglichen Verstehens, weil es jetzt darum geht, den in die Texte Eingeschlossenen und zur Botschaft Gewordenen zum Reden zu bringen und dabei die nach *Anton Vögtle* durch das Ostergeschehen ausgelöste Wende auf höherer Ebene rückgängig zu machen. Denn durch seine Auferstehung wurde Jesus Vögtles These zufolge auch in dem Sinn erhöht, daß aus dem Verkündigenden die Botschaft, aus dem Lehrenden der Lehrer und aus dem Glaubenden der Geglaubte wurde[140]. Das gegenwärtige Stadium der Glaubensgeschichte geht jedoch auf eine Aufhebung dieses Prozesses aus. Der Schrein der vielfältigen, kerygmatischen, doktrinalen und kultischen Vergegenständlichung steht im Begriff, sich zu öffnen, so daß der zur Botschaft Gewordene wieder zu Wort kommt, der zur Lehre Verfestigte wieder – und jetzt als inwendiger Lehrer – zu lehren beginnt, und der Geglaubte sich in den Glaubensakt der Seinen einmischt, um ihnen, wie es nur ihm gegeben ist, zum Glauben zu verhelfen. Doch zu dieser glaubensgeschichtlichen Vorleistung muß eine persönliche, jeden einzelnen einfordernde hinzukommen, wie sie schon von Jesus selbst, dann von *Origenes* und *Cassiodor* und zuletzt von *Kierkegaard* gefordert wurde[141].

Im Markusevangelium wendet sich Jesus an die Volksscharen und an seine Jüngergruppe mit der Aufforderung:

[140] *A. Vögtle*, Der verkündigende und verkündigte Jesus „Christus", in: *J. Sauer* (Hrsg.), Wer ist Jesus Christus? Freiburg 1977, 27–91.

[141] Dazu der Schluß meiner unter dem Titel „Das Antlitz" erschienenen Christologie von innen, Düsseldorf 1999, 316 ff.; ferner *S. Kierkegaard*, Religiöse Reden (Ausgabe *Haecker*), München 1950, 325–341.

Wer mein Jünger sein will, der verleugne sich selbst, nehme sein Kreuz auf sich und folge mir nach (Mk 8,34)[142].

Das ist in die Situation der von Anfeindungen und Verfolgungen betroffenen Jüngergruppe hineingesprochen; doch klingt in dem asketisch strapazierten Wort „Verleugnung“ nicht nur die Bereitschaft zur geduldigen Hinnahme der bevorstehenden Leiden an, sondern auch die zur Zurücknahme des persönlichen Geltungsanspruchs, ja zur „Zurücknahme seiner selbst“. Daran knüpft *Origenes* in seiner „Ermahnung zum Martyrium“ an, wenn er die Aufforderung zur Selbstverleugnung auf das Motiv des (nach Gal 2,20) „in mir“ lebenden Christus und auf den Raum bezieht, der ihm für seine Einwohnung geschaffen werden muß[143]. Über die Jahrhunderte hinweg schließt sich dem dann die geistliche Rede *Kierkegaards* zum Schriftwort „Er muß wachsen, ich muß abnehmen“ (Joh 3,30) an, die das Motiv der Freude umkreist, die der Täufer angesichts der Zuwendung seiner Anhänger zu dem von ihm Angekündigten und nach ihm „Kommenden“ empfindet[144]. Nicht auszudenken, was dem Verfasser der „Einübung im Christentum“ in den Sinn gekommen wäre, wenn er das Motiv seiner Rede auf dem Kreuzigungsbild des Isenheimer Altars erblickt hätte, mit dem der Künstler den Gestus des auf den Gekreuzigten verweisenden Täufers verbalisiert! Am Ende wohl Ähnliches, wie es *Cassiodor* zum Ausdruck brachte, als er seine Schrift „De anima“ mit der Bitte beschloß:

Entreiße mich mir selbst und bewahre mich in dir. Bekämpfe, was mein eigenes Werk ist, und hole dir das deine zurück. Denn mein bin ich nur, wenn ich dir gehöre … Wissen will ich, was ich bin, um zu erreichen, was ich nicht bin. Denn dich lieben heißt, gerettet werden, dich fürchten, sich freuen, dich finden, heißt erhoben werden[145].

Wenn die Bitte Cassiodors unter dem Gewicht der in sie eingeschlossenen Tradition und im Vorgefühl ihrer bis Kierkegaard nachhallenden Wirkungsgeschichte mitvollzogen wird, weckt sie die Erinnerung an die hintergründige Szene vom Seewandel Jesu (Mk 14,22–33), in der der sinkende Petrus mit seinem Notschrei den Retter herbeiruft. Ermutigt durch das einladende „Komm!“ hatte er den Überstieg aus der Sicherheit des Bootes auf die Wasserfläche riskiert:

[142] *J. Ernst*, Das Evangelium nach Markus, Regensburg 1981, 247 ff.; *L. Schenke*, Die Urgemeinde, 232 ff.

[143] Dazu *S. Döpp* und *W. Geerlings* (Hrsg.), Lexikon der antiken christlichen Literatur, Freiburg 1998, 463.

[144] *S. Kierkegaard*, Religiöse Reden (Ausgabe *Haecker*), 325–341; ferner der Abschnitt „Er muß wachsen“ meines Sammelwerkes „Die Entdeckung des Christentums“, 92–104.

[145] *Cassiodor*, Vom Adel des Menschen – „De Anima“ (c.16), Einsiedeln 1965, 69 f.; dazu *S. Döpp* und *W. Geerlings* (Hrsg.), Lexikon der antiken christlichen Literatur, Freiburg 1998, 120 f.

Als er aber den heftigen Wind wahrnahm, bekam er es mit der Angst zu tun und begann zu sinken. Da schrie er: Herr rette mich (Mt 14,30)[146]!

Im Ansturm der kosmischen Gewalten hatte er die einladende Stimme überhört und damit den Halt verloren, der ihn getragen hatte. Doch in der Not des Ertrinkens entringt sich ihm das De profundis, das den Retter herbeiruft, ihm dann aber auch den Tadel einträgt: „Kleingläubiger, warum hast du gezweifelt?" (Mt 14,31) Unschwer sind in dieser Szene die Struktur und der Verlauf des Gebetsakts zu erkennen. Er beginnt, wie *Martin Buber* übereinstimmend mit *Guardini* deutlich machte, mit einer Fühlung, mit Buber gesprochen, mit einem „dialogischen Spürbarwerden der Gotteswirklichkeit", die den Beter über seinen innerweltlichen Stand – verbildlicht im Gang über das Wasser – hinaushebt[147]. Dann aber gerät der Beter in Konflikt mit den niederzuringenden Daseinsgewalten, die ihn auf sich selbst zurückwerfen, bis er in seiner Angst den Notschrei ausstößt, der den Retter in Gestalt der alle Ängste überstrahlenden Gottesfühlung herbeiruft.

Das gilt uneingeschränkt auch für die Gemeinschaft der Gotteskinder, die ebenfalls als ein voranleuchtendes Ideal gelten kann, da sie aufgrund des nach *Gottlieb Söhngen* vergessenen Einwohnungsmotivs noch weit von ihrer tatsächlichen Konstituierung entfernt ist[148]. Was von der Gemeinschaft hätte getragen werden sollen, lastet daher auf den Schultern jedes einzelnen. Er muß, stellvertretend für die vielen, sich so lange in die Gegenwart des in ihm wohnenden Christus vertiefen, bis diese in ihm überhandnimmt und im Maß, wie er sein Bewußtseins- und Aktionszentrum dem ihm Einwohnenden überläßt, ihn im Sinne des „in Christus" umfängt und des „Christus in mir" erfüllt. Das führt ihn dann zu dem erhofften Bewußtseinswandel. Der Schrein der Vergegenständlichung, vor dem er bisher verharrte, öffnet sich. Der Geglaubte mischt sich in seinen Glaubensakt ein, überstrahlt durch seine Gegenwart die in ihm noch verbliebenen Bedenken und Zweifel, verhilft ihm zu einer zuvor nicht gekannten Gewißheit und motiviert ihn ebenso zum verbalen wie zum tätigen Zeugnis, in erster Linie sogar zu diesem, da der Glaube (nach Gal 5,1) durch die Liebe wirksam werden will. Gleiches gilt für die Hoffnung. Da er in diesem Zeitalter der Angst (*Austen*) nach *Paul Valéry* „mit dem Rükken zur Zukunft" lebt, wird er durch den ihm Einwohnenden nun abermals „hinter seinem Rücken vorgezogen" (*Augustin*) und zum vertrauenden Blick auf das Kommende ermächtigt. Denn ihn erfüllt der, der in seiner Person „die Hoffnung auf die Herrlich-

[146] *W. Grundmann*, Das Evangelium nach Matthäus, Berlin 1971, 365–369.

[147] *M. Buber*, Gottesfinsternis. Betrachtungen zur Beziehung zwischen Religion und Philosophie, Zürich 1953, 149.

[148] *G. Söhngen*, Christi Gegenwart in uns durch den Glauben, in: Die Einheit der Theologie, München 1952, 324–341.

keit" ist (Kol 1,27)[149]. Vor allem aber hilft der ihm Einwohnende seiner Liebesunfähigkeit dadurch auf, daß er sich nach *Augustin* in ihm selber liebt[150].

Im Schnittpunkt dessen ereignet sich schließlich das alles krönende „Wunder des Verstehens" (*Gadamer*)[151]. Von einem Wunder muß um so mehr die Rede sein, als sich der Verstehensakt hier auf den bezieht, dessen Worte die Evangelien lediglich referieren oder ihm, wie in der Mehrzahl der Fälle, in den Mund legen, der aber in diesen Referaten nie wirklich selbst zu Wort kommt. Nun tritt er aus seiner Vergegenständlichung hervor und bricht sein Schweigen, so daß er tatsächlich, wenn auch nicht verbal, sondern metaphorisch vernommen werden kann. Anstatt mit Worten zu reden, wie es ihm die Empfänger von „Neuoffenbarungen" unterstellen, gestikuliert er, um nochmals eine Bemerkung *Kierkegaards* zu Johannes Chrysostomus aufzunehmen, „mit seiner ganzen Existenz". Denn alles ist an ihm, auch wenn er schweigt, beredt: der Blick seiner Augen, sein Mienenspiel, das Lächeln oder Zürnen seines Angesichts, der Klang seiner Stimme ebenso wie die Bewegung seiner heilenden oder drohenden Hände. In alledem spricht er sich, vor jeder verbalen Äußerung, aus. Darauf muß sich der Verstehensakt einstimmen, nicht nach Art einer Verbalrezeption, sondern in Akten des Staunens, der Bewunderung, der Einfühlung und vor allem der Dankbarkeit für das Vernommene. Wenn der Prophet Jeremia gesteht:

> *Fanden sich Worte von dir, so verschlang ich sie. Dein Wort war mir Wonne und Herzensfreude. Denn dein Name war über mich ausgerufen, Herr Gott Zebaoth*[152],

muß das erst recht von dem Hörer des sich selbst aussagenden Wortes gelten. Ein solcher Hörer war *Kierkegaard*, der der in den Sockel der Christus-Statue von *Thorvaldsen* eingravierten Einladung an die Bedrückten und Beladenen das Schlüsselwort seiner „Einübung im Christentum" entnahm, und dies mit dem Zusatz, daß, „selbst wenn Jesus dieses Wort nie über die Lippen gekommen wäre, er es doch mit der stillen Beredsamkeit seines Wesens" unüberhörbar zum Ausdruck gebracht hätte[153]. Wie könnte dieses Wort heute, unter den Bedingungen einer Welt des schwindenden Glaubens, der ersterbenden Hoffnung, der erkaltenden Liebe und eines verlorenen Friedens lauten? Zweifellos so wie die längst vorweggenommenen Antworten auf diese Notstände. Dem von der Lebensangst Entwurzelten gälte sein Zuruf: „Keine Angst; glaube nur!" (Mk 5,36); dem Verza-

[149] *M. Dibelius*, An die Kolosser, Epheser, an Philemon, Tübingen 1953, 24 f.

[150] *H. de Lubac*, Katholizismus als Gemeinschaft, 106.

[151] *H.-G. Gadamer*, Wahrheit und Methode. Grundzüge einer philosophischen Hermeneutik, Tübingen 1960, 357.

[152] *G. von Rad*, Die Botschaft der Propheten, München und Hamburg 1967.

[153] *S. Kierkegaard*, Einübung im Christentum, 18; *W. Lowrie*, Das Leben Sören Kierkegaards (1955), 191.

genden: „Ich bin es, der euch hoffen heißt“ (Kol 1,27); den um die Liebe Betrogenen: „Glaubt an die Liebe, die ich zu euch hege; begreift meine Botschaft als die größte Liebeserklärung Gottes an die Welt“ (1Joh 4,16); und allen, die dem verlorenen Frieden nachtrauern: „Meinen Frieden gebe ich euch“ (Joh 14,27; „denn ich bin euer Friede“; (Eph 2,14). Doch all das wäre schon gesagt mit seinem Blick, mit dem er die Frage des jugendlichen Reichen „Was fehlt mir jetzt noch?“ (Mt 19,20) beantwortete und der von diesem Versager weiter ging zu seinen Jüngern (19,26) und durch sie an einen jeden, der nach dem Sinn seines Lebens fragt und keine erfüllendere Antwort finden kann als die, die dieser Blick ihm gibt. Es war dieser Blick, den Jesus auf den Kreis seiner Zuhörer richtete, als eine Frau aus der Menge seine Mutter selig pries, und den er mit dem Wort verdeutlichte:

> *Wer den Willen Gottes erfüllt, der ist mir Bruder, Schwester und Mutter (Mk 3,35).*

Von diesem Blick waren unzweifelhaft auch die getroffen, die er mit seiner Gottessohnschaft beschenkt und dadurch zu Gotteskindern erhoben hatte. Sie aber werden sich seines Ranges in dem Maß bewußt, wie sie seinen Blick aufnehmen und ihm standhalten. Nicht umsonst hat *Nikolaus von Kues*, der Verfasser der bisher bedeutendsten Schrift über die Gotteskindschaft, auch die nicht weniger bedeutende Meditation über das „Sehen Gottes“ vorgelegt, zu der er sich vom Bild des „Allsehenden“ in seiner Veronikakapelle zu Koblenz, einem Werk des von ihm bewunderten *Roger van der Weiden*, anregen ließ. Auf einem der Höhepunkte seiner Abhandlung kommt es zu einer förmlichen Blickvertauschung, so daß er sein Sehen als Folge eines vorgängigen Gesehenseins empfindet; denn:

> *Nichts anderes heißt dich sehen, als daß du den dich Sehenden ansiehst.*

Von diesem Blick fühlt er sich auf seiner „Wanderfahrt“ begleitet, so daß er in Anlehnung an Wendungen des 139. Psalms von sich sagen kann:

> *Ruhe ich, so bist du bei mir; steige ich empor, so steigst du mit; schreite ich hinab, so begleitest du mich; wohin ich mich auch wende: du bist zugegen.*

Das ist der Blick, der den Sehenden in sich aufnimmt und der ihn zugleich mit sich erfüllt. Mit diesem Blick ist als Ausdruck der Person tatsächlich alles gesagt. Das verdeutlicht der Kusaner mit dem Satz:

> *Wer dich mit liebevollem Blick betrachtet, erfährt nichts anderes, als daß dein Antlitz ihn liebevoll anschaut*[154].

[154] A. a. O., 67.

Es ist dieses Antlitz, mit dem, wie ergänzt werden muß, alles gesagt und gegeben ist. Damit greift Cusanus die für die Unterscheidung der christlichen Wahrheit von der Wahrheit Christi grundlegende Metapher vom Antlitz der Wahrheit (*facies veritatis*) auf, die sich über *Cassiodor* bis auf *Augustin* zurückverfolgen läßt[155]. Danach ist die aus der Gestalt des Offenbarers hervorleuchtende Offenbarungswahrheit nicht wie die philosophische systemhaft, als Ensemble wahrer Geltungen (*kosmos noetos*), sondern antlitzhaft verfaßt, so daß sie intuitiv wahrgenommen anstatt diskursiv erörtert werden muß[156]. Wenn ihr dies entgegengebracht wird, teilt sie sich mit, im Grenzfall so, wie es am Schluß von *Dantes* göttlicher Komödie geschieht, wenn der ans Ziel seiner Jenseitsreise Entrückte im Zentrum des dreifachen Runds das Menschenantlitz Christi, erhellt von einem Blitzschlag, erblickt. Damit nimmt Dantes „Weltgedicht" (*George*) den Gedanken des Hermeneutikers *Ernst Fuchs* vorweg, der sich zu der Behauptung vorwagte, daß das „Innerste Gottes das Menschliche" ist[157]. Mit seinem Antlitz neigt sich Christus, der Gottessohn, zum Menschen herab, um ihn darin zu sich selbst finden und der ihm zugeeigneten Würde seiner Gotteskindschaft bewußt und froh werden zu lassen.

[155] *Cassiodor*, Vom Adel der Seele c.14, 64; *Augustinus*, Soliloquien II, c.20,35; dazu meine „Theologische Sprachtheorie und Hermeneutik", München 1970, 63.

[156] *R. Seeberg*, Lehrbuch der Dogmengeschichte II, Darmstadt 1953, 250; dazu meine zuletzt angegebene Abhandlung, 76 f.; 84.

[157] So *Ernst Fuchs* in einer Marburger Seminarübung 1966; dazu auch die „Hermeneutische Spätlese bei Ernst Fuchs" (Ausgabe *Möller*).

Siebtes Kapitel

Der Rückblick

1. Der Blickpunkt

Wer zur Gotteskindschaft gelangte, ist dem Kolosserbrief zufolge der „Finsternis" des todverfallenen Daseins entrissen (Kol 1,13); ihm gilt das Wort des johanneischen Christus: „Wenn ich von der Erde erhöht bin, werde ich alle an mich ziehen" (Joh 12,32)[1]. Doch dadurch ist er zugleich auf jenes „Grenzgebirge" entrückt, das *Novalis* in seinen „Hymnen an die Nacht" als seinen Standort bestimmt[2]. Wenn der Dichter von diesem weltentrückten Standort aus auf das hinter ihm liegende „Getümmel" des Alltags hinabschaut, um sich dem geheimnisvollen Reich der Nacht zuzuwenden, hat er auch schon den Blickpunkt gewonnen, der ihm diese überlegene Optik gestattet. Das gilt uneingeschränkt auch von den zur Gotteskindschaft Gelangten. Im Gefolge ihrer Entrückung wurden ihnen die „Augen des Herzens" geöffnet (Eph 1,12), die sie, wie der unter tragischen Umständen im ersten Weltkrieg gefallene Fundamentaltheologe *Pierre Rousselot* geltend machte, durch den Glauben gewannen[3]. Paulus spricht in gleichem Zusammenhang von der auf den Herzen liegenden „Hülle", die bei der Hinwendung der Bekehrten „zum Herrn" weggenommen wird, so daß sie der sich in ihnen spiegelnden „Herrlichkeit des Herrn" ansichtig werden (1Kor 3,16ff)[4]. Mit seiner Begründung der Gotteserkenntnis in einem vorgängigen Erkanntsein durch Gott (Gal 4,9) nimmt Paulus aber auch schon die in langer Motivgeschichte erfolgte Herleitung des Sehens aus einem ermöglichenden Gesehensein vorweg.

Tatsächlich läßt sich das Motiv des durch einen entgegnenden Blick ermöglichten und stimulierten Sehens bis auf *Philon von Alexandrien* zurückverfolgen, während es sich von dort über *Augustin* und *Anselm von Canterbury* bis zu *Nikolaus von Kues* fortsetzt, um schließlich in einer durch *Nietzsche* und *Sartre* markierten Verfallsphase zu enden[5]. In

[1] *U. Wilckens*, Das Evangelium nach Johannes, Göttingen 2000, 194 f.

[2] *Novalis*, Hymnen an die Nacht IV; dazu meine Schrift „Abstieg und Auferstehung. Die geistige Welt in Novalis' Hymnen an die Nacht", Heidelberg 1954, 37–48.

[3] *P. Rousselot*, Die Augen des Glaubens (Originaltitel: Les yeux de la foi), Einsiedeln 1963; dazu *E. Seiterich*, Die Glaubwürdigkeitserkenntnis. Eine theologische Untersuchung zur Grundlegung der Apologetik, Heidelberg 1948, 11–14; 88 ff.; ferner mein unter dem Titel „Glaubensverständnis" erschienener Grundriß einer hermeneutischen Fundamentaltheologie, Freiburg 1975, 38–47.

[4] *H. Lietzmann*, An die Korinther I/II, 113 ff.; dazu *G. Theissen*, Psychologische Aspekte paulinischer Theologie, Göttingen 1983, 142–146.

[5] Dazu meine Schrift „Der schwere Weg der Gottesfrage", Düsseldorf 1980, 51–65.

welchem Umfang sich der Blick vom Beginn der Neuzeit bis zu deren „Ende“ (*Guardini*) veränderte, zeigt die Spannweite zwischen *Lucien Febvres* Essay „Der neugierige Blick“ und *Thomas Kleinspehns* Studie „Der flüchtige Blick“, die dem Verhältnis von „Sehen und Identität in der Kultur der Neuzeit“ nachgeht[6]. Hinter deren Anfang steht die von *Hans Blumenberg* betriebene Rehabilitierung der Neugierde (*curiositas*), deren semantische Odyssee er von ihrer anfänglichen Gleichsetzung mit der naturhaften Wißbegierde über ihre Verdächtigung als „Zerstreuung“ und ihre Verteufelung als Laster bis zu ihrer Aufwertung zum neuzeitlichen Forschungsimpuls und zum faustischen Wissensdrang verfolgt[7]. Hinter dem Ende verbirgt sich der „unstillbar“ gewordene und in dieser Gier auf alles gerichtete, gerade deshalb aber oberflächliche und „flüchtige“ Blick (*Kleinspehn*). Die vorläufig letzte Schwundstufe wird schließlich in der heutigen Medienszene erreicht, die den Blick des Rezipienten instrumentalisiert und nach *Vilém Flusser* zu einer gegenseitigen Aufhebung von Raum und Zeit und in deren Folge zu einer „Ekstase der Selbstvergessenheit“ und Selbstauflösung des Rezipienten in ein allumfassendes Kommunikationsnetz führt. Wie Flusser im Gegenzug zu dieser medialen Verstörung behauptet, kommt es dann aber dazu, daß einer „des Angesichts des andern“ und „durch dieses Antlitz hindurch wieder Gottes ansichtig“ wird, so daß die kollektive Auflösung in deren Selbstaufhebung umschlägt[8]. Doch soviel für diese Hoffnungsperspektive sprechen mag: Wie stellt sich der Zentralverlauf der damit umrissenen Motivgeschichte dar?

An ihrem Anfang stellt der um die Versöhnung der jüdischen mit der griechischen Denkwelt bemühte *Philon von Alexandrien* die Frage:

> *Wann ist es wahrscheinlicher, daß eine Geistseele festzustehen vermag und nicht wie auf einer Waage hin- und herschwankt, als wenn sie sich auf Gott, ihn sehend und von ihm gesehen, bezieht*[9].

Wie es Paulus (nach Gal 4,9) für die einem vorgängigen Erkanntsein durch Gott zu verdankende Gotteserkenntnis behauptet, führt Philon hier das Sehen Gottes auf ein zuvorkommendes Gesehensein durch ihn zurück. Gleiches gilt nach Paulus vom Glaubenden, dem durch die Hinwendung zum Herrn die „Hülle“ von den Augen genommen

[6] *L. Febvre*, Der neugierige Blick. Leben in der französischen Renaissance, Berlin 1989; *Th. Kleinspehn*, Der flüchtige Blick. Sehen und Identität in der Kultur der Neuzeit, Reinbeck bei Hamburg 1989.

[7] *H. Blumenberg*, Die Legitimität der Neuzeit, Frankfurt 1966, 139; *ders.*, Neugierde und Wissenstrieb, in: Archiv für Begriffsgeschichte XIV/2, 7–40; dazu meine Abhandlung „Gott verstehen. Erwägungen zum Verhältnis Mensch und Offenbarung“, München und Freiburg 1971, 24–38.

[8] *E. Neswald*, Medien-Theologie. Das Werk Vilém Flussers, Köln 1997, 153 f.

[9] *Philon*, De sommiis II, 226; nach *A. Wlosok*, Laktanz und die philosophische Gnosis, Heidelberg 1960, 76.

wird, so daß er der sich in ihm spiegelnden „Herrlichkeit des Herrn" ansichtig wird (2Kor 3,16ff)[10]. Um dabei nicht in Selbstbespiegelung zu verfallen, ergießt *Augustin* seine Seele über sich selbst hinaus; denn:

> *Dort ist die Wohnung meines Gottes, dort, im Überstieg über meine Seele. Dort wohnt er, von dort schaut er mich an, von dorther erschuf er mich; von dorther leitet er mich; von dorther umsorgt er mich; von dorther ruft er mich; von dorther geleitet er mich; von dorther zieht er mich empor; von dorther führt er mich ans Ziel*[11].

Aus der Rückschau auf sein verworrenes Vorleben wiederholt er dies mit der bewegenden Klage:

> *Spät habe ich dich geliebt, du ewig alte und ewig neue Schönheit, spät habe ich dich geliebt! Du warst bei mir, und ich war nicht bei dir, weit von dir abgehalten durch die Dinge, die doch nicht wären, wenn sie nicht in dir wären. Du riefst mich, und dein Schrei brach meine Taubheit; du leuchtetest mir auf, und dein Blick vertrieb meine Blindheit ... Du hast mich angerührt, und nun brenne ich voll Verlangen nach dem Frieden in dir*[12].

Den ersten Höhepunkt erreicht die Motivgeschichte jedoch bei *Anselm von Canterbury*, der in der spirituellen Reflexion auf den in seinem „Proslogion" entwickelten Gottesbeweis in den Ruf ausbricht:

> *O höchstes und unzugängliches Licht, o ganze und selige Wahrheit: wie fern bist du mir, wie nah bin ich dir! Wie entrückt bist du meinem Blick; wie gegenwärtig bin ich deinem Blick!*[13]

Während *Augustin* im Sinn der westlichen Tradition dem an ihn ergangenen Ruf Gottes den entscheidenden Anstoß zu seiner Lebenswende verdankt, nennt *Anselm* im

[10] *H. Lietzmann*, An die Korinther I/II, 112 f.; *G. Theissen*, Psychologische Aspekte paulinischer Theologie, Göttingen 1983, 140–149.

[11] *Augustinus*, Enarratio in Psalmum 41, 2–10; nach *G. Ruhbach* und *J. Sudbrack*, Christliche Mystik. Texte aus zwei Jahrtausenden, München 1989, 79 f.

[12] *Augustinus*, Confessiones X, c.27. Daß Gott in den Redenden redet, in den Wissenden erkennt und in den Sehenden sieht, betont Augustin in XIII, c.31.

[13] *Anselm von Canterbury*, Proslogion, c.16; Ausgabe *Schmitt*, Stuttgart-Bad Cannstatt 1962, 112 f. Die ostkirchliche Orientierung *Anselms* könnte auf die intensive, ja sogar ikonographisch dokumentierte Beziehung der beiden Kirchen im Früh- und beginnenden Hochmitteltalter zurückgehen.

Sinn der östlichen Spiritualität an erster Stelle den ihn umfangenden göttlichen Blick. Damit greift er auf eine Grunderfahrung menschlicher Kommunikation zurück. Was ein Mensch dem andern zu sagen hat, spiegelt sich, bevor ihm das Wort über die Lippen kommt, im Mienenspiel und Gesichtsausdruck des Partners. Der Anblick und damit die Schau kommt dem Wort zuvor. Für die Offenbarung besagt das, daß sie, noch bevor sie im biblischen Wort Gestalt gewinnt, in der leibhaftigen Gestalt des Offenbarers, in seiner Erscheinung und seinem Blick (*Guardini*) an die Menschheit ergeht[14].

Nikolaus von Kues, mit dem der zweite Höhepunkt der Motivgeschichte erreicht ist, vertieft das zu der von ihm in seiner Meditation „De visione Dei" entwickelten Theorie des – in seinem Doppelsinn zu verstehenden – Sehens Gottes[15]. In seiner Antwort auf die Attacke seines Heidelberger Kontrahenten *Johannes Wenck* betont der Kusaner:

> *Wenn man irgendwie zur absoluten Wahrheit gelangen soll, ist es unerläßlich, daß dies durch überbegriffliche Einsicht, gleichsam auf dem Weg einer augenblicklichen Entrückung geschieht, so, wie wir mit unserm leiblichen Auge den Glanz der Sonne nur für einen Augenblick auf unfaßbare Weise wahrnehmen können*[16].

Im gleichen Sinn hatte er mit unverhohlener Entdeckerfreude in seiner Hauptschrift erklärt:

> *Ich habe den Ort entdeckt, wo du unverhüllt gefunden wirst. Er ist umgeben vom Zusammenfall der Gegensätze. Das ist die Mauer des Paradieses, das dir zur Wohnung dient. Seine Pforte bewacht der höchste Verstandesgeist. Solange dieser nicht überwunden wird, öffnet sich der Eingang nicht. Jenseits des Zusammenfalls der Gegensätze kann man dich somit erblicken, diesseits aber nicht*[17].

Was gesehen wird, ist wie im Fall der motivverwandten Kafka-Parabel „Vor dem Gesetz" das geheimnisvolle Leuchten in dessen Inneren. Der dazu verhelfende Blick besteht dagegen in der „visio facialis", in der sich das sehende Gesehensein zu einer „Denkform" (*Beierwaltes*) verfaßt. Im Sehenden erblickt Gott sich selbst, wie sich dies paradigmatisch

[14] *R. Guardini*, Das Wesen des Christentums, Würzburg 1949, 37; dazu meine Schrift „Interpretation und Veränderung. Werk und Wirkung Romano Guardinis", Paderborn 1979, 78 f.

[15] *Nikolaus von Kues*, Vom Sehen Gottes (Ausgabe *Haas*), Zürich und München 1987, 27–50; dazu *R. Haubst* (Hrsg.), Das Sehen Gottes nach Nikolaus von Kues, Trier 1989, 50–263.

[16] Nach dem Nachwort von *A. M. Haas* zu der von ihm besorgten Ausgabe: A. a. O., 134.

[17] *Cusanus*, De visione Dei, c.9.

im „Blick Jesu Christi“ konkretisiert[18]. Den Zusammenhang mit der Gotteskindschaft bestätigt Cusanus mit seiner Schrift „De filiatione Dei“, die diese als den Aufstieg des Menschen in die „Meisterschaft“ seiner höchsten Selbstaneignung beschreibt und ihr eine Gottesschau „ohne alle rätselhafte Bildlichkeit“ zumißt[19].

Den Umschlag in die auf Nietzsche und Sartre hinführende Verfallsgeschichte markiert *Jean Pauls* „Rede des toten Christus vom Weltgebäude herab, daß kein Gott sei“[20]. Ihren dramatischen Höhepunkt erreicht diese Traumdichtung in der antwortlos bleibenden Frage, die der tote Christus in die „Wüsten des Himmels“ hineinschreit, und in seinem Blick, von dem es in Umkehr des sehenden Gesehenseins heißt:

> *Und als ich aufblickte zur unermeßlichen Welt nach dem göttlichen Auge, starrte sie mich mit einer leeren bodenlosen Augenhöhle an; und die Ewigkeit lag auf dem Chaos und zernagte es und wiederkäuete sich*[21].

Bei *Nietzsche*, der sich als Kind von Gott gerufen und von seinem bewegenden Blick getroffen fühlte, verwandelt sich die leere Augenhöhle in seiner „Klage der Ariadne“ in ihr aggressives Gegenteil: in den „Pfeil“ eines „herzzerbrechenden“ Augen-Blitzes, den er mit der Proklamation des Gottestodes abwehrt, um von ihm nicht in einer identitätsverletzenden Weise getroffen zu werden[22]. Über *Fichte*, der in seiner „Anweisung zum seligen Leben“ vom „toten Blick des geistlosen Denkens“ gesprochen hatte, setzt sich dieser Gedankenzug fort zu *Sartre*, für den sich der aus der Nacht hervorbrechende Blick im Erlebnis „Ich bin gesehen“ vergegenständlicht und den von ihm Getroffenen „wie ein Messerstich durchbohrt“[23]. In seinem Hauptwerk „Das Sein und das Nichts“ steigert er das zum Postulat der Unmöglichkeit Gottes, in dem „der Begriff des Anderen bis zur Grenze getrieben“ wird. Denn die Vorstellung, unausweichlich, unablässig und allenthalben vom göttlichen Blick getroffen zu sein, verstieße den Menschen in den Zustand einer permanenten Selbstentfremdung, der er sich nur durch die Negation Gottes und den Versuch,

[18] *W. Beierwaltes*, Visio facialis – Sehen ins Angesicht. Zur Coinzidenz des endlichen und unendlichen Blicks bei Cusanus, in dem von *R. Haubst* herausgegebenen Sammelband A. a. O., 91–124.

[19] *Cusanus*, De filiatione Dei, in: *E. Bohnenstaedt*, Vom verborgenen Gott, Leipzig 1942, 80–85; dazu *K. Reinhardt*, Christus die „absolute Mitte“ als der Mittler zur Gotteskindschaft; A. a. O., 196–226.

[20] *W. Rehm*, Jean Paul – Dostojewski. Eine Studie zur dichterischen Gestaltung des Unglaubens, Göttingen 1962, 10; 53.

[21] A. a. O., 36.

[22] Dazu meine Schrift „Der schwere Weg der Gottesfrage“, 60–65.

[23] So in seinem Roman „Le sursis“; nach *J. Lenz*, Der moderne deutsche und französische Existentialismus, Trier 1951, 113 f.

„die Idee Gottes als widerspruchsvoll" zu denken, erwehren kann[24]. Damit schließt sich der Ring zu *Nietzsche*, der in der Maskenfigur des „häßlichsten Menschen" den von ihm inszenierten Gottesmord mit den gestammelten Worten rechtfertigt:

> *Aber er –* mußte *sterben: er sah mit Augen, welche* alles *sahn, – er sah des Menschen Tiefen und Gründe, alle seine verhehlte Schmach und Häßlichkeit … Er sah immer* mich*: an einem solchen Zeugen wollte ich Rache haben – oder selber nicht leben. Der Gott, der alles sah, auch den Menschen: Dieser Gott mußte sterben! Der Mensch erträgt es nicht, daß solch ein Zeuge lebt*[25].

Mit „des Menschen Tiefen und Gründen" ist nun aber auch schon das Ziel angegeben, auf das sich der fragende Blick der zur Gotteskindschaft Gelangten richten muß.

2. Der Blick in den Abgrund

Mit dem Vers:

> *Vom Abgrund nämlich haben wir angefangen,*

beginnt ein Gedicht des bereits umnachteten *Hölderlin*, das dem Rückblick derer entspricht, die sich der „Finsternis entrissen" (Kol 1,13) und auf das „Grenzgebirge der Gotteskindschaft" entrückt sehen[26]. Es ist der Blick in den Abgrund, den *Augustin* aufgrund seiner Selbstanalyse in sich entdeckte und mit den Worten umschrieb:

> *Welch tiefer Abgrund ist doch der Mensch, dessen Haare du sogar, Herr, gezählt hast, so daß keines vor dir verloren geht. Und doch sind seine Haare eher noch nachzuzählen als die Regungen und Bewegungen seines Herzens*[27].

[24] *J. P. Sartre*, Das Sein und das Nichts. Versuch einer phänomenologischen Ontologie (Originaltitel: L'Être et le Néant), Hamburg 1962, 338–397; dazu *Lenz*, A. a. O., 108.

[25] *F. Nietzsche*, Also sprach Zarathustra IV: Der häßlichste Mensch; dazu die Ausführungen in „Der schwere Weg der Gottesfrage", 62 f. Nicht unerwähnt darf der Beitrag der Kunst zur Motivgeschichte bleiben. So das auf das Schweißtuch der Veronika bezogene Selbstbildnis *Dürers* (1500) und das Schlüsselwerk „Las Meninas" (1656) des *Velasquez*; dazu mein Beitrag „Kunst und Realität", in: Kunst und Kirche 2 (1985), 105 ff.

[26] *F. Hölderlin*, Sämtliche Gedichte (Ausgabe *Rasch*), Berlin 1942, 391.

[27] *Augustinus*, Confessiones IV, c.14,22.

Das hatte Augustin mit der Beobachtung unterbaut, daß sich die Liebe des einen an der des andern entzündet, obwohl man oft keinesfalls so geliebt werden möchte, wie man es am andern bewundert. Damit reißt er die ganze Widersprüchlichkeit des Menschenherzens auf. Noch radikaler geschieht das in dem Herrenwort:

> *Aus dem Herzen kommen die bösen Gedanken, Mord, Ehebruch, Unzucht, Diebstahl, falsches Zeugnis und Verleumdung (Mt 15,19).*

Doch das Evangelium weiß auch von der Fähigkeit des Menschenherzens, sich einen Schatz im Himmel zu verschaffen, zu der es mit dem Satz ermutigt:

> *Denn wo dein Schatz ist, da ist auch dein Herz (Mt 6,21).*

Darauf stimmte sich auch Augustin mit dem großen Eingangswort seines Bekenntniswerkes ein:

> *Du hast uns auf dich hin geschaffen, und unser Herz kommt nicht zur Ruhe, bis es Ruhe gefunden hat in dir*[28].

Dominierend bleibt für ihn jedoch das Erschauern vor der Abgründigkeit seines Seins:

> *Groß ist die Macht des Erinnerns. Schaudernd, o du mein Gott, blicke ich in seine Tiefe und grenzenlose Vielfalt. Und das ist doch der Geist, und dieser Geist bin ich! Was also bin ich, mein Gott; was ist mein Sein? Ein vielfältiges, vielgestaltiges, ganz unermeßliches Leben! Siehe, frei bewege ich mich in den zahllosen Feldern, Grotten und Höhlen meines Gedächtnisses … Zwischen alledem fliege ich hin und her, und nirgendwo ist ein Ende*[29].

Doch selbst in dieser erstaunlichen Annäherung an die Tiefenpsychologie wird die volle Fallhöhe nicht ausgemessen, bis zu der der von der Gotteskindschaft ausgehende Blick in den Abgrund vordringt. Denn dieser Blick kommt aus der Höhe des dem Aufruf „Sei dein eigen" (*Cusanus*) gehorchenden, zu voller Integration und Selbstaneignung gelangten Menschen. Dort rührt er an den Gegenpol der Gotteskindschaft, an die Verfallsform des sich selbst entfremdeten Daseins. Diese Verstörung liegt um eine ganze Dimension tiefer als die des von Augustin durchforschten Gedächtnisses, aber auch des vom Evangelium aufgedeckten, von Animositäten, Aggressionen und Süchten umgetriebenen Menschenherzens. Sie wird demgemäß auch nicht von der psychologischen Analyse oder

[28] A. a. O., I, c.1,1.

[29] A. a. O., X, c.17,26.

dem schlechten Gewissen erreicht, sondern erst von jener basalen Gewissensform, die im Unterschied zur moralischen als die des Existenzgewissens bezeichnet werden muß[30].

Während das moralische Gewissen auf die Einhaltung oder Verfehlung der sittlichen Norm in Gestalt des göttlichen oder menschlichen Gesetzes reagiert, bezieht sich der Gewissensruf des Existenzgewissens auf die Aneignung oder Verfehlung „seiner selbst". Der Blick in den Abgrund richtet sich somit auf die unterschiedlichen Formen, wie sich der Mensch entgleiten (*Pascal*), abhanden kommen (*Mahler*), entfremden (*Hegel*) oder auch mit repressiver oder persuasiver Gewalt sich selbst entrissen und unter sein personales Niveau gedrückt werden kann. Insofern ist es die kognitive Komponente der „Höllenfahrt der Selbsterkenntnis" (*Hamann*)[31]. Doch wohin führt diese Fallstrecke?

Nach der von *Albert Camus* in seinem Essay „L'homme révolté" geäußerten Ansicht nicht nur dorthin, wo der Anreiz zu allen Verbrechen zu suchen ist, sondern bis zu jener Perversion, die die Unterdrückung als Befreiung und Massenmorde als Werk der Humanität ausgibt; denn:

> *An dem Tag, an dem das Verbrechen – mittels einer seltsamen, unserer Zeit aber eigenen Verdrängung – sich mit den Hüllen der Unschuld schmückt, wird von der Unschuld verlangt, sich selbst zu rechtfertigen*[32].

Den tiefsten Grund dieser Perversion aber hatte Paulus aufgedeckt, als er im Bruch mit seiner Rede vom Tod als dem „Sold der Sünde" (Röm 6,23) den Tod zum Urheber und Antreiber alles Bösen erklärte (1Kor 15,56)[33]. Insbesondere zeigt die Psychologie des Mörders und des Apokalyptikers, daß sich beide des letztlich Unannehmbaren, des Todes, dadurch zu erwehren suchen, daß sie andere – faktisch oder tendenziell – mit in dieses Verhängnis hineinreißen: der Mörder, indem er möglichst viele in den von ihm geplanten oder in Kauf genommenen eigenen Tod einbezieht; der Apokalyptiker, indem er mit dem Engel der Apokalypse der Welt ansagt, daß „keine Zeit mehr bleibt" (Apk 10,6), und ihr damit jede Zukunft verweigert[34].

[30] Dazu meine Untersuchung „Der Mensch – das uneingelöste Versprechen. Entwurf einer Modalanthropologie", 162–211.

[31] *J. G. Hamann*, Abälardus Virbius, in: Hauptschriften (Ausgabe *Mann*), Leipzig o. J., 415; *H. Timm*, Fallhöhe des Geistes. Das religiöse Denken des jungen Hegel, Frankfurt 1979.

[32] *A. Camus*, Der Mensch in der Revolte (Originaltitel: L'homme révolté), Hamburg 1953, 10.

[33] *A. Strobel*, Der erste Brief an die Korinther, Zürich 1989, 260 f.; dazu meine Studie „Paulus. Zeugnis – Begegnung – Wirkung", 74 f.; 296 f.

[34] Nur weil er mit vielen andern nicht scharf genug zwischen Eschatologie und Apokalyptik unterscheidet, kann *Ernst Käsemann* behaupten, daß Paulus auch als Christ Apokalyptiker geblieben sei: Gottesgerechtigkeit bei Paulus, in: Exegetische Versuche und Besinnungen II, Göttingen 1970, 193; nach *U. H. J. Körtner*, Weltangst und Weltende. Eine theologische Interpretation der Apoka-

Der Tiefpunkt der Fallstrecke ist somit erst dann erreicht, wenn der Tod für den (nach Röm 7,24) todverfallenen Menschen zum „verlockenden Schrecken" wird, wenn für ihn also das Entsetzen vor dem drohenden Untergang, wie dies bereits im Prototyp aller Todesdichtungen, der Odyssee, vorweggenommen ist, in eine wachsende Faszination umschlägt[35]. Denn nur so erklärt es sich, daß der Mensch das von sich abstößt, was ihm der Tod entreißt und sich in Akten der Selbstentfremdung, Selbstwegwerfung und Entselbstung in den vor ihm klaffenden Abgrund stürzt.

Der von Dichtern wie *Cesare Pavese* und *Hans Erich Nossak* lebenslang reflektierte Selbstmord ist nur die perniziöse Extremform dieser Entselbstung[36]. Ihr gehen andere Formen wie die von *Heidegger* denunzierte der Unterwerfung unter das Diktat der antlitz- und namenlosen Alltäglichkeit und der von *David Riesman* beschriebenen „einsamen Masse" voran[37]. In der modernen Medienszene wird das freilich zunehmend überlagert durch die sich zu einer persuasiven Totaldiktatur aufblähenden Medien, die nach *Neil Postman* an die Stelle der das letzte Jahrhundert terrorisierenden Diktatoren traten und mit ihrer Suggestion das weit wirkungsvoller erzielen, was jene mit physischer und psychischer Gewalt nur bedingt erreichten[38]. Im Vergleich des Szenarios, das *George Orwell* in seiner Schreckensutopie (1984) entwarf, mit *Aldous Huxley* und seiner „Brave New World" kommt Postman zu dem Urteil:

> *Orwell fürchtete diejenigen, die Bücher verbieten, Huxley befürchtete, daß es eines Tages keinen Grund mehr geben könnte, Bücher zu verbieten, weil keiner mehr da ist, der Bücher lesen will. Orwell fürchtete jene, die uns Informationen vorenthalten, Huxley fürchtete jene, die uns mit Informationen so sehr überhäufen, daß wir uns vor ihnen nur in Passivität und Selbstbespiegelung retten können. Orwell befürchtete, daß die Wahrheit vor uns verheimlicht werden könnte, Huxley befürchtete, daß die Wahrheit in einem Meer von Belanglosigkeiten untergehen könnte*[39].

lyptik, Göttingen 1988, 328. Zur Psychologie des Mörders vgl. *S. Haffner*, Anmerkungen zu Hitler, München 1978, 152–204.

[35] *R. von Ranke-Graves*, Griechische Mythologie. Quellen und Deutung II, Reinbek bei Hamburg 1955, 344–359; dazu meine Modalanthropologie, A. a. O., 137 f.

[36] *C. Pavese*, Das Handwerk des Lebens (Originaltitel: Il Mestiere de Vivere), München 1963; *H. E. Nossack*; Nach dem letzten Aufstand (1961); dazu mein Nachwort zur Neuausgabe des Romans, Frankfurt 1981, 369–412; ferner meine Schrift „Dasein auf Abruf. Der Tod als Schicksal, Versuchung und Aufgabe", Düsseldorf 1981, 68–75.

[37] *M. Heidegger*, Sein und Zeit, Halle 1928, 126–179; *D. Riesman*, Die einsame Masse (Originaltitel: The Lonely Crowd), Hamburg 1958, 137–174.

[38] *N. Postman*, Wir amüsieren uns zu Tode, 7 f.

[39] Ebd.

Im Sog der damit angesprochenen Mediendiktatur erreicht der Mensch den Tiefpunkt seiner Verfallsformen: die von ihm lustvoll hingenommene Selbstentfremdung, die bereitwillige Hinnahme seiner Entselbstung – Gegenpol zu der von *Guardini* geforderten „Annahme seiner selbst" –, die ihn schließlich zu einer Metapher seiner selbst verkommen läßt[40]. In extremer Perversion wiederholt sich dabei die mystische Inversion, in welcher Christus nach dem Schlüsselwort des Galaterbriefs zum Lebensinhalt des an ihn Glaubenden (Gal 2,20) und zu seinem Identifikationszentrum wird[41]. An die Stelle des ihn Umgreifenden und ihm gleichzeitig Einwohnenden tritt in diesem Gegenbild die sich zu einem kollektiven Über-Ich aufblähende Medienszene, die ihm die Süchte, Begierden und Perversionen des Zeitalters als Lebenswerte suggeriert. Doch an diesem Tiefpunkt kommt es dann auch zur entscheidenden Peripetie; denn aus dem Zentrum der Finsternis geht, kaum sichtbar, ein Lichtstrahl hervor. Es ist jenes geheimnisvolle Leuchten, das *Kafkas* „Mann vom Lande" nach lebenslangem Warten im Zentrum des ihn zurückschreckenden „Gesetzes" erblickt[42]. Das ist die metaphorische Umschreibung jener Hilfe, die in ihrem scheinbaren Ausbleiben zuletzt doch fühlbar wird. Wie *Tertullian* in seiner Deutung der „Stillung des Seesturms" (Mt 8,23–27) betont, scheint der Herr zwar zur Zeit der Bedrängnis und Krise bisweilen „in seiner Nachsicht gleichsam zu schlafen", doch nur, um sich dann zu erheben und die rettende Wende herbeizuführen[43].

Auf ebenso geheimnisvolle wie unübersehbare Weise „erhob" sich Jesus, ungeachtet der fortschreitenden Entchristlichung der gegenwärtigen Lebenswelt im glaubensgeschichtlichen Profil des Zeitgeschehens. Weithin sichtbar, wenngleich kaum einmal angemessen vermerkt, im Gestaltenwandel der als Spätfrucht des Konzils entstandenen Jesusliteratur, in der er, wie sich bereits zeigte, vom Thron seines Herrentums herabstieg, um als Helfer, Bruder und Freund auf die Seinen zuzugehen und sich ihnen als Orientierungs- und Identitätshilfe anzubieten. Und dies, wie *Eduard Schillebeeckx* hervorhob, nicht etwa nur aufgrund der Nachhaltigkeit seiner Botschaft, sondern als der mitten unter ihnen „Lebende"[44].

Weniger auffällig, dafür aber um so nachhaltiger „erhob" sich Jesus im glaubensgeschichtlichen Prozeß der Gegenwart, der durch eine wiederholte Wende gekennzeichnet ist: durch eine Wende vom traditionellen Autoritäts- und Gehorsamsglauben zu dem

[40] *R. Guardini*, Die Annahme seiner selbst, Würzburg 1960; dazu meine Schrift „Interpretation und Veränderung. Werk und Wirkung Romano Guardinis", Paderborn 1979, 28; 84 f.

[41] *F. Mussner*, Der Galaterbrief, Freiburg 1981, 182 f.

[42] *F. Kafka*, Erzählungen, Frankfurt 1946, 159 f.; dazu *B. Nagel*, Franz Kafka. Aspekte zur Interpretation und Wertung, Berlin 1964, 213–237.

[43] *Tertullian*, De baptismo, c.12; nach *W. Grundmann*, Das Evangelium nach Matthäus, Berlin 1971, 260.

[44] *E. Schillebeeckx*, Jesus. Die Geschichte von einem Lebenden, Freiburg 1975.

vom Verfall der Autoritäten, aber auch vom Fortschritt der Hermeneutik erzwungenen Verstehensglauben; durch eine Wende von dem durch *Buber* kritisierten Satz- und Bekenntnisglauben zu dem von *Rahner* geforderten Erfahrungsglauben; durch eine Wende von dem individualistischen Leistungsglauben zu dem von *Guardini* befürworteten Verantwortungsglauben; vor allem aber durch die noch immer im Gang befindliche Wende von dem seit dem Mittelalter zur Selbstverständlichkeit gewordenen Gegenstandsglauben zu dem sich vielfach ankündigenden Innerlichkeits- und Identitätsglauben[45]. Das bezieht sich insofern auf die literarische Selbstvergegenwärtigung Jesu, als das religiöse Zeitgeschehen im Unterschied zu dem Guardiniwort vom „Erwachen der Kirche in den Seelen“ auf die Formel gebracht werden kann, daß Jesus im Glaubensgeschehen der Gegenwart ebenso zu sich selbst wie in den Seinen erwacht[46].

Vor allem aber „erhob“ sich Jesus im religiösen Zeitgeschehen dadurch, daß seine Auferstehung, ungeachtet aller Marginalisierungstendenzen, ins Zentrum des Glaubensbewußtseins rückte und zunehmend als Zentrum und „Drehpunkt“ des ganzen Christentums begriffen wurde (*Wilckens*)[47]. „Aufgenommen in Herrlichkeit“ (1Tim 3,16), ist Jesus in ein väterlich-kindliches Intimverhältnis zu Gott einbezogen und dadurch „über alle erhöht“ (Phil 2,9), dies jedoch so, daß er als Erhöhter (nach Joh 12,32) „alle“ an sich zieht, um sie in seine Gottessohnschaft hineinzunehmen[48]. Nach Paulus wird er für sie zu dem sie erfüllenden „lebendigmachenden Geist“ (1Kor 15,45), der sie in Gestalt der Charismen mit neuen kognitiven, operativen und kommunikativen Qualitäten begabt und sie, mit den Geistesgaben der Weisheit, der Erkenntnis, der Heilungs- und Redekraft erfüllt (12,4–11), über sich in einer Weise hinauswachsen läßt, die unmittelbar an ihr atheistisches Gegenbild erinnert: an den durch die Usurpation göttlicher Attribute über sich hinauswachsenden Menschen der gottlosen Moderne, den *Freud* ironisch als „Prothesengott“ bezeichnete[49].

Erneut ist damit die Auferstehung Jesu als die Geburtsstunde der Gotteskindschaft erwiesen. Indessen erschöpft sie sich keineswegs in der Erhebung des jeweilig einzelnen; vielmehr ist es ihr auferlegt, die ganze Welt der Todverfallenheit zu entreißen und auf einen neuen, transkreatürlichen Seinsstand zu heben. Denn nach divergierenden Lesarten

[45] Dazu meine Schriften „Die glaubensgeschichtliche Wende. Eine theologische Positionsbestimmung“, Graz 1986, ferner „Glaubensprognose. Orientierung in postsäkularistischer Zeit“, Graz 1991 und „Glaubenserweckung. Das Christentum an der Jahrtausendwende“, Düsseldorf 2002, 184–190.

[46] *R. Guardini*, Vom Sinn der Kirche, Mainz 1922; dazu die Ausführungen meiner Studie „Interpretation und Veränderung“, 17; 123 ff.

[47] Dazu meine „Einweisung ins Christentum“, 49ff; *U. Wilckens*, Theologie des Neuen Testaments I/1, Neunkirchen-Vluyn 2002, 26.

[48] *Wilckens*, Das Evangelium nach Johannes, Göttingen 2000, 194 f.

[49] Dazu meine Programmschrift „Glaubenserweckung“, 52.

will der Erhöhte „alle“ und „alles“, und das besagt, die ganze Menschenwelt an sich ziehen (Joh 12,32)[50]. Dieses Ziel verfolgt aber bereits der historische Jesus mit seiner Reich-Gottes-Verkündigung, mit der er, wie schon *Markion* und *Origenes* erkannten, sich selbst der Welt als Gestaltungsprinzip einstiftete, um sie seiner Zielvorstellung anzuverwandeln. So gesehen ist das Gottesreich die soziale Extrapolation der Gotteskindschaft und diese deren ontogenetisch-individuelle Vorwegnahme[51].

Im Hinblick darauf, daß Jesus „einerseits auf eine Theorie des Gottesreiches verzichtet und andererseits es ablehnt, den Zeitpunkt“ seines Kommens zu bestimmen, hat *Hans Weder* das von ihm als „Mitte der Verkündigung Jesu“ bezeichnete Gottesreich seine auf Verwirklichung drängende Utopie genannt[52]. Unter dem Eindruck dieser Bestimmung wird man nach Spuren der sich abzeichnenden Verwirklichung suchen, so oft in der Geschichte der ebenso vermessene wie vergebliche Anspruch auf eine zeitgeschichtliche Vorwegnahme der im Grunde endzeitlichen Größe erhoben wurde und so sehr die Kirche als zeichenhafte Anbahnung des immer erst kommenden Gottesreichs zu gelten hat[53]. Im Hinblick darauf führt die Spur zunächst zurück zu der anfangs umstrittenen, neuerdings aber als Paradigma des utopischen Denkens eingeschätzten *Novalis*-Schrift „Die Christenheit oder Europa“ (1799), die in nostalgisch-kritischer Rückschau auf den Gang der europäischen Geschichte das geradezu personhaft gezeichnete Ideal einer „neuen goldenen Zeit mit dunklen unendlichen Augen“ entwirft, die sich wie ein „echter Genius“ und „Heiland“ ins Weltgeschehen einmischt, so daß „auf den rauchenden Walstätten“ das von „Werken des Friedens“ getragene „Friedensfest“ gefeiert werden kann. Dabei gewinnt der Essay dadurch sein spezifisches Profil, daß sein Dichter aus der Distanz des betrachtenden Historikers Mal um Mal hervortritt, um seine Rolle mit der des Protagonisten und Gestalters zu vertauschen. So schon in seiner Prognose:

> *Die anderen Weltteile warten auf Europas Versöhnung und Auferstehung, um sich anzuschließen und Mitbürger des Himmelreichs zu werden*[54].

Erst recht aber in seiner Absicht, seine Leser zu dem von ihm entworfenen Ideal wie zu einem Bruder hinzuführen, der mit ihnen reden und ihre Herzen aufgehen lassen möge, vor allem aber in seinem abschließenden Aufruf:

[50] Wie Anm. 48; *R. Schnackenburg*, Das Johannesevangelium II, Freiburg 1985, 492 ff.

[51] *H. Merklein*, Jesus. Künder des Reiches Gottes, in: Studien zu Jesus und Paulus, Tübingen 1987, 153; *R. Gögler*, Zur Theologie des biblischen Wortes bei Origenes, Düsseldorf 1963, 264.

[52] *H. Weder*, Die Arbeit der Utopie, in: Einblicke ins Evangelium. Exegetische Beiträge zur neutestamentlichen Hermeneutik, Göttingen 1992, 240 f.

[53] *K. Thieme* und *H. Fries*, Artikel „Reich Gottes“, in: *J. Höfer* und *K. Rahner* (Hrsg.), Lexikon für Theologie und Kirche VIII, Freiburg 1963, 1110–1120.

[54] *Novalis*, Fragmente und Studien. Die Christenheit oder Europa (Ausgabe *Paschek*), Stuttgart 1984, 88.

Nur Geduld, sie wird, sie muß kommen, die heilige Zeit des ewigen Friedens, wo das neue Jerusalem die Hauptstadt der Welt sein wird; und bis dahin seid heiter und mutig, Genossen meines Glaubens, verkündet mit Wort und Tat das göttliche Evangelium, und bleibt dem wahrhaften, unendlichen Glauben treu bis in den Tod[55].

Ist es da vermessen, in Erinnerung an die auf Verwirklichung drängende Utopie Jesu das europäische Einigungswerk als die zumindest partielle Einlösung des von Novalis gegebenen Versprechens anzusehen? Nur darf dann keineswegs vergessen werden, daß sich die gesamte Ableitung um die Auferstehung Jesu wie um ihre Achse dreht. Deshalb muß sich der Blick in den Abgrund in den Aufblick zu ihm fortsetzen[56].

3. Der christologische Aufblick

Der Hebräerbrief gipfelt in der Mahnung:

Laßt uns aufblicken zu Jesus, dem Urheber und Vollender des Glaubens ... Denkt an ihn, der solchen Widerspruch der Sünder erduldet hat; dann werdet ihr nicht ermatten und den Mut nicht verlieren (Hebr 12,2f)[57].

Die Aufforderung verweist, zumindest indirekt, auf den auf eine alttestamentliche Prophetie gestützten Ausklang der johanneischen Kreuzigungsszene:

Sie werden aufblicken zu dem, den sie durchstochen haben (Joh 19,37; Sach 12,10)[58].

Zum rettenden Aufblick mahnt auch der Doctor Marianus im Faust-Schluß:

Blicket auf zum Retterblick
Alle reuig Zarten,
Euch zu seligem Geschick
Dankend umzuarten![59]

[55] A. a. O., 84; 89.

[56] *H. Weder*, Wunder Jesu und Wundergeschichten, in: Einblicke ins Evangelium, 85–88. Von der Auferstehung Jesu als der Herzmitte des ganzen Christentums spricht *U. Wilckens* in seiner „Theologie des Neuen Testaments" I/1, Neukirchen-Vluyn 2002, 26.

[57] *J. Moltmann*, Der Weg Jesu Christi, 189.

[58] *U. Wilckens*, Das Evangelium nach Johannes, 302.

[59] *J. W. Goethe*, Faust. Der Tragödie zweiter Teil, 5. Akt.

Genauer, als *Goethe* ahnen konnte, trifft dieses Wort ins Zentrum der johanneischen Kreuzesszene, in der wiederholt von einem Sehen und Gesehensein die Rede ist. Zunächst im Fall der Mutter und des von Jesus geliebten Jüngers, denen sich der Gekreuzigte mit seinem Blick und den Worten zuwendet:

> *Frau, sieh: dein Sohn. Darauf sagte er zu dem Jünger: Sieh: deine Mutter! (Joh 19,26f)*[60]

Sodann – und vor allem – in der Aussage, in der sich der Augenzeuge der Szene mit der Behauptung zu Wort meldet:

> *Und der dies gesehen hat, bezeugt es, und sein Zeugnis ist wahr. Und jener weiß, daß er die Wahrheit sagt, damit auch ihr glaubt (Joh 19,35)*[61].

Die Stelle ragt schon dadurch aus dem Kontext hervor, daß der Berichterstatter die Erzählebene durchbricht und sich, einmalig in allen Evangelien, direkt an seine Leser mit der Aufforderung wendet, mit ihm zusammen in die Glaubensgemeinschaft einzutreten. Dabei beruft er sich auf einen Zeugen von höchster Autorität, mit dem hintergründig Jesus selbst, unmittelbar jedoch der vor ihm stehende Gewährsmann in Gestalt des Lieblingsjüngers gemeint ist. Wenn sich dieser scheinbare Widerspruch auflösen soll, muß die Gestalt des Lieblingsjüngers bis zu ihrem ersten Auftauchen zurückverfolgt werden. Nach der einfühlsamen Deutung durch *Ulrich Wilckens* tritt er im Augenblick der höchsten Spannung, bei der Entlarvung des Verräters, nach Art eines „impliziten Lesers" (*Iser*) und daher als die den nachösterlichen Jüngerkreis repräsentierende Symbolfigur in Erscheinung, die mit der Frage „Herr, wer ist es?" (Joh 13, 25) das ganze Passionsgeschehen in Gang setzt[62].

Noch dramatischer – und verständlicher – wird der Zusammenhang, wenn man im Sinn der apokryphen Begleitperspektive davon ausgeht, daß die Gestalt Jesu auf diesem Höhepunkt des Geschehens in zwei Aspekte auseinanderbricht, so daß dem historischen Jesus von diesem Augenblick an ein Doppelgänger nach Art eines lichten Schattens gegenübertritt, der ihm das teilnehmende Einverständnis entgegenbringt, das er von seinen unverständigen Jüngern vergeblich erwartet[63]. Das hat schon seine Entsprechungen in den von *Wilhelm Emrich* hervorgehobenen Geniusgestalten großer Dichtungen wie der Diotima in *Platons* „Gastmahl", der Beatrice in *Dantes* „Göttlicher Komödie", der Mi-

[60] *Wilckens*, A. a. O., 294–297.

[61] *R. Bultmann*, Das Evangelium des Johannes, Göttingen 1950, 526; dazu mein dekonstruktivistisches Jesusbuch „Das Antlitz", 26 f.; ferner *Wilckens*, A. a. O., 300 f.

[62] *Wilckens*, A. a. O., 212–215.

[63] *J. Kügler*, Der Jünger, den Jesus liebte. Literarische, theologische und historische Untersuchungen zu einer Schlüsselgestalt johanneischer Theologie und Geschichte, Stuttgart 1988, 180–209.

gnon in *Goethes* „Wilhelm Meister" und des Erwin in *Eichendorffs* „Ahnung und Gegenwart"[64]. Vor allem aber gilt das von der Perikope von der Auferweckung des Lazarus (Joh 11, 17–44), die sich nur unter der Voraussetzung widerspruchslos erklären läßt, daß sich Jesus im Vorgriff auf seine eigene Auferstehung in Gestalt dieses neuerlichen Doppelgängers mit der „in die Gräber dringenden" Stimme des Gottessohnes (5,25–28) selbst aus dem Grab herausruft und seine eigene Freilassung befiehlt (11,44)[65].

Diese symbolische „Entzweiung" wird dann aber in der Kreuzesszene in aller Form aufgehoben, wenn sich Jesus der Mutter in Gestalt des Lieblingsjüngers definitiv übergibt und ihr damit zu verstehen gibt, daß die „Stunde", die bei der Hochzeit von Kana „noch nicht" gekommen war (Joh 2,4), nun endgültig angebrochen ist, und sie im Sinn ihrer Anweisung: „Was er euch sagt, das tut!" (2,5) an seinem Heilswerk mitwirken kann. Das strahlt dann aber auch auf den mit Jesus verbal und faktisch identifizierten Lieblingsjünger zurück. Aufgrund seiner Identität mit Jesus wird er nicht nur zum Kronzeugen und Gewährsmann, „der dies gesehen hat" und für die Wahrheit seines Zeugnisses einsteht (19,35), sondern auch zum lebendigen Beweggrund des Appells an die Leser, der sie zum Glauben aufruft. Das aber kommt dem Aufruf dazu gleich, ihm in seiner Schau, genauer noch gesagt, in seinen Aufblick zum Gekreuzigten und (nach 19,30) Vollendeten zu folgen.

Wer diesem Aufruf Folge leistet, sieht sich in ein neues Verhältnis zu Jesus hineingenommen. Wie in dem Europa-Essay des *Novalis* tritt die rezeptive Distanz hinter die einer kooperativen Beteiligung und einem kreativen Mitvollzug zurück. Das betrifft in erster Linie das Verhältnis zu dem, was der Zeuge „gesehen" hat: die zum Quellgrund der „Ströme lebendigen Wassers" und damit seiner pneumatischen Selbstmitteilung und Selbstübereignung gewordene Seitenwunde Jesu (7,38)[66]. Zum „lebendigmachenden Geist" geworden (1Kor 15,45), nimmt der am Kreuz Erhöhte die Seinen in die ihm vom Vater übergebene Herrlichkeit hinein, und dies in einer Weise, daß ihnen dafür zugleich die Augen geöffnet werden. Das fordert er für sie mit dem auf dem Höhepunkt seines Abschiedsgebets ertönenden Machtwort ein:

> *Vater, ich will, daß die, die du mir gegeben hast, dort bei mir seien, wo ich bin, damit sie die Herrlichkeit schauen, die du mir gegeben hast; denn du hast mich geliebt vor Grundlegung der Welt (Joh 17,24)*[67].

[64] *W. Emrich*, Protest und Verheißung. Studien zur klassischen und modernen Dichtung, Bonn 1963, 71–94; 104–110.

[65] Zur Figur des Doppelgängers Jesu *K. Beyschlag*, Die verborgene Überlieferung von Christus, München und Hamburg 1969, 117–145.

[66] *K. M. Woschitz*, Fons vitae. Sinn- und Symbolgeschichte des Wassers, Freiburg 2003, 483 ff.; 507 ff.

[67] Dazu mein Jesusbuch „Das Antlitz", 77 ff.; ferner *E. Käsemann*, Jesu letzter Wille nach Johannes 17, Tübingen 1980, 18 ff.

Wer sich von diesem Machtwort ergreifen und in die mit ihm eröffnete Sphäre hineinnehmen läßt, gewinnt eine neue, dieser Partizipation entsprechende Sicht Christi und des ihn bezeugenden Evangeliums. Denn dieses ist für ihn nun nicht mehr nur die von ihm zu übernehmende Vorgabe, sondern die Partitur, die er durch seine Lektüre zum Leben zu erwecken und zu aktualisieren hat. Insofern ist er zu einer Neulektüre des Evangeliums aufgerufen, die ihm ebenso zur Selbstwahrnehmung in ihm wie zu einem kreativen Verhältnis zu ihm verhilft. Ihm ergeht es jetzt wie *Pascal*, der sich in seinem „Mysterium Jesu" unmittelbar von diesem angesprochen und versichert weiß, daß er in seiner Todesangst an ihn gedacht und seinen Blutschweiß für ihn vergossen habe[68]. Deshalb vernimmt er im Evangelium den ganz unmittelbar an ihn ergehenden Anruf. So etwa in dem großen Wort der johanneischen Abschiedsreden, das in dieser Version dann lautet:

> *Nicht mehr Knecht nenne ich dich, denn der Knecht weiß nicht, was sein Herr tut. Freund habe ich dich genannt, weil ich dir alles, was ich von meinem Vater gehört habe, mitgeteilt habe (Joh 15,15)*[69].

Oder in der Verheißung des Abschiedsgebets:

> *Ich habe ihm deinen Namen kundgetan und werde ihn weiterhin kundtun, damit die Liebe, mit der du mich geliebt hast, in ihm sei und ich in ihm (Joh 17,26).*

Von dieser Selbstfindung im Evangelium führt schon ein relativ kleiner Schritt zu dessen kreativer Aneignung, durch die der Leser zum unterschwelligen Autor der Texte wird. So sah es, zweifellos angesichts der Entstehung seiner Märchendichtungen, *Wilhelm Hauff*, als er eine seiner Figuren sagen ließ:

> *Indem ihr den Erzählungen zuhört, habt ihr selbst auch mitgedichtet. Ihr bliebt nicht stehen bei den Gegenständen um euch her, bei Euren gewöhnlichen Gedanken, nein, Ihr erlebtet alles mit, Ihr waret es selbst, dem dies und jenes Wunderbare begegnete. So erhob sich euer Geist über die Gegenwart, das Märchen wurde euch zur Wirklichkeit, oder wenn ihr lieber wollt, die Wirklichkeit wurde zum Märchen, weil Euer Dichten und Sein im Märchen lebte*[70].

[68] *E. Wasmuth*, Der unbekannte Pascal. Versuch einer Deutung seines Lebens und seiner Lehre, Regensburg 1962, 317.

[69] *Wilckens*, A. a. O., 241; dazu meine Schrift „Der inwendige Lehrer. Der Weg zu Selbstfindung und Heilung", München 1994, 87 ff.

[70] *O. Hinz*, Wilhelm Hauff, Reinbeck bei Hamburg 1989, 123 (gekürzt).

Im Blick auf seinen „Cherubinischen Wandersmann“ hatte *Angelus Silesius* mit dem Schlußwort des Werkes dasselbe gefordert:

Freund, es ist auch genug. Im Fall du mehr willst lesen,
so geh und werde selbst das Buch und selbst das Wesen.

Wenn der Lieblingsjünger als die Geniusgestalt des Johannesevangeliums gelten kann, ist diesem, ungeachtet seiner Qualität als Evangelienschrift, gleichfalls der Rang einer Dichtung zuerkannt. Dann aber will es gleichfalls, wie es dem nachschaffenden Wesen des Verstehensaktes entspricht, von seinem Leser nachvollzogen und mitgestaltet werden[71]. Dabei gilt es, die Gefahr zu bannen, daß dabei, wie es in der Glaubensgeschichte nur zu oft geschah, sinnfremde Interpretamente eingeschleust werden. Dem kann am effektivsten dadurch begegnet werden, daß das, was sich als die „christliche Wahrheit“ darstellt, konsequent auf die Wahrheit Christi zurückgeführt wird. Das hat eine Fokussierung der Botschaft auf die Gestalt des Botschafters zur Folge. Im Zentrum der Worte des Evangeliums erscheint dann Jesus als das leibhaftige Wort Gottes; im Zentrum seiner Gleichnisse als das „Gleichnis Gottes“ (*Schweizer*); im Zentrum seiner Wundertaten als das „Wunder Gottes“ (*Biser*) und im Zentrum der in ihm (nach Kol 2,3) verborgenen „Schätze der Weisheit und Erkenntnis“ er selbst als personaler Inbegriff der Gottesweisheit (*Origenes*).

Im Grunde vollzieht diese Reduktion schon der Johannesprolog, wenn er mit seinem Eingangswort die Vielfalt des im Fortgang des Evangeliums von und über Jesus Gesagten auf den vom Herzen Gottes gekommenen Offenbarer und damit auf den zurückführt, der das Wort in personaler Selbstwirklichkeit ist[72]. Damit markiert er die in der Folge vielfach verdunkelte und aus dem Blickfeld geratene Tatsache, daß nach christlichem Verständnis die Gottesoffenbarung nicht wie für das Judentum in einem von Gott gegebenen Gesetz, und auch nicht wie für den Islam in dem „in der Nacht der Macht“ dem Offenbarungsempfänger Mohammed „herabgesandten“ Koran, sondern in deren leibhaftig-personaler Verkörperung in Jesus erfolgt[73]. Für die biblische Hermeneutik folgt daraus dann zwingend, daß er als lebendiges Interpretament an jeden Satz herangetragen werden muß, wenn er in seinem wahren Stellenwert und Sinn zum Vorschein kommen soll[74].

[71] Voraussetzung dessen ist eine die historische Kritik überschreitende rezeptions- und reduktionstheoretische Methode, wie sie im Kapitel „Zugänge“ meiner Studie „Die Entdeckung des Christentums“ (51–119) skizziert wurde. Dazu auch *H.-G. Gadamer*, Wahrheit und Methode. Grundzüge einer philosophischen Hermeneutik, Tübingen 1972, 185.

[72] *M. Theobald*, Im Anfang war das Wort. Textlinguistische Studie zum Johannesprolog, Stuttgart 1983, 13–18; *U. Wilckens*, A. a. O., 19–36.

[73] *H. Waldenfels*, Begegnung der Religionen, Bonn 1990, 214–217; dazu meine „Einweisung ins Christentum“, 78; 140.

[74] Dazu der Abschnitt „Das Interpretament“ meiner Programmschrift „Glaubenserweckung. Das Christentum an der Jahrtausendwende“, 149–157.

Gleiches gilt von seinen Gleichnissen, in denen er sich, wie dies sogar thematisch in den Gleichnissen vom dienenden Herrn (Lk 12,35–38) und vom fürbittenden Weingärtner (13,6–9) geschieht, selbst aussagt. Im Hinblick darauf hat ihn *Eduard Schweizer*, ausdrücklich im Blick auf das Gleichnis vom verlorenen Sohn (15,11–32), das „Gleichnis Gottes" genannt[75]. Wenn man mit *Reginald H. Fuller* davon ausgeht, daß die Wunderberichte der Evangelien „mehr den Eindruck, den das Wirken Jesu bei seinen Jüngern und dem Volk hinterlassen" hatte, als „bestimmte historische Vorgänge" wiedergeben, und wenn man überdies die von dem Wundertäter ausgehende Faszination berücksichtigt, die sich in der Reaktion der Zeugen niederschlägt (Mk 2,12; 4,41; 7,30f), wird man sich genötigt sehen, Jesus ebenso wie als „das Gleichnis" so auch als „das Wunder Gottes" zu bezeichnen; denn staunenswerter als alle Taten ist der, der sie aus einzigartiger Machtvollkommenheit vollbrachte[76]. Wenn man sich schließlich vergegenwärtigt, daß es Jesus bei der Schaffung seiner Gleichnisse um die kommunikative Umsetzung seiner – mit ihm identischen – Reich-Gottes-Botschaft zu tun war, wurde dies am Morgen der Dogmengeschichte schon von *Origenes* erkannt, als er Jesus ebenso das „Wort Gottes" (*autologos*) wie das „Reich Gottes" (*autobasileia*) nannte und dem überdies die Bezeichnung „Gottesweisheit" (*autosophia*) hinzufügte[77]. Denn er sah in ihm den Urentwurf aller göttlichen Ideen und damit den leibhaftigen Inbegriff der alle Schätze der Erkenntnis in sich bergenden „vielgestaltigen" Weisheit (Eph 3,10).

Die Fokussierung entfernt und verbindet; sie schafft ebenso Distanz wie Nähe. Und sie drängt zugleich über die bisher gewonnene Sicht hinaus. Distanzierende Nähe bewirkt die Faszination, die von dem ausgeht, der als Wunder Gottes erlebt, der als das Bild und Gleichnis Gottes im Glanz der Gottherrlichkeit (2Kor 4,4.6) geschaut, der als die Weisheit Gottes immer tiefer erkannt, und der als das Gottesreich in Person stets intensiver ersehnt sein will. Mit einem fast schon aus dem allgemeinen Sprachgebrauch verschwundenen Ausdruck könnte man sagen: der als Ideal ebenso bestaunt wie erstrebt sein will. Von ihm gilt das *Rückert*-Wort von dem vor einem jeden stehenden und ihn zur Anverwandlung auffordernden „Bild", in dem die Distanz die Nähe überwiegt, weil diese erst im Maß der Angestaltung an das Ideal gewonnen wird[78]. Doch gerade so entspricht es dem Fortgang der Schlüsselstelle des ersten Johannesbriefs, wo sich der Jubelruf, daß „wir Kinder Gottes nicht nur heißen, sondern sind" (1Joh 3,1), in den einschränkenden Zusatz fortsetzt:

75 *E. Schweizer*, Jesus, das Gleichnis Gottes. Was wissen wir wirklich vom Leben Jesu? Göttingen 1996, 39 f.; 57; 66–70.

76 *R. H. Fuller*, Die Wunder Jesu in Exegese und Verkündigung (Originaltitel: Interpreting the Miracles), Düsseldorf 1968, 42; 46; dazu der Abschnitt „Jesus, das Wunder Gottes" meines Sammelwerkes „Die Entdeckung des Christentums. Der alte Glaube und das neue Jahrtausend", 234–251.

77 *R. Gögler*, Zur Theologie des biblischen Wortes bei Origenes, 250; 264; 276–281.

78 *F. Rückert*, Frauentaschenbuch für das Jahr 1825, 415.

Jetzt sind wir Kinder Gottes: doch ist noch nicht offenbar geworden, was wir sein werden (1Joh 3,2)[79].

Danach ist die Gotteskindschaft ein von Gott in Gang gesetzter und sich erst in der Ewigkeit vollendender Prozeß, der aber von dem mit ihr Beschenkten mitvollzogen werden muß. Er selbst muß, in Erinnerung an *Angelus Silesius* gesprochen, die ihm mit ihr eingeschriebene „Schrift" und das ihm mit ihr zugelegte „Wesen" werden. Damit gewinnt er dann aber jenen Standort, der ihn das wirklich sehen läßt, was zuvor nur anvisiert wurde. Ihm ergeht es wie dem Kollektiv, das zu Beginn des johanneischen Briefs erklärt:

Was wir gehört und geschaut, was wir mit eigenen Augen gesehen und mit unsern Händen betastet haben: das Wort des Lebens, das verkünden wir euch (1Joh 1,1ff)[80].

Das steht in einem unverkennbaren Rückbezug zum dreifachen Osterzeugnis des Apostels Paulus, das gleichfalls von einem Vernehmen, Sehen und Ergreifen des Auferstandenen spricht[81]. Und es weist voraus auf das abschließende Widmungsschreiben der „Docta ignorantia" des *Nikolaus von Kues*, in dem er erklärt:

Wer in Jesus eingeht, dem gelingt alles, und weder die Schriften noch die Welt können ihm irgendwelche Schwierigkeiten bereiten, weil er in Jesus umgewandelt wird kraft des in ihm wohnenden Geistes Christi, der das Ziel alles geistigen Verlangens ist[82].

Da es sich bei dem sich zu Beginn des johanneischen Briefs zu Wort meldenden Kollektiv so wenig wie bei den sich im zweiten Petrusbrief präsentierenden „Zeugen" der Verklärung Christi um Augenzeugen handeln kann (2Petr 1,16–19), muß eine Zeugenschaft ganz anderer Art vorausgesetzt werden, wie sie der Auferstandene in den „Oden Salomons" mit dem Wort in Anspruch nimmt:

Ich bin auferstanden und in ihrer Mitte; durch ihren Mund will ich reden (OS 42,6),

[79] *H.-J.-Klauck*, Der erste Johannesbrief, 181.

[80] A. a. O., 53–70.

[81] Dazu die Ausführungen meiner Studien „Der unbekannte Paulus", 43–50, und „Paulus. Zeugnis – Begegnung – Wirkung", 27–33.

[82] *Cusanus*, De docta ignorantia, Liber tertius. Brief des Autors an den Herrn Kardinal Julian (Ausgabe *Senger*), Hamburg 1977, 101.

und wie sie das Schlußwort der „Docta ignorantia" anvisiert[83]. Es ist die Zeugenschaft derer, die nach dem Cusanuswort „in Jesus eingegangen", in ihn „umgewandelt" und in diesem Sinn zu „Zeugen seiner Erhabenheit" geworden sind (2Petr 1,16). Das hat zur Voraussetzung, daß im Gang der Glaubensgeschichte eine Wende eintrat. Dabei handelt es sich aber nicht um die vordergründige Wende vom Autoritäts- zum Verstehensglauben, vom Bekenntnis- zum Erfahrungsglauben und vom Leistungs- zum Verantwortungsglauben, sondern um die Revision des von *Anton Vögtle* herausgearbeiteten Vorgangs, dem das Christentum seine Ausformung und Gestalt verdankt. Denn durch die Auferstehung Jesu wurde

der Urheber des Glaubens zum Geglaubten,
der Botschafter zur Botschaft und der Lehrer zur Lehre[84].

Der glaubensgeschichtliche Augenblick ist jedoch dadurch ausgezeichnet,

daß der zum Glaubensobjekt Erhobene wieder zum Glauben bewegt,
daß in der Botschaft wieder die Stimme des Künders hörbar wird, und
daß der zum Inbegriff der Lehre Gewordene wieder zu lehren beginnt,

doch dies nicht in verbaler Form, sondern als der von *Augustin* entdeckte und von *Philipp dem Kanzler* reflektierte „inwendige Lehrer" (*magister interior*)[85]. Im Maß, wie er die Regie über das spirituelle Leben und das fortschreitende Glaubensbewußtsein übernimmt, werden nicht nur die hybriden Ansprüche auf angebliche „Neuoffenbarungen" gegenstandslos, vielmehr bricht in der durch die christliche Wahrheit bestimmten Sicht des Evangeliums die auf die Wahrheit Christi gegründete durch. Dabei verwandelt sich die zu obligatorischer Geltung gelangte Christologie zurück in die schon von dem Märtyrerbischof *Ignatius von Antiochien* angesprochene „Christomathie"[86]. Gleichzeitig drängt der christologische Aufblick dazu, in den eschatologischen Ausblick überholt zu werden. Zuvor aber muß in der Optik eines soteriologischen Einblicks das Heilswerk Christi unter den gewonnenen Gesichtspunkten gewürdigt werden.

[83] *A. Vögtle*, Der Judasbrief – Der zweite Petrusbrief, Solothurn und Düsseldorf 1994, 163–171; *W. Schneemelcher* (Hrsg.), Neutestamentliche Apokryphen II, Tübingen 1964, 426; 624.

[84] *Vögtle*, Der verkündigende und verkündigte Jesus „Christus", in: *J. Sauer* (Hrsg.), Wer ist Jesus Christus? Freiburg 1977, 27–91.

[85] *Augustinus*, De Magistro liber unus; dazu *A. Lang*, Die Entfaltung des apologetischen Problems in der Scholastik des Mittelalters, Freiburg 1962, 158; ferner meine „Einweisung ins Christentum", 331, und meine Schrift „Der inwendige Lehrer", 18–26.

[86] Der Ausarbeitung dieser im Philipperbrief des *Ignatius von Antiochien* (8,1) angesprochenen „Christomathie" gilt der zweite Teil und damit das Kernstück dieser theologischen Trilogie.

4. Der soteriologische Einblick

Wie hat Jesus seine große Utopie vom kommenden Gottesreich in die Tat umgesetzt? Und wie hat er sich als das Gleichnis und Wunder Gottes und damit als das Ideal der an ihn Glaubenden selbst in diese Realisierung eingebracht? Das sind die sich im Blick auf seine Lebensleistung und sein Heilswerk stellenden Fragen, die zunächst zu einem nochmaligen Rückblick auf den Adressaten seines Wirkens, also auf den Menschen in seiner konkreten Verfassung nötigen. Ziel dieses Rückblicks ist der Mensch in seiner von *Augustin* entdeckten Abgründigkeit, der homo abyssus, der schon von seinem Entdecker als der Abgrund seiner Sündhaftigkeit, aber auch seiner psychischen Vernetzungen und Vorprägungen ausgemacht wurde. Im Menschenherz findet Augustin zwar dem Eingangswort seiner „Confessiones" zufolge den Beweggrund der unstillbaren Sehnsucht nach Gott, unter dem Eindruck seines sowohl seelsorgerlich wie politisch motivierten Pessimismus und des von ihm genealogisch mißdeuteten Paulusworts von der Unterwerfung aller unter die Sünde Adams (Röm 5,12–21) jedoch im Gegensatz dazu „nichts als Lüge und Sünde"[87]. Insofern trug der bis in seine Wurzeln hinein sündhafte Mensch dann auch die Schuld an der Straffolge, die er sich dadurch zuzog, dem Tod. Im Hintergrund dessen stand daher für ihn, wie für die gesamte Folgezeit das Wort vom Tod als dem „Sold der Sünde" (Röm 6,23). Unbeachtet blieb dabei, daß sich Paulus in der Korrespondenz mit Korinth zur exakten Gegenposition mit dem emphatischen Satz bekannt hatte:

Tod, wo ist dein Sieg? Wo ist, o Tod, dein Stachel? (1Kor 15,55),

dem er den bedeutungsvollen Zusatz anfügt: „Der Stachel des Todes ist die Sünde" (15,56). Denn damit stellt er die später im Römerbrief angenommene Konsekution auf den Kopf. Danach ist der Tod gerade nicht die Straffolge der Sünde, sondern deren Urheber, der, mit dem „Treiberstecken" bewehrt (*Strobel*), die Herde der Menschen zur Sünde anstachelt und ins Verderben treibt[88]. Nicht die „Sünde", sondern der Tod macht die Menschen böse. Die Psychologie des Mörders, der nicht allein sterben will und deshalb seine Opfer in seinen absehbaren Tod mit hineinreißt, bestätigt, wie sich bereits zeigte, diese Sicht ebenso wie die des Hassenden, der (nach 1Joh 3,15) ein „Menschenmörder"

[87] *Augustinus*, In Ioannem V, c.1; dazu *E. Gilson*, Die christliche Freiheit, in: *C. Andresen* (Hrsg.), Zum Augustin-Gespäch der Gegenwart, Darmstadt 1962, 415. Die Stelle wurde wörtlich in Canon 22 des zweiten Konzils von Orange (529) aufgenommen; ferner *R. Heinzmann*, Philosophie des Mittelalters, Stuttgart 1992, 89 f., und *K. Flasch*, Augustin. Einführung in sein Denken, Stuttgart 1980, 191–203.

[88] *A. Strobel*, Der erste Brief an die Korinther, Zürich 1989, 261 f.

ist, aber auch die des Apokalyptikers, der mit seiner Ankündigung, „daß keine Zeit mehr ist“ (Apk 10,6), über die gesamte Menschheit das Zeit- und Weltende verfügt und ihr dadurch jede Zukunft außer der ihres Untergangs verwehrt[89].

Doch der Abgrund hat noch wesentlich andere Dimensionen, die das Lukasevangelium anspricht, wenn es die endzeitlichen Widersacher Jesu mit den – seine Selbstdarstellung ebenso imitierenden wie pervertierenden – Worten auftreten läßt: „Ich bin es“ und „die Zeit ist erfüllt“ (Lk 21,8)[90]. Wie die Selbstinszenierung *Hitlers* mit annähernd gleichen Ansprüchen zeigt, handelt es sich dabei keineswegs nur um sprachliche „Anleihen“, sondern um Beschwörungsformeln, mit denen sich der Verführer des christologischen Archetyps bemächtigte, um in der Maske des Heilbringers Unheil und Elend zu stiften[91]. Angesprochen ist damit der von der Tiefenpsychologie *Carl Gustav Jungs* erkundete Bereich des „kollektiven Unbewußten“, in dem dieser die unterbewußten Spiegelungen des platonischen Ideenreichs in Gestalt der „Archetypen“ entdeckte, von denen schon *Philon von Alexandrien, Irenäus von Lyon* und *Dionysios Areopagita* gesprochen hatten[92]. Einen vergleichbaren Einblick in diese Tiefenzone gewann *Peter Wust*, der in seiner „Dialektik des Geistes“ dort den durch gegenseitige Partizipation und einen intensiven Synergismus gekennzeichneten „nexus animarum“, und damit die „reale wechselseitige Verbundenheit aller Geister“ ausmachte[93].

Der Tiefpunkt dieses Abgrunds ist jedoch erst mit dem von *Hans Urs von Balthasar* als „Gang zu den Toten“ bezeichneten Glaubensartikel „Descendit ad inferos“, dem Höllenabstieg Christi, erreicht[94]. Dort, am Ort seiner extremsten Entäußerung (Phil 2,7f) und der äußersten Verlorenheit, ergreift der zur „Hölle“ Abgestiegene, wie es höchst eindrucksvoll das Apsisfresko des Choraklosters von Konstantinopel veranschaulicht, die Hände der Abgeschiedenen ebenso wie die der Verlorenen und ihm Widerstrebenden, um sie (nach Kol 1,13) der Macht der Finsternis zu entreißen und in das Reich des Lichtes, der Freiheit und des Lebens emporzuführen[95]. In diesem Sinn hatte Paulus gemahnt:

[89] Symptomatisch für die Psychologie des Mörders sind die von einer infernalischen Mordgier umgetriebenen Diktatoren *Hitler* und *Stalin;* dazu nochmals *S. Haffner*, Anmerkungen zu Hitler, München 1979; *J. Baberowski*, Der rote Terror. Die Geschichte des Stalinismus, München 2003.

[90] *J. Ernst*, Das Evangelium nach Lukas, Regensburg 1993, 424.

[91] *R. Guardini*, Der Heilbringer in Mythos, Offenbarung und Politik. Eine theologisch-philosophische Besinnung, Stuttgart 1946; dazu die Hinweise in meiner Schrift „Interpretation und Veränderung“, 109 ff.

[92] *C. G. Jung, M.-L. von Franz, J. L. Henderson, J. Jacobi, A. Jaffé*, Der Mensch und seine Symbole, Olten und Freiburg 1991, 67–82; *C. G. Jung*, Bewußtes und Unbewußtes, Frankfurt 1957, 12; *ders.*, Archetypen, München 2003.

[93] *P. Wust*, Die Dialektik des Geistes, Augsburg 1928, 512–530; 636 f.

[94] *H. U. von Balthasar*, Theologie der drei Tage, Einsiedeln und Freiburg 1990, 139–179; dazu meine Schrift „Glaubensbekenntnis und Vaterunser. Eine Neuauslegung“, Düsseldorf 2003, 83–90.

[95] *D. T. Rice*, Kunst aus Byzanz, München 1959, 185.

Sag nicht in deinem Herzen: Wer wird zum Himmel emporsteigen? – nämlich um Christus herabzuholen; oder: Wer wird in den Abgrund hinabsteigen? – nämlich um Christus von den Toten heraufzuholen. Nah ist dir vielmehr das Wort; denn es ist in deinem Mund und in deinem Herzen (Röm 10,6ff)[96].

Danach braucht niemand Christus von den Toten heraufzuholen, weil das bereits durch seine Auferstehung von den Toten geschehen ist; wohl aber muß seine Einsetzung zum Herrn und Gottessohn weltweit bezeugt werden, weil sie das Zentrum und die „Herzmitte" des Christentums ist (*Wilckens*). Als Zentrum und Mitte des Christentums muß sie aber nicht nur zur Geltung gebracht, sondern zuvor als dessen alles bestimmende Wirkmitte begriffen werden[97]. Das bestätigt der Epheserbrief mit der von ihm im gleichen Atemzug beantworteten Frage:

Was heißt denn, daß er „aufgestiegen ist", anderes, als daß er zuvor in die Niederungen der Erde hinabstieg? Der aber hinabstieg, ist derselbe, der auch über alle Himmel emporstieg, um das All zu erfüllen (Eph 4,9f)[98].

Demzufolge nimmt Christus als Auferstandener nicht nur die Seinen so sehr in seine neue Seinsweise hinein, daß seine Einsetzung zum Gottessohn (Röm 1,4) auf sie übergreift, so daß sie aus Knechten zu Kindern Gottes werden; vielmehr hebt er damit den ganzen Kosmos auf seinen neuen Seinsstand, wie es die neutestamentlichen Präexistenzaussagen zum Ausdruck bringen. So schon die von Paulus in der Korrespondenz mit Korinth formulierte:

Wir haben nur einen Gott und Vater, durch den alles ist und für den wir sind, und nur den einen Herrn Jesus Christus, durch den alles ist und durch den auch wir sind (1Kor 8,6)[99].

Mit allem Nachdruck dann das Wort des deuteropaulinischen Kolosserbriefs, wenn es von dem „geliebten Gottessohn" heißt:

Alles wurde in ihm geschaffen, das Himmlische und das Irdische, Throne und Herrschaften, Mächte und Gewalten. Alles ist durch ihn und auf ihn

[96] *U. Wilckens*, Der Brief an die Römer, 224 ff.

[97] Das ist im Blick auf die anschließende Bestimmung des Glaubens gesagt; dazu *Wilckens*, ebd.; ferner meine Studie „Der unbekannte Paulus", 240.

[98] *R. Schnackenburg*, Der Brief an die Epheser, 179 ff.

[99] *L. Schenke*, Die Urgemeinde, 197; 346.

hin geschaffen. Er ist vor aller Schöpfung, und das All hat in ihm Bestand (Kol 1,16f)[100].

Für Jesus aber gilt grundsätzlich, daß er das, was er durch die Auferstehung geworden ist, nicht nur „vor aller Zeit" schon war, sondern aufgrund seines wahren Menschseins auch lebensgeschichtlich einholen mußte. Das ist der Grund, weshalb seine „Einsetzung zum Gottessohn" (Röm 1,4) nach dem Bericht der Synoptiker als Zuspruch der Himmelsstimme schon bei der Taufe an ihn ergeht (Mk 1,11), damit er sein Lebenswerk mit der Rückendeckung dieser Einsetzung in Angriff nehmen kann. Damit klären sie, daß es ihm bei seinem Wirken darum zu tun ist, seine Gottessohnschaft weltweit zu veräußern und an die damit zu Gotteskindern erhobenen Menschen weiterzugeben (*Wrede*). Sein Gesamtwerk steht, so gesehen, einem Schlüsselwort des Markusevangeliums zufolge unter dem Gesichtspunkt:

Der Menschensohn ist nicht gekommen, um sich bedienen zu lassen, sondern um zu dienen (Mk 10,45)[101].

Dabei steht außer Frage, daß der von Jesus gemeinte „Dienst" in ihm selbst und seiner Selbstübereignung besteht[102]. Unter diesem Gesichtspunkt muß dann sowohl seine Wortverkündigung als auch sein Wunderwirken, vor allem aber seine Passion gesehen werden. Wenn er die Bergpredigt mit den Worten einleitet:

Selig, ihr Armen, euch gehört das Reich Gottes!
Selig, ihr Hungernden, ihr werdet satt sein!
Selig ihr Weinenden, ihr werdet lachen! (Lk 6,20f),

nennt er sich in diesen sozialrevolutionären Fanfarenstößen unverkennbar als den den Adressaten zugesprochenen Grund ihres Besitzes, ihrer Sättigung und ihrer Freude[103]. Gleiches gilt von den Gleichnissen, die als Versprachlichungen des sich (nach Lk 17,20) jeder Veranschaulichung und Einordnung entziehenden Gottesreichs ihn selbst als das „Gottesreich in Person" (*Origenes*) zum Inhalt haben und als solche durch die Parabeln vom dienenden Herrn (Lk 12, 35–38), vom fürbittenden Weingärtner (13,6–19) und vom verlorenen Sohn (15,11–32) erwiesen werden[104]. Im Gleichnis von dem von seiner Dienerschaft festlich empfangenen Herrn, der sie in seiner Freude zu Tisch bittet und

100 *M. Dibelius*, An die Kolosser, Epheser, An Philemon, 10–16.
101 *L. Schenke*, Die Urgemeinde, 246 f.
102 Dazu der Abschnitt „Die diakonische Sicht" meines Jesusbuchs „Das Antlitz", 164–177.
103 *Schenke*, A. a. O., 29 ff.
104 A. a. O., 314.

jeden einzelnen von ihnen bedient, sofern es sich wie eine narrative Entfaltung des Schlüsselsatzes vom dienenden Menschensohn (Mk 10,45) ausnimmt; im Gleichnis vom Weingärtner, der sich mit einer geradezu verzweifelten Anhänglichkeit für den unfruchtbaren Feigenbaum einsetzt, um ihn vor der drohenden Vernichtung zu retten, sofern daraus die selbstvergessene Liebe Jesu zu dem sich ihm verweigernden Israel spricht (Lk 13,34). Und im Gleichnis vom verlorenen Sohn, sofern es, auf den Erzähler zurückbezogen, als eine nachösterliche Reflexion auf den in der Aufnahme ins Vaterhaus endenden Erniedrigungsweg Jesu lesbar wird[105].

Unter den Wundern Jesu nimmt sich die Auferweckung des Lazarus (Joh 11,17–44) als ein nahezu vollkommenes Gegenstück dazu aus. Denn alle Indizien, insbesondere die solitäre und nirgendwo sonst bestätigte Überlieferung des Geschehens, sprechen dafür, daß Jesus in Gestalt des als sein „Doppelgänger" anzusehenden Lazarus seine eigene Auferstehung vorwegnimmt und sich mit seiner (nach 5,25–29) „in die Gräber dringenden Stimme", hörbar geworden in seinem Befehlswort „Lazarus, komm heraus!" (11,43), selbst aus dem Grab herausruft[106]. Das wirft ein Licht auf die übrigen Wundergeschichten, die nach *Reginald H. Fuller* nicht als historische Berichte zu gelten haben, da sie in erster Linie den Eindruck wiedergeben wollen, den der Wundertäter Jesus bei seinen Zeitgenossen erweckte[107]. Wenn man diese Spur weiter verfolgt, sieht man sich zu der Erkenntnis geführt, daß im Schnittpunkt der Wundergeschichten Jesus selber steht, der nun selbst als das große, nie genug zu „bewundernde" Gotteswunder erscheint[108]. Wie in den als Versprachlichung des mit Jesus selbst identischen Gottesreichs verstandenen Gleichnissen der Gottessohn zu Wort kommt, wird im Schnittpunkt der Wunderszenen der seine zeichenhaften Machttaten Vollbringende selbst als Inbegriff des Wunderbaren erkennbar. So erscheinen die Reden und Taten Jesu in einer spiegelhaften Entsprechung. Seine Gleichnisse sind erzählte Wunder und die Wunder getätigte Gleichnisse. In der Entsprechung des Gleichnisses vom verlorenen Sohn mit der Auferweckung des Lazarus aber bestätigt sich vollends, daß die Reden und Taten Jesu als die beiden Seiten seines Bestrebens gesehen werden müssen, die in der Auferweckung gewonnene Gottessohnschaft gleich dem verschwenderischen Verhalten des in die Fremde ziehenden Sohnes an die Menschheit zu veräußern, um sie auf seinen Stand zu erheben und mit ihr das Freudenfest der Gotteskindschaft zu feiern.

Während Jesus in seinen Reden und Gleichnissen vom Gottesreich seiner visionären

[105] Für diese Deutung spricht insbesondere der refrainartig wiederholte Satz: „Er war tot und lebt nun wieder; er war verloren und ist nun wiedergefunden worden" (Lk 15,24.32), der in dieser Wiederholung den betonten Schlußakzent der Parabel setzt; dazu *W. Harnisch*, Die Gleichniserzählungen Jesu. Eine hermeneutische Einführung, Göttingen 1985, 200–230.

[106] Dazu die sorgfältige Analyse der Perspektive durch *Karl Beyschlag* in seiner Schrift „Die verborgene Überlieferung von Christus", 127–131.

[107] Dazu nochmals die Stellenangaben auf Seite 262, Anm. 76.

[108] Dazu der Abschnitt „Jesus – das Wunder Gottes" meines Sammelwerkes „Die Entdeckung des Christentums", 234–251.

Utopie von einer Neuordnung der ebenso ungerechten wie perniziösen Verhältnisse Ausdruck verlieh, bestand er mit seinen Wundern auf deren Realisierung. Insofern betonen die Wunder den performativen Zug seiner Verkündigung. Sein ganzer Heilswille drängt auf eine Verwandlung der bestehenden Lebenswelt, näher bestimmt, auf ihre Anverwandlung an seine Einsetzung zum Gottessohn durch das Ereignis seiner Auferstehung (Röm 1,4). Lebensgeschichtlich nimmt er das durch seine Todeshingabe vorweg, die von der Urgemeinde in ähnlich doppelsinniger Weise zum Ausdruck gebracht wurde, wie sie gleicherweise auch von seiner Auferweckung und von seiner Auferstehung sprach. Form- und bewußtseinsbestimmend wurde dabei die passive Hingabeformel, wie sie paradigmatisch das Pauluswort wiedergibt:

> *Er wurde hingegeben wegen unserer Verfehlungen und auferweckt um unsrer Rechtfertigung willen (Röm 4,25)*[109].

Sie kehrt im Liebeshymnus des Römerbriefs wieder, wenn Paulus fragt:

> *Wenn Gott für uns ist, wer ist dann gegen uns? Wenn er seinen eigenen Sohn nicht geschont, sondern ihn für uns alle hingegeben hat; wie sollte er uns nicht mit ihm alles schenken? (Röm 8,31f)*[110]

Ihre eindrucksvollste Resonanz findet die Formel schließlich auf dem Höhepunkt der johanneischen Nikodemusszene, wenn Jesus seinem nächtlichen Besucher erklärt:

> *So sehr hat Gott die Welt geliebt, daß er seinen einzigen Sohn hingab, damit jeder, der an ihn glaubt, nicht verloren geht, sondern ewiges Leben hat (Joh 3,16)*[111].

Dabei hatte sich, analog zur Rede von der Auferstehung Jesu, in einem fortgeschrittenen Reflexionsstadium die aktive Hingabeformel Geltung verschafft, die von der „Selbsthingabe Christi" sprach (*Schenke*). So insbesondere in der mystischen Selbstcharakteristik Pauli im Galaterbrief:

> *Ich lebe, doch nicht ich – Christus lebt in mir; sofern ich aber noch im Fleische lebe, lebe ich im Glauben an den Gottessohn, der mich geliebt und sich für mich hingegeben hat (Gal 2,20)*[112].

[109] *L. Schenke*, Die Urgemeinde, 328–331.

[110] *U. Wilckens*, Der Brief an die Römer II, Zürich 1993, 170–174.

[111] *J. Moltmann*, Der Weg Jesu Christi, 196–199; *Wilckens*, Das Evangelium nach Johannes, 71 f.

[112] *Schenke*, A. a. O., 323 f.; *Moltmann*, A. a. O., 195.

Obwohl das Motiv der Selbsthingabe die Rückendeckung des Ausdrucks „Auferstehung“ und des johanneischen Gedankens von der „Selbsterweckung“ Jesu hat, wurde doch der passive Gegenbegriff für die Deutung seines Heilswerks bestimmend. Dafür stand die Urgemeinde, wie *Nietzsche* erkannte, viel zu sehr unter dem Druck der auch durch den Auferstehungsglauben nicht ausgeräumten und durch die „schauerliche Paradoxie“ des Kreuzestodes in letzter Schärfe aufgeworfenen Fragen:

> *wer war das? was war das? warum gerade so?*[113]

Eine plausiblere Antwort auf diese bedrängende Frage aber schien es nicht zu geben als jene, welche die nach dem Bericht der Apostelgeschichte zur Urgemeinde gestoßenen Mitglieder der Priesterschaft (Apg 6,7) mitbrachten und die vom Kreuzestod ihres Meisters erschütterten und ratlos gewordenen Christen darin eine Opfer- und Sühnetat sehen ließ. Denn was die zur Entsühnung des Volkes täglich im Tempel dargebrachten Brand- und Sühneopfer nicht bewirkten, das vollbrachte dieser Antwort zufolge der Kreuzestod Jesu, sofern er nur als Sühneopfer für die Sündenschuld der Welt (1Joh 2,2) begriffen wurde[114].

Unbedacht blieben unter dem blendenden Eindruck dieses Konstrukts die gravierenden Prämissen. Denn was war das für ein Gott, der durch den qualvollen Tod seines Sohnes für die ihm durch die Sündenschuld der Menschheit zugefügte Kränkung entschädigt werden mußte? Wie konnte Blut gegen Sünde verrechnet werden? Und wurde der Tod Jesu durch diese Deutung nicht funktionalisiert und dadurch seiner Würde beraubt? Wenn die Deutung aber trotz dieser Bedenken zugetroffen hätte: müßte sich in den Todesankündigungen Jesu dann nicht wenigstens ein Anhaltspunkt dafür finden? Da aber nichts darauf hinweist: wäre Jesus dann ohne ein Wissen um den Sinn seines Sterbens in den Tod gegangen?[115]

Indessen scheitert die satisfaktorische Deutung des Todes Jesu, ungeachtet des zunehmenden Gewichts dieser Fragen, schon am passiven Fehlverständnis seines Sterbens. Wenn Jesus (nach Lk 9,51) bewußt und offenen Auges den Todesweg beschritt, war das nur dann nicht der ihm von *Jack Miles* unterstellte Weg in den Selbstmord, wenn der Tod für ihn nicht ein ihn überwältigendes Schicksal, sondern seine krönende Lebenstat war[116]. Für den Johannesevangelisten, der hier zum ersten Mal von der Liebe Jesu zu den

[113] *F. Nietzsche*, Der Antichrist, § 40; dazu meine Studie „Nietzsche. Zerstörer oder Erneuerer des Christentums?“ Darmstadt 2002, 98 f.

[114] Dazu der Abschnitt „Bindet ihn los!“ meines Sammelwerks „Die Entdeckung des Christentums“, 256–266; *A. Vögtle*, Die Dynamik des Anfangs. Leben und Fragen der jungen Kirche, Freiburg 1988, 55–58.

[115] *A. Vögtle*, Grundfragen der Diskussion um das heilsmittlerische Todesverständnis Jesu, in: Offenbarungsgeschehen und Wirkungsgeschichte, Freiburg 1985, 141–167.

[116] *J. Miles*, Jesus. Der Selbstmord des Gottessohns (Originaltitel: A Crisis in the Life of God),

Seinen redet (*Wilckens*), ist er sogar die sein Lebenswerk vollendende Liebestat[117]. Deshalb steht der Jünger, „den er liebte" und den er mit sich identifiziert, unter dem Kreuz (Joh 19,26f); und deshalb „verströmt" er sich, wie er es auf dem Laubhüttenfest angekündigt hatte (7,37ff), noch nach seinem Tod im Zeichen des aus seiner durchbohrten Seite fließenden Wassers und Bluts (19,34): letzter Erweis seiner ihn noch überlebenden Selbsthingabe und Selbstübereignung an die Seinen. Doch damit gewinnen die „Aussagen über die Selbsthingabe Christi" nicht nur definitiv das Übergewicht über die „Dahingabeformel" (*Schenke*); vielmehr scheint nun hinter der satisfaktorischen Deutung seines Todes als deren ungleich gültigere Alternative die aus der Todesnacht von Golgota aufstrahlende Vision seines „äußersten" (Joh 13,1) Liebeserweises auf. Entgegen aller menschlichen Erwartung krönte Jesus sein Lebenswerk nicht mit einer Aktion, sondern mit seiner – nun allerdings als Inbegriff höchster Aktivität zu begreifenden – Passion[118]. Am Kreuz besiegelte er seine Entdeckung des bedingungslos liebenden Gottes; am Kreuz erschloß er im Gegenzug zu den Wegen der heteronomen Moral, insbesondere auch nach den Hinweisen der Lukaspassion (Lk 23,34.42f.48), den Königsweg der liebenden Immunisierung gegen das Böse (Röm 12,1–9;13,8ff) und am Kreuz gewann er, wie er es im Gestus der Fußwaschung (Joh 13,3–10) und des Brotbrechens (1Kor 11,23–26) vorweggenommen hatte, Zugang zum Herzen der Seinen, um ihnen zum rettenden, heilenden und heiligenden Lebensinhalt zu werden[119]. So gewährt das Kreuz den tiefsten Einblick in seinen Heilswillen und in sein Heilswerk.

5. Der eschatologische Ausblick

Der Aufruf des Ersten Johannesbriefs: „Seht doch, welch große Liebe der Vater zu uns hegt, daß wir Gottes Kinder nicht nur heißen, sondern sind" (1Joh 3,1), endet überraschend mit der Einschränkung:

> *Geliebte, jetzt sind wir Kinder Gottes; doch ist noch nicht offenbar, was wir sein werden. Wir wissen nur, daß, wenn es offenbar wird, wir ihm ähnlich sein werden, weil wir ihn sehen werden, so wie er ist (1Joh 3,2)*[120].

München 2001. Nach dem Johannesevangelium reagieren die Juden auf das Wort Jesu „Wohin ich gehe, dorthin könnt ihr nicht gelangen" mit der Frage „Will er sich etwa umbringen?" (Joh 8,21f); *U. Wilckens*, Das Evangelium nach Johannes, 205 ff.

[117] Dazu *Miles*, A. a. O., 192–206.

[118] Gleiches gilt von seinem größten Protagonisten; dazu meine Studie „Paulus. Zeugnis – Begegnung – Wirkung", 140–159.

[119] Dazu mein Jesusbuch, „Das Antlitz", 164 ff.; ferner *L. Schenke*, Die Urgemeinde, 112 ff.

[120] *H.-J. Klauck*, Der erste Johannesbrief, 181 ff.

Das ist eindeutig im Sinn der futurischen Eschatologie in die jenseitige Zukunft hineingesprochen, zumal der Brief nach Ausweis seiner Polemik gegen die „Antichristen" (1Joh 2,18f) bereits mit den Vorzeichen der Endzeit rechnet[121]. Indessen stößt sich die Aussage mit der von *Charles H. Dodd* nachgewiesenen „realized eschatology" des Johannesevangeliums, das „bisweilen scheinbar von der Zukunft spricht", obwohl „in Wirklichkeit die Gegenwart der Gemeinde" und des in ihr waltenden Geistes gemeint ist[122]. Ein unterschwellig apologetischer Zug ist in dieser Argumentation nicht zu verkennen. Wie der johanneische Brief vom Anbruch der „letzten Stunde" ausgeht (1Joh 2,18), so gibt auch der zweite Petrusbrief zu bedenken, daß „in den letzten Tagen" Spötter mit der hinterhältigen Frage auftreten:

> *Wo bleibt denn die verheißene Wiederkunft? Seitdem die Väter entschlafen sind, ist doch alles wie vom Anfang der Schöpfung an geblieben! (2Petr 3,3f)*[123].

Nach *Anton Vögtle* spiegelt sich in diesem Einwand das die zweite und dritte Generation der Urchristenheit zunehmend belastende Problem der Parusieverzögerung, das grundsätzliche Zweifel an der Wiederkunft Christi aufkommen ließ[124]. Ja, er gibt sogar selber diesem Einwand mit der am Schluß seiner Auslegung gestellten Frage Raum:

> *Und was wollen wir der heutigen Behauptung, angesichts denkbarer kosmischer Katastrophen sei der Glaube, der Lauf der Welt und der menschlichen Geschichte werde durch die Parusie Christi zu Gericht und Heilsvollendung beendet werden, nicht mehr zumutbar, konkret entgegenhalten?*[125]

Angesichts dieser Zurückhaltung hätte er sich zweifellos auch dem von *Albert Camus* in seinem „L'homme révolté" erhobenen Einwand nicht verschlossen. Für ihn steht im Grunde aller Übel der Tod, der den Menschen „aus seiner tiefsten Tiefe nach Gerechtigkeit aufschreien" lasse. Doch das Christentum habe darauf nur mit der Ankündigung des Gottesreichs und des ewigen Lebens geantwortet, das den Glauben verlange:

> *Aber das Leid verbraucht die Hoffnung und den Glauben; es bleibt dann allein mit sich und findet keine Erklärung*[126].

[121] A. a. O., 145–155.

[122] *R. Schnackenburg*, Das Johannesevangelium II, Freiburg 1985, 531.

[123] *A. Vögtle*, Der Judasbrief – Der zweite Petrusbrief, 215–223.

[124] A. a. O., 221 ff., 255–261; 272–278.

[125] A. a. O., 278; so das Schlußwort seiner Auslegung.

[126] *A. Camus*, Der Mensch in der Revolte (Originaltitel: L'homme révolté), Hamburg 1953, 308.

Doch das Warten ist auch eine, und oft sogar besonders quälende Form des Leids. Und wie dieses „verbraucht" es dann auch die Hoffnung und den Glauben, insbesondere den Glauben an das Hoffnungsziel der Parusie. Angesichts dieses Dilemmas bleibt nur der Rückgriff auf die zeitgeschichtlich realisierte Eschatologie des Johannesevangeliums und ihr Zentrum, die Auferstehung Jesu. Durch sie ist er, wie er im Nikodemusgespräch betont, wie keiner außer ihm „zum Himmel emporgestiegen" (Joh 3,13), um, wie der Epheserbrief ergänzt, „das All zu erfüllen" (Eph 4,10) und die ganze Schöpfung auf seinen Seinsstand emporzuheben. Denn als der Erhöhte will er „alle an sich ziehen" (Joh 12,32) und sich zu eigen machen. In beiden Heilsbewegungen aber enthüllt die Auferstehung erst ihren vollen Sinn. Durch sie geht der Auferweckte und sich als Auferstehender (nach 5,58 und 11,43) selbst dem Tod Entreißender in den welt- und zeitumspannenden ewigen Augenblick Gottes ein, so daß von ihm ebenso Präexistenz- wie Parusieaussagen gemacht werden können. Sie ist die große Einlösung der von Jesus mit seiner Verkündigung und Tätigung des Gottesreichs entworfenen Utopie. Durch sie haben die Glaubenden, auch wenn sie noch sterben müssen, den Tod schon hinter sich. Durch sie wird die Gottesverkündigung Jesu endgültig verifiziert. Sie ist die zeitgeschichtliche Vorwegnahme des endzeitlichen „Gott alles in allem" (1Kor 15,28). Als „Herzmitte" des Christentums (*Wilckens*) ist sie dann aber auch der Quellgrund aller Inspiration und der Beweggrund jeder auf die Optimierung des Daseins hinwirkenden Aktion und in beidem der größte Selbsterweis der göttlichen Liebe.

Durch seine Auferstehung wurde Christus, mit Paulus gesprochen, zum „lebendigmachenden Geist" (1Kor 15,45), der die Seinen zugleich als umhegende Sphäre umgibt und ihnen als Lebensinhalt einwohnt. Denn der beispielhafte Deuter dieses Tatbestands, der Neutestamentler *Alfred Wikenhauser*, sah die von ihm herausgestellte „Christusmystik" auf zwei Pfeiler gegründet[127]. Den einen veranschaulicht er als die die Glaubenden umfangende Lebenssphäre, in der sie ebenso geborgen wie durch sie inspiriert und motiviert sind; den anderen als das mystische Lebenszentrum, in dem sich das paulinische Prinzip mystischer Selbstfindung (Gal 2,20) in immer neuen Anläufen nachvollzieht[128].

Im Blick auf den im johanneischen Brief artikulierten Vorbehalt (1Joh 3,2) sah sich Wikenhauser dann allerdings zu einer zeitlichen Beschränkung seiner Konzeption veranlaßt. Das mystische Verhältnis zu Christus, wie er es aufgrund der beiden Formeln entfaltet hatte, sei angesichts der – für ihn obligatorischen – futurischen Eschatologie „kein Definitivum, sondern ein Provisorium"; denn es gelte nur bis zur Parusie; dann werde das „Sein in Christus" durch das „Sein bei Christus" abgelöst, das aber nicht etwa als eine Steigerung der mystischen Verbundenheit, sondern „als eine ganz andere Art der

[127] *A. Wikenhauser*, Die Christusmystik des Apostels Paulus, Freiburg 1956.

[128] A. a. O., 3–69.

Gemeinschaft“ verstanden werden müsse[129]. Doch diese „Lösung“ hat zu sehr den Charakter eines Zugeständnisses, als daß sie überzeugen und im Zug des eschatologischen Ausblicks geltend gemacht werden könnte[130]. Wenn Wikenhauser das „Christus in mir“ an entscheidender Stelle mit dem Satz konkretisiert:

> *Der für mich am Kreuz Gestorbene führt nun als Auferstandener in mir sein Leben,*

hat er damit eine nach Form und Inhalt unüberbietbare Lebens- und Liebesbeziehung zum Ausdruck gebracht, die durch ein wie immer zu denkendes „Sein bei Christus“ nicht vertieft, geschweige denn überholt werden kann[131]. Denn in seiner Einwohnung hat sich Christus geradezu an den Empfänger in dessen Bereitschaft, sich zurückzunehmen, ausgeliefert, so daß zwei Formen der Hingabe miteinander konvergieren: die Selbstübereignung Jesu mit der Selbstverleugnung des Empfängers, und beide zum Ziel des „Nicht mehr ich – er in mir“. Vollendet wird diese Konvergenz im zeitgeschichtlichen Eschaton, wenn sich der Sieger über alle Daseinsgewalten

> *dem unterwirft, der ihm alles unterworfen hat, damit Gott alles in allem sei (1Kor 15,28)*[132].

Auf die Würdigung der Gotteskindschaft zurückbezogen, heißt das: Sie wird keineswegs, wie der johanneische Einwand suggeriert, in ein „höheres“, im Zeichen des Schauens stehendes Verhältnis aufgehoben, sondern durch diese eschatologische Optik nur bestätigt. So wird sie geradezu zum Test auf die „realized eschatology“ des Johannesevangeliums. Um das zu verdeutlichen, muß sie nun nochmals und jetzt unter diesem Gesichtspunkt auf ihren Kern im Einwohnungsmotiv hin ausgeleuchtet werden. Dabei springt die Übereinkunft mit dem von *Wikenhauser* herausgestellten Zentrum der mystischen Einwohnung in die Augen. Denn in der Gotteskindschaft geht es nicht nur um die Partizipation mit dem, was Christus im Ereignis seiner Auferstehung widerfuhr, sondern, rückbezüglich, auch um den mystischen Nach- und Mitvollzug seiner Lebensgeschichte, angefangen von seiner inneren Geburt bis hin zu seinem Kreuzestod, so daß nun gerade vom Gotteskind das Schlüsselwort Wikenhausers gilt: der am Kreuz Gestorbene führt als Auferstandener in diesem sein Leben. Ihm wird er aufs neue, mit *Gregor von Nyssa* gesprochen, „eingeboren“, in ihm wächst er heran, gelangt er zu Weisheit und Macht, um in ihm dann auch zu sterben und vom Tod aufzuerstehen.

[129] A. a. O., 136.

[130] Dazu meine Studie „Der unbekannte Paulus“, 224.

[131] *Wikenhauser*, A. a. O., 44.

[132] Dazu der Abschnitt „Der letzte Feind“ meiner Studie „Paulus. Zeugnis – Begegnung – Wirkung“, 294–297.

Was aber die vom johanneischen Einwand hervorgehobene Schau anlangt – „wir werden ihn sehen, so wie er ist" (1Joh 3,2) –, so ist auch sie durch die Auferstehung vorweggenommen. Zwar erblicken die Gotteskinder nicht, wie es Paulus nach seinem optischen Osterzeugnis widerfuhr, das im Glanz der Gottesherrlichkeit erstrahlende Antlitz Christi (2Kor 4,6); wohl aber spiegeln sie in ihrem Inneren die Herrlichkeit des Herrn und werden so, von Klarheit zu Klarheit, seinem Bild anverwandelt (3,18)[133]. Diese progressive Annäherung gilt aber erst recht im existentiellen Sinn. Die Schau ist nur der Reflex der den Stand der Gotteskindschaft begründenden Tatsache, daß die dazu Gelangten der kreatürlichen, durch Kontingenz und Todverfallenheit gekennzeichneten Seinsweise entrückt und in ein dem Stand des in die Gottessohnschaft Eingesetzten angenähertes Gottesverhältnis aufgenommen sind. Darauf verwies *Nikolaus von Kues*, als er in seinem Traktat über die Gotteskindschaft deren Sinn dahin bestimmte, daß wir nicht etwas anderes sein werden als das, was wir jetzt sind, sondern daß wir das, was wir jetzt, in der unserem faktischen Seinsstand angemessenen Verfassung sind, in einem höheren Maßverhältnis sein werden[134]. Zwar wird dabei das letztlich Unaussprechliche, wie der Kusaner im Fortgang des Traktats betont, nicht durch Worte berührt. Doch wird der sich in seine Innerlichkeit Versenkende über alles sich Entgegenstellende, alle Gestaltung und Umgestaltung, Orte und Zeiten, ja über alle Bejahung und Verneinung hinausgehoben und in diesem Überstieg in eine alles umfassende und sich selbst bejahende Übereinstimmung hineinverwandelt[135]. Denn die Kindschaft ist, wie es in letzter Präzisierung heißt,

> *die Aufhebung aller Andersheit und Verschiedenheit und die Auflösung von allem in eins, das zugleich die Verströmung des Einen in alles ist*[136].

Bis in den Wortlaut hinein grenzt diese Bestimmung an das an, was Paulus in seinem visionären Ausblick auf das „Ende aller Dinge" (*Kant*) mit der Formel „Gott alles in allem" umschrieb. Gotteskindschaft aber ist die subjektive Vorwegnahme dieses Endziels, das tendenzielle Eintauchen in den ewigen Augenblick Gottes, das Vorgefühl der Liebe, „die der Vater zu uns hegt" (1Joh 3,1), aber auch die Verantwortung gegenüber allen, die den „sanften Flügel" dieser „Liebeshuld" noch nicht zu fühlen bekamen, und vor allem die Verpflichtung zu einem Leben aus dem Antrieb dieser ebenso unschätzbaren wie unverdienten Vergünstigung[137].

[133] *E. Grässer*, Der zweite Brief an die Korinther, Gütersloh 2002, 142–146; 149–155; *G. Theissen*, Psychologische Aspekte paulinischer Theologie,Göttingen 1983, 144.

[134] *Nikolaus von Kues*, Über Gotteskindschaft, Trier 2002, 10.

[135] A. a. O., 19.

[136] Ebd.

[137] Über dem eschatologischen Gesichtspunkt darf der protologische nicht aus dem Auge verloren werden. Denn die Gotteskindschaft könnte nicht Endziel sein, wenn die Kreatur nicht von

Zu dieser Vergünstigung gehört vor allem die des betenden Mitvollzugs der Gotteskindschaft in dem von Lukas in seiner Urfassung überlieferten Herrengebet (Lk 11,2ff)[138]. Wer es betet, erlebt eine Verwandlung seines Standorts, zusammen mit einer Bewußtseinsveränderung. Wie jeder Beter beginnt er als Bittsteller, nicht so sehr in seinem konkreten Anliegen, als vielmehr im Interesse der Vergewisserung, daß Gott da ist und daß er für ihn da ist. Denn das Gebet ist *Martin Buber* zufolge:

> *letztlich die Bitte um Kundgabe der göttlichen Gegenwart, um das dialogische Spürbarwerden dieser Gegenwart*[139].

Schon bei der Anrede „Vater!" öffnet sich dem Beter diese neue Dimension. Ohne die Bodenhaftung seiner Kreatürlichkeit zu verlieren, weiß er sich doch in eine Ordnung aufgenommen, die nicht mehr im Zeichen seiner Kontingenz und kreatürlichen Hinfälligkeit, sondern in dem der Befestigung in der Gotteswirklichkeit steht, ja, tiefer noch gesehen, im Zeichen des genealogischen Gottesverhältnisses, in das der Auferstandene als Lehrer des Herrengebets durch seine Einsetzung „zum Gottessohn mit Macht" (Röm 1,4) aufgenommen wurde. Zunächst aber erlebt der Beter diese Verwandlung im Sinn einer Bewußtseinsveränderung. Denn schon mit der Anrede „Abba – Vater", erst recht aber mit der Bitte um die Heiligung des göttlichen Namens weiß er sich, wie das Passivum divinum erkennen läßt, in die ureigenen Anliegen Gottes einbezogen. Von Jesus ermahnt, alle Sorgen gegenüber den Seinen um das Kommen des Gottesreiches zurückzu-

Anfang an – nach Paulus in einem göttlichen Willkürakt (Röm 8,20) – darauf angelegt wäre. Das ist in theomorpher Rede das, was metaphysisch als Kontingenz bezeichnet wird. Eine vollkommene und deshalb leid- und todfreie Schöpfung konnte Gott nicht schaffen, weil sie eine Antithese Gottes gewesen wäre und zur absurden Vorstellung von dessen Selbstaufhebung geführt hätte. Die aus unerfindlichen Gründen, aber faktisch ins Dasein gerufene Schöpfung konnte deshalb nur eine kontingente, mit Paulus gesprochen, eine „der Nichtigkeit unterworfene" sein, die als solche Leid, Kampf und Tod über die Lebewesen brachte. Diesem Leidensdruck entringt sich ein die ganze Schöpfung durchhaltendes und im Todesschrei Jesu ausklingendes „Warum?" (Mk 15,34), auf das Gott immer schon mit ihrer Zielbestimmung zu der als Vollendungszustand des Ganzen zu begreifenden Gotteskindschaft (Röm 8,21) antwortete. Gotteskindschaft ist, so gesehen, nicht nur der Spitzenbegriff der christlichen Anthropologie, sondern ebenso der einer christlichen Kosmologie und Metaphysik, von ihrem Ziel her gesehen aber zugleich der Eschatologie und damit dessen, was der Welt im Endgeschehen des „Gott alles in allem" (1Kor 15,28) bevorsteht.

[138] Dazu meine Schrift „Glaubensbekenntnis und Vaterunser. Eine Neuauslegung", Düsseldorf 2003, 135–186; ferner *M. Philolenko*, Das Vaterunser. Vom Gebet Jesu zum Gebet der Jünger (Originaltitel: Le Nôtre Père), Tübingen, 2002.

[139] *M. Buber*, Gottesfinsternis. Betrachtungen zur Beziehung zwischen Religion und Philosophie, Zürich 1953, 149.

stellen (Lk 12,31), macht er sich dessen Hauptsorge zu eigen, so daß sein Gebet zur Zwiesprache des mit und in ihm Betenden mit dem Vater wird.

Mit Jesus steigt der Beter sodann aber auch in seine von Alltagssorgen beschwerte und von Schuld verstörte Menschenwelt hinab, doch so, daß er dabei den Weg dessen mitbeschreitet, von dem der Christushymnus des Philipperbriefs erklärt:

> *Er entäußerte sich selbst und wurde den Menschen gleich, in seiner äußeren Erscheinung wie ein Mensch; er erniedrigte sich und wurde gehorsam bis zum Tode, ja bis zum Tod am Kreuz (Phil 2,6ff)*[140].

Dieser Abstieg setzt sich fort bis zu dem Tiefpunkt des „Und führe uns nicht in Versuchung“, an dem sein Gebet, zum „De profundis“ geworden, in den Todesschrei des Gekreuzigten einstimmt, wie ihn die in ihrer schwierigen Lesart genommene Hebräerstelle (Hebr 5,7) deutet[141]. Danach erlangt Jesus zwar keine menschlich erhoffbare Rettung; doch antwortet Gott auf seinen Not- und Todesschrei mit seinem Selbsterweis, durch den er ihn im Ereignis der Auferstehung in seine ewige Lebensfülle aufnimmt. Aufgrund dieser Übereinstimmung gilt dann aber auch für den Beter, was der Ausklang des Philipperhymnus von dem bis zum Kreuzestod Erniedrigten sagt:

> *Deshalb hat Gott ihn erhöht und ihm einen Namen gegeben, der alle Namen überragt (Phil 2,9).*

Ihm ergeht es wie dem sinkenden und in Todesangst aufschreienden Petrus, der durch die Hand des Retters in Sicherheit gebracht wird (Mt 14,28–31)[142]. Die von Gott durch die Auferweckung seines Sohnes bewirkte Großtat hat auch von ihm Besitz ergriffen und ihn aus seiner todverfallenen Kreatürlichkeit zum Stand der Gotteskindschaft erhoben. Jetzt ist er (nach Gal 4,5) nicht mehr Sklave, sondern Sohn. Vom Geist der Kindschaft erfüllt, ist er (nach Röm 8,15) der knechtischen Furcht und damit der Sorge überhoben, von neuen Ängsten befallen zu werden. Das ist jedoch erst die Kehrseite seiner Verwandlung. Als Gotteskind ist der Beter der privilegierte Adressat der von Jesus in Gott entdeckten bedingungs- und vorbehaltlosen, (nach Lk 6,35) selbst die Undankbaren und Bösen umfangenden Güte und Liebe. In der Anverwandlung an sie wächst er in der Gemeinschaft der Glaubenden zum Vollalter Christi heran (Eph 4,13) und damit in den hinein, in dem (nach Kol 2,3) „alle Schätze der Weisheit und Erkenntnis versammelt“ sind und der als das „Haupt“ seines mystischen Leibes der Quellgrund des Lebens, der Inspiration

140 *E. Lohmeyer*, Kyrios Jesus. Eine Untersuchung zu Phil 2,5–11, Darmstadt 1961.

141 Dazu mein Jesusbuch „Das Antlitz“, 59; 236 f.

142 A. a. O., 76; 316.

und des Wirkens der Seinen ist[143]. Alles ist für ihn deshalb daran gelegen, sich diesem Zentrum zu überantworten, aus seinen Impulsen zu schöpfen und von ihm her zu leben. Deshalb müßte das Wort des Ersten Johannesbriefes:

Wir haben uns der Liebe anvertraut, die Gott zu uns hegt (1Joh 4,16),

zur Maxime seines Denkens, Handelns und Lebens werden. Im Maß dieses Mitvollzugs polt sich dann auch sein Selbstbewußtsein um. Wo zuvor alles an seiner Einsicht und Entscheidungskraft gelegen war, sieht es sich in die Initiative dessen einbezogen, der „aus seiner Hoheit alles an sich zieht" (*Kierkegaard*)[144]. In seinen Glauben mischt sich der Geglaubte ein. Der in aller Hoffnung letztlich Erhoffte wird (nach Kol 1,27) zum Inbegriff seiner Hoffnung. Und seine Liebesunfähigkeit (*Ratzinger*) wird dadurch kompensiert, daß der (nach Joh 13,1) „bis zum Äußersten" Liebende sich in ihm liebt (*Augustin*). So behält *Nikolaus von Kues* das letzte Wort, wonach Kind Gottes zu sein zwar nicht bedeutet, etwas anderes als das sein zu wollen, was man immer schon ist, wohl aber, mit seiner ganzen Existenz in eine neue Seinsweise erhoben und von dem erfüllt zu werden, mit dem uns (nach Röm 8,31) alles geschenkt ist.

143 *R. Schnackenburg*, Der Brief an die Epheser, Zürich 1982, 187 ff.

144 *S. Kierkegaard*, Einübung im Christentum, III, 149–262.

Epilog

Wenn die Idee der Gotteskindschaft, wie es in der Absicht dieser Untersuchung liegt, einleuchten soll, muß sie auf das existentielle Verlangen des Menschen eingehen und überzeugend auf seine Sinnfrage antworten. Dazu ist sie nur dann imstande, wenn sie das dreifache Dilemma zu beheben vermag, vor das sich der Mensch von Haus aus gestellt sieht. Das erste faßte *Blondel* in den Satz:

> *Der Mensch strebt danach, Gott zu sein. Gottsein ohne Gott und gegen Gott, oder Gottsein mit Gott und durch Gott; darin besteht das Dilemma*[1].

Das zweite umschrieb *Kierkegaard* mit der These vom konstitutiven Selbstzerwürfnis des Menschen. Denn der Mensch strebe verzweifelt danach, er selbst zu sein. Doch ebenso groß sei sein Widerwille gegen das, was er tatsächlich ist, und sein Verlangen, ein anderer als er selbst zu sein[2].

Von einem dritten Dilemma spricht Paulus bei seiner Unterscheidung des „äußeren Menschen", der immerfort aufgerieben werde, vom „inneren", der „Tag für Tag erneuert" wird (2Kor 4,16). Das spitzt er im Schlüsselsatz seiner Mystik in die Alternative zu „Nicht mehr ich – Christus in mir" (Gal 2,20).

Die Gotteskindschaft ist die lebendige Aufhebung dieses dreifachen Dilemmas. Sie räumt mit dem Zweifel an dem sich selbst widerstreitenden Gott auf, dem *Goethe* mit dem „ungeheueren Spruch" Nemo contra Deum nisi Deus ipse das Wort geredet hatte[3]. Denn sie lebt aus dem von Jesus entdeckten und bezeugten Gott, in dem weder die Finsternis der Ambivalenz zwischen Güte und Schrecken (1Joh 1,5) noch die des Selbstwiderspruchs ist. Ebenso beseitigt sie den Zwiespalt, dem der zwischen Selbstsucht und Selbstflucht zerrissene Mensch verfällt, in dem sie ihm zur vollen „Annahme seiner selbst" (*Guardini*) verhilft. Und sie behebt das mystische Dilemma, indem sie das zur Selbstverständigung aufgerufene Ich zur Ruhe in dem es umfangenden Über-Ich gelangen läßt.

Zur Verdeutlichung des Eindrucks muß die Gotteskindschaft sodann mit konträren

[1] *M. Blondel*, Die Aktion (1893). Versuch einer Kritik des Lebens und einer Wissenschaft der Praktik (Originaltitel: L'Action), Freiburg und München 1965, 381.

[2] *S. Kierkegaard*, Die Krankheit zum Tode (Ausgabe *Richter*), Reinbek bei Hamburg 1962, 13 – 21.

[3] *F. W. Richter*, Mitteilungen über Goethe I, Leipzig 1921, 396 f.; dazu meine Schrift „Theologie und Atheismus. Anstöße zu einer theologischen Aporetik, München 1972, 23 f.

Entwürfen kontrastiert werden. Im Unterschied zur jüdischen Vorstellung von einer kollektiven Gottessohnschaft ist sie der Inbegriff der an die Rezipienten weitergegebenen Gottessohnschaft Jesu, im Gegensatz zu den vielfältigen Verfallsformen des Menschseins dessen unüberbietbare Aristie, im Kontrast zu den Zerrbildern usurpierter Göttlichkeit das Hochbild menschlichen Seinkönnens, im Unterschied zu den vom Zivilisationsprozeß entworfenen Zielbildern das einem jeden vor Augen stehende Ideal (*Rückert*), im Vergleich zu den Eingebungen des subjektiven Suchens und den pädagogischen Wegweisungen das von der Heilsbotschaft etablierte Ziel religiöser Selbstverwirklichung, und in alledem der Anruf der dem hinfälligen Menschen aufhelfenden Liebe, nicht weniger aber auch der an ihn ergehende Appell, sich keinesfalls mit vorläufigen oder gar defizienten Wertezielen abzufinden und sich über sie zu dem aus der Heilsbotschaft aufleuchtenden Hochziel zu erheben. Im Rückblick darauf zeichnen sich drei Schwerpunkte ab. Ein erster, der sich auf den Stellenwert der Gotteskindschaft bezieht; ein zweiter, der ihren performativen Charakter betrifft, und ein dritter, der die Rückwirkung auf ihren Ursprung, das „Geheimnis Jesu“ (*Pascal*), angeht.

Angesichts der bis heute nachwirkenden Infantilisierung des Motivs (*Lutterbach*) kann ihr tatsächlicher Stellenwert nicht nachdrücklich genug herausgearbeitet werden. Wie sich aus *Nietzsches* Aufstiegsmodell – vom Kamel zum Löwen und von diesem zum Kind – ergibt, markiert die Gotteskindschaft unbestreitbar den Spitzenbegriff der christlichen Anthropologie. Lange bestand allerdings Unklarheit darüber, ob dieser nicht nach dem traditionellen Verständnis des (nach Gen 1,26) „zum Bild Gottes“ geschaffenen Menschen in dessen Gottebenbildlichkeit zu suchen sei. Als sich aber das funktionale Verständnis der Stelle gegenüber diesem mimetischen durchsetzte, war der Weg zu der einzig zutreffenden Einschätzung der Gotteskindschaft und ihrem tatsächlichen Stellenwert frei[4].

Indessen wird diesem Spitzenbegriff erst dann wirklich Rechnung getragen, wenn er in seiner evokativen Bedeutung begriffen wird. Demnach ist der Vollbegriff der Gotteskindschaft erst dann erreicht, wenn man sich von ihm erfassen und durchdringen läßt. Denn Gotteskindschaft gehört zusammen mit Freiheit und Friede zu jener Gruppe höchster Ideen, die auf einen Bewußtseinswandel hinwirken, indem sie zu sich selbst provozieren[5]. Auch das war mit ihrer Würdigung als das der menschlichen Selbstwerdung voranleuchtende Ideal mitgesagt. Ebenso gehörte zu dieser Einschätzung, daß diese Zielvorstellung in ihrer gemeinschaftsbildenden Effizienz gesehen und angenommen werden muß, wenn ihr voll entsprochen werden soll. Als Ideal führt die Gotteskindschaft einen jeden ebenso über sich hinaus, wie sie ihn mit allen Gleichgesinnten verbindet.

[4] *G. von Rad*, Theologie des Alten Testaments I. München 1957, 150 f.

[5] Dazu meine Schriften „Der Sinn des Friedens. Ein theologischer Entwurf“, München 1960, 116–136; „Provokationen der Freiheit. Antriebe und Ziele des emanzipierten Bewußtseins“, München 1974, 43 – 52.

Als Ideal strebt die Gotteskindschaft aber nicht zuletzt nach immer neuer und tieferer Verankerung in ihrem Ursprung, dem Geheimnis Jesu, wie es sich schon in der christlichen Frühzeit erschloß und wie es heute erneut ans Licht drängt. Nach *Karlmann Beyschlag* bildete das „Archiv“ der Kreuz, Auferstehung und Glauben umfassenden „Christuslehre“ den Grundstock der „gesamten nachapostolischen Kirche“[6]. In jahrhundertelangem Prozeß wurde dieser durch platonisch-aristotelische Denkformen überlagert mit der Folge, daß die ursprüngliche „Christomathie“ die Wissenschaftsgestalt der „Christologie“ gewann. Doch von diesem System gilt das, was *Kierkegaard* den Systembauern seiner Zeit vorwarf: es bietet seinem Urheber keinen Raum. Dem aber arbeitet die tiefgreifende Wende im glaubensgeschichtlichen Geschehen der Gegenwart entgegen. Mit ihrer Spitze, der Wende vom Gegenstands- zum Innerlichkeits- und Identitätsglauben, wirkt sie darauf hin, daß sich der Schrein der dogmatischen und kultischen Vergegenständlichung öffnet und der zum Glaubensinhalt und Inbegriff der Lehre Gewordene wieder zum Glauben bewegt und als inwendiger Lehrer die Glaubenden erleuchtet[7]. Das bewirkt er, indem er sich den Seinen einstiftet und so die Bitte des Epheserbriefs erfüllt:

Christus möge durch den Glauben in eurem Herzen wohnen (Eph 3,17)[8].

Zwar wurde das Motiv der Einwohnung Christi nach *Gottlieb Söhngen* im Zug der neuzeitlichen Ideologisierung des Glaubens „zu einem vergessenen Gegenstand“[9]. Indessen erreichte die glaubensgeschichtliche Stunde ihren Kairos darin, daß die Einwohnung als Sinnziel des religiösen Geschehens der Gegenwart wiederentdeckt und auf vielfältige Weise eingeübt wird. Das zieht einen Paradigmenwechsel im Christusglauben nach sich. An die Stelle der bisher dominierenden Christologie tritt dann wieder die urchristliche, für die Gegenwart neu zu erschließende Christomathie. Auf höherer Ebene wiederholt sich so die Beobachtung *Albert Schweitzers*, wonach Jesus zwar durch die exegetische Forschung „vom Felsen der Kirchenlehre“ losgebunden und zu neuem Leben erweckt wurde, jedoch nicht stehenblieb, sondern wieder in seine eigene Zeit zurückkehrte[10].

Wenn das, weniger kritisch, auch heißen könnte, daß er sich aus allen doktrinalen und methodologischen Bindungen auf sich selbst zurückzieht, bliebe im Grunde nur ein Weg:

[6] *K. Beyschlag*, Grundriß der Dogmengeschichte I, Darmstadt 1988, 75–81; *R. Seeberg*, Lehrbuch der Dogmengeschichte I, Darmstadt 1953, 206 f.

[7] Dazu meine Schrift „Der inwendige Lehrer. Der Weg zu Selbstfindung und Heilung“, München 1994.

[8] *R. Schnackenburg*, Der Brief an die Epheser, Zürich 1982; 146–152.

[9] *G. Söhngen*, Christi Gegenwart in uns durch den Glauben, in: Die Einheit in der Theologie, München 1992, 324–341.

[10] *A. Schweitzer*, Geschichte der Leben-Jesu-Forschung II, München und Hamburg 1966, 620.

ihm dorthin zu folgen. Das aber ist der Weg der nunmehr anzugehenden „Christomathie“, die sich aus innerer Konsequenz in die „Geistesgegenwart“ fortsetzt[11]. Denn nach *Joachim von Fiores* Deutung des Zeitgeschehens bewegt sich alles geistige Leben in dem vom Trinitätsgeheimnis vorgegebenen Rhythmus. Auf das Stadium des Vaters folgt das des Sohnes, das seinerseits in das des Geistes übergeht[12]. So auch hier. Steht die nunmehr abgeschlossene „Gotteskindschaft“ im Zeichen des uns als seine Kinder (nach 1Joh 3,1) annehmenden Vaters, so die nunmehr ins Werk zu setzende „Christomathie“ im Zeichen des Sohnes, auf die zuletzt die im Zeichen des Geistes stehende Pneumatologie, die „Geistesgegenwart“, folgen muß.

Am Ende dieser Besinnung auf den neu zu entdeckenden Spitzenbegriff der christlichen Anthropologie muß in aller Form in Erinnerung gerufen werden, was von Anfang an deren Absicht und Ziel war. Mit ihr sollte nicht nur der Stellenwert der Gotteskindschaft hervorgehoben, sondern in zweifacher Hinsicht ein Bewußtseinswandel in Gang gesetzt werden. Einmal, um der kollektiven Depression entgegenzuwirken, die weder ein der politischen Situation noch dem Stand der glaubensgeschichtlichen Entwicklung angemessenes Zeit- und Selbstverständnis aufkommen läßt. Insbesondere aber, um dem in Vergessenheit geratenen Motiv der Einwohnung Christi zur Geltung zu verhelfen und damit die Quelle der Inspiration und Motivation der Gotteskinder zu erschließen. Denn Gotteskindschaft ist kein statischer, sondern ein eminent dynamischer Begriff, dem man nur dann entspricht, wenn man sich von ihm ergreifen läßt.

[11] Dazu die beiden titelgleichen Abschnitte meiner Studie „Der unbekannte Paulus“, 115–129; 129–137.

[12] *K. Löwith*, Joachim, in: Weltgeschichte und Heilsgeschehen, Hamburg 1962, 158–172; 222–228; *G. Wendelborn*, Gott und Geschichte. Joachim von Fiore und die Hoffnung der Christenheit, Wien und Köln 1974.

Stellenregister

Namenregister